LE PROCÈS FOUQUET

Née à Lyon, Simone Bertière est agrégée de lettres classiques. Elle a enseigné le français et le grec dans les classes préparatoires, au lycée de jeunes filles de Bordeaux, puis la littérature comparée à l'université de Bordeaux III et à l'école normale supérieure de jeunes filles. Elle a publié une série d'ouvrages consacrés aux reines de France et des biographies de Mazarin, de Condé et de Fouquet. Elle est également l'auteur d'un livre sur Alexandre Dumas.

Paru dans Le Livre de Poche :

CONDÉ, LE HÉROS FOURVOYÉ

DUMAS ET LES MOUSQUETAIRES

MAZARIN, LE MAÎTRE DU JEU

LES REINES DE FRANCE AU TEMPS DES VALOIS
1. Le Beau XVIe siècle
2. Les Années sanglantes

LES REINES DE FRANCE AU TEMPS DES BOURBONS
1. Les Deux Régentes
2. Les Femmes du Roi-Soleil
3. La Reine et la Favorite
4. Marie-Antoinette l'insoumise

LA VIE DU CARDINAL DE RETZ

SIMONE BERTIÈRE

Le Procès Fouquet

ÉDITIONS DE FALLOIS

© Éditions de Fallois, 2013.
ISBN : 978-2-253-19455-2 – 1ʳᵉ publication LGF

*À mes arrière-petits-fils
Axel et Adrien*

INTRODUCTION

Nicolas Fouquet est un merveilleux personnage de tragédie classique ou de roman à la manière de Balzac. Les bonnes fées avaient tout déposé dans son berceau, l'intelligence, le charme, l'affection d'un clan familial soudé, la protection de l'Église. Une ascension fulgurante le hissa jusqu'au poste prestigieux de surintendant des finances. L'or lui coulait des mains, les femmes lui ouvraient les bras, un chœur d'écrivains célébrait ses mérites, il bâtissait pour accueillir ses hôtes un château enchanteur. En 1661, après la disparition de Mazarin, tout semblait réuni pour faire de lui le premier ministre d'un roi supposé frivole. Et la haute société parisienne s'en réjouissait, tant il était aimable, serviable, généreux. Son arrestation et sa mise en jugement pour prévarication constituent un de ces coups de théâtre qui viennent illustrer, selon les moralistes, la fragilité de la condition humaine. À Rome, la roche Tarpéienne, toute proche du Capitole, rappelait aux généraux triomphants que la mort les guettait. Au XVIIe siècle, l'idée de « grandeur et décadence » prenait, avec la dévalorisation de la vie terrestre, une tonalité religieuse. Elle est porteuse, en tout lieu et en tout temps, d'une forte charge d'émotion, propre à séduire.

Dans le cas de Fouquet, la chute s'accompagna d'une anomalie. Au terme d'un procès long de trois années, la sanction de bannissement perpétuel prononcée par la Chambre de justice fut alourdie par le roi, qui la mua en prison à vie. De cette mesure, perçue comme une injustice, il était tentant d'en conclure à son innocence. L'image d'Épinal qui a donc prévalu est celle d'une victime, dont le sort cruel, dû à des méchants, a le don de faire pleurer les âmes sensibles. Sur ce terrain, Alexandre Dumas a fait et continue de faire encore beaucoup d'émules.

Mieux informés que les romanciers et plus soucieux de vérité, les biographes ont cependant de la peine à échapper au schéma réducteur parce que Fouquet lui-même leur en fournit le canevas. Et d'expliquer, d'après lui, sa chute par un complot monté par Colbert pour l'évincer parce qu'il vise sa place et pour masquer les malversations de Mazarin, seul responsable du désordre des finances, dont il aurait été le complice éhonté. À moins qu'elle ne soit due à la fureur jalouse de Louis XIV offusqué par l'éclat de la fête de Vaux. Que quelques-uns de ces divers éléments aient joué, c'est possible. Mais il est évident que les véritables enjeux d'un procès de cette ampleur étaient ailleurs.

La réalité est en effet fort différente. L'affaire, d'une complexité extrême, dépasse d'emblée le personnage qui en est l'objet. Il s'agit d'un procès politique – ce qui ne veut pas forcément dire truqué. Cela signifie que Fouquet fut traduit en justice non pas comme un individu coupable de quelque crime particulier, mais comme un bouc émissaire chargé des péchés de la gent financière, à qui l'on imputait la misère chronique dont souffrait l'État. Son procès n'est intelligible que si on le replace dans le climat qui prévalait en France en 1661, lors de ce qu'on nomme le « second avènement » de Louis XIV. Une date charnière, où les historiens s'accordent à voir la fin d'une époque, celle où la monarchie peinait à s'imposer dans un pays encore marqué par les mentalités féodales. Au sortir d'une guerre civile qui, sur fond de guerre étrangère, avait ébranlé toute forme d'autorité, il était indispensable de rétablir l'ordre. Mazarin s'en était chargé, autant qu'il l'avait pu. Restait à rétablir l'équilibre financier mis à mal par le recours systématique à l'emprunt. L'arrestation de Nicolas Fouquet, qui prétendait en donner le signal, fut le premier acte important de Louis XIV après sa prise de pouvoir.

Naguère les rois n'y allaient pas par quatre chemins avec leurs grands argentiers. Au cours des siècles, plusieurs d'entre eux avaient fini au gibet, comme Marigny sous Philippe le Bel et Semblançay sous François Ier, à moins qu'ils ne fussent parvenus à s'enfuir à temps comme Jacques Cœur sous Charles VII. S'il ne s'était agi que de punir un ministre véreux, Louis XIV aurait pu le faire de sa propre autorité sans demander l'avis de personne. Mais pour que le cas de Fouquet fût exemplaire, il fallait que sa culpabilité fût établie solidement sur des faits précis et dûment prouvés. Celle-ci ne faisait pas de doute aux yeux de Colbert, qui l'avait vu à l'œuvre tout au long de sa surintendance. On n'hésita donc pas à le traduire devant une chambre de justice spécialement créée à cet effet. Et tant qu'à faire, on décida d'élargir les poursuites à l'ensemble des financiers ayant trempé dans les « affaires du roi » depuis des années. On parviendrait ainsi, d'un seul coup, à éradiquer des pratiques qui avaient transformé le Trésor public en tonneau des Danaïdes.

Une illusion, bien sûr, chez deux néophytes sans expérience politique réelle, un roi très jeune et un ministre très compétent sur le plan financier, mais accoutumé au travail de bureau. Ils ne mesurèrent pas l'ampleur de la tâche envisagée. De plus, ils n'avaient pas renoncé à peser sur le déroulement du procès, qui ne semblait pas poser de problèmes puisque l'accusé était réputé coupable. Ils eurent le tort de sous-estimer les remous que leurs interventions risquaient de soulever dans les milieux judiciaires attachés à leurs prérogatives. Prévu pour durer un mois, le procès, enlisé dans les querelles de procédure et vicié dans son essence même par la dualité de juridictions, s'étira sur plus de trois longues années et il devint très vite, pour des raisons de principe, le lieu d'un affrontement entre le pouvoir royal et les magistrats pourtant recrutés avec soin. Peu à peu l'enquête sur les malversations de Fouquet, bien que poursuivie avec persévérance, finit par perdre toute consistance aux yeux des juges. Ils se partagèrent alors en deux camps : ceux qui, obéissant aux ordres d'en haut, s'efforçaient d'obtenir contre Fouquet une lourde condamnation et ceux qui le défendaient afin de faire valoir, face aux pressions, l'indépendance de la magistrature.

Cette dérive du procès n'a pas manqué d'être perçue au fil des âges par les historiens, mais elle est le plus souvent liée dans leur esprit à des réflexions sur la monarchie absolue en général et sur Louis XIV en particulier. Elle donna lieu, comme on pouvait s'y attendre, à des jugements de valeur qui varient selon les préventions de leurs auteurs. Le sort infligé par le roi à Fouquet fut-il légitime ou scandaleux ? Aux louanges des admirateurs de Louis XIV fait pendant la réprobation chez ses détracteurs, à qui l'alourdissement de la peine apporte un argument de poids. Il en découle une image obligée du surintendant – en coupable ou en victime – qui n'aide nullement à le mieux connaître. Si l'on ajoute à ces partis pris l'illusion d'optique consistant à attribuer au jeune roi l'expérience, l'autorité, la maturité du Roi-Soleil au faîte de son règne, on s'expose à fort mal comprendre ce qui s'est passé entre 1661 et 1664, lors de cet ahurissant procès qui échappa très vite à tout contrôle.

C'est à une enquête sur ce procès que j'ai choisi de consacrer le présent livre. Bien que Nicolas Fouquet y occupe une place centrale, il ne s'agit pas d'une biographie, car le point de vue adopté n'est pas le sien – non plus que celui d'un autre d'ailleurs. J'ai voulu raconter l'histoire de ce procès telle que l'ont vécue les différents participants. Tous avaient des raisons – des bonnes et des mauvaises – de faire les choix qu'ils ont faits. J'ai tenté d'accorder à tous un minimum de compréhension, en m'abstenant de distribuer blâmes et *satisfecit* de mon cru. À leurs côtés, c'est toute une société très différente, mais parfois aussi très proche de la nôtre, qui revit au quotidien, égayée d'anecdotes. Il me faudra bien entendu parler finances – le sujet m'y oblige. Qu'on ne compte pas me voir faire ici, calculette en main, le décompte de la fortune de Fouquet et de ses « voleries » réelles ou supposées : les données dont on dispose comportent trop d'inconnues et d'approximations pour être fiables. En revanche j'essaierai d'expliquer comment on pouvait s'enrichir au XVIIe siècle en prêtant de l'argent à l'État. L'analyse du procès impose le recours à quelques notions juridiques, rendues aussi claires que possible. Mais le ressort essentiel du récit réside dans l'extraordinaire renversement, qui vit un homme voué aux gémonies au soir de son arrestation devenir à l'heure du jugement l'objet des vœux et des prières de tout Paris.

Les griefs invoqués contre le surintendant datent de la période précédente, qui correspond au ministère de Mazarin. C'est dans cette période que se trouve la clef du comportement de tous les acteurs. Il était d'autant plus indispensable de la retracer que Fouquet, dans ses *Défenses*, ne s'est pas privé d'en réécrire l'histoire à sa manière. Si on l'en croyait, c'est lui qui aurait sauvé la régente pendant la Fronde et permis au cardinal de rentrer de son second exil. Sans lui, on n'aurait pu faire face aux dépenses de la guerre, que les Espagnols auraient donc gagnée ! Bref, il aurait été l'homme providentiel à qui le royaume devait sa grandeur présente. Et Mazarin, qui n'eût rien été sans lui, aurait payé ses services par la plus noire ingratitude. Il fallait donc remettre les pendules à l'heure. J'ai choisi de le faire dans une première partie non pas linéaire, mais circulaire, en évoquant tour à tour, après Fouquet, ceux qui eurent de près ou de loin affaire à lui – plus Louis XIV qui s'apprêtait à le découvrir. Une fois les faits et les acteurs ainsi mis en place, la seconde partie épouse la chronologie pour un récit suivi du procès, jusqu'au jugement final.

Parmi les diverses façons d'aborder l'affaire Fouquet, j'ai opté pour celle qui m'intéressait : qui, pourquoi, comment l'a-t-on jugé ? Je la crois originale. Je me suis fait plaisir, mais j'ai aussi beaucoup appris, comme toujours lorsqu'on suit les pistes qui s'ouvrent. Mais mon objectif est limité. Je ne me suis pas mise en quête d'informations inédites. Les chances d'en trouver sont minces : à la fin du procès, le dossier a été détruit. J'ai donc travaillé sur les textes publiés. Aux *Défenses* de Fouquet, utiles pour étudier sa personnalité, mais trop peu fiables pour l'historien, j'ai préféré le *Journal* d'Olivier Lefèvre d'Ormesson, très proche des faits, ainsi que les *Mémoires* du greffier Foucault, à titre de complément. Au jour le jour, ils permettent de reconstituer le déroulement du procès et d'en comprendre les péripéties. Et j'ai utilisé, avec la prudence requise, les mémorialistes et les épistoliers, notamment Mme de Sévigné. Pour le reste, l'histoire de la minorité prolongée de Louis XIV m'est si familière que je n'ai eu qu'à me plonger dans mes propres archives. En ce qui concerne Fouquet, j'ai une dette importante à l'égard de ses deux plus récents biographes, Daniel Dessert et Jean-Christian Petitfils, aux recherches de qui je tiens à rendre hommage, même si mon point de vue diffère souvent du leur.

J'adresse ici mes remerciements à mes enfants et petits-enfants, qui ont veillé sur moi avec sollicitude, aux nombreux amis avec qui j'ai pu débattre des points qui me tourmentaient et surtout à mon éditeur, Bernard de Fallois, qui a bien voulu relire mon manuscrit en cours d'achèvement et m'a vivement poussée à y mettre la dernière main, ainsi qu'à son équipe : ce livre leur doit l'existence.

PROLOGUE

Rien ne destinait l'année 1661 à marquer une date dans la chronologie historique de la France, usuellement rythmée par la succession des rois. L'avènement de Louis XIV – né en 1638 – date de 1643, sa majorité de 1651, son sacre de 1654. Mais son véritable règne ne commence qu'au printemps de 1661, et il dure jusqu'en 1715. Il y eut certes avant lui des rois enfants, parfois passés du berceau à la tombe après un bref séjour sur le trône. Mais aucun n'attendit si longtemps pour prendre réellement en main le pouvoir qui lui appartenait de droit. Entre son intronisation légale et ce qu'on appelle parfois son second avènement, dix-huit ans se sont écoulés, pendant lesquels Mazarin a gouverné en son nom, d'abord en commun avec la régente Anne d'Autriche, puis pratiquement seul au cours d'une période secouée de révoltes violentes sur fond de guerre étrangère. Il avait fini par rétablir la paix et l'ordre. Allait-on enfin revenir au bon vieux temps de la poule au pot où tout allait pour le mieux dans le meilleur des mondes ? Un mirage, bien sûr ! La France avait beaucoup changé. Impossible de revenir en arrière. Mais la société, toutes classes confondues, refusait les adaptations rendues nécessaires par la taille accrue du royaume et par sa place désormais dominante dans une Europe pacifique, Il fallait donc repenser les institutions et les adapter.

Un roi de vingt-deux ans peut-il être à la hauteur de pareille tâche ? Tout le monde s'interroge. Et lui plus encore. À travers les premières démarches qui marqueront sa prise de pouvoir, il joue son autorité à venir. Il le sait. Or il ne peut en choisir à son gré le point d'application. Car une question urgentissime appelle une réponse : depuis vingt-cinq ans les finances royales sont grevées par les dépenses qu'exige la guerre. La pression fiscale atteint un taux insupportable pour le peuple. L'État vit donc à crédit. Contraint d'emprunter à des taux usuraires pour subvenir au quotidien et croulant sous le poids d'une dette accumulée, il est au bord de la faillite. Celle-ci lui a été épargnée à plusieurs reprises par le très brillant surintendant des finances, Nicolas Fouquet, un alchimiste capable de faire surgir de l'or à la demande – mais à très haut prix. Le retour de la paix n'efface pas du jour au lendemain les arriérés accumulés. Il faudra du temps pour y parvenir. Mais il est urgent d'amorcer le processus. Quelle forme prendra l'indispensable réforme ? Et surtout, se demande-t-on, qui sera chargé de la mettre en œuvre ? Le sort du surintendant est en jeu. C'est à ce sujet que Louis XIV est amené, qu'il le veuille ou non, à prendre ce qui sera le premier acte politique marquant de son règne : l'arrestation de Fouquet, qui fit l'effet d'un coup de tonnerre à la fin de cet été où la cour se livrait sans retenue aux délices de la paix retrouvée.

L'adieu à Mazarin

Vincennes, 9 janvier 1661 : Mazarin vient de rendre l'âme dans l'enceinte de la forteresse où il s'était fait aménager un appartement à l'abri des turbulences parisiennes. La cour et l'ensemble du gouvernement s'y étaient transportés avec lui. C'est de là qu'il avait dirigé les affaires du pays, sans partage, jusqu'à son dernier souffle. Louis XIV pleura beaucoup : il y était enclin et ne s'en cachait pas. Sa mère pleura un peu moins ; depuis que son fils était majeur, il la consultait peu, elle se sentait écartée. Leurs larmes tarirent dès qu'ils quittèrent les lieux, comme le leur imposait le rituel[1]. Prévisible depuis si longtemps, cette mort avait épuisé en eux d'avance une bonne part des capacités d'émotion et le soulagement prévalait. Mais ils savaient ce qu'ils lui devaient. Un honneur insigne en fut le témoignage : ils décrétèrent pour lui un deuil officiel comme on n'en accordait qu'aux membres

---

1. À l'origine le roi, incarnant en sa personne la continuité de l'État, ne devait pas demeurer dans la maison où gisait son défunt prédécesseur. La règle s'était ensuite généralisée pour les autres morts.

de la famille royale[1], l'équivalent de ce que seraient aujourd'hui des funérailles nationales. Sa mémoire était désormais intouchable. Le pouvoir passait aux mains du jeune roi et nul ne savait ce qu'il allait en faire.

Dix-huit ans durant, le cardinal avait dirigé le pays. Dix ans consacrés à venir à bout des troubles intérieurs, huit à terminer sur une victoire sans appel la guerre contre l'Espagne engagée par Louis XIII en 1635. Luttant contre vents et marées, tenant tous les leviers, veillant à tout, il était à bout de forces. « Je meurs content, écrivit-il au cardinal Barberini, puisque la divine providence a daigné prolonger ma vie jusqu'à la conclusion de la paix » – entendez la paix « générale ». Il n'y avait plus nulle part entre États européens le moindre conflit armé. Il mourait maître de la France et arbitre de l'Europe, possesseur de surcroît d'une fortune surpassant largement celle de Richelieu[2] et que beaucoup de monarques, à commencer par celui de France, auraient pu lui envier. À vrai dire, il se rendait compte qu'un scandale risquait

---

1. À cette date, nulle interprétation malveillante ne vint attribuer cet honneur à ses prétendues relations avec Anne d'Autriche, tant il était clair qu'il avait tenu auprès du jeune roi, en tant que parrain, le rôle du père tôt disparu.

2. Des études récentes, très novatrices, ont montré que Richelieu s'était fort enrichi. Mais cela ne choquait pas autant parce qu'il appartenait à la noblesse française. Mazarin, Italien et roturier, souffrait d'un préjugé défavorable. Les chiffres auxquels elles ont abouti sont respectivement de 25 et 38 millions de livres. À 4 ou 5 on passait déjà pour richissime.

de surgir si l'on enquêtait sur sa source. Il adopta donc une démarche propre à couper court aux critiques. S'inspirant du rituel en usage selon lequel le confesseur invite les mourants à rendre à leur possesseur initial les biens indûment acquis, il décida, puisqu'il tenait tous les siens du roi, de les lui restituer en faisant de lui son légataire universel. Celui-ci n'y consentit pas et accompagna son refus d'un panégyrique affirmant qu'il s'agissait du très légitime salaire de l'énorme travail fourni. Pourquoi pas ? À l'aune des « récompenses » prodiguées aux anciens rebelles pour qu'ils veuillent bien se soumettre, on aurait même pu penser qu'il était mal payé.

Mais ce quitus royal n'empêcha pas les langues de courir. En faisant de l'époux de sa nièce Hortense le principal héritier, Mazarin avait précisé qu'il s'opposait à tout inventaire. Pourtant il faudrait bien en faire un pour soustraire du tout les legs destinés à des bénéficiaires particuliers – dont au premier chef Louis XIV et ses proches ! L'entreprise prendrait du temps, car les affaires du défunt étaient d'une extrême complexité, entretenue à dessein. On s'en tint donc pour lors aux propos en l'air. Dans l'immédiat on s'interrogeait avant tout sur la succession du cardinal, dont la disparition créait une béance à la tête de l'État. Qui donc allait prendre en charge la direction effective du gouvernement ? Les supputations allaient bon train, les ambitions s'aiguisaient. Le roi n'avait aucune expérience des affaires et, apparemment, aucune propension à s'y intéresser. Dès le lendemain pourtant, il proclama haut et fort que le maître, désormais, c'était lui. Il fit assembler les princes, les ducs et les ministres d'État dans la chambre de la reine mère où se tenaient les Conseils – dont ils étaient membres de droit –, pour les aviser que c'en était fini. Il les informa qu'il avait pris la résolution de commander lui-même son État « sans s'en reposer que sur ses propres soins » et il les congédia en leur disant que quand il aurait besoin de leurs bons avis, il les ferait appeler. Chacun lui promit une obéissance entière, et aucun ne le crut capable de soutenir une telle résolution.

Car dans la pratique, la continuité sembla prévaloir. Il conservait les trois ministres d'État qui, du temps de Mazarin, avaient tenu les rôles principaux : aux Affaires étrangères, Hugues de Lionne, à la Guerre Michel Le Tellier et aux Finances le surintendant Nicolas Fouquet. Tous trois étaient gens rassis ayant passé la quarantaine. Issus de la classe d'âge intermédiaire entre le roi et sa mère, ils assuraient la transition. On les surnomma la « triade ». La paix des Pyrénées, signée le 7 novembre 1659, promettait quelques loisirs aux deux premiers. À vrai dire, seul Fouquet aurait du pain sur la planche. On ne remarqua guère l'arrivée dans ses bureaux d'un nouveau venu, l'ancien factotum du défunt, Colbert, dont on ne savait pas grand-chose. Le public eut donc l'impression que rien n'avait changé en politique. « L'ombre du cardinal était encore la maîtresse de toutes choses et il paraissait que le roi ne pensait à se conduire que par les sentiments qu'il lui avait inspirés. » L'on pouvait dire de lui ce que l'on disait d'Alexandre : « Même mort il règne encore. »

Nul ne pouvait alors se douter que se mettait en place ce que les historiens ont nommé par la suite une « révolution monarchique », modifiant profondément la manière de gouverner. Car le spectacle que donnait la cour, en ce printemps de 1661, n'avait rien pour convaincre que Louis XIV était prêt à s'atteler aux tâches les plus urgentes. « Les impôts n'étaient point diminués, observe Choisy, et, sous le prétexte spécieux de rétablir les finances, les choses allaient leur train ordinaire. On ne voyait que spectacles publics, ballets mêlés de musique, carrousels, feux d'artifice. La cour était dans la magnificence extérieure, toute la misère était au-dedans. On voyait bien les fleurs de la paix, on n'en avait point encore goûté les fruits. » L'été de 1661 resta en effet dans les mémoires comme celui de tous les plaisirs et de toutes les folies.

Le roi et sa cour s'en donnent à cœur joie

Après la mort de Mazarin la vie reprit ses droits très vite. Trois semaines plus tard, en plein carême, on célébra sans cérémonie l'union de Philippe d'Orléans, frère du roi, avec sa cousine Henriette d'Angleterre dans la chapelle privée du Palais-Royal, qui leur était assigné comme logement. Louis XIV et Marie-Thérèse, mariés de l'année précédente, ont chacun vingt-deux ans, Philippe en a vingt et Henriette dix-sept. Grâce aux deux jeunes couples, la cour, à la différence du ministère, a pris, elle, un grand coup de rajeunissement : par rapport à celle d'Anne d'Autriche, un saut de près de quarante ans. Au bout de tant d'années d'angoisse et de contraintes, la paix libérait des énergies longtemps contenues. Oubliés les troubles civils, oubliée la guerre étrangère qui chaque été prenait son tribut de jeunes vies. On rêve d'évasion, de grand air, de liberté. Quand les beaux jours s'annoncent, pourquoi s'enfermer à Paris, dans le vieux Louvre sombre et malodorant ? À cette date, Versailles n'est encore qu'un modeste pavillon hérité de Louis XIII. On opte pour Fontainebleau. Dès le 20 avril, la cour s'y transporte pour un très long séjour, qui se prolongera jusqu'en décembre : une entorse à l'usage, puisqu'on se bornait d'ordinaire à y passer les mois d'automne, voués à la chasse. Mais à cela, il y a une excellente raison : la paix a libéré la fleur de la noblesse française des obligations militaires qui occupaient tous ses étés. C'est la première fois, depuis vingt-cinq ans, qu'elle n'est pas en campagne[1]. Des grandes vacances à la belle saison, dans un cadre sylvestre, avec un canal navigable et la Seine toute proche : un rêve ! Adieu le temps où les femmes passaient l'été entre elles, à l'écart des hommes occupés à se battre contre l'Espagne ou à mener la guerre civile ! À bord du bateau doré en forme de galère où

---

1. Exception faite pour l'été de 1660, où le mariage de Louis XIV, avec ses préparatifs et ses suites, a concentré toutes les activités.

Sa Majesté offre collation sur le canal, les anciens frondeurs, Condé et Beaufort, se disputent l'honneur de faire le service. « Le bal, les comédies, les promenades en calèche et les chasses étaient fréquents, note Mme de Motteville. Rien de tout ce qui peut divertir ne semblait manquer dans cet agréable séjour. Les différentes cours et les différents jardins de Fontainebleau paraissaient des palais et des jardins enchantés, et ses déserts des Champs-Élysées. »

Que faire dans des palais et jardins enchantés, quand on a vingt ans, sinon s'adonner à la « belle galanterie » ? Ils sont jeunes, ils sont beaux – ou ont les moyens de le paraître –, ils se sentent adultes depuis que le mariage les a soustraits à l'autorité de leurs aînés, ils ont envie de mordre dans la vie à belles dents. Henriette d'Angleterre, fille du roi mort sur l'échafaud, avait été accueillie sans chaleur par sa famille française. La restauration de son frère lui valut d'épouser le cadet des deux fils de France. Elle eût préféré l'aîné. Louis XIV l'a beaucoup humiliée, du temps qu'elle n'était qu'une gamine sans grâce, en refusant de danser avec elle. Mais en peu d'années, la gamine, bien que toujours fort maigre, est devenue une jeune femme charmante et, ce qui ne gâte rien, pleine d'esprit. Sa biographe, Mme de La Fayette, avait observé de ses yeux les progrès de leur idylle. « Le roi connut, en la voyant de plus près, combien il avait été injuste en ne la trouvant pas la plus belle personne du monde. Il s'attacha fort à elle et lui témoigna une complaisance extrême. Elle disposait de toutes les parties de divertissement ; elles se faisaient toutes pour elle, et il paraissait que le roi n'y avait de plaisir que par celui qu'elle en recevait. » Bref, ce sont eux qui menaient le bal. Car un début de grossesse valait à la reine d'être entourée d'un cocon protecteur et Philippe, bien que ses goûts le portent notoirement ailleurs, poursuivait son épouse d'une jalousie grondeuse. On était dans le milieu de l'été : « Madame s'allait baigner tous les jours ; elle partait en carrosse, à cause de la chaleur, et revenait à cheval, suivie de toutes les dames, habillées galamment, avec mille plumes sur leurs têtes, accompagnées du roi et de la jeunesse de la cour : après souper, on montait dans des calèches, et au bruit des violons, on s'allait promener une partie de la nuit autour du canal. »

Marie-Thérèse ne savait que pleurer et gémir. Anne d'Autriche s'en alla donc sermonner son fils. Mais les deux imprudents n'étaient plus d'âge à supporter les admonestations parentales. Loin de se détourner du roi, Henriette ne songea plus qu'à lui plaire, « comme belle-sœur », précise Mme de La Fayette. « Mais, ajoute-t-elle, je crois qu'elle lui plut d'une autre manière ; je crois aussi qu'elle pensa qu'il ne lui plaisait que comme un beau-frère, quoiqu'il lui plût peut-être davantage : mais enfin, comme ils étaient tous deux infiniment aimables, et tous deux nés avec des dispositions galantes, qu'ils se voyaient tous les jours au milieu des plaisirs et des divertissements, il parut aux yeux de tout le monde qu'ils avaient l'un pour l'autre cet agrément qui précède d'ordinaire les grandes passions. »

Ils n'allèrent cependant pas jusque-là[1]. Ils préparaient alors le *Ballet des saisons* – livret de Benserade, musique de Lully –, qui devait être donné en plein air le long de l'étang, sur un théâtre doté par la nature d'une profondeur interdite aux salles closes : les « entrées » successives surgissaient tour à tour du fond d'une allée voilée de ténèbres. Louis XIV, excellent danseur, y tenait le rôle principal, celui du Printemps, avec Henriette comme principal partenaire féminin. Chaque répétition les rapprochait, prêtant à équivoque, sous l'œil soupçonneux de toute la cour. Ils décidèrent donc de détourner l'attention en recourant à ce qu'on nommera plus tard un « chandelier » : le roi feindrait d'en courtiser une autre. Après avoir hésité entre trois, leur choix se porta sur une fille d'honneur de Madame, « fort jolie, fort douce et fort naïve », une blonde aux yeux bleus, Louise de La Vallière. Et ce qui devait arriver arriva. Depuis toujours, l'amour flottait dans l'air à Fontainebleau. Mais qui se joue de lui risque de se brûler. Henriette en fit la douloureuse expérience. Elle enragea de voir le roi lui préférer une

---

[1]. Certes Henriette était imprudente. Certains biographes n'hésitent pas à leur prêter une liaison effective. Mais – en dehors des scrupules d'ordre moral et religieux – il est très peu probable qu'ils en aient eu la possibilité matérielle, tant était étroite la surveillance diligentée par trois paires d'yeux – les deux reines et l'époux jaloux – plus ceux des soupirants rivaux. Pour mémoire : les calèches étaient des voitures légères découvertes dont la capote, quand on la relevait, ne protégeait que très imparfaitement l'arrière de la pluie, mais pas des regards ; c'étaient des voitures dont on usait pour être vu.

simple suivante. En vain. Les amoureux se cachèrent : « Ils gardaient beaucoup de mesures ; il ne la voyait pas chez Madame et dans les promenades du jour ; mais à la promenade du soir il sortait de la calèche de Madame, et s'allait mettre près de celle de La Vallière, dont la portière était abattue ; et comme c'était dans l'obscurité de la nuit, il lui parlait avec beaucoup de commodité. » Il ne se contenta pas de lui parler, bien sûr. Le duc de Saint-Aignan leur prêta la petite chambre dont il disposait dans les combles du palais. Elle allait être bientôt sa première maîtresse déclarée et lui donner quatre enfants.

Voilà de quoi occuper largement un jeune homme de vingt-deux ans. Les divertissements de cet été magique furent si brillants qu'ils accaparèrent l'essentiel de l'attention. Aussi les témoignages leur font-ils la part très belle, au détriment des heures consacrées au travail. De quoi conforter les plus sceptiques dans l'idée qu'il se lasserait vite de gouverner. Et pourtant ! À Paris, dès le lendemain de la mort du cardinal, il s'était appliqué à prendre une exacte connaissance des affaires ; il leur accordait la plus grande partie d'un temps dont son épouse recueillait le reste. Et en un mois et demi, il avait abattu une besogne considérable qui fait l'admiration des historiens. À Fontainebleau, comme de coutume pour une cour itinérante, dit Choisy, le cœur du gouvernement avait suivi. En vedette, Fouquet, tout chargé de dossiers. À ses côtés l'indispensable Colbert, seul au courant des secrets de Mazarin. « Le roi était tous les jours cinq ou six heures dans ses conseils et entretenait souvent ses ministres en particulier, pour voir s'ils lui diraient les mêmes choses que lorsqu'ils étaient ensemble. Il se faisait lire toutes les lettres des ambassadeurs et y répondait lui-même; mais cela ne l'empêchait pas de donner toutes sortes de divertissements à sa cour. » Il travaillait dans la journée et s'amusait le soir. Bref, il avait déjà opéré le partage entre le travail et les plaisirs, auquel il se tint toute sa vie. On s'y accoutuma plus tard. Mais pour lors, ils passaient pour inconciliables. Et l'attention qu'il marquait aux finances, échappant aux regards de la cour, se remarquait d'autant moins que le galant surintendant, cédant à l'ambiance générale, courait pour son propre compte les filles d'honneur tandis que son épouse terminait une grossesse. La reine mère elle-même, à qui Le Tellier décrivait les bonnes résolutions de son fils, lui « rit au nez, en lui disant: "En bonne foi, Monsieur Le Tellier, qu'en croyez-vous ?" ». Chacun pensait qu'il ne tarderait pas à se décharger du travail en reprenant un premier ministre. Et parmi les candidats en course, Nicolas Fouquet tenait la corde, bien que Colbert s'efforçât de compromettre ses chances,

La fête de Vaux-le-Vicomte

À Fontainebleau au fil des jours, jalousies, intrigues et commérages alourdissaient l'atmosphère. On commençait à y étouffer et on avait épuisé le répertoire des amusements. Comment les renouveler ? Il n'était bruit que de Vaux-le-Vicomte, distant de quelques lieues seulement – à peine un détour sur la route de Paris –, où le surintendant avait entrepris, disait-on, des travaux pharaoniques. Au début de l'été 1659 il y avait reçu tour à tour Mazarin, puis Louis XIV et sa mère. Un an plus tard, le roi et la jeune reine, regagnant Paris au retour de leurs noces à Saint-Jean-de-Luz, y avaient fait halte pour dîner et la Grande Mademoiselle, qui faisait partie de leur suite, n'avait pas tari d'éloges: « C'était un lieu enchanté, et le repas fut un des plus magnifiques que l'on peut imaginer. » Plus récemment, le 11 juillet 1661, le jeune couple d'Orléans y avait été régalé du spectacle des grandes eaux, puis, après la collation, d'un concert et de *L'École des maris*, jouée par la troupe de Molière. Faute d'avoir pu y assister, Louis XIV convia celui-ci à rejouer sa pièce à Fontainebleau peu après.

Et les langues continuèrent de marcher. De visite en visite, les travaux avaient avancé et les descriptions récentes aiguisaient la curiosité. « Il y avait longtemps que le roi avait dit qu'il voulait aller à Vaux. » A-t-il vraiment sollicité l'invitation ou est-ce Fouquet qui, devant ce désir ouvertement exprimé, en prit l'initiative? On ne sait. De toute façon, c'était la carte forcée[1]. « La prudence eût dû l'empêcher de faire voir au roi le mauvais usage des finances », ajoute Mme de La Fayette. Facile à dire après coup. En vérité, il ne

---

1. De même, en 1671, lorsque Louis XIV décida de rendre au Grand Condé la faveur qu'il lui marchandait depuis son retour en France, il lui fit savoir qu'il l'autorisait à l'inviter chez lui. Ces deux fêtes fameuses, celle de Vaux et celle de Chantilly, virent l'une la consécration de Vatel et l'autre sa mort tragique.

pouvait pas se dérober. En revanche, dira-t-on, il était libre du style, plus ou moins fastueux, à donner à sa réception. Même pas. Car les récits successifs renchérissaient tour à tour sur l'accumulation de merveilles. Aurait-il, sans scandale, pu faire pour le souverain en personne moins que pour son frère ? Il était condamné à la surenchère, mais sans doute pas dans ces proportions. La seule faute qu'on puisse lui imputer est, semble-t-il, de n'avoir pas pressenti le danger.

La fête donnée à Vaux le 17 août 1661 fut donc « la plus complète qui eût jamais été », sublimée par un temps resplendissant. Fouquet, disposant seulement d'un mois pour les préparatifs, se surpassa. Les aménagements intérieurs n'étaient pas totalement achevés. Il fit venir par charrois entiers de son hôtel parisien et de sa maison de Saint-Mandé des tapisseries à tendre sur les murs, de la vaisselle d'argent et du linge pour garnir les quatre-vingts tables et les trente buffets qui fourniraient la principale collation. Il confia à Vatel le soin de l'intendance et somma Molière, toutes affaires cessantes, de brosser pour lui une comédie inédite.

Tout était fin prêt lorsque parurent les gardes françaises, battant tambours et sonnant trompettes. Ils précédaient les carrosses d'où débarquèrent le roi, la reine mère et ses dames, suivis de toute la cour. Madame Henriette, qui entamait la première de ses huit grossesses, arriva en litière. Seule, Marie-Thérèse, enceinte de plus de six mois, avait été confinée chez elle. La foule des courtisans fut dirigée vers les jardins où jaillissaient de toutes parts les eaux, tandis que les plus hauts personnages étaient conviés avant la promenade à quelques instants de repos dans le château. Lorsqu'il avait dîné à Vaux lors d'une simple halte l'année précédente, sans faste excessif, Louis XIV avait vu les lieux dans l'état où ils étaient alors, la décoration inachevée. En les découvrant ce jour-là dans tout leur éclat, il en mesura soudain l'incomparable grandeur et il eut un choc, remarqué par Mme de La Fayette, qui accompagnait alors Henriette : « Le roi en arrivant en fut étonné[1], et M. Fouquet le fut de remarquer que le roi l'était ; néanmoins ils se remirent l'un et l'autre. » Échange muet, fugace, mais très significatif. Le roi s'en veut de s'être livré ainsi – marque de faiblesse – et il se reprend. Trop tard. Fouquet s'en est aperçu et il a eu l'imprudence de le laisser voir : impardonnable !

Le reste de la fête, très réussi, offrit une abondante matière aux narrateurs en prose et en vers, sans leur procurer de vrai souffle poétique. De la visite des jardins, ils retinrent surtout le spectacle des eaux jaillissantes et cascadantes, dont la puissance était telle qu'on croyait parfois marcher comme entre deux murs liquides. Chaque bassin avait son décor propre, original : « Il y eut grande contestation entre la Cascade, la Gerbe d'eau, la Fontaine de la Couronne, et les Animaux, à qui plairait davantage », dit plaisamment La Fontaine, qui était là comme familier de la maison. Et la retombée de tous ces jets faisait « un si grand et si

---

1. N'oublions pas que ce mot avait beaucoup plus de force alors que de nos jours : il signifiait au bas mot *stupéfait*, voire *frappé de stupeur*.

beau bruit que chacun jurait que c'était le trône de Neptune». On n'avait rien vu de pareil, même en Italie, dans les célébrissimes jardins de Tivoli et de Frascati.

Autre souvenir marquant: l'extraordinaire prestation de Molière. Moins par la comédie des *Fâcheux* elle-même que par la manière dont il sut l'intégrer à l'ensemble du programme. Le prologue obligé, à la louange du roi, s'inspire du décor naturel: ce sont les nymphes et les dryades de Vaux qui sortent des frondaisons pour lui rendre hommage et leur porte-parole est Madeleine Béjart, surgie d'une coquille entrouverte pour le célébrer en leur nom et introduire la comédie. Construite comme une suite de sketches, dirait-on aujourd'hui, celle-ci montre un homme qui cherche à dissiper un malentendu avec sa bien-aimée et en est sans cesse empêché par des «fâcheux», qui le soûlent de leur vain bavardage. Ce genre de pièce est modulable. L'idée de génie fut d'y introduire entre les actes des intermèdes musicaux, avec des fâcheux dansants. Fort sagement, Molière en avait confié le soin à des professionnels. Mais il avait résolu un des problèmes sur lesquels butaient les grands ballets de cour à thèmes: comment raccorder les différentes «entrées» en un ensemble cohérent? Il venait d'inventer la comédie-ballet et, du même coup, de faire la conquête de Louis XIV.

Vers la fin du spectacle, le ciel s'était obscurci, l'heure était propice au feu d'artifice, sans lequel il n'est pas de fête estivale réussie. Celui-ci ne s'écarta de l'usage que par la profusion, car il eut lieu en deux temps. D'abord dans les jardins, sur le canal, pour un « combat du feu avec l'onde », où l'on vit s'échapper d'une baleine des fusées pétaradantes, tandis que s'épanouissaient dans le ciel des girandoles en forme de lettres entrelacées et de fleurs de lys, que La Fontaine évoqua pour son ami Maucroix :

> Figure-toi qu'en même temps
> On vit partir mille fusées,
> Qui par des routes embrasées
> Se firent toutes dans les airs
> Un chemin tout rempli d'éclairs,
> Chassant la nuit, brisant ses voiles.
> As-tu vu tomber les étoiles ?

Le vacarme était tel que « le chœur des Néréides s'enfuit sous ses grottes humides » et que « Neptune étonné put craindre d'être détrôné ». Puis, tandis que le cortège royal, ne s'attendant plus à rien, prenait au bruit des tambours le chemin du château où l'attendait une dernière collation, « on vit en un moment le ciel obscurci d'une épouvantable nuée de fusées et de serpenteaux. Faut-il dire obscurci ou éclairé ? Cela partait de la lanterne du dôme : ce fut en cet endroit que la nuée creva d'abord. On crut que tous les astres, grands et petits, étaient descendus en terre. [...] Mais l'orage étant cessé, on les vit tous en leur place ». Et cet orage n'eut pour victimes – dans l'immédiat du moins – que deux chevaux des carrosses de la reine mère qui, affolés, rompirent leurs liens et tombèrent dans un fossé où ils se cassèrent les reins.

Tous en convinrent : Vaux était une pure merveille et la fête avait atteint une manière de perfection. Le maître des lieux n'avait pas commis la moindre faute. «Tout combattit à Vaux pour le plaisir du roi, / La musique, les eaux, les lustres, les étoiles.» Dans la salle à manger il put admirer une peinture de Le Brun qui le représentait en majesté, trônant sur les fleurs de lys à l'occasion d'un lit de justice. Des hommages respectueux, des attentions délicates accompagnèrent ses pas toute la soirée. De quoi pourrait-il se plaindre ? Certes les témoins plus tardifs, connaissant la suite, furent enclins à chercher dans leurs souvenirs des détails prémonitoires. Mais dans la relation de La Fontaine, la mort «tragique et pitoyable» des deux chevaux, dès lors voués à «tirer la barque de Caron», loin de porter atteinte au climat d'allégresse qui baigne l'ensemble, a plutôt pour effet de le rehausser. Cinq jours plus tard, le poète, serein, en est encore comme envoûté.

Par cette fête, Fouquet s'est-il qualifié pour le ministère ? Il en a en tout cas la stature et nul ne peut lui disputer la palme en matière de mécénat. Est-ce un atout ou un handicap ? Comme les pronostics sont partagés, on attend de voir d'où soufflera le vent. Il interrogea son fidèle factotum, Gourville, qui tenta de l'avertir : «Les uns disent que vous allez être déclaré Premier ministre, les autres qu'il y a une grande cabale contre vous pour vous perdre.» Il se crut pourtant à l'abri du danger : il se rassurait à la vue des amabilités que le roi lui prodiguait. Mais depuis la fin juillet, il n'allait pas bien. La mort de Mazarin avait bouleversé ses conditions de travail : il ne régnait plus seul sur les finances et l'avenir était lourd d'incertitudes. S'ajoutant à la tension permanente dans laquelle il devait vivre, de violentes crises de paludisme l'obligeaient à s'aliter, grelottant de fièvre, au bord du délire.

Mais à Fontainebleau, où la vie de cour a repris son rythme de croisière, l'avenir politique du surintendant n'est pas au centre des conversations : le sujet du jour est l'amour du roi pour Louise de La Vallière, qui heurte les hiérarchies féminines et plonge à la fois la reine et sa belle-sœur Henriette dans les affres de la jalousie. Quelle mouche pique soudain Louis XIV pour qu'il décide de se rendre à Nantes ? « Ce voyage, auquel on ne voyait aucune nécessité, paraissait la fantaisie d'un jeune roi. »

L'arrestation

Qu'allait faire le roi à Nantes ? Bien qu'ayant largement arpenté son royaume au temps des troubles, il n'avait jamais mis le pied en Bretagne. Il ferait donc à ses sujets l'honneur de présider leurs États, tout en sollicitant d'eux une contribution nécessaire au renflouement des finances. La visite promettant d'être courte, il laissa le gros de la cour à Fontainebleau, auprès des dames, mais il emmena, comme il était normal, ses ministres et leurs commis, pour assurer la continuité des tâches gouvernementales. En outre, détail insolite, il se fit accompagner de sa maison militaire. Pourquoi ce déplacement coûteux ? Par caprice d'un jeune souverain épris de décorum ? Ou y avait-il anguille sous roche ? Fouquet avait en Bretagne de puissants intérêts – des parents, des amis, des terres, beaucoup d'argent investi dans des entreprises maritimes – et il y possédait Belle-Île où de mystérieux travaux étaient en cours. L'on commença de se poser des questions. Auprès de Fouquet les signaux d'alerte se multiplièrent. Mais qu'aurait-il pu faire ? Se dérober, même sous prétexte de santé, c'était perdre le bénéfice de tous ses efforts antérieurs, se condamner à la déchéance, voire à l'exil. Il se bourra de quinquina pour faire tomber sa fièvre et voulut croire à sa chance.

Le 28 août, en carrosse, il gagna Orléans où il s'installa, avec sa femme et son ami Hugues de Lionne, dans une luxueuse « cabane » propulsée par des rameurs : ainsi nommait-on dans la région ces chalands à fond plat munis d'une tente, aptes à descendre le fleuve très rapidement sans crainte des bancs de sable. Il y trouva un logement confortable. Un peu après la halte d'Angers, son embarcation avait doublé, avec échange de coups de chapeau, la légère galiote à voile qui transportait le jeune Brienne. Plus loin, elle fut rejointe par une autre cabane, montée par Colbert et Le Tellier, qui suscita de nouveaux saluts, un peu pincés. À croire que le ministère tout entier s'était donné rendez-vous sur la Loire ! Un commis de Brienne, voyant les deux embarcations forcer sur les rames comme si elles se disputaient un prix, s'exclama : « L'une d'elles fera naufrage à Nantes ! », mais il se garda de dire laquelle et de citer son informateur.

Le roi, lui, plus jeune et plus vigoureux, ne partit que le 29 août au matin, à cheval, accompagné de Turenne et de quelques gentilshommes. En quarante-huit heures, à grandes guides et toujours courant, après une nuit passée à Blois, il gagna Angers, où il consentit à prendre un carrosse... que le duc de Beaufort, voulant jouer les auriges, fit verser dans un fossé. Indemne mais furieux, il s'accommoda de la première rosse venue et poursuivit jusqu'à Ancenis, d'où il repartit le lendemain au galop. Il arriva à Nantes plus tôt que prévu, dans la journée du jeudi 1er septembre, suivant de peu la flottille de ses ministres, débarquée la veille au soir. Il descendit au château, y dîna[1] et procéda aussitôt à la réception des corps constitués de la ville. Il leur réitéra sa promesse de respecter leurs privilèges et les avisa qu'il se contenterait d'un « don gratuit » de trois millions, au lieu des quatre annoncés. Visiblement le voyage de Nantes ne visait pas à leur soutirer de l'argent.

Fouquet avait pris gîte à l'autre bout de la ville, dans une demeure appartenant à son amie, la marquise Du Plessis-Bellière. On n'en devina pas d'abord la raison : on ignorait alors que cette maison possédait un aqueduc sous terre qui menait à la rivière, et qu'il pourrait par là « se sauver dans Belle-Île, en cas qu'on vînt pour l'arrêter ». Mais il n'était pas en état de le faire. Il gardait le lit, secoué par des accès de fièvre tierce. Le roi, informé, envoya Brienne prendre de ses nouvelles. S'ensuivit alors une conversation étrange,

---

1. Rappelons qu'il s'agit du repas de midi, pris dans la haute société aux alentours de deux heures.

rapportée par Brienne fils et reprise par son ami Choisy. Le vieux ministre avait compris ce qui se préparait. Il n'aimait pas le surintendant, mais avait reçu de lui récemment un service appréciable. Il fut surpris et embarrassé par son aveuglement. Car Fouquet, ému par ce qu'il prenait pour une aimable attention, s'exclamait: «Le roi a bien de la bonté pour moi.» Et quand, ignorant que l'affaire était déjà réglée, il le chargea d'informer celui-ci qu'il lui répondait de la docilité des États de Bretagne, le visiteur n'eut qu'un désir, s'en aller au plus vite. Mais le malade le retint: «Vous êtes de mes amis; je vais m'ouvrir à vous. Colbert est perdu, et ce sera demain le plus beau jour de ma vie.» Et il demanda s'il n'y avait rien de nouveau.

Alors Brienne lui révéla tout ce qu'il crut possible. Il lui dit «que ce matin-là on n'entrait plus chez le roi par le chemin ordinaire; qu'il fallait passer l'un après l'autre par un petit corridor fort étroit; que Rose, secrétaire du cabinet, écrivait sur une petite table dans ce corridor, et qu'il était obligé de se lever à chaque personne qui passait; que M. de Gesvres, capitaine des gardes du corps en quartier, et Chamarande, premier valet de chambre, étaient seuls à la porte du cabinet; que le roi y avait été enfermé tout le matin, et que, quand il était entré dans le cabinet, le roi avait jeté un grand morceau de taffetas vert sur une table couverte de papiers; que tous ces petits changements donnaient à raisonner aux courtisans». Il n'ajouta pas qu'il venait de voir dans sa rue, à cent pas de sa porte, deux mousquetaires qui paraissaient y être par ordre, et qui l'avaient fort examiné en passant. Fouquet soutint que tout cela regardait Colbert, et Brienne n'osa lui dire qu'il n'en croyait rien.

Lorsque celui-ci revint au château rendre compte de sa mission, tout était rentré dans l'ordre, on ne passait plus par le corridor. Le roi le renvoya dire au surintendant qu'il ne manquât pas d'être au Conseil le lendemain à sept heures du matin. Quand il y alla le soir, il le trouva «fort abattu de corps et d'esprit. Sa fièvre l'avait extrêmement tourmenté ; et il lui était venu tant d'avis, et de tant de côtés, qu'enfin il avait ouvert les yeux. Toute la rue et les environs de sa maison étaient remplis de mousquetaires». On le pressait de se sauver par l'aqueduc, dont il révéla l'existence à Brienne : de l'autre côté, un petit bateau l'attendait dans la rivière. «Mais je n'en veux rien faire, déclara-t-il ; il en faut courre le risque. Je ne puis croire que tout ceci soit contre moi.» Et d'invoquer un pardon qu'il aurait obtenu du roi pour ses fautes passées. Brienne crut ou fit semblant de croire tout ce qu'il lui avait dit et le quitta. Le lendemain à six heures, lorsqu'il alla le chercher pour le conduire au Conseil, il trouva les portes de la maison gardées par les mousquetaires, qui lui dirent que le surintendant était déjà parti. Il se rua au château. Fouquet s'y trouvait déjà. Voyant les mousquetaires rangés sur la place, il s'était persuadé qu'ils étaient là en prévision d'une chasse. Il avait rejoint, à l'étage, la salle réservée au Conseil, qui se déroula comme de coutume. À la fin, Le Tellier, sorti le premier, glissa un billet dans la main de Boucherat, alors commissaire du roi aux États de Bretagne, en lui disant : «Lisez vite et exécutez.» Dans l'escalier, Boucherat s'arrêta pour ouvrir le billet, où il trouva ces mots : *Le roi vous ordonne d'aller tout à l'heure*[1] *mettre le scellé chez M. le surintendant.* Fouquet, descendant à son tour, le doubla, en lui donnant paisiblement le bonjour.

D'Artagnan, capitaine lieutenant des mousquetaires, titulaire de longues années de service et d'une fidélité à toute épreuve, l'attendait en bas. Il avait pour consigne de l'arrêter dès qu'il aurait franchi la grille du château, pour ne pas empiéter sur l'espace intérieur à l'enceinte relevant du marquis de Gesvres. Mais son attention fut détournée par hasard et il le manqua. Il courut tout éperdu et le trouva dans sa chaise à porteurs, sur la place Saint-Pierre, tout près de la cathédrale où il se rendait à la messe[2]. Il demanda à lui parler. « Cela ne peut-il attendre ? — Non, ce que j'ai à vous dire ne se peut remettre. » Le surintendant sortit de sa chaise et d'Artagnan lui dit sans préambule : « Monsieur, je vous arrête par ordre du roi. » Il ne parut point étonné et lui dit seulement : « Mais, Monsieur d'Artagnan, est-ce bien moi que vous voulez ? — Oui, Monsieur. » Il dut pour se convaincre lire et relire la lettre de cachet que lui tendait le mousquetaire : « Je ne m'attendais nullement à cela. Je croyais être dans l'esprit du roi mieux que personne dans ce royaume. Je suis à votre disposition, mais, je vous en

---

1. Dans la langue du XVIIe siècle, *tout à l'heure* signifie *tout de suite.*

2. Selon Mme de Motteville, il aurait été sur le point de changer de chaise à porteurs.

prie, que cela ne fasse point d'éclat. » Après une brève pause chez un chanoine voisin, où d'Artagnan l'invita à vider ses poches et à avaler un bol de bouillon en prévision du voyage, il le fit monter dans le carrosse préparé à dessein, aux fenêtres grillagées. Il y prit place à ses côtés avec trois officiers. Un peu plus loin, à Mauves, sur les bords du fleuve, ils rejoignirent le gros de la troupe des mousquetaires qui les conduisit à Angers, où le vieux château devait lui servir provisoirement de prison.

À Nantes, le roi était resté enfermé dans son cabinet, jusqu'à confirmation du succès. Il annonça alors aux courtisans qui se trouvaient là : « J'ai fait arrêter le surintendant ; il est temps que je fasse moi-même mes affaires », ajoutant qu'il comptait « soulager ses peuples au-delà de ce qu'ils pouvaient espérer » et « obliger tout le monde à bénir son administration et son règne ». Il avait fait comprendre à tous, expliqua-t-il dans une lettre à sa mère, que « le meilleur parti était de s'attacher à lui ». Il n'osait pas encore dire *le seul*. On était le 5 septembre, jour de son vingt-troisième anniversaire.

En dépit des bruits alarmants, cette arrestation prit tout le monde de court. On croyait à une disgrâce, mais pas un coup d'une telle brutalité. Aussi la quête de ses dossiers fut-elle fructueuse. La demeure qu'il occupait à Nantes fut fouillée méticuleusement, les locaux qu'il occupait à Fontainebleau également. On dépêcha un courrier pour faire mettre sous scellés son hôtel parisien et sa maison de Saint-Mandé. Mais un de ses serviteurs, alerté par un simple mot[1], le gagna de vitesse, grâce à un système de relais privés mis au point pour desservir ses propriétés bretonnes : il arriva chez Mme Du Plessis-Bellière avec quatre heures d'avance sur l'ordre royal. Malheureusement les fidèles du surintendant, assommés par la nouvelle, ne réussirent pas à s'accorder et ne profitèrent donc pas de ce délai pour dissimuler les papiers les plus compromettants[2]. Il est vrai que régnait dans ces papiers un désordre décourageant. Bref, les huissiers purent placer sous séquestre toutes ses archives. En apprenant son arrestation, sa très pieuse mère, qui réprouvait son mode de vie, s'était jetée à genoux, rapporte Choisy, en s'écriant : « Je vous remercie, mon Dieu ! Je vous ai toujours demandé son salut : en voilà le chemin. » Qu'aurait dit la malheureuse si elle avait su que ses poches, vidées par les soins de d'Artagnan, contenaient quantité de lettres de femmes « qui paraissaient fort reconnaissantes de l'argent qu'il leur envoyait journellement », et qu'un billet de sa main, adressé à une demoiselle inconnue, mêlait sans scrupule sollicitations amoureuses et engagements pécuniaires. À

---

1. Fouquet s'était exclamé : *Ah, Saint-Mandé !* pouvant être compris comme : *À Saint-Mandé !*
2. Selon l'abbé de Choisy, c'est Mme Du Plessis-Bellière qui s'y opposa, disant qu'« il n'y avait rien à lui reprocher depuis que le roi gouvernait par lui-même et que, pour le temps précédent, il n'avait rien fait que par l'ordre du cardinal ». Sur quoi son commis, Bruant des Carrières, ne dit mot, mais prit ses papiers personnels et quelque argent et s'en alla se cacher dans un couvent, d'où il passa bientôt à l'étranger.

l'enrichissement illicite s'ajoutait le libertinage des mœurs. La coupe était vraiment pleine.

L'orage s'abattit sur sa famille et ses principaux serviteurs. Son épouse fut reléguée à Limoges, son secrétaire Pellisson embastillé. Son principal commis avait pris le large à temps. Un seul d'entre les siens passa sans dommage entre les gouttes. Son factotum Gourville, un aventurier intelligent et courageux, peu embarrassé de scrupules, avait servi tour à tour – mais jamais en même temps – La Rochefoucauld, Condé, voire Mazarin : il connaissait énormément de gens et savait beaucoup, beaucoup de choses, mais il avait la sagesse de ne pas s'en vanter. Il ne craignait rien, il avait nettoyé ses papiers avant de partir pour Nantes. Il put rentrer à Paris sans être inquiété. Fidèle à ses employeurs, il dépanna Mme Fouquet, qui partait pour la province sans un sou en poche, avant de disparaître à l'étranger pour un bon bout de temps.

Ce fut comme un coup de tonnerre. Tout était allé très vite. Adulé encore la veille, le surintendant couchait en prison le soir même. L'opinion, travaillée par les rumeurs dénonçant les financiers qui buvaient le sang du peuple, vouait aux gémonies le grand argentier tombé. Au long de la route, les habitants insultaient le prisonnier. Au ministère, à la cour, parmi les gens en place, la stupeur fit bientôt place à la crainte. Les amis de Fouquet se crurent perdus. Hugues de Lionne, effondré, resta sans voix, au point que Louis XIV le prit en pitié et le rassura : « Je sais bien que le surintendant était de vos amis : sa disgrâce ne

vous concerne point et je suis fort content de vous. »
Mais tous ceux – et ils étaient nombreux ! – qui, sans être aussi proches, avaient reçu de lui des services, s'inquiétèrent et chez la plupart le souci de se tirer d'affaire l'emporta. Veut-on un exemple ? Le soin d'arrêter Fouquet aurait dû, selon le règlement, incomber au marquis de Gesvres, capitaine des gardes du corps. Le fait que ce soin eût été confié à d'Artagnan lui parut, à juste titre, comme un signe de méfiance. Pour se dédouaner, il crut devoir hurler comme un « possédé » : « Pourquoi me déshonorer ? J'aurais arrêté mon père, à plus forte raison mon meilleur ami ! » Les femmes tremblèrent, elles, pour leur réputation, car avec Fouquet, galanterie et finances passaient pour faire bon ménage. Nul ne songeait à plaindre le malheureux, sauf le bon La Fontaine, par la voix des nymphes de Vaux.

Louis XIV pouvait être satisfait. Tout s'était passé pour le mieux. Le surintendant se trouvait discrédité. Le public n'avait pas bronché. Les éléments étaient réunis pour un procès retentissant. Il suffit pourtant de consulter les documents disponibles aujourd'hui pour comprendre que rien ne fut simple. On sut très vite, à l'époque, que l'arrestation de Fouquet fut décidée bien avant la fête de Vaux. Contrairement à la légende, elle ne fut donc pas provoquée par une prétendue « jalousie » de Louis XIV devant sa splendeur. Des motifs d'origine très diverse y contribuèrent. Le principe en fut acquis dès le printemps, même si l'exécution fut suspendue jusqu'à l'automne. Avait-on pleinement mesuré les implications d'une telle décision ? Car la France était un pays de droit. On n'était pas en pleine guerre civile, comme au temps du duc de Guise. Certes, en théorie, Louis XIV était habilité à décider seul de son sort, en usant contre lui de sa « justice retenue ». Mais dans la pratique, il ne pouvait y recourir sans scandale que pour un crime irrémissible. Si on arrêtait Fouquet, il faudrait donc le juger publiquement, lui faire son procès, au risque d'ouvrir une boîte de Pandore regorgeant de révélations fort déplaisantes – tout le contraire de ce qu'on visait.

Le récit qui va suivre a pour objet d'évoquer tour à tour, dans une première partie, les principaux acteurs de cette affaire, tels qu'ils étaient en abordant l'année charnière de 1661, puis de montrer, dans une seconde partie, comment la machine infernale qu'ils avaient mise en route n'a pas tardé à leur échapper, engendrant en chaîne des effets secondaires imprévus, encore perceptibles de nos jours, dont nul ne sortit intact.

PREMIÈRE PARTIE

Les acteurs

CHAPITRE PREMIER

Une brillante ascension

Fouquet était un parvenu. En tout cas, il fut perçu comme tel par la noblesse de son temps, qu'elle fût d'épée ou même de robe. Non pour s'être élevé dans l'échelle sociale, dont l'accès n'était nullement fermé aux fils de la bourgeoisie aisée, mais pour en avoir grimpé les échelons beaucoup trop vite, sans dissimuler ses appétits, fier de sa réussite. L'histoire de sa famille est l'exemple type d'un cursus quasi obligé qui scande les étapes de l'ascension. Contrairement à une idée reçue, cette société n'est pas bloquée. L'« ascenseur social », comme on dit aujourd'hui, fonctionne. Mieux vaudrait parler d'escalier cependant, car on ne peut s'y hisser sans effort et on y avance marche par marche. Pas question de brûler les étapes. La montée s'accomplit dans le cadre familial et exige plusieurs générations. De l'une à l'autre, on quitte le négoce pour la magistrature – depuis les offices les plus modestes jusqu'à ceux qui anoblissent –, avant d'exercer dans l'entourage direct du roi des charges apportant pouvoir, honneur et fortune, qui permettront aux plus doués de se glisser, grâce à l'achat de terres et à des mariages judicieux, dans le cercle très fermé des nobles d'ancienne souche. L'exercice demande patience et modestie, qui n'étaient pas les qualités dominantes de Nicolas Fouquet.

Il sortait d'une famille de négociants angevins enrichis dans le commerce du drap. Non, ils n'étaient pas nobles. C'est en vain qu'il déploya des trésors d'énergie pour tenter de les rattacher à d'autres Fouquet, dits des Moulins-Neufs, agrégés à la gentilhommerie locale. Mais depuis qu'ils avaient amassé quelques écus, le désir de le devenir les tenaillait. Son arrière-grand-père, François, deuxième à porter ce prénom, débitait encore des étoffes dans sa boutique de la rue Saint-Laud, à Angers. L'enseigne s'était imposée d'elle-même : trois écureuils signalaient la maison de celui qui avait pour patronyme le vieux nom que conservaient ces animaux dans le langage populaire. Mais il avait pour ses quatre fils de plus hautes ambitions et les moyens d'y satisfaire. Il permit à ses deux aînés, en leur achetant des charges de conseillers au parlement de Paris, de quitter la province pour la capitale. Le suivant dut se contenter du parlement de Rennes, le dernier fit son chemin dans l'Église – lot de consolation traditionnel des cadets – jusqu'à devenir un des aumôniers du roi, ce qui n'était pas si mal. La mort prématurée de François III, emporté par la peste en 1590, faillit briser l'élan familial, mais il avait eu le temps de se signaler par sa fidélité au roi lors des troubles de la Ligue et de procréer un quatrième François, qui fut le père de Nicolas. Le choix d'un même prénom pour chaque aîné, d'une génération à l'autre, témoigne à l'évidence de leur volonté de créer une lignée.

Un homme entreprenant

Bien qu'orphelin très jeune, ce François Fouquet, quatrième du nom, né en 1587, continua sur la lancée amorcée par ses ascendants. Il put grâce à un oncle recevoir l'éducation qui lui permettrait d'accéder à son tour aux fonctions de judicature. Fils unique, il avait recueilli sans partage les biens de ses parents. Au sortir de ses études juridiques, après un bref passage au parlement de Bretagne, il put acquérir, à vingt-deux ans, un office de conseiller au parlement de Paris[1]. L'année suivante, un beau mariage avec Marie de Maupeou, dont le père était alors contrôleur général des finances sous la direction de Sully, vint conforter son statut social et élargir son réseau de relations.

Que demander de mieux ? Les parlements – il y en avait alors neuf au total – n'étaient pas comme aujourd'hui des assemblées de représentants élus, chargés de légiférer, mais des cours de justice tranchant en dernière instance, sauf quand le roi jugeait bon de leur soustraire une cause pour user de son

---

1. Les charges dites *offices*, soumises à la vénalité, appartenaient en toute propriété aux titulaires qui les avaient achetées, pouvaient les vendre ou les transmettre à leurs héritiers.

droit de retenue[1]. N'allons pas croire, puisque les fonctions y étaient soumises à la vénalité, que l'on y recrutât sans critères de compétence. Des filtres sévères éliminaient les incapables. Les magistrats parisiens, les plus réputés de tous, étaient souvent bons juristes – trop bons, disait-on parfois devant leur goût immodéré pour la chicane. Les plus hautes de ces fonctions étaient anoblissantes selon des modalités très étudiées qui visaient à en limiter l'effet à un seul bénéficiaire ou à en étaler la transmission dans le temps. Faute de pouvoir conquérir titres et dignités à la pointe de l'épée, il leur fallait les mériter au service de l'administration royale. Dans la pratique, ils faisaient le même métier que les magistrats d'aujourd'hui. Mais à la différence de ses homologues provinciaux, le parlement de Paris, dont le ressort couvrait un tiers de la France, était doté en matière législative d'attributions particulières, qu'il s'efforçait régulièrement d'outrepasser. Chargé de vérifier si les nouvelles mesures édictées par le roi étaient compatibles avec la législation en vigueur, puis de les enregistrer, il pouvait lui faire part d'éventuelles objections sous la forme de «très humbles remontrances». Contraint de s'incliner en cas de refus, il s'entendait alors à user de moyens dilatoires pour paralyser leur mise en application. D'où ses prétentions à jouer un

---

[1]. Selon la tradition monarchique le roi était l'unique source de la justice. Mais il en confiait le plus souvent l'exercice à des institutions. Il conservait cependant le droit de décider seul, immédiatement ou en dernière instance : d'où le nom de *justice retenue* = non déléguée.

rôle politique, que Louis XIII réprima durement mais qui ne demandaient qu'à resurgir.

François IV Fouquet était ambitieux, intelligent, hardi, d'une rare ouverture d'esprit, lucide. Il aimait l'action. Il avait peu de goût pour la procédure et craignait de s'encroûter dans la routine des procès. Ses origines bourgeoises trop récentes lui donnaient cependant peu d'espoir de promotion : il était voué à rester conseiller jusqu'à la fin de ses jours. Conscient que la voie choisie était sans issue, il n'hésita pas. Il prit la décision de réorienter sa carrière et de se tourner vers le service personnel du roi. Dès 1615, il vendit son office de conseiller et en acheta un de maître des requêtes[1]. D'abord chargés de suppléer le souverain dans l'examen des requêtes qui lui étaient adressées, les membres de ce corps d'élite furent très vite associés, comme rapporteurs, aux travaux du Conseil d'État et de la direction des Finances. Leur métier présentait un avantage considérable : il leur permettait d'approcher le roi, de se faire connaître de lui. Celui-ci trouvait en eux un vivier où il puisait pour des commissions particulières – notamment comme intendants à l'armée ou dans les provinces[2]. Leur situation ressemblait à celle d'un fonctionnaire actuel

---

1. Le titre exact est *maître des requêtes de l'Hôtel,* le mot d'Hôtel désignant primitivement la résidence du roi.

2. Au contraire des *offices*, les *commissions* étaient des charges non vénales, non transmissibles, confiées à titre temporaire par le roi dans un but déterminé. Elles étaient très recherchées, parce que hautement honorifiques et sources d'un pouvoir considérable – marchepied possible pour un ministère.

appartenant à un « grand corps » et détaché auprès d'un ministère par exemple, mais appelé à y retourner en fin de mission.

Ce n'était pas tout à fait un saut dans l'inconnu pour François Fouquet, puisqu'il restait rattaché au Parlement. Deux impératifs majeurs dirigeaient sa conduite : servir Dieu et servir le roi. Mais, dans les premières années du règne de Louis XIII, il n'était pas facile de les concilier. Il y avait plusieurs façons de servir Dieu, et on ne savait pas toujours ce qu'était la volonté du roi.

Une donnée première : lui et son épouse furent d'ardents militants de la Réforme catholique. Leur foi se manifesta d'abord sur le plan personnel, dans l'éducation qu'ils donnèrent à leurs enfants, dont douze sur quinze – six garçons et six filles – atteignirent l'âge adulte. Un ancrage essentiel les attachait aux milieux dévots. Mais les dévots ne parlaient pas alors d'une seule voix. Une ligne de fracture séparait les mystiques, en quête d'approfondissement personnel, de ceux qui visaient à encadrer la société par des pratiques religieuses communes, avec diverses variantes. Les uns mettaient l'accent sur la foi, les autres sur les œuvres. C'est vers ces derniers que s'orienta le couple Fouquet. Marie de Maupeou fut, de l'avis unanime, une manière de sainte à l'inlassable dévouement auprès des pauvres, des malades, et des malheureux de toutes sortes. Elle fut un auxiliaire actif des Dames de la Charité patronnées par Vincent de Paul. Parmi les multiples ordres religieux qui poussaient comme fleurs au printemps, sa prédilection allait à la Visitation, récemment fondée sous l'impulsion de François de Sales par Jeanne de Chantal – la grand-mère de Mme de Sévigné –, un ordre où la dévotion était souriante et la règle moins dure qu'au Carmel pour les postulantes qui cherchaient un lieu de retraite plutôt que de pénitence.

Son époux se réservait le terrain politique, alors inséparable des questions religieuses issues de la Réforme. Face à la partition de l'Allemagne entre catholiques et protestants, un dilemme se posait à la France : fallait-il soutenir ou du moins tolérer l'entreprise de reconquête des Habsbourg régnant à Madrid et à Vienne, au risque de conforter dangereusement leur suprématie en Europe ? Ou bien fallait-il s'y opposer, dans l'intérêt national, avec l'aide indispensable d'alliés hérétiques ? La seconde option avait coûté la vie à Henri IV. Devenue régente, sa veuve Marie de Médicis, très attachée à l'Espagne, avait renversé la vapeur. Mais, avec l'activisme du nouvel empereur d'Allemagne, la question resurgit au milieu des années 1620, posant un cas de conscience aux dévots. Ils jugeaient sacrilège de prendre les armes contre le plus ardent défenseur du catholicisme face à l'hérésie. Cependant la majorité d'entre eux prônait, non point un soutien, car ils n'étaient pas hispanophiles, mais l'abstention dans la guerre qui enflammait l'Allemagne et allait durer trente ans[1]. Richelieu au contraire, passé du service de Marie de Médicis à celui du jeune roi, encourageait celui-ci à contre-

---

1. De 1618 à 1648, d'où son nom.

carrer l'impérialisme des Habsbourg. Or François Fouquet, faisant preuve d'un flair politique remarquable, avait pressenti en lui l'homme de l'avenir et il n'avait pas craint de s'attacher à lui dès 1625, à un moment où celui-ci était très loin d'avoir gagné la partie. Il avait été désigné pour siéger au tribunal chargé de juger et de condamner Chalais, compromis dans un projet d'assassinat du cardinal. En 1630, lorsque le roi, sommé par sa mère de choisir entre elle et son ministre, eut opté pour celui-ci au terme de la Journée des Dupes, François Fouquet put compter, pour lui et les siens, sur sa protection sans faille.

Il valait mieux être bien avec Richelieu, si l'on en juge par le sort réservé l'année suivante aux deux chefs de file du parti adverse. Il n'y avait rien à reprocher au garde des Sceaux Michel de Marillac, sinon sa fidélité à la reine mère, son hostilité à la guerre contre l'Espagne et son vaste plan de réformes juridico-politiques, dit *code Michau*. On se borna à l'emprisonner. Contre son frère le maréchal, qui commandait une armée en Italie, on trouva à alléguer de graves irrégularités comptables. Il n'était pas tout blanc, en dépit de ses dénégations. Mais le procès visait si évidemment à les détruire tous deux pour raisons politiques que la première des commissions de justice créées tout exprès abandonna faute de preuves. La seconde, triée sur le volet, finit par obtempérer aux ordres, non sans réserves : la condamnation à mort ne fut acquise que par treize voix contre dix. Il fut décapité en place de Grève. Son frère mourut de chagrin en prison l'année suivante. François Fouquet le connaissait bien : c'est lui qui avait diligenté les poursuites contre Chalais. Et il baignait avec son épouse dans les mêmes milieux dévots par le biais des activités charitables. Que pensa-t-il de ce procès politique, cyniquement mené au mépris de toute règle ? On ne sait. Mais une chose est sûre. Richelieu lui sut gré de sa fidélité dans une crise où une bonne partie des dévots l'avaient lâché, il lui accorda toute sa confiance et l'employa dans les domaines les plus divers, notamment dans les entreprises coloniales grâce auxquelles il espérait concurrencer les Anglais et les Hollandais. Il resta jusqu'à sa mort, en 1640, un des hommes liges du grand cardinal.

Un père de famille accommodant

C'est donc sous le patronage de celui-ci que prirent forme les projets qu'il nourrissait pour sa nombreuse progéniture. Dès 1627, il s'était permis, sa charge étant anoblissante, d'ajouter à l'écureuil familial éponyme une ambitieuse devise : *Quo non ascendet ? Où ne montera-t-il pas*[1] *?* Mais il réservait cette ascension aux générations suivantes. Lui-même, mi par prudence, mi par austérité chrétienne, avait choisi

---

1. Cette devise a été souvent appliquée à Nicolas, dès le XVIIe siècle, sous la forme : *Quo non ascendam ? Où ne monterai-je pas ?* La variante est importante. Car elle exprime non plus les espérances d'une famille de commerçants aspirant à grimper dans la hiérarchie sociale, mais les ambitions personnelles du surintendant.

de vivre sans faste. Il avait certes amassé pas mal de bien. Mais il n'avait pas tenté d'asseoir sur des acquisitions foncières sa noblesse encore fraîche. Rien pour le paraître. L'inventaire après décès montra qu'il préférait des placements monétaires, sources des rentrées régulières, de rentes : il comportait peu de titres sur l'État, qu'on savait mauvais payeur, beaucoup de prêts aux particuliers, porteurs d'intérêts, et des offices, pour lesquels lui étaient servis des gages. Il se comportait ainsi en bourgeois avisé.

Il n'avait tout de même pas de quoi établir brillamment ses douze enfants. Mais, là encore, chose surprenante, il s'écarta des chemins ordinaires. Commençons par les filles, au nombre de six. L'usage aurait voulu qu'il cherche un mariage avantageux pour une ou deux d'entre elles – des aînées, bien sûr – en vouant les surnuméraires au couvent. Mais non : elles y allèrent toutes les six, dont cinq à la Visitation, parfois dans le même monastère. La tentation est forte d'y voir le fruit de vocations forcées. Mais qui sait? Élevées dans le giron de leur très pieuse mère, puis éduquées dans des maisons religieuses, il n'est pas impossible qu'elles aient choisi de rester dans un milieu qui leur était devenu naturel et qui, dans la voie choisie, n'impliquait pas d'excessive austérité. Certes ce ne sont que suppositions, mais rendues vraisemblables par la bienveillance avec laquelle il respecta les désirs de ses fils.

La piété et le bon sens lui conseillaient d'orienter au moins la moitié d'entre eux vers l'Église, où il pourrait les placer sans peine. Il avait donc prévu, selon la norme, de réserver à l'aîné le soin d'embrasser la carrière juridique et de perpétuer la lignée, tandis que le second viserait l'épiscopat. Ainsi fut fait. Né en 1611, son premier-né, prénommé François bien sûr, entama des études de droit et fut pourvu, à vingt ans, d'une charge de conseiller au Grand Conseil. Après de brillantes études chez les jésuites, comme il se devait, le second, Nicolas, né en 1615, fut tonsuré et reçut à l'âge de seize ans la charge de trésorier de l'abbaye Sainte-Marie de Tours, plus un prieuré assorti de bénéfices. Mais il rua dans les brancards. Pas plus que le futur cardinal de Retz, il n'avait «l'âme ecclésiastique». Mais son père, plus compréhensif que Philippe-Emmanuel de Gondi, n'insista pas. Richelieu, paraît-il, avait donné son aval. Lorsque le garçon quitta la Sorbonne avec en poche une licence en droit, il opta pour la profession d'avocat. Hélas ! Revenir à la basoche eût été, pour le fils d'un magistrat de haut rang, une déchéance. Il était brillant, méritait qu'on le pousse dans la carrière. Mais il ne fallait pas non plus qu'il devance son frère. Les places prometteuses étaient chères. Le père fit l'effort financier requis, en respectant les rangs de naissance. En 1633, il acheta à l'aîné une charge de conseiller au parlement de Paris et le second dut se contenter de celui, tout récemment créé, de Metz. Pour les autres, sensiblement plus jeunes, rien ne pressait.

Tandis que Nicolas, enchanté, faisait en Lorraine ses premiers pas dans le monde et ses premières armes de magistrat, son frère se morfondait au Palais de justice de Paris dans les querelles procédurières.

Vers 1635, il déclara que décidément sa vocation était l'Église. Quoi de plus facile ? Il suffisait d'opérer un échange. L'aîné recueillit les bénéfices qui avaient été dévolus au cadet, puis en deux ans il franchit les étapes conduisant à l'ordination et en 1637 se retrouva, à vingt-six ans, évêque de Bayonne – une promotion accélérée, derrière laquelle on devine l'influence conjuguée de Richelieu, de Vincent de Paul et de la Compagnie du Saint-Sacrement, à laquelle il s'était affilié. Passé ensuite à Agde, puis à Narbonne, il étendra son influence sur tout le clergé méridional.

Nicolas, sur qui reposaient désormais les espoirs de la famille, était tenu de monter en grade. Aussitôt l'échange décidé, son père acheta pour lui un des nouveaux offices de maître des requêtes créés par le roi à la fin de 1635 pour financer la guerre déclarée à l'Espagne. Il fallait saisir l'occasion, bien que le candidat fût loin d'avoir les trente-deux ans requis : une dérogation y remédia. Pour qu'il fût en état de tenir son rang, ce père attentionné lui céda une partie des droits qu'il possédait dans la Compagnie des Îles d'Amérique. Il ne restait plus qu'à le marier. Se sachant malade, il hâta les pourparlers. L'élue, Louise Fourché, appartenait à une famille de robins bien implantés à Nantes et à Rennes. L'absence de parentèle parisienne était compensée par une dot rondelette. La cérémonie eut lieu le 24 janvier 1640. Trois mois plus tard, la mort de François Fouquet faisait de son fils Nicolas le chef de la famille, en charge du reste de la fratrie, dont le petit dernier n'avait que trois ans. C'est sans appréhension et avec aisance que celui-ci endossa les rôles tenus jusqu'alors par le patriarche – en y ajoutant quelques initiatives de son cru.

À vingt-cinq ans, il se voyait pourvu de tout ce qu'il fallait pour réussir, sans avoir eu à lutter pour y parvenir. Il n'avait pas connu l'adversité. La sollicitude paternelle lui avait épargné les épreuves. On ne lui avait rien imposé. Ses désirs avaient été satisfaits. Enfant gâté de la fortune, il abordait la vie avec cette confiance ingénue dont il aura tant de peine à se départir, incapable d'imaginer, en dépit des avertissements, qu'une catastrophe pourrait un jour lui tomber sur la tête. La mort prématurée de sa jeune femme, peu après la naissance d'une fille, ne brisa pas son essor. Celle de Richelieu, bientôt suivie par celle de Louis XIII, avait pourtant de quoi l'inquiéter. Nommée régente, Anne d'Autriche, qui avait beaucoup souffert de l'animosité du cardinal, ne risquait-elle pas de se venger sur ses créatures ? C'est alors qu'intervinrent les liens très divers qu'avaient noués ses parents.

Un protégé de la reine

En fait, les fidèles de Richelieu n'eurent pas à pâtir du changement de régime, Anne d'Autriche venait de prendre pour principal ministre le plus notoire d'entre eux, Mazarin, qui avait promis à Louis XIII mourant, en devenant le parrain du futur Louis XIV, de poursuivre jusqu'à la victoire la politique étrangère engagée. Elle y avait souscrit, par amour pour l'enfant à qui elle voulait transmettre intacte une autorité sans partage. Or beaucoup attendaient d'elle, puisqu'elle était espagnole, un virage à cent quatre-vingts degrés. Elle avait compris sans peine qu'elle aurait besoin, face aux tenants d'une paix immédiate et sans conditions, des survivants du parti adverse. Certes on réhabilita les victimes du terrible cardinal, les prisons s'ouvrirent, les exilés revinrent. Mais elle n'opéra pas à leur bénéfice le coup de balai qu'ils escomptaient. Elle s'efforça de satisfaire tout le monde. L'heure était à la réconciliation et les faveurs pleuvaient de ses mains – elle était «si bonne»! – tandis que les caisses de l'État achevaient de se vider. Non, Nicolas Fouquet n'avait rien à craindre. Au vu de tous les avantages dont il bénéficia, il fut classé très vite parmi les serviteurs inconditionnels du pouvoir en place et de là à voir en lui une «créature» de Mazarin, le pas fut allègrement franchi par la plupart de ses biographes. Or les choses furent beaucoup plus nuancées qu'il n'y paraît.

Longtemps, la situation de Mazarin resta très précaire. Cet Italien d'origine obscure, importé de fraîche date et soudain propulsé aux plus hautes fonctions, fut l'objet d'une réaction xénophobe quasi unanime. Trop étranger à nos mœurs et à nos habitudes mentales, il contrecarrait aussi trop d'ambitions. Comment la régente avait-elle pu s'embéguiner de lui? Profondément pieuse, elle était entourée de prêtres militants de la Réforme catholique – dont Vincent de Paul – et d'amies engagées dans le grand mouvement d'évangélisation et de charité qui l'accompagnait. Auprès d'elle de bonnes âmes se relayèrent pour lui faire comprendre qu'elle se compromettait en favorisant un homme – certes d'Église, mais pas prêtre, et pas confit en dévotion[1] – qui avait tout juste la quarantaine. Ces conseillers n'étaient pas neutres politiquement : tous réprouvaient la guerre « sacrilège » contre la très catholique Espagne. Ils étaient tous partisans de la paix immédiate et ils ne pardonnaient pas à Mazarin, devenu leur bête noire, d'avoir déçu les espoirs qu'ils avaient mis en lui sur ce point.

En tant que fils d'un féal de Richelieu, Nicolas Fouquet devait logiquement leur déplaire. Mais son père était mort et sa mère, à l'écart de la politique, se consacrait pleinement aux activités caritatives aux côtés des familiers de la régente. C'est par leur entremise qu'il fut introduit auprès d'elle et fit sa conquête – en tout bien tout honneur, rassurons-nous. Il avait tout pour y réussir. C'était un séducteur né. Lors de sa brève affectation à Metz, il était devenu dans les salons lorrains la coqueluche des « précieuses » locales. Il se présentait bien, son apparence plaidait en sa faveur. Il était jeune, bel homme, brillant. Il avait la parole facile. Il aimait plaire et savait s'y prendre. Il s'appliquait à déceler les inclinations des uns et des autres et il en jouait. Il prodiguait aux femmes sur le déclin des égards qui leur rappelaient le temps où elles étaient belles et Anne d'Autriche n'y était pas insensible.

---

1. Rappelons que Mazarin, bien que cardinal, n'était pas prêtre et ne le fut jamais, et que son style de vie, plus proche de celui d'un homme du monde que d'un ascète, lui fut beaucoup reproché. « Il ne faisait pas profession de piété », observe Mme de Motteville.

Mais son principal atout auprès d'elle fut l'appui qu'il apporta à ses œuvres de charité. Elle l'avait pris sous son aile, tout était pour le mieux. Pourquoi se serait-il soucié d'un ministre méprisé qu'il tenait pour quantité négligeable ? Il ne se sentait pas inférieur à lui. Fort de sa position familiale, de ses relations, de son appartenance à une cour de justice dite souveraine, pourquoi se serait-il incliné devant un aventurier appelé, selon toute probabilité, à disparaître de la scène politique ? Au début celui-ci avait en effet, par prudence, adopté un profil bas : « L'on voyait sur les degrés du trône, d'où l'âpre et redoutable Richelieu avait foudroyé plutôt que gouverné les humains, remarque le cardinal de Retz, un successeur doux, bénin, qui ne voulait rien, qui était au désespoir que sa dignité de cardinal ne lui permettait pas de s'humilier autant qu'il l'eût souhaité devant tout le monde, qui marchait dans les rues avec deux petits laquais derrière son carrosse. » Et par la suite, les humiliations qu'il dut encaisser, les reculades qu'il lui fallut opérer quand il n'était pas le plus fort, lui valurent une solide réputation de « timidité », c'est-à-dire de lâcheté. Il suffisait de lui faire peur, disait-on, pour en obtenir tout ce qu'on voulait. Loin de solliciter son patronage, Fouquet n'attendait rien de lui et ne se sentait nullement engagé à son égard. Puisqu'il avait la reine !

Pour sa part, Mazarin le jugeait cependant trop petit personnage et d'une ambition trop naïve pour qu'il prît vraiment ombrage de lui. Mais il le tint à distance. Anne d'Autriche avait choisi de le protéger. Donc acte. Mais qu'au moins cette protection le contraigne à soutenir publiquement sa politique. Qu'il prenne ses responsabilités. Et que tout soit clair : il était serviteur de la reine à titre personnel, pas du ministre. S'il faisait des sottises, celui-ci déclinerait toute responsabilité. À l'évidence, leurs relations débutèrent sous de fâcheux auspices. Si l'histoire avait tourné autrement, si elle n'avait pas, lors de la Fronde, gravement mis en danger Mazarin et prêté à Fouquet des occasions d'agir imprévues, ces relations seraient tombées dans l'oubli. Elles pesèrent au contraire lourdement sur le destin de l'imprudent qui avait trop légèrement sous-estimé son partenaire.

C'est donc la protection d'Anne d'Autriche qui lui valut sa première mission importante. Il fut envoyé en Dauphiné au printemps de 1644 comme intendant de justice, police et finance. Rôle délicat, dans une province où les paysans, ruinés par une saison désastreuse, accueillaient à coups de fourches les collecteurs d'impôts. Le jeune commissaire joua de ses talents oratoires pour apaiser les différends, tout en promettant aux récalcitrants plus qu'il n'était en droit de tenir : succès facile. Mais il commit la faute grave de s'éclipser deux ou trois jours, sans autorisation, pour assister à l'intronisation de son frère aîné, qui venait de troquer l'évêché de Bayonne contre celui d'Agde. Son absence avait relancé l'agitation, on avait dû céder aux mutins et le chancelier, averti, exigea et obtint sa révocation. Mazarin, sollicité en sa faveur par une délégation de maîtres des requêtes, se fit un plaisir de s'en laver les mains : « C'était une affaire faite par la reine, à laquelle il y avait peu de remèdes. »

Sur le chemin du retour, le coupable se racheta en calmant une émeute survenue à l'improviste. Il fut réintégré et il se tira honorablement des missions accomplies par la suite comme intendant auprès des armées de Catalogne, puis de Picardie. Mais en annonçant cette dernière nomination à Gaston d'Orléans, Mazarin prit soin de souligner qu'elle « venait directement de la reine ». À la mi-avril 1648[1] cependant, il le nomma intendant de la généralité de Paris[2]. Faut-il y voir la preuve d'un revirement de sa part ? C'est possible. Fouquet avait montré partout où il était passé de remarquables capacités d'organisateur et de conciliateur qui justifiaient cette mission de confiance. Mais cette promotion n'allait pas sans contreparties. À Paris, au printemps de 1648, veiller à l'exécution des ordres du roi en matière de justice, police et finance risquait d'être une tout autre besogne que de les faire prévaloir en Dauphiné quatre ans plus tôt. Puisqu'il « appartenait » notoirement à la reine, Fouquet allait avoir l'occasion de la servir. Le gouvernement venait de s'engager dans un bras de fer avec le corps des maîtres des requêtes, qui s'opposaient à la création d'offices supplémentaires en leurs rangs, parce que leur multiplication aurait fait baisser mécaniquement le prix de leurs charges. On avait d'abord parlé de vingt-quatre, pour pouvoir négocier à douze, mais

---

1. Comme l'indique le *Journal* d'Olivier Lefèvre d'Ormesson à la date du 18 avril.
2. Les généralités étaient des circonscriptions administratives.

les intéressés, gonflés à bloc, ne voulaient rien savoir. Fouquet, en porte à faux, serait condamné à soutenir la cour contre ses pairs. Faut-il porter à son crédit le fait qu'il prit sans hésiter le parti de la reine ? À cette date il n'avait pas le choix, étant trop visiblement marqué par les faveurs reçues.

La Fronde

Le conflit s'envenimait. Un contentieux ancien opposait les magistrats au gouvernement sur les questions fiscales. Le Parlement refusait d'enregistrer les édits portant création d'impôts nouveaux, sortis de l'imagination fertile du surintendant aux finances de l'époque, Particelli d'Hémery. Contrairement à toutes les règles, il remettait en cause ceux que la présence du roi, en lit de justice, avait rendus immédiatement exécutoires. Les différentes chambres qui le composaient votèrent le 13 mai 1648 l'arrêt d'Union, selon lequel elles unissaient leurs efforts en vue de la « réformation de l'État » – s'arrogeant ainsi une part du pouvoir législatif. Puis elles suspendirent leurs activités judiciaires, laissant s'accumuler les procès en suspens et réduisant au chômage toute la basoche : elles découvraient les plaisirs de la grève. Anne d'Autriche essaya de les diviser, en modulant diversement les mesures de rétorsion, espérant jouer les vieux contre les jeunes, les sages contre les exaltés. En vain. Il fallait en sortir, sans que personne perdît la face. Finalement c'est Gaston d'Orléans qui, le 21 juin, transmit au Premier président Molé les termes d'un compromis acceptable: « Comme cette union n'était faite que pour l'intérêt particulier des compagnies, et non pas pour la réformation de l'État, comme on le lui avait voulu faire croire d'abord, la reine n'y trouvait rien à redire, parce qu'il est toujours permis à tout le monde de représenter au roi ses intérêts et qu'il n'est jamais permis à personne de s'ingérer dans le gouvernement de l'État[1]. »

Fouquet, durant tout ce temps-là, avait navigué entre les écueils, plaidant l'apaisement. Aucun des documents qui rapportent à chaud les événements de cette période ne lui prête d'interventions notables. C'est pourquoi lui accorder un rôle décisif dans le ralliement de quelques modérés est sans doute excessif. Quant à prétendre qu'il souffla à Mazarin la formule du compromis, c'est méconnaître la date de la lettre qu'il lui adressa pour la proposer. Étant du 26 juin, elle avait cinq jours de retard sur les faits. Et Mazarin, pour trouver cette solution, n'avait pas besoin de lui. Il n'est jamais bon d'offrir des services ou de donner des conseils non souhaités – nos aînés disaient « se faire de fête sans être invité ». Cette lettre n'a pu que lui déplaire : elle respire la suffisance de l'homme éclairé qui s'adresse à un incapable présumé.

L'idée montra d'ailleurs ses limites, puisque la manœuvre échoua et que le Parlement n'en continua

---

1. Formulation tirée des *Mémoires* du cardinal de Retz, p. 315. Confirmation dans le *Journal du Parlement*, p. 8, à la date du 22 juin, qui rend compte de la visite du duc d'Orléans la veille.

pas moins de s'assembler. Dans l'imposante chambre Saint-Louis, la plus belle du Palais de justice, à la charpente peinte d'or et d'azur, au sol pavé de marbre blanc et noir, les deux cent vingt délégués, en robe rouge bordée d'hermine, délibéraient sous la présidence de Mathieu Molé sur ce qu'il y avait à faire pour la « chose publique » – en latin *republica*, mots lourds de sens. Le menu peuple grouillant dans la gigantesque Grande Salle – aujourd'hui Salle des pas perdus – les acclamait à la sortie. Et se prenant pour le Sénat de Rome, jour après jour ils démantelaient des pans entiers de l'autorité royale. Mais ils ne mesuraient pas toujours les conséquences pratiques de leurs décisions.

À la fin de l'été 1648, la Fronde roulait sur sa lancée, échappant largement aux différents acteurs. Les péripéties qui s'ensuivirent sont bien connues. On n'en évoquera ici que les principaux épisodes. Profitant de la victoire du duc d'Enghien[1] sur les Espagnols à Lens, la reine tenta un coup de force et fit arrêter trois des meneurs de l'opposition parlementaire, dont une figure très populaire dans les vieux quartiers de la Cité, le « bonhomme » Broussel. Paris se couvrit aussitôt de barricades, elle dut rendre le prisonnier et le Parlement lui infligea bientôt une nouvelle volée d'édits plus attentatoires les uns que les autres à son autorité. Elle décida alors de recourir aux armes. Mené par le prince de Condé, héros de tant de

---

1. Qui devint prince de Condé après la mort de son père en 1646.

batailles illustres, le siège de la capitale, en trois mois hivernaux, suffit pour mettre fin à la Fronde parlementaire. La paix de Rueil ne fut qu'une trêve, car les grands seigneurs prirent le relais, s'efforçant de monnayer auprès de la cour, suivant le cas, leur concours apporté durant le siège ou leur ralliement ultérieur. La seconde moitié de 1649 vit s'exacerber les dissensions entre la régente et le prince, qui exigeait pour prix de ses services des récompenses exorbitantes. Au début de 1650, elle tenta un coup de force et le fit mettre en prison avec son frère et son beau-frère, déclenchant dans la noblesse d'épée une révolte armée. Relevant le défi, elle passa le plus clair de 1650 à des tournées de pacification provinciales. Elle put croire la partie gagnée, avant que la situation politique ne se retourne brusquement contre elle au début de 1651.

Durant toute cette période, Fouquet fut irréprochable, quoique prudent. Il la traversa discrètement sans se faire remarquer autrement que par le zèle qu'il déployait dans l'exercice de ses fonctions d'intendant, soit dans Paris, soit auprès des armées qui accompagnaient la cour en tournées. Et lorsque les intendants eurent été supprimés sous la pression du Parlement, il continua de remplir le même rôle en tant que simple maître des requêtes. Mais il se sentait freiné et presque rétrogradé. Il n'eut de cesse de reprendre son ascension. Les maîtres des requêtes étaient soixante-douze à se partager par quartiers un travail qui, sans les commissions d'intendant, offraient très peu de perspectives séduisantes. Il porta ses vues sur le poste de procureur général auprès du Parlement. Seul de son espèce, assisté de deux avocats généraux, il formait avec eux ce qu'on appelait *les gens du roi,* et que nous nommons le parquet. Porte-parole du souverain et médiateur avec les magistrats, c'était un rôle semi-politique pour lequel il se jugeait particulièrement qualifié. Il s'agissait d'un office, donc soumis à la vénalité. Lassé des chicanes, le détenteur, Blaise Méliand, étant prêt à s'en défaire, Fouquet l'eut à bon marché pour 450 000 livres. Comme il ne les avait pas[1], il en emprunta 300 000 et céda au fils Méliand pour régler le reste son propre office de maître des requêtes. Et pour couronner le marché, il promit au fils en question la main de sa fille Marie, âgée de neuf ans, dès qu'elle aurait atteint l'âge légal de douze. Le 26 novembre 1650, il put recueillir les fruits de cette savante combinaison, à laquelle la reine, par lettres patentes, avait donné son indispensable aval. Le 29, le Parlement lui accordait sa réception officielle.

Il avait eu ce qu'il voulait. Il se devait désormais de faire dans le monde la figure convenant à son nouvel état. Contrairement à ses ascendants, il manifesta très tôt son goût du paraître. L'anoblissement personnel lié aux principaux offices de judicature n'offrait qu'une noblesse au rabais, méprisée par les gens d'épée. Seule une implantation terrienne permettait de franchir l'obstacle, comme le montre la multiplicité des châteaux bâtis ou retapés en Île-de-France par

---

[1]. Rappelons qu'à l'époque le numéraire manquait et qu'il était malaisé de transformer en argent liquide les créances dont on disposait.

les plus huppés des robins. Quelques jours seulement après la mort de son père, en février 1641, il acheta à Vaux-le-Vicomte une terre noble, qui avait aussi l'avantage d'être située à mi-distance de deux résidences royales, Vincennes et Fontainebleau, sur la grand-route menant de Paris vers le sud. Le château était en piteux état, il s'y contenta d'un minimum d'entretien. Il préféra agrandir le domaine, d'abord par l'achat d'une moitié de la vicomté de Melun, puis en réunissant une à une diverses parcelles avoisinantes dont le remembrement lui permit de faire un tout homogène. En parallèle il entama une implantation en Bretagne, qu'il poursuivit jusqu'à son arrestation. Il s'y sentait quasiment chez lui. Une bonne partie de sa parentèle y était installée, sa défunte épouse y possédait des biens qu'il gérait au nom de leur fille et lui-même avait pris la succession paternelle dans le commerce maritime qu'avait mis sur pied son père à l'instigation de Richelieu.

La Fronde suspendit un temps ses projets sur Vaux. L'état des lieux avait de quoi décourager la soldatesque pillarde dont les allées et venues mettaient la région à feu et à sang. Il les laissa en sommeil en attendant le moment favorable pour en faire une propriété de prestige. Mais dans l'immédiat, il manquait à l'important personnage qu'il était devenu une famille au sens étroit du terme. Veuf depuis dix ans, il restait un homme seul. Il s'était fort bien accommodé de cet état, ne manquant pas de consolations comme il apparut par la suite. Pour tenir le rang qui allait être le sien, il lui fallait selon l'usage afficher à ses côtés une épouse. D'autre part, il n'avait qu'une fille. Il lui fallait un fils à qui transmettre l'héritage familial, accru par ses soins. Fort sagement, il chercha dans la classe à laquelle il appartenait, celle des négociants anoblis faisant carrière dans la robe. Mais il pouvait désormais viser au plus haut. Marie-Madeleine de Castille, âgée seulement de quinze ans, comptait parmi les siens des membres de la haute administration, avec de nombreuses antennes dans le monde fermé des financiers. En ce qui concerne la dot elle n'égalait pas la première épouse, Louise Fourché, mais elle la surclassait très largement sur le plan des relations. Fille unique, elle avait, comme on dit, de splendides espérances. Et, ce qui ne gâtait rien, elle était fort belle.

Le mariage eut lieu le 5 février 1651. On n'aurait pu choisir plus mal la date. La situation politique venait de se retourner. Un an plus tôt Anne d'Autriche n'avait pu arrêter Condé qu'avec le soutien des survivants de la Fronde parlementaire, qui ne lui pardonnaient pas d'avoir mené contre eux le siège de Paris. Mais les partisans des Princes prisonniers avaient réussi, grâce à des négociations souterraines, à se réconcilier avec eux. Sous leurs pressions réunies, le Parlement exigea le 4 février la libération des Princes et l'expulsion définitive de Mazarin : s'il n'avait pas quitté le royaume dans les quinze jours, chacun serait invité à lui « courir sus » – invitation explicite à la chasse à l'homme. Le 5, Fouquet eut tout juste le temps de recevoir la bénédiction nuptiale et les félicitations de ses amis, le soir même il dut répondre à une convocation du garde des Sceaux. Le 6, la reine résistait encore, mais le climat devenait insurrectionnel. On savait le Palais-Royal indéfendable. À la nuit tombée, le cardinal, déguisé en cavalier, quitta Paris en rasant les murs. Elle comptait le rejoindre en emmenant le petit roi, mais les milices parisiennes l'en empêchèrent. Son beau-frère, Gaston d'Orléans, cautionna l'arrêt condamnant Mazarin, qui fut proclamé à son de trompe dans tout le royaume, et on la retint prisonnière jusqu'à ce qu'il ait quitté le pays. Il se résigna donc au départ, non sans être passé par Le Havre pour ouvrir lui-même la porte aux captifs, qui regagnèrent Paris sous les acclamations. Condé se vit tout-puissant et il se crut en mesure de monopoliser tous les leviers de pouvoir aux côtés de la reine et du petit roi réduits à faire de la figuration.

La reine aux prises avec Condé

La période qui s'ouvrit au début de février 1651 était lourde d'incertitudes. Elle se décompose en deux étapes : l'une durant l'exil de Mazarin, l'autre après son retour. Au départ, les chances de la reine semblaient maigres. Aux yeux des contemporains, le conflit qui l'opposait au héros vainqueur de Rocroi et de Lens tenait du combat entre le pot de terre et le pot de fer. Elle gagna pourtant, à elle seule, la première manche, avant de remporter haut la main la seconde, grâce à Mazarin de nouveau maître du jeu.

Réduite à l'impuissance, prisonnière dans le Palais-Royal cerné par des milices en armes, elle n'eut d'abord qu'une idée, desserrer l'étau. Elle se trouvait aux prises avec deux partis provisoirement alliés – celui de Condé et celui de la « vieille Fronde » mené par le coadjuteur de Paris et le duc d'Orléans – qui menaçaient de faire repousser l'âge de la majorité du roi pour prolonger leur droit de regard sur la régence. Elle était prête à dire et à faire n'importe quoi pour parvenir sans obstacle au jour où Louis XIV, entré dans sa quatorzième année, serait déclaré majeur et jouirait d'une autorité sans partage. Car elle savait que, automatiquement, toutes les mesures prises sous la régence – y compris par elle – se trouveraient caduques. Dès le printemps, elle parvint à dissocier ses adversaires. En jouant le coadjuteur contre le prince, moyennant la promesse d'un chapeau de cardinal[1], elle réussit à les faire s'affronter en plein Parlement, par spadassins interposés. On avait eu si grand peur que la majorité put ensuite être proclamée sans accroc. Condé, refusant de s'associer à la cérémonie, fit scandale. Sentant la partie perdue sur le plan politique, il se réfugia dans ses bastions provinciaux, d'où il opta pour la guerre civile. La reine et le jeune roi se lancèrent à sa poursuite et s'installèrent à Poitiers, pour mener la reconquête.

La majorité de Louis XIV, suivie du départ de Condé pour la province, changea la donne. On entrait en guerre civile, mais au moins les choses étaient claires : l'affrontement opposait le prince à la reine pour le contrôle du jeune roi, détenteur de la

---

[1]. Il l'obtiendra en février de l'année suivante et prendra le nom de cardinal de Retz.

légitimité. Et beaucoup de ceux qui s'étaient battus pour tirer de prison celui qui paraissait victime d'un abus de pouvoir n'étaient pas prêts à le suivre dans la subversion ouverte. Pendant les quelques semaines qui suivirent, les opérations militaires offrirent aux troupes royales quelques satisfactions : le prince n'était pas invincible. Sur le plan politique, c'était l'accalmie. Restait en suspens le sort de Mazarin.

Il n'avait jamais cessé de diriger la reine à distance, non sans à-coups, et l'on savait qu'elle préparait son retour. Sur la foi des rumeurs répandues par une nouvelle volée de mazarinades, l'opinion populaire prêtait à son entêtement des motifs peu avouables : « Elle voudrait bien ravoir son Mazarin ! » ironisait Gui Patin. N'ayant jamais été adopté par les Français et n'ayant d'ailleurs pas cherché à l'être, il restait un intrus, un usurpateur. Qu'on se sentait donc bien sans lui ! Quoique très relatif, le calme retrouvé montrait qu'on pouvait aisément s'en passer. Son retour, disait-on, ne manquerait pas de ressusciter l'union des deux Frondes, qu'on avait eu tant de peine à briser, avec son cortège de violences, à côté desquelles la guerre menée en Aquitaine contre Condé n'était que partie de plaisir. Dans l'entourage immédiat de la reine, beaucoup d'amis – notamment parmi les dévots – déploraient, sans suspecter pour autant sa vertu, que l'affection l'aveuglât sur les conséquences désastreuses de son choix. Ils pensaient de très bonne foi qu'elle ferait mieux de renoncer à lui puisque le pays entier le vomissait, afin de rétablir la paix civile dans l'intérêt de son fils. Ils estimaient la servir en contrariant son penchant. Ébranlée, elle hésitait, repoussant de jour en jour l'invitation qu'il attendait. Et lui, reclus à Brühl, comprenant que le temps ne jouait pas en sa faveur, se rongeait les sangs. Il prit donc l'initiative de réunir une armée et sollicita du jeune roi, désormais majeur, l'ordre de revenir, qui lui parvint enfin le 13 décembre. La veille de Noël, il était à Sedan avec sa petite troupe. Contournant la région parisienne hostile, il parvint sans encombres à Poitiers à la fin de janvier 1652.

Dans un premier temps, les faits donnèrent raison aux prophètes de catastrophes. Le retour de Mazarin à la tête d'une armée raviva les haines assoupies et ressouda les opposants. La résistance, concentrée dans Paris, y jeta feu et flammes. Ce n'est pas ici le lieu de conter en détail les péripéties qui réduisirent Condé à la défaite. Résumons. Ayant perdu ses implantations provinciales en Berry et en Bourgogne, puis autour de Bordeaux, il fonça sur Paris, où flambait l'esprit de révolte. En cours de route, il faillit écraser à Bléneau l'armée royale, qui dut son salut à Turenne. Le 2 juillet, acculé par celui-ci sous les murs de la capitale dans le faubourg Saint-Antoine, il trouva refuge avec les débris de son armée dans la ville, dont la Grande Mademoiselle, fille de Gaston d'Orléans, lui fit ouvrir les portes. Provoquée ou du moins encouragée par lui, l'émeute qui incendia l'Hôtel de Ville deux jours plus tard et se termina en massacre lui permit d'imposer par la terreur un contre-gouvernement, qui prétendit se substituer à celui du roi, installé à Pontoise. Mais elle lui aliéna la population, écœurée par l'anarchie, et la situation lui échappa. Il dut finalement quitter la capitale et, après avoir tenté en vain de se maintenir en Île-de-France puis en Champagne, il sauta le pas et s'en alla à Bruxelles se mettre au service de l'Espagne. Le 21 octobre 1652, Louis XIV rentrait sous les acclamations dans Paris pavoisé vibrant d'allégresse.

Durant ces deux années cruciales, riches en rebondissements, il était souvent impossible de prévoir un jour ce que serait le lendemain. On ne s'étonnera donc pas que dans tous les partis se soient multipliés les contradictions, les changements de cap, les ruptures de fidélités, les désaveux – parfois par cynisme, mais souvent aussi pour tenter de répondre à des situations instables. Comment Nicolas Fouquet se comporta-t-il alors ? comment remplit-il ses fonctions de procureur ? telle est la première question qui vient à l'esprit. Mais il s'en pose aussi une autre, inattendue : Nicolas avait un frère, vraie tête brûlée, qui révéla soudain des talents imprévus. En ces temps difficiles, les deux Fouquet, tous deux attachés au service du souverain, illustrent deux façons différentes de le servir.

Nicolas Fouquet à l'épicentre du conflit

Nicolas se montra d'une extrême prudence. Il n'eut pas à se forcer : elle correspondait à sa nature. C'était un homme réfléchi, qui pesait ses pas et mesurait ses démarches à l'aune de leurs conséquences. Il faut dire à sa décharge que sa position était particulièrement inconfortable. Comme procureur général, il faisait partie des *gens du roi,* servant d'intermédiaire entre le Parlement et lui et chargé de faire coïncider leurs points de vue. Tant que le roi était mineur, il devait servir la régente. Cela allait de soi et lui convenait parfaitement. Hélas, au printemps de 1651, Anne d'Autriche se trouva dépossédée du pouvoir par Condé et Gaston d'Orléans. Ceux-ci la contraignirent à proposer des mesures qu'elle réprouvait, entre autres l'exclusion définitive du cardinal et le renvoi des anciens collaborateurs restés en place, Le Tellier, Servien et Lionne, dits «les sous-ministres». Fouquet en était donc réduit à soutenir auprès des magistrats le contraire de ce qu'elle eût souhaité. Et inversement, comme envoyé du Parlement, il était tenu de lui faire en son nom des remontrances, sur les malheurs de la guerre par exemple, imputés bien entendu au ministre honni. Il avait beau y mettre peu de conviction, il souffrait de patauger dans les contradictions, les faux-semblants, les mensonges. Et pour comble de malchance, il se compromettait pour rien, il ne trompait personne, puisqu'on le savait attaché à la reine: il était «connu pour "mazarin", quoiqu'il déclamât à sa place contre lui comme tous les autres[1]». On comprend donc qu'il ait opté pour la discrétion.

Le départ de la cour pour Poitiers et l'annonce du retour de Mazarin ne firent qu'aggraver les difficultés du malheureux procureur. Resté à Paris, où se concentrait la résistance, il tenta courageusement de

---

1. Le mot de *mazarin,* sans majuscule, était employé de façon péjorative pour désigner ses partisans.

s'opposer à la vente de la bibliothèque du cardinal, qui devait financer le montant de sa tête mise à prix[1]. Mais, trop en vue, il était voué à l'impuissance face à la haine déchaînée. Sa seule intervention importante fut secrète. Elle eut lieu au tout début de juillet 1652, alors que l'armée du roi et celle de Condé se disputaient Paris. À Saint-Denis, l'état-major royal s'interrogeait sur les objectifs du prince, qui avait pris position à Saint-Cloud. Fouquet, averti que ses troupes s'apprêtaient à contourner la capitale en longeant les remparts du côté nord, lui transmit l'information. Il permit ainsi à Turenne de l'intercepter dans le faubourg Saint-Antoine, pour lui infliger le 2 juillet la fameuse défaite dont on a parlé plus haut. C'était, bien que les effets en eussent été annulés par l'ouverture imprévue de la porte Saint-Antoine, un service considérable. Mais à l'époque, Fouquet ne s'en vanta pas.

Coincé à l'intérieur de la ville, où les Princes faisaient régner la terreur, il prit le parti de se cacher. Il répondit aux appels de ses collègues du Parlement en leur déléguant son substitut et s'éloigna de Paris le 8. Lorsque le roi eut décrété le transfert du Parlement à Pontoise, il leur conseilla d'obéir et de l'y rejoindre. Il s'activa en sous-main pour rallier à la reine un certain nombre d'entre eux. Mais en réalité la plupart suivaient le vent. Il ne fut pour rien dans le revirement des deux puissants La Tour d'Auvergne. Ce n'est pas lui mais son frère Basile qui fut chargé par Maza-

---

1. La police en récupéra par la suite une importante partie, qui constitue le fonds de l'actuelle Bibliothèque Mazarine.

rin d'approcher Bouillon. Mais ils étaient hommes à prendre leur décision tout seuls. Turenne avait compris que la partie était perdue pour Condé sur le plan militaire. Et Bouillon qui, si l'on en croit Retz, « avec la physionomie d'un bœuf avait la perspicacité d'un aigle », sentait tourner le climat politique. C'est de leur propre chef qu'ils choisirent de faire allégeance au jeune roi, sachant désormais leur appui assez précieux pour effacer toutes leurs erreurs passées.

Le véritable auxiliaire de Mazarin durant cette période n'est pas Nicolas, mais Basile, resté sur place, qui joua alors dans l'ombre un rôle souterrain périlleux, d'une remarquable efficacité.

Basile Fouquet, agent secret

Parmi la vaste progéniture issue du patriarche, Basile était le vilain petit canard, le mouton noir qui faisait tache. Né en 1622 et troisième enfant mâle, il occupait la plus mauvaise place dans la fratrie à la mort du père. Celui-ci, après avoir doté généreusement ses deux premiers fils, manqua de temps et de moyens pour le mettre en selle et ses aînés n'étaient pas encore en position de l'aider, comme ils le firent ensuite pour les plus jeunes. Il n'avait pas la vocation ecclésiastique, c'est peu de le dire. Mais comme il fallait bien vivre, il s'accommoda de sa tonsure et des bénéfices ecclésiastiques qui en étaient la contrepartie. Son cas n'est pas exceptionnel. On voyait au XVIIe siècle un bon nombre de ces êtres hybrides, un pied dans l'Église et l'autre dans le monde, qui, sous le nom d'abbés, sans pour autant être prêtres puisqu'ils se gardaient de prendre les ordres, couraient les salons en soutane courte à rabat blanc, voire en pourpoint de gentilhomme. Tenus au célibat pour conserver leur gagne-pain, mais n'ayant point prononcé le vœu de chasteté, ils se ménageaient en marge de leur famille ou comme « domestique [1] » d'un grand seigneur la vie qui convenait à leur humeur, studieuse ou agitée.

La pieuse éducation dispensée dans sa famille avait glissé sur Basile, laissant peu de traces. Aussi séduisant que son frère, yeux et cheveux sombres, il avait le même sourire enjôleur, avec une note d'effronterie qui virait volontiers à l'insolence. La société n'ayant prévu que peu de chose pour lui, il avait décidé de se pourvoir lui-même. Contrairement à Nicolas, il n'aspirait pas aux honneurs. Rien ne comptait que son plaisir. Il aimait les femmes, la vie facile, l'intrigue aussi, seule capable de pimenter le quotidien. Son intelligence, également très vive, avait été aiguisée par la difficulté : il avait l'esprit fertile en ressources et trouvait remède à tout. Il était observateur, attentif aux obstacles et sa hardiesse s'accompagnait généralement de sagacité – à moins que sa violence n'explose en accès incontrôlables, et il faisait alors scandale. L'anticonformisme faisait partie de son personnage. Sa liberté d'allure et

---

1. Le terme désignait à l'époque quiconque était attaché à une grande maison, et pas seulement dans les emplois subalternes. On y incluait secrétaire, intendant, maître de musique, etc.

de langage lui servait de passeport auprès des femmes qu'ennuyaient les parcours imposés de la *Carte du pays de Tendre* et auprès des hommes que lassaient courbettes et compliments convenus.

Il n'avait que sept ans de moins que Nicolas. Pas question pour lui de dépendre du grand frère investi de l'autorité paternelle, qui l'aurait voulu plus bienséant. Il s'entendrait d'autant mieux avec lui qu'il serait plus autonome. Il lui fallait donc un protecteur, haut placé si possible. Nicolas avait la reine. Basile choisit Mazarin. On ne sait pas exactement quand il entra à son service – avant 1651 en tout cas. Comment fit-il sa conquête ? Ils avaient des affinités. Mazarin n'aimait pas l'ordre, les conventions, et pour tout dire l'hypocrisie qui régissait le jeu social. Il y avait en lui un fond de gaîté, de fantaisie, de liberté. C'était naguère un conteur remarquable. Il avait impressionné Richelieu par ses talents de diplomate, mais il savait également le distraire de sa morosité chronique par son éblouissante conversation. Par la suite ses fonctions l'avaient contraint de brider son tempérament et de réprimer son ironie. Mais il lui pesait d'être constamment sur ses gardes. D'où son indulgence pour des aventuriers un peu marginaux, qui ne pratiquaient pas la langue de bois et avec qui on pouvait appeler un chat un chat. Gourville conte dans ses *Mémoires* comment, à peine sorti de la Bastille, il l'avait amadoué en plaisantant sur son sort au lieu de geindre. Et quand les aventuriers de ce genre sont assez intelligents pour comprendre qu'une fidélité sans faille est le prix à payer pour une haute protection, leur patron trouve en eux des auxiliaires d'autant plus efficaces qu'ils passent pour inoffensifs.

Basile a toutes les qualités requises pour servir Mazarin. Ses défauts mêmes sont un atout. Son penchant pour les femmes est notoire et ses conquêtes défraient la chronique. Elles lui offrent les jouissances espérées, tout en flattant son amour-propre. Quel plaisir de souffler au cardinal de Retz sa maîtresse attitrée, Mlle de Chevreuse, dite « la coadjutrice[1] » ! Un peu plus tard, il mène avec la capiteuse Angélique de Montmorency, duchesse de Châtillon, une liaison tumultueuse, lourde d'implications politiques, qui prend vite une allure rocambolesque. Mais au-delà des apparences, on devine dans ses frasques bien davantage que les exploits d'un séducteur impénitent. Elles ont une triple finalité. Elles lui fournissent une foule d'informations, à base d'épanchements sur l'oreiller. Elles lui permettent de créer la zizanie dans le camp adverse et d'y brouiller les cartes. Enfin elles servent de couverture à d'autres activités plus discrètes dont elles détournent opportunément l'attention. Derrière l'homme à femmes se cache l'agent secret. Un agent qui fit ses preuves sur le terrain dans les temps difficiles, avant de devenir, jusqu'à la mort de Mazarin, le chef occulte très redouté de la police et du renseignement.

Plus libre que Nicolas puisqu'il n'est qu'un homme privé, Basile n'hésite pas. Son dévouement au cardinal

---

1. Rappelons que Retz était alors coadjuteur de l'archevêché de Paris.

est total et sans réserve. De Brühl, près de Cologne, où l'Électeur-archevêque lui avait donné l'hospitalité, celui-ci tentait de guider Anne d'Autriche par correspondance. L'abbé fut un des messagers qui, à leurs risques et périls, assurèrent entre eux la navette. Outre les lettres, il fournissait à l'exilé des informations de vive voix, il rapportait des consignes. Il fut pris un jour par les troupes de Condé, en possession d'un message chiffré, mais le prince le jugea si insignifiant qu'il se contenta de le renvoyer... à son frère le procureur. Dans Paris, ses multiples talents furent mis à contribution. À coups de rumeurs, il dressait les uns contre les autres les coalisés de la veille. Il tenta de s'en prendre à leurs bureaux de presse. Les uns et les autres diffusaient des libelles souvent orduriers – dont la fameuse *Mazarinade* de Scarron, éponyme du genre – qui promettaient à l'exilé un sort ignominieux, sans se priver d'éclabousser la reine au passage. Mais il ne parvint pas à en contrecarrer le flot. Il comprit vite pourquoi. Le cardinal avait chargé son bibliothécaire, Naudé, de mettre sur pied un bureau rival. Comme Basile avait un certain talent, il y fut même embauché : on lui prête la paternité d'un libelle anonyme favorable au cardinal. Mais la partie n'était pas égale, les meilleures plumes étaient dans le camp d'en face. Et puis c'était une tâche de longue haleine qui ne s'improvisait pas. Les autres avaient une bonne longueur d'avance et le temps manquait.

L'abbé était pourtant convaincu que la victoire avait pour préalable un retournement de l'opinion. La Fronde avait montré que le peuple parisien, de son propre chef ou manipulé, pouvait peser lourd sur les événements. Or il était depuis longtemps chauffé à blanc par les frondeurs de tous bords. Pour contrer la propagande écrite, à diffusion limitée, Basile proposa une autre solution, orale : répandre directement la bonne parole entre particuliers. Il visait non seulement des notables – robins ou riches marchands – mais aussi la moyenne bourgeoisie, les artisans, les petites gens, qui souffraient au premier chef du désordre. Les relais que les frondeurs s'étaient assurés parmi le peuple donnaient des signes d'épuisement. Les consignes du coadjuteur avaient été longtemps répercutées par les curés de Paris, mais il venait de « vendre sa fronde pour un chapeau », autrement dit sa récente promotion au cardinalat avait confirmé sa collusion avec la reine, et il se tenait coi. Restaient les criailleurs professionnels, à la solde du prince, des escouades de forts en gueule habiles à provoquer des « émotions » à la demande, dont les exactions entretenaient un climat de peur. Leur zèle faiblissait, parce que les caisses du prince étaient vides. Basile trouva des crédits pour recruter des gens bien implantés, pratiquant le bouche à oreille, qui regroupèrent les bonnes volontés. Il passa ensuite à la vitesse supérieure au moyen d'associations et de ligues, appuyées sur les milices bourgeoises, et, le courage venant avec le nombre, il se sentit bientôt assez fort. Beaucoup de Parisiens, qui tout récemment encore criaient leur haine contre Mazarin, craignaient par-dessus tout de subir des représailles qui livreraient leur ville au pillage. Les appels à leur loyauté, assortis de promesses d'amnistie et de distributions d'écus, fouettèrent le cœur des indécis. On pouvait dès lors envisager des contre-manifestations. Jusque-là il fallait pour se risquer dans les rues porter sur la tête un bouquet de paille, en signe d'anti-mazarinisme, les chevaux même en exhibaient entre leurs oreilles. Mais le 24 septembre, Basile parvint à réunir plus de deux mille bourgeois, qui, papillote en papier au chapeau, manifestèrent leur rejet de Condé et réclamèrent le retour du roi. La voie était libre pour le dénouement.

Une démarche imprudente

Mazarin devait énormément à Basile et il le savait. Nicolas cependant, avec des moyens limités, n'avait pas démérité. Il eût été à l'abri de tout reproche s'il n'avait commis une grosse imprudence. Ne l'oublions pas : il était attaché à Anne d'Autriche, pas au ministre. Pendant l'essentiel de l'année 1651, on l'a vu, celui-ci passa pour perdu. Nul n'aurait misé un liard sur son retour. Sa place semblait à prendre. Bien des ambitions s'en trouvèrent aiguisées, au point que l'exilé en vint même à douter de ses fidèles laissés sur place, Le Tellier, Servien et Lionne. Fouquet ne s'est-il pas bercé de l'espoir qu'il ne rentrerait jamais, lui ouvrant peut-être les voies vers le ministère ? Le contraire eût été surprenant. La majorité du roi et le départ de Condé ne tarirent pas les spéculations sur la question, au contraire. L'idée qu'on pouvait se passer de Mazarin prenait corps.

Loin d'y couper court, le retour de l'exilé la renforça. Il trompait beaucoup d'espérances. On chercha donc – et on trouva – de bonnes raisons de lui en vouloir : il compromettait pour se rétablir la paix du royaume, il préférait son intérêt personnel à celui du roi. Nicolas aimait la reine. N'avait-il pas pour devoir de la soustraire à l'influence nuisible du cardinal ? Ne serait-ce pas la servir que de contribuer à l'éloignement de l'intrus, pomme de discorde pour le pays ? Il vivait en vase clos dans le chaudron parisien. Au printemps, lorsque Condé, revenu d'Aquitaine au prix d'une folle chevauchée, bouscula les armées royales à Bléneau, on crut à la victoire prochaine du prince. En vint-il à espérer, sans se l'avouer, que Condé et Gaston d'Orléans, réconciliés contre leur ennemi commun, allaient réussir à l'éliminer ? Ce qui est sûr, c'est que l'exclusion de Mazarin tourna chez lui à l'obsession.

Au mois de mai 1652 en effet, il avait pris la tête d'une délégation pour demander à la reine le renvoi du ministre, unique obstacle aux négociations, et dont le départ rétablirait la concorde. Une « idée sage et habile », que l'intéressé eut la maladresse d'écarter, nous disent certains biographes. Bien sûr que non ! Il aurait eu grand tort d'accepter. Car les négociations étaient précisément ce dont il ne voulait plus. Il comptait obtenir des rebelles une soumission sans conditions. Or à cette date, ceux-ci n'y étaient pas encore prêts. Un départ, prétendument provisoire, mais qu'on pouvait escompter rendre définitif, aurait rouvert la porte aux marchandages. Il refusa donc, en mettant en avant sans fausse honte son intérêt personnel, ce qui lui permettait d'occulter l'enjeu politique sous-jacent.

En juillet Fouquet récidiva. Après l'incendie de l'Hôtel de Ville, il avait fui Paris livré aux déchaînements de violence. D'Argenteuil où il s'était réfugié, il rédigea un long mémoire destiné à être mis sous les yeux du cardinal, où il le sommait de choisir entre un exil volontaire et le triomphe du parti des Princes. Après avoir rejoint auprès du roi à Pontoise les magistrats légalistes, il renouvela la démarche, en personne cette fois. Que Mazarin se dévoue, héroïquement, pour rendre la paix au royaume que sa présence perturbait ! Cette chanson-là, le cardinal la connaissait par cœur. Les dévots la lui avaient serinée dès le début de la Fronde. Le fait que Nicolas, sur qui il croyait pouvoir compter, entonne à son tour ce refrain ne put que lui déplaire, tant y transparaissait son ambition secrète. S'il était éloigné à titre définitif, qui serait plus qualifié pour le remplacer que l'officieux procureur général, bénéficiant de la protection d'Anne d'Autriche ? Il l'éconduisit donc de nouveau.

Un mois plus tard, la question de son départ revint sur le tapis, mais à cette date il ne courait plus aucun risque, il était assuré de revenir. Dans Paris livré à l'anarchie, les notables ne songeaient qu'à s'enfuir, le parti condéen se désintégrait. Seul détenteur de la légitimité, le Parlement regroupé à Pontoise était assez étoffé pour fonctionner correctement. C'est lui qui prit l'initiative de partir et Fouquet n'y était pour rien. Le 7 août, c'est seulement à titre de procureur général que celui-ci fut chargé de solliciter très humblement l'éloignement du cardinal. Mazarin lui-même supplia alors le roi de le laisser se dévouer pour la paix du royaume et celui-ci assortit son autorisation d'un ardent panégyrique, déclarant se priver « à regret d'un ministre qui l'avait toujours servi avec beaucoup de passion et de fidélité ». Le scénario avait été bien monté – par le principal intéressé. Ce fut un succès complet. Désormais privés de leur unique argument, les rebelles durent s'incliner. La plupart d'entre eux se soumirent sans conditions. Mazarin, tranquillisé sur son avenir, continua de diriger à distance, d'une main ferme, les premières démarches de son royal filleul tandis qu'il s'appliquait à pacifier l'est du royaume encore agité de soubresauts. Il en profita pour se débarrasser d'un autre ex-prétendant au ministère, le cardinal de Retz, à l'arrestation duquel Nicolas se fit un plaisir de concourir avec son frère. Il rentra en triomphe au mois de février 1653 et se trouva alors, dit Gui Patin, « aussi puissant que Dieu le Père au commencement du monde ».

On ne sait si Fouquet, rétrospectivement, apprécia la manœuvre finale à sa juste valeur. Mais il dut se douter qu'il avait fait un faux pas. Quant à Mazarin, il prit bonne note des arrière-pensées qui perçaient dans les démarches de l'ambitieux procureur. Nicolas Fouquet n'a jamais été une de ses « créatures », il ne lui a jamais « appartenu ». S'en tenant à un jugement sommaire porté à son arrivée, il le connaît mal, parce qu'il ne l'a pas jugé digne d'intérêt. Il s'est comporté pendant les quatre années de la Fronde comme un allié du cardinal, à cause de la reine et parce que ses engagements antérieurs l'y contraignaient. Mais il n'aurait pas été fâché de le voir disparaître. Aucun lien personnel entre eux. Pas la moindre sympathie, pas la moindre obligation.

Mazarin pense, à juste titre, ne rien lui devoir. En revanche, il estime et apprécie son frère, qui est vraiment un homme à lui, qui n'a pas ménagé sa peine, a pris pour lui des risques considérables, et qui après la victoire, a renouvelé son engagement au service conjoint du roi, de la reine et de leur ministre, en des termes on ne peut plus solennels : « Je n'ai jamais été ni ne veux jamais être à personne, ni dépendre de qui que ce soit au monde que de Leurs Majestés et de Son Éminence. » Le dévouement du cadet compense pour l'instant les fluctuations de l'aîné. Lorsque la charge de surintendant des finances se trouva soudain libérée par la mort du titulaire, Nicolas se porta aussitôt candidat, parmi quelques autres. Mazarin sembla hésiter et opta finalement pour un attelage dans lequel il serait associé à Servien. Le 7 février 1653, Nicolas couronnait ainsi sa brillante ascension par la plus haute fonction à laquelle il pût aspirer. Mais les contemporains ne s'y trompèrent pas : il devait cette nomination à Basile.

CHAPITRE DEUX

L'État au bord de la faillite

Dans la longue lettre de candidature que Fouquet avait adressée à Mazarin, il invoquait ses compétences avec une fatuité candide, sur le ton du spécialiste éclairant un néophyte, comme s'il était seul à comprendre que la mauvaise administration des finances était une des principales raisons du «décri» des affaires publiques. «Dans l'application que j'ai eue en m'informant des moyens de faire cesser les maux présents et d'en éviter de plus grands à l'avenir, ajoutait-il, j'ai trouvé que le tout dépendait de la volonté des surintendants; peut-être ne serais-je pas inutile au roi et à Votre Éminence si elle avait agréable de m'y employer. J'ai examiné les moyens d'y réussir.» Le cumul des mandats, puisque la surintendance n'était pas incompatible avec sa charge de procureur, décuplerait son efficacité. Suivaient des protestations de fidélité, dont son frère se portait caution.

Fouquet ne surestimait-il pas quelque peu la valeur de son diagnostic ? Il n'y avait pas besoin d'être grand clerc pour comprendre que l'endettement chronique rongeait le royaume comme un chancre. On sent chez lui, comme toujours, une hâte, une peur de laisser passer l'occasion, en même temps qu'une extrême confiance en ses talents et une propension à se mettre en avant, à faire l'important, à se mêler de tout sans attendre qu'on le consulte. Quand il voit miroiter le poste qu'il convoite, il oublie de réfléchir, de peser le pour et le contre, d'attendre. Et sa trop visible fébrilité plaide en sa défaveur : elle donne prise sur lui. Il voulait la place, il l'eut. Mais s'il comptait y être tout-puissant, il se trompait lourdement.

De l'avis général, la compétence n'était pas déterminante dans le choix d'un surintendant – le népotisme ou le clientélisme pesaient plus lourd. La charge passait pour une lucrative sinécure. Comme dans toutes les administrations, le travail courant était accompli par une nuée de commis titulaires de leurs offices, accoutumés à survivre à la valse de leurs supérieurs. De ceux-ci on attendait la docilité : ils ne devaient pas oublier que, détenteurs d'une commission, ils pouvaient être remerciés sans préavis ni indemnité – l'exemple récent du président de Maisons était là pour le rappeler. Congédié au bout de quelques mois, il s'était écrié, goguenard : « Ils ont eu grand tort : j'avais fait mes affaires, j'aurais fait les leurs. » Il en avait tiré de quoi faire bâtir par Mansart le château que nous admirons encore à Maisons-Laffitte.

En 1652, on n'attendait pas d'un surintendant des réformes : la conjoncture ne s'y prêtait pas. On lui demandait de s'assurer que l'administration qu'il coiffait fût capable de subvenir aux besoins quotidiens de l'État. Il valait mieux être riche, pour le prestige, avoir des relations, de l'entregent. C'est pour ces raisons, ainsi que par amitié pour Basile, que Mazarin nomma Nicolas. En une douzaine d'années, malgré la Fronde, il avait amassé une fortune estimable pour un maître des requêtes, procureur depuis peu. Il avait construit autour de lui un réseau qui touchait les gens de finances par sa propre parentèle et celle de sa femme et les milieux dévots par sa mère et ses frères. Et en tant que porte-parole du roi auprès du Parlement, il pourrait en contenir les velléités de révolte. Bref, c'était un homme utile. Parfaitement fiable, c'était moins sûr.

Ne disons pas qu'en dupliquant la fonction, Mazarin cherchait à diviser pour régner. À cette date il régnait sans partage, il était vraiment le patron, seul aux commandes. Il voulait des exécutants efficaces. L'adjonction d'un collègue visait à tempérer les initiatives de Fouquet. Servien avait vingt-deux ans de plus, une longue expérience de la politique, c'était un fidèle, il empêcherait le jeune ambitieux de se hausser du col. Ajoutons qu'en matière de finances la prétendue incompétence du cardinal n'était qu'un leurre. Elle faisait partie du rideau de fumée qu'il avait développé autour de lui pour se protéger. En réalité il en connaissait mieux que personne les mécanismes. Il se déchargeait sur des commis de la gestion comptable, qu'il détestait. Mais les choix décisifs étaient de son ressort et il était très capable de les prendre en connaissance de cause. S'il tenait à contrôler les deux surintendants, ce n'était pas uniquement, comme l'affirment sans rire certains biographes, pour se remplir les poches grâce à leur silence complice, mais avant tout pour s'assurer les moyens de financer l'action politique engagée, qu'il voulait mener à son terme – autrement dit pour remporter sur l'Espagne une victoire définitive.

Une économie de guerre

Quand on évoque les questions financières à cette époque, il faut garder en tête une donnée de base. La fiscalité française était conçue pour temps de paix. Elle datait du Moyen Âge, lorsque le roi n'était encore que le *primus inter pares* – le premier entre des égaux – et que les tâches communes étaient réparties entre les trois ordres du royaume : le clergé assurait, outre le culte et l'enseignement, les œuvres de charité, la noblesse veillait à la sécurité, le tiers-état se chargeait de la production. En temps de paix, le roi était censé vivre du revenu de ses domaines propres. En cas de guerre les seigneurs, qui lui devaient l'ost, autrement dit le service, s'équipaient à leurs frais et lui amenaient leurs propres troupes. Mais il ne pouvait faire face à une guerre étrangère d'envergure sans moyens supplémentaires, notamment le recours à des mercenaires, puisque le peuple n'était pas soumis à la conscription. Il avait donc alors le droit de lever de nouveaux impôts, mais à titre temporaire seulement. Il est évident que ce système, adapté à un État morcelé de type féodal, n'était plus approprié pour un royaume aussi vaste que la France du XVIIe siècle, confronté à de multiples tâches nouvelles – ne serait-ce qu'assurer les moyens de transport et de communication. Mais aucun roi n'avait osé s'attaquer de front à l'épineux problème de la fiscalité. Tous s'étaient contentés d'impôts indirects multiples et variés ou d'expédients comme la vénalité des offices – quitte à hypothéquer une part de leur pouvoir.

Bien entendu, la guerre, exigeant un supplément de ressources, créait dans le pays un déséquilibre profond. L'augmentation des prélèvements était très mal supportée. Certes le roi, seul détenteur du pouvoir législatif, avait le droit d'augmenter les impôts ou d'en créer de nouveaux. Cependant l'usage voulait qu'ils fussent vérifiés et enregistrés par le parlement de Paris avant de devenir exigibles : une simple formalité puisque le dernier mot lui appartenait, mais qui offrait aux magistrats une formidable caisse de résonance auprès des habitants de la capitale. Et dans les campagnes toute augmentation de la taille soulevait des « jacqueries ». Moins une guerre durait donc, mieux cela valait pour ceux qu'on ne nommait pas encore les contribuables.

Hélas ! celle que Louis XIII avait engagée en 1635 contre l'Espagne s'éternisait. Sous son seul règne, les prélèvements avaient triplé. En règle générale, les sacrifices sont acceptés quand ils sont nécessaires, face à un danger vital. Or ce n'était pas le cas. Cette guerre, on l'a vu, paraissait inutile à la majorité des Français et sacrilège à une bonne moitié d'entre eux. Mais il était trop tard pour faire marche arrière.

Désormais, il fallait la gagner, sous peine de renoncer à toute influence politique en Europe. Telle était la décision prise par Anne d'Autriche et mise en œuvre par Mazarin. Le moins qu'on puisse dire est qu'ils n'ont pas su faire partager leurs convictions aux Français. Tous aspiraient à la « paix générale » sans conditions – c'est-à-dire qu'ils étaient prêts à céder. Un des facteurs déclenchants de la Fronde parlementaire fut le fait que, contrairement aux espoirs, Madrid s'était retirée des négociations et continuait la lutte : la victoire remportée sur le Habsbourg de Vienne, contraint à signer la paix de Westphalie, avait exacerbé la déception. On en rendit responsable le ministre étranger, accusé d'être venu chez nous, comme tous les Italiens, pour s'engraisser à nos dépens. Chez les partisans de la paix à tout prix, qui dominaient au Parlement, la guérilla en faveur du peuple écrasé d'impôts s'accompagnait en 1648 d'une motivation inavouée : en coupant les crédits au gouvernement, on l'obligerait à faire la paix.

Ce préambule permet de mieux comprendre les enjeux de la période qui s'ouvre à la fin de la Fronde. En 1653, la guerre civile est terminée, la France est débarrassée des dépenses qu'elle entraînait. Ne serait-ce pas le moment de réduire la pression fiscale et surtout d'en modifier la répartition ? Certes, mais une tentative de réforme entraînerait des soubresauts susceptibles de tarir tout financement durant un certain temps. Or la lutte contre l'Espagne continue. Privée de l'appui que lui apportait la subversion intérieure en France, elle compte sur le génie de Condé pour reprendre le dessus. La remise en ordre des finances devra donc attendre que soit levée l'hypothèque de la guerre étrangère, supprimant enfin la ponction supplémentaire opérée sur les revenus du pays. Mazarin n'hésite pas : la politique extérieure a toujours primé à ses yeux. Priorité à la guerre et tant pis si l'on obtient les ressources nécessaires par des moyens peu orthodoxes. L'essentiel est de la gagner, au plus vite. C'eût été possible sans le passage à l'ennemi du prince. Hélas ! le conflit se prolongea de 1653 à 1658, six années pendant lesquelles les aléas des champs de bataille se répercutèrent directement sur les finances, l'État vivant au jour le jour, au bord de la faillite.

Cette vulnérabilité financière s'explique aisément : la France n'a pas de banque d'État – la chose est rare à l'époque[1] –, donc pas de fonds propres, pas d'encaisse. Le Trésor, communément appelé l'Épargne, est un lieu de transit et non de stockage : rentrées et sorties y instaurent un flux continu. Lorsque les besoins s'intensifient, il se transforme en tonneau des Danaïdes. Mais le fait qu'il n'y ait plus un sou disponible dans ses caisses ne préjuge en rien de la situation générale du pays. « La France a été autrefois plus malade sans en mourir. Il n'y a jamais d'argent à l'Épargne et néanmoins il s'y en trouve toujours dans la nécessité, qui est mère d'invention. » Cette sage remarque d'André d'Ormesson, qui date de la mi-septembre 1648, en

---

1. Il en existe une à Venise et à Gênes dès le Moyen Âge. Au XVIIe siècle, c'est celle d'Amsterdam qui domine le marché international.

pleine Fronde parlementaire, est encore pertinente en 1653, quand le ciel s'est éclairci. Non, la France n'est pas ruinée. Certaines régions le sont, celles qui ont servi de champ de bataille lors de la guerre civile et tout particulièrement l'Île-de-France. Mais il y a des provinces – Bretagne, Dauphiné, Auvergne, Béarn – qui n'ont jamais vu passer le moindre soldat depuis longtemps. Et les autres, désormais épargnées puisque les combats se concentrent sur la frontière, entrent en convalescence. Les paysans restent pauvres, pour cause de redevances trop lourdes, et ils sont à la merci des mauvaises récoltes. Mais il y a encore parmi la noblesse et la grande et moyenne bourgeoisie des détenteurs de capitaux en quête de placements rémunérateurs. Donc l'État pourra continuer de vivre d'emprunts et d'expédients, comme il le fait depuis des années. Cette solution est fâcheuse en soi, parce qu'elle creuse inéluctablement la dette. Pis encore, elle se trouve aggravée par le désordre régnant dans l'administration, qui encourage les malversations.

L'argent haïssable et nécessaire

À la racine du désordre, il y a un déni, le refus de reconnaître que l'argent occupe une place importante dans la vie d'un grand royaume. Ce refus a des origines morales et religieuses, essentiellement catholiques. L'argent est impur, quiconque s'y attache est méprisable : précepte vertueux, mais très propre à être dévoyé. Un grand seigneur croit devoir le traiter de haut et il s'enorgueillit de ses dettes. «César, à mon âge, devait six fois plus que moi», clame le jeune abbé de Retz. Et dans la pièce de Molière qui porte son nom, Dom Juan se fait gloire d'éconduire un malheureux fournisseur qui a osé lui présenter sa facture. On méprise le commerce, plus encore que les activités manuelles. Les nobles – sauf exceptions – ne peuvent s'y adonner sans déroger. Les négociants enrichis répudient pour leur descendance les métiers qui impliquent maniement d'argent, ils rêvent de «vivre noblement» – c'est-à-dire sans rien faire – et placent leurs enfants dans l'administration. Mais comme on a tout de même besoin de banques, celles-ci sont privées et tenues par des protestants, des juifs, ou des Italiens – car au-delà des Alpes on a trouvé des accommodements avec le ciel.

Plus grave encore que la thésaurisation, le prêt à intérêt est réprouvé, même à taux modéré, et l'usure est frappée d'anathème. Avec pour résultat de vouer à la clandestinité des opérations qui auraient pu être faites au grand jour. La pratique du secret devient générale, même pour les tractations les plus innocentes. Or celle-ci est très fâcheuse en un temps où le recours à l'emprunt est pratique usuelle. Car tout le monde vit à crédit : la rareté des espèces métalliques y oblige. L'or est, avec l'argent à un moindre degré, la référence internationale[1]. Hélas, la France n'a pas de mines d'or.

---

1. La valeur des pièces était déterminée par leur poids, comme ce fut le cas par la suite dans le système monétaire de l'étalon or.

L'Espagne a vécu longtemps sur celui qu'elle tirait de ses colonies américaines. Elle en inondait naguère l'Europe, mais c'est fini, les filons sont quasi épuisés. Le stock disponible est désormais stable et il ne répond pas aux besoins. On pratique donc autant que possible l'échange de biens – immeubles, terres ou offices – en restant débiteur ou en empruntant quand la balance ne tombe pas juste. Si l'on y met le prix, on peut s'offrir un bien convoité, en payant plus tard. Et on oublie parfois de faire le calcul. Et l'on pratique volontiers ce qui est aujourd'hui un délit, consistant à financer une nouvelle acquisition au moyen d'un bien encore impayé. Le crédit à l'achat et l'endettement chronique sont d'autant plus périlleux qu'on les traite avec désinvolture, leur déniant toute importance.

Une même défiance à l'égard de l'argent a prévalu dans l'administration, entraînant également sa dose d'effets pervers. Par précaution, on a établi des cloisons entre les trois sortes d'officiers de finances : les ordonnateurs, qui décident des rentrées et des sorties, les comptables, qui manipulent les espèces monétaires, et les contrôleurs, qui vérifient en bout de chaîne la régularité des écritures. Mais ces cloisons se sont vite révélées poreuses. Bien qu'il soit interdit à tous ces officiers de « faire l'Épargne » chez eux, il en est peu qui ne mélangent allègrement leurs comptes propres avec ceux de l'État. Voudraient-ils être parfaitement honnêtes qu'ils ne le pourraient pas. En premier lieu, faute de banque d'État, il n'y a pas de réserve monétaire disponible. Il n'y a pas non plus de budget global : les différentes dépenses sont à prélever au coup par coup sur telles ou telles recettes nommément désignées par *assignations*, sans qu'il puisse y avoir compensation des unes aux autres[1]. Et il n'y a pas de budget prévisionnel : on navigue à vue. Certes on connaît en gros les dépenses incontournables, mais d'autres sont appelées par les circonstances. Quand il y a urgence, comment s'accommoder des procédures réglementaires, d'autant plus lourdes que la vénalité des offices a multiplié inconsidérément les officiers qui en sont chargés ? Pour sortir des fonds de l'Épargne, on doit passer par cinq ou six bureaux. C'est pourquoi le roi s'est arrogé le privilège de prélever sur le Trésor, sans délai, les sommes qu'il souhaite : il lui suffit de signer des *acquits* ou *ordonnances de comptant*, sans avoir à fournir de justification. Un tel système constitue une tentation permanente. Et nul ne s'étonnera que le Trésor soit toujours vide.

Pour honorer ces ordonnances les différents opérateurs financiers sont donc amenés en cas de nécessité – au mépris de leur déontologie – à avancer de l'argent au roi sur leurs propres fonds, quitte à se

---

[1]. Cette particularité tient au fait que les impôts sont perçus pour l'essentiel en monnaie métallique, d'un transport malaisé à cause du poids : elle permet d'en réutiliser une bonne partie sur le lieu de perception, seul le surplus remontant à l'Épargne. Avant de dénoncer le procédé comme absurde, rappelons-nous que récemment, on a créé des impôts affectés à certaines dépenses – pour les personnes âgées, par exemple, ou pour les différentes branches de la Sécurité sociale. C'était un moyen de les faire accepter. Mais chez nous aujourd'hui les impôts de ce genre se fondent très vite dans la masse.

rembourser ensuite. Mais les besoins sont tels qu'on ne peut éviter de recourir à des créanciers aux reins plus solides. Qui sont-ils ? Pas des banques ayant pignon sur rue : la faillite des Cenami et des Cantarini[1] abandonnés à leur détresse lors de la Fronde les a fait réfléchir. Ceux qui consentent des avances à l'État ne sont pas des professionnels, du moins en apparence, mais de très riches particuliers tenant le haut du pavé. Trois règles tacites président à leurs activités. La première : ils n'agissent pas seuls, car les sommes en cause dépassent les moyens d'un individu, si bien pourvu soit-il. Ils mettent sur pied des consortiums de prêteurs, quelque chose comme des sociétés anonymes, dans lesquelles chacun détient des parts, au prorata de sa mise. Les participants peuvent à leur tour subdiviser leur part entre divers preneurs et ainsi de suite, de façon à former une pyramide de prêteurs parmi lesquels les risques sont, en principe, mutualisés. En principe, doit-on dire, car, selon la deuxième règle, les organisateurs préfèrent exposer aux aléas les apports de leurs associés plutôt que leurs fonds propres : en d'autres termes, ils commencent par emprunter l'argent qu'ils prêtent au roi. Ils sont rémunérés par la différence entre le taux d'intérêt qu'ils accordent à leurs sous-associés et celui qu'ils exigent de l'État. Enfin, en troisième lieu, ils se gardent soigneusement d'apparaître au grand jour. Celui qui négocie avec les préposés aux

---

[1]. Les banquiers italiens de Mazarin, poursuivis lors de son exil.

finances royales est toujours un prête-nom, choisi parmi les commis, sur lequel viendront buter d'éventuelles poursuites. Malgré ces précautions, le métier comporte quelques dangers. Car, en dépit d'un silence complice, leur identité est connue des initiés. Lorsque de Bruxelles le prince de Condé, dont les revenus étaient sous séquestre, organisa – mais oui ! – un enlèvement contre demande de rançon pour renflouer sa trésorerie, il ne se trompa pas de cible. Pierre Girardin était un des plus gros financiers sur le marché parisien. Et l'affaire ne transpira que parce que le malheureux mourut avant l'aboutissement des marchandages.

Les activités de ces consortiums n'avaient rien de répréhensible tant que l'écart entre les taux restait modéré. Mais la réprobation pesant sur le prêt à intérêt vint en fausser le libre jeu. Par principe, la France refusa de toucher au taux légal modique fixé antérieurement à la guerre, alors que celle-ci avait accru dans une proportion considérable les besoins, mais aussi les risques. Au cours des années troublées, quand les impôts rentraient mal, que les recettes provinciales étaient mises à sac par les rebelles[1] et que les armées rivales vivaient sur l'habitant faute de solde, qui aurait accepté d'avancer de l'argent au roi au denier 18, c'est-

---

1. Gourville raconte sans fausse honte dans ses *Mémoires* comment, pour le compte de son patron, Condé, il avait, pistolet en main, extorqué le contenu de sa caisse à un receveur des finances provincial, non sans lui laisser fort honnêtement un reçu pour lui éviter des ennuis !

à-dire à 5,55 %, sans aucune garantie[1] ? Les louis d'or se cachaient dans les bas de laine et les coffres. En tout temps et en tout lieu, les normes absurdes engendrent des pratiques illégales, sécrétant des règles tacites qui fonctionnent si l'on respecte certaines limites. Dans ce cas précis les limites furent dépassées. Les préposés aux finances royales, contraints de consentir des taux plus élevés, furent amenés à tourner leur propre réglementation, en respectant apparemment le taux officiel, mais en accordant aux prêteurs les compléments requis, sous forme d'ordonnances de comptant ou de ristournes diverses. Les taux d'intérêt réels grimpèrent à des niveaux inavouables, pour le plus grand profit de ceux qui prêtaient l'argent des autres et se remboursaient par priorité. Et l'habitude de truquer les comptes sur ordre d'en haut fut pour l'ensemble du personnel occupé aux finances une véritable incitation à la fraude, dont le système entier fut contaminé.

Fermiers et traitants : la grande braderie

En 1653, l'État voyait fondre à vue d'œil les moyens de se procurer de l'argent. On avait atteint les limites en matière d'impôts. Il ne fallait pas songer en rajou-

---

[1]. Taux pratiqué dans le ressort du parlement de Paris. Selon la façon de compter à l'époque, le taux indique quelle fraction du capital est due comme intérêt. Le *denier 5* = un intérêt égal au 1/5e du capital, soit, aujourd'hui 20 %. Le *denier 20* = 1/20e du capital = 5 %. Le taux d'intérêt est donc d'autant plus élevé que le chiffre qui suit le terme *denier* est plus bas.

ter, sous peine de voir se ranimer les braises mal éteintes de la Fronde. Restait l'emprunt. La monarchie s'y adonnait depuis longtemps. Au temps où elle s'efforçait de mettre sur pied une administration, elle avait beaucoup misé sur la vente des offices. Elle y trouvait dans l'immédiat un double avantage. Au lieu de créer des fonctionnaires qu'elle aurait eu à rémunérer, elle vendait les emplois à une bourgeoisie en mal d'ascension sociale. Les magistrats notamment devinrent propriétaires de leurs charges. En réalité, c'était une forme d'*emprunt perpétuel*, assorti d'un intérêt annuel qui leur était versé sous forme de gages[1]. Hélas ! à force

---

1. Puisque les détenteurs d'offices ne pouvaient en exiger le remboursement, il s'agissait d'un prêt à fonds perdu. L'État s'était d'abord réservé le droit de les récupérer à la mort du titulaire, mais il avait fini par y renoncer moyennant la perception d'une taxe, dite la *paulette*. Les offices devenaient donc des espèces de biens mobiliers, qu'on pouvait acheter et vendre à des prix variant selon l'offre et la demande. Le seul moyen de s'en libérer aurait été pour l'État de les racheter – ce qu'il eut rarement les moyens de faire. Les *gages* étaient l'intérêt du prêt et non le salaire du travail fourni. C'est pourquoi les juges étaient autorisés à percevoir auprès des plaignants ce qu'on nommait les *épices*, versées par les deux parties ; ce n'étaient pas des pots-de-vin, mais la rémunération de leurs services et ils n'avaient rien de scandaleux tant qu'ils se tenaient dans le cadre des tarifs en usage. – La vénalité des offices appelle des commentaires contrastés. On peut s'indigner de voir l'État brader ainsi une part de ses prérogatives, avec les risques politiques afférents. On peut aussi se réjouir que, sans s'en rendre compte, la monarchie ait ainsi créé un contrepoids à sa propre puissance, en accordant aux juges une relative indépendance : le procès de Fouquet en fournira une éclatante illustration.

de créer de nouveaux offices ou de dédoubler ceux qui existaient, on assécha presque totalement le marché : les plus intéressants étaient tous attribués. On avait tenté aussi de recourir aux emprunts directs, à taux raisonnables. L'État avait tenté pour trouver preneurs, de déguiser ses emprunts en *rentes sur l'Hôtel de Ville de Paris*[1]. Il s'agissait de prêts à fonds perdu, censés rapporter indéfiniment à leurs détenteurs successifs un revenu assuré. Mais l'État avait si souvent retardé ou supprimé une bonne partie des arrérages qu'au sortir de la Fronde, ces rentes étaient largement déconsidérées. En 1653, il ne restait plus d'autre recours que les très gros prêteurs, qui exigeaient, eux, de solides garanties.

On distinguait en la matière les fermiers et les traitants[2]. Les uns se chargeaient des ressources déjà existantes, les autres des « affaires extraordinaires ». Les fermiers étaient des sous-traitants qui avançaient à l'État le montant escompté de telle ou telle source de

---

1. Rentes *sur* l'Hôtel de Ville : telle est leur dénomination exacte, qui les différencie des rentes *de* l'Hôtel de Ville, pour lesquelles la municipalité parisienne conservait un droit de regard. Mais les textes d'époque distinguent mal entre les deux appellations et usent surtout de la seconde. – À la forme viagère, le public préféra la forme perpétuelle, qui permettait cependant de transmettre la rente à ses héritiers ou de la revendre, si on voulait récupérer sa mise. Les intérêts étaient nommés *arrérages*.

2. Ces deux mots désignent des activités distinctes, bien précises. En revanche, celui de *partisans*, à l'origine synonyme de *traitants*, est vite devenu un terme générique extrêmement péjoratif pour désigner l'ensemble des financiers. On parlait aussi de *publicains*.

recettes – en général des impôts indirects, puis plus récemment la taille –, qu'ils s'occupaient ensuite de percevoir. Après annonce et affichage, l'attribution se faisait par adjudication, avec enchères publiques « à la chandelle » à partir d'un minimum obligé[1]. C'était là une pratique ancienne, elle obéissait à des règles. Les traitants avaient pour mission, eux, d'innover, d'inventer des sources de revenus inédites. Il pouvait s'agir de vendre de nouveaux offices auxquels nul n'avait pensé, de prélever une taxe sur des activités particulières qui, dans le maquis des réglementations, avaient échappé aux mailles du filet fiscal, de modifier le montant de tels ou tels droits, de renégocier des actifs en cours... – liste non limitative. Leur imagination fertile ne cessait de concevoir des tours de passe-passe susceptibles de rapporter de l'argent sans toucher à des catégories sociales capables de faire des vagues.

Tous, fermiers et traitants, s'engageaient pour une durée limitée et se trouvaient soumis aux mêmes obligations. Les versements, en espèces monnayées, étaient échelonnés, le premier intervenant dès la signature du contrat, avant toute perception. Bien entendu, les termes de ce contrat tenaient compte, d'une part, du loyer de l'argent avancé, d'autre part des risques d'impayés. Le gros problème consistait à combler l'écart entre le taux officiel et le taux réellement consenti. Deux solutions. La première : leur offrir une

---

1. Les enchères débutaient à l'allumage d'une chandelle et se terminaient dès son extinction.

rémunération complémentaire sous forme de « billets », c'est-à-dire de titres valables sur l'État, non sans avoir pris la précaution de créer à l'Épargne, par des ordonnances au comptant de même montant, les fonds nécessaires à les garantir. La méthode offre quelque analogie avec celle qui, de nos jours, consiste à payer des prestations fictives. L'autre solution, plus honnête dans son principe : leur accorder des « remises » sur le montant des versements promis au roi. Les abus résidaient dans l'ampleur de ces ristournes : dans certains cas, elles finissaient par atteindre près de la moitié des sommes attendues.

L'affaire du « marc d'or » fournit une excellente illustration de ces pratiques pour ceux qui ne reculent pas devant un peu d'arithmétique. C'était une taxe très ancienne – d'où son nom – pesant sur les titulaires de certains offices à leur entrée en fonction. En 1656 on décida de l'augmenter et de l'étendre à de nombreux autres offices. Mais comme il fallait attendre longtemps avant qu'elle ne rapporte, on la confia provisoirement à un traitant, qui en avancerait le montant sous forme de huit quartiers durant deux ans. Le contrat global fut proposé à 2 millions de livres. L'acquéreur – abrité derrière un prête-nom – fit grise mine. Il réclama d'abord une remise de 666 000 livres pour frais de perception. Sur la somme restante, soit 1 334 000 livres, il lui fallut dédommager le précédent détenteur du marc d'or primitif – 300 000 livres, à déduire bien entendu du montant promis. Il ne devait donc plus au roi que 1 034 000 livres, à payer sur deux ans. Mais, face à l'urgence, on lui accorda encore un rabais de 134 000 livres. Le traitant ne s'engagea donc que pour 900 000 livres au lieu de 2 millions prévus. Certes l'offre initiale avait sans doute été surestimée, pour donner quelque champ aux discussions. Il reste que l'ensemble des ristournes est impressionnant. Le traitant s'acquitta de son dû, sans qu'on sache combien il récupéra auprès des redevables. Ce n'était là qu'un cas parmi des centaines d'autres. Mais l'État, lui, en abandonnant pour une durée parfois indéfinie la perception de taxes qui auraient dû lui revenir, hypothéquait gravement l'avenir. Des « droits sur le roi » étaient ainsi bradés à des particuliers, concernant une multitude de prélèvements variés – octroi à l'entrée de telle ville, péage au passage de tel pont, etc. – dont le recensement détaillé reste à faire. Le marc d'or est passé à l'histoire à cause de son nom, qui fait rêver, mais surtout parce que les 900 000 livres versées par le traitant servirent en totalité à rembourser un prêt de même montant que Fouquet et ses proches avaient consenti au roi. Celui-ci, assurément, avait fait une mauvaise affaire.

Rien de franchement illégal dans toutes ces pratiques, puisqu'elles étaient promues et couvertes par l'État : c'était lui qui tournait ses propres règlements ou se livrait avec ses prêteurs à d'humiliants marchandages. Mais il donnait par là un exemple détestable, ôtant tout scrupule aux gros manieurs d'argent. Car il était pour eux tentant et facile de s'enrichir, soit à l'intérieur soit en marge du système. Comme on l'a vu plus haut la participation aux consortiums de prêts permettait de gagner d'autant plus sur la différence de taux qu'on était placé plus haut dans la pyramide. Mieux valait cependant, pour réduire les risques, s'assurer que les prêts étaient gagés sur de « bonnes » assignations. Et pour cela, il fallait avoir des antennes en haut lieu. Le délit d'initié n'existait pas encore, mais la pratique qui a suscité plus tard son inscription au code pénal était monnaie courante. Une créance sur le roi assignée à des revenus réguliers avait du prix, une autre liée à des rentrées qu'on savait épuisées ne valait rien. Après les troubles de la Fronde, qui avaient vidé bon nombre de fonds naguère productifs, il restait donc sur le marché un grand nombre de titres dont les détenteurs avaient peu d'espoir de tirer profit et qu'ils étaient prêts à vendre à bas prix. Les initiés rachetaient ces billets, les faisaient réassigner sur des fonds alimentés et en obtenaient remboursement. Ensuite, pourquoi les détruire, puisqu'on pouvait les recycler à nouveau et les réassigner, moyennant quelques ratures et grattages ? Les vieux billets ressuscités devinrent monnaie si commune que des poètes facétieux en plaisantaient : « Ces deux billets que j'ai cru surannés, / Rhabille-les, remets-les en usage », écrivait à Fouquet l'abbé de Boisrobert. Il finit par y en avoir en circulation une telle masse que certains traitants prirent la liberté de payer le Trésor avec eux, en monnaie de singe, au lieu des espèces sonnantes et trébuchantes attendues.

On trouva mieux encore. On en vint à proposer des « affaires exceptionnelles » purement fictives, par exemple une taxe à créer, une mine à exploiter ; on en réalisait le montage financier, on trouvait des acquéreurs, on préparait à leur intention des « billets » que l'on provisionnait par des ordonnances au comptant. Après quoi on « découvrait » que l'affaire prévue était irréalisable, on remboursait très honnêtement leur mise aux prêteurs, qui restituaient leurs billets. Et on conservait ceux-ci au lieu de les détruire. Il ne restait plus qu'à les présenter à l'Épargne pour avoir de l'argent frais. Et c'était là pur scandale,

Dans son effort pour recenser les moyens qu'offrait à des gens sans scrupule l'organisation des finances royales, l'historien s'est fait l'avocat du diable. Il ne faut pas généraliser. Certaines des pratiques décrites étaient tout de même peu pratiquées. Dans la réalité, les francs escrocs étaient rares. Mais il est sûr que tous ceux qui ont approché de près ou de loin le maniement des fonds publics ont profité de l'une ou l'autre des facilités qui se présentaient. On racontait même que le roi avait personnellement souscrit une rente sur les fermes, autrement dit, s'était prêté l'argent qu'il empruntait par ailleurs ! La prévarication était devenue un sport national, un peu comme la fraude fiscale aujourd'hui dans certains pays. Avec le sentiment de n'être pas coupable : puisque tout le monde faisait de même, il eût été bien bête de ne pas en profiter. Car le gouvernement trichait lui aussi, à sa manière, en modifiant autoritairement le taux des rentes ou en retardant les échéances des paiements. Il lui était impossible de dévaluer en modifiant le poids du louis d'or, qui équivalait à celui de la pistole espagnole. Mais il jouait parfois sur le rapport entre la livre – pure monnaie de compte servant à rédiger les contrats – et l'or et l'argent monnayés sous forme de pièces. Et il lui arrivait aussi de jouer à qui perd gagne. Par exemple, lorsqu'il décrétait des *augmentations de gages*. Cela signifiait bien en effet que le montant versé à titre d'intérêts croissait, mais parce que l'opération s'assortissait obligatoirement d'une augmentation de capital, que les officiers concernés étaient contraints de payer aussitôt. Loin d'être une largesse, c'était une sorte d'emprunt forcé ! Mais pour le leur faire accepter, il devait leur consentir un taux usuraire et donc des gages élevés – ce pour des années, indéfiniment, puisque l'emprunt en question n'était pas remboursable. Si bien que pour obtenir un soulagement immédiat, il hypothéquait lourdement l'avenir.

Bref les pratiques fisco-financières qui s'étaient installées au fil du temps avaient largement de quoi donner bonne conscience aux fraudeurs.

La banqueroute de 1648

Périodiquement, le roi donnait un coup de pied dans la fourmilière. C'était presque un rituel. Quasi chaque année, il se fâchait et menaçait les gros financiers de poursuites en justice. Il agitait donc en permanence sur leurs têtes cette épée de Damoclès, à laquelle venait donner quelque poids le souvenir d'Enguerrand de Marigny ou de Semblançay, qui avaient fini au gibet. Mais pour avoir trop servi, la menace ne leur inspirait plus la moindre crainte. Ils savaient très bien qu'elle avait pour unique but de leur extorquer des rabais. Tant que chacune des parties respectait la règle du jeu, on ne dépassait pas le stade des marchandages.

Or en juillet 1648, au plus fort de la première Fronde, les magistrats parisiens s'en mêlèrent. Se substituant au gouvernement totalement dépassé, le Parlement entreprit – entre autres choses – de faire « rendre gorge » aux financiers, réputés responsables de la pression fiscale accrue. Il décida de les livrer à une chambre de justice créée tout exprès et il décréta la suspension des rentes qui leur étaient versées à titre d'intérêts. Eux suspendirent aussitôt, par ricochet, les versements qu'ils devaient à leurs partenaires. « Ils protestaient que, [si l'on reculait] le remboursement de leurs avances, ils ne pouvaient plus secourir le roi ni lui prêter de l'argent, leur crédit étant perdu et leurs créanciers retirant d'eux les deniers qui leur étaient dus. » Traduisons en langage d'aujourd'hui : les épargnants reprendraient leurs avoirs. Aussitôt, de proche en proche, toutes les rentes furent frappées. Parmi les particuliers atteints, souvent riches et puissants, figuraient – ô ironie ! – un bon nombre de hauts magistrats qui, sous le regard narquois de leurs collègues, s'aperçurent un peu tard qu'ils s'étaient tiré une balle dans le pied. Mais il y avait aussi, au bas de la pyramide, beaucoup de petites gens, qui avaient placé dans les rentes toutes leurs économies. Il fallut donc transiger, en répartissant les pertes. Mazarin, qui n'aurait pu prendre une mesure aussi risquée sans déclencher une émeute, se réjouit que le Parlement s'en fût chargé. On abaissa de 15 à 6 % l'intérêt versé par l'État à ses créanciers et on retarda les paiements. Pour l'État, le fardeau de la dette se trouva allégé de cinquante millions.

Ce ne fut qu'une banqueroute partielle, pas un désastre. Les victimes semblaient peu à plaindre dans un pays où beaucoup de gens n'avaient pas un sol et où l'on réprouvait le prêt à intérêt. Selon Mme de Motteville, quasi toutes les familles de Paris, tant de la cour que de la ville, s'étaient enrichies par cette voie, qui n'était pas légitime, dit-elle, parce que prohibée par l'Évangile et préjudiciable à l'État. Quant aux professionnels de la finance, ils y avaient subi des pertes, mais acheté leur sécurité : donnant donnant, la chambre de justice ne vit jamais le jour. La confiance dans la solvabilité de l'État avait certes pris un coup dur. Mais la banqueroute ne tarit nullement le crédit, car les financiers savaient que le gouvernement n'était pour rien dans cet accident de parcours et que, une fois la paix intérieure rétablie, ils se trouveraient à l'abri du caprice des magistrats. Ils avaient encore de l'argent à faire fructifier et, comme il n'existait guère à l'époque de placements à la fois plus rentables et moins risqués, ils continuèrent de prêter au roi. Mais bien entendu, ils faisaient monter les enchères en fonction des circonstances, et notamment des aléas de la guerre franco-espagnole.

La fortune de Fouquet

Lors de son procès, Fouquet invoqua pour sa défense un argument important : il était riche avant d'accéder à la surintendance et n'avait fait que s'appauvrir jusqu'à la ruine dans l'exercice de cette fonction. Il produisit alors un inventaire de sa fortune en 1653, qui atteint quatre millions de livres. « Il y a peu d'hommes en France de ma condition dont le bien monte plus haut que quatre millions qu'il est justifié que j'avais. » Comparé à celui de 1661, le contraste est éloquent. On s'abstiendra ici d'infliger au lecteur ces deux relevés de chiffres pour diverses raisons. D'abord parce que beaucoup d'entre eux sont soit gonflés, soit sous-estimés, tantôt jadis par Fouquet ou ses adversaires, et tantôt par ses biographes actuels soucieux de l'innocenter. Or il est impossible de savoir à quel taux avaient été négociées les rentes dont il était bénéficiaire ou au contraire redevable. Même incertitude pour les domaines ou les biens immobiliers. Combien valait une merveille comme Vaux – à condition qu'il y eût un acheteur ? On en est réduit à une telle quantité d'estimations tellement arbitraires que le résultat devient fallacieux. Ensuite parce que les documents dont nous disposons ne sont que la partie émergée d'un énorme iceberg : si nous connaissons assez bien en effet les pièces saisies lors de son arrestation – moins celles qu'on a fait disparaître sur ordre de Colbert, voire du roi –, nous ne savons que peu de chose sur ses affaires antérieures à la surintendance. Enfin, parce que l'habitude de brouiller ses traces au moyen de prête-noms et de contrats en cascade rend très difficile l'interprétation d'une partie des papiers qui nous sont parvenus. Donc on ne peut s'appuyer que sur des indices, pour tenter de reconstituer ce que les techniciens de l'enquête policière appelleraient son « profil ».

Au départ, une seule chose semble quasiment certaine : entre 1640, date où il avait recueilli la succession de son père, et 1653, sa fortune avait pratiquement triplé. Entre-temps, il avait vécu et tout ce que nous savons de lui n'incite pas à penser qu'il était enclin à l'ascétisme. Même si l'on prend en compte les biens apportés par sa femme, il est permis de s'interroger sur ce brillant résultat. De par ses appartenances familiales, il avait eu l'occasion de se frotter très tôt au monde de l'argent. Du côté de sa mère, il était apparenté à des officiers de finances. Son père s'était jadis aventuré dans les prêts. Il est attesté que lui-même détint dès 1643 des parts dans les « affaires du roi ». Son second mariage, avec Marie-Madeleine de Castille, dont la parentèle touchait de très près à la surintendance, le mit en contact avec les milieux de la haute finance. Il disposait d'une masse de manœuvre au départ. Comment aurait-il pu ne pas entrer dans la noria qui permettait à l'argent investi de croître et multiplier sans fin ? Ce qui incite à penser qu'il y était partie prenante est qu'il se gardait de thésauriser. L'argent ne rapportait qu'en circulant sans cesse. Pour les achats de biens fonciers qu'il multipliait, comme signe de son accession à la noblesse authentique, quoiqu'ils fussent de maigre rapport, il recourait au troc ou à l'emprunt ; une dette conservée auprès du vendeur, à un taux modique, le laissait libre de placer ses liquidités dans les prêts au roi, à un taux sans commune mesure. Autour de lui, tout le monde en faisait autant, et la chose n'avait rien d'illégal.

Joua-t-il au petit jeu, moins innocent, des billets de l'Épargne rachetés à bas prix et réassignés sur de nouveaux fonds ? La présence d'un bon nombre de billets dans l'inventaire de 1653 incite à le penser ? Colbert, dans son réquisitoire de 1659, l'accuse de s'y être livré, mais on le sait partial. Laissons-lui donc le bénéfice du doute. Il reste que sa fonction de procureur au Parlement le rendait précieux pour des financiers opérant aux marges de la légalité et craignant les poursuites. Il pouvait les en protéger. Tout service mérite salaire : il se vit sûrement proposer par eux quelques opérations fructueuses. Succomba-t-il ? On ne sait.

Mais à l'évidence il partage leurs idées. L'exploitation des failles que présente le système fisco-financier de la monarchie lui semble normale. En précurseur du capitalisme, n'avait-il pas déclaré, dès 1651, que les parlementaires qui attaquaient le profit et les bénéficiaires des affaires n'étaient que des jaloux dont les propres contrats avec l'État n'avaient jamais été honorés ? Quand il dénonce dans sa lettre de candidature la « mauvaise administration des finances » et propose d'y remédier, il n'envisage nullement de la réformer. Il veut supprimer les blocages qui l'empêchent de tourner rond. Si l'État ne trouve pas à emprunter, c'est sa faute. Il a tué son « crédit » à force de mauvaise foi. Pour rétablir ce crédit, il doit selon lui respecter scrupuleusement ses engagements, payer ce qu'il doit à ses créanciers, et se garder de persécuter les financiers sous peine de les voir refermer leur bourse.

Sa « doctrine » consiste donc à perpétuer le recours à l'emprunt en passant par leurs conditions – avec creusement continu de la dette. Une telle méthode ne pouvait être pour l'État qu'un pis-aller provisoire, à répudier au plus vite. En revanche, elle était hautement profitable pour les manieurs d'argent.

Elle aurait déjà été funeste avec des taux d'intérêt honnêtes. Face à des taux usuraires, elle n'est pas tenable. Mais l'idée que les conditions en question sont proprement scandaleuses ne semble pas l'effleurer. Or l'essentiel du problème est là. Il ne recevra de solution que le jour où l'État sera assez fort pour imposer sa volonté aux grands financiers – non pas en les détruisant, mais en construisant avec eux des relations équilibrées. En vérité, tant que la guerre étrangère continue, aucun surintendant n'a les moyens de faire autrement que d'en passer par les fourches caudines des gros consortiums de prêteurs. Que Fouquet s'y résigne à titre provisoire ne serait pas grave, mais qu'il en fasse *a priori* une règle de management est inquiétant. Il devient en haut lieu le porte-parole d'un groupe de pression.

Bien qu'il n'appartienne pas lui-même au clan très fermé – et quelque peu méprisé – des professionnels de la finance, il en est solidaire non seulement par cousinage, mais parce qu'il fait partie, au Parlement, du cercle discret des magistrats bien informés qui placent leurs avoirs dans les prêts à l'État. S'aperçoit-il que les principes qu'il défend sont ceux de ses riches et puissants partenaires ? Il ne semble pas avoir poussé la réflexion aussi loin. La vérité est qu'il baigne dans un environnement si imprégné des idées et des pratiques de ce milieu qu'il est incapable de les remettre en cause et même d'envisager qu'on puisse penser autrement. Entre eux et lui il y a identité de vues et collusion d'intérêts. Mesure-t-il lucidement cette dépendance ? Il a d'autant moins envie de le faire que sa carrière et sa fortune, bâties à crédit, ont besoin de l'apport continu que leur procure la noria financière. Il n'est donc pas surprenant que ses efforts tendent à perpétuer un système dont la caste financière tire sa prospérité. Et l'on comprend mieux qu'il soit hanté par le souvenir de la banqueroute de 1648, où il s'obstine à voir une catastrophe. Il y a sans doute laissé personnellement quelques plumes. Sa hantise du crédit confine à l'obsession. Surtout, qu'on ne touche sous aucun prétexte à celui des financiers, qui conditionne celui des autres ! Le salut du royaume est en jeu ! Grâce à la surintendance, il veut en être l'artisan !

Fouquet aux approches de la quarantaine

Était-il l'homme qui convenait pour le poste ? Sa nomination surprit. Non qu'on le crût incompétent, mais à cause de sa double casquette. Il conservait en effet sa charge de procureur, dont il était propriétaire. Sage précaution, à côté d'une commission révocable du jour au lendemain. Il était connu comme juriste. Au Parlement, il tirait avantage de sa formation initiale d'avocat. Il savait le droit par cœur. Il avait l'esprit clair, précis, rigoureux. Il parlait avec aisance.

D'après les textes qui nous sont parvenus, son éloquence, moins redondante et moins fleurie que celle de ses confrères, était plus efficace parce qu'elle ne distillait pas l'ennui. Il était cultivé, aimait les arts à la folie.

Il était surtout extrêmement séduisant. Bel homme, de taille simplement moyenne, mais d'allure élégante, cheveux bruns, avec un visage aux traits réguliers – nez un peu long mais droit, bouche souriante ornée d'une fine moustache. Y pétillaient des yeux caressants et moqueurs à la fois, tout chargés d'invites secrètes. Grand amateur de femmes, il n'avait que l'embarras du choix, on s'en doute. Mais cette séduction, qui rayonnait de sa personne, excédait largement le domaine de la sexualité. Il voulait plaire à tout le monde – du moins le monde qui comptait – et il s'en donnait la peine. C'était un élément de sa stratégie dans la conquête du pouvoir. Il passait donc pour naturellement aimable. Sous réserve de quelques exceptions tout de même. Il se montrait impitoyable pour les gens sans défense qui avaient le malheur de traverser ses desseins – petits propriétaires terriens refusant de lui céder une parcelle convoitée, humbles villageois dont la présence sur ses domaines gênait ses projets d'aménagement. Mais l'écho de ces incidents ne franchissait pas la porte des hôtels particuliers et des châteaux, où l'on ne tarissait pas d'éloges sur l'exquise courtoisie de M. Fouquet.

S'ajoutant à sa compétence, celle-ci n'était pas inutile pour débattre d'un compromis ou d'un contrat. Il n'avait pas son pareil pour mettre en relations des gens qui s'ignoraient ou pour rapprocher des ennemis jurés : nul n'est insensible à un compliment bien tourné assorti d'un sourire. C'était un négociateur et un courtier de talent. Excellent pour des démarches diversifiées. Pas assez fin peut-être pour séduire durablement des partenaires réguliers, parce qu'il négligeait de renouveler et d'adapter ses procédés et surtout parce qu'il était incapable de dissimuler durablement l'ambition qui le dévorait. Son charme n'avait eu aucune prise sur Mazarin. Sa tentative de séduction sur Louise de La Vallière allait bientôt tourner au désastre.

À peine sa nomination acquise, il se croit déjà tout-puissant et il veut tout tout de suite. On s'étonne d'un tel mélange de rouerie assumée et d'extrême naïveté. C'est un homme pressé, qui vit dans l'instant, sans pause ni recul. Une folie des grandeurs s'empare de lui, qui fera surgir des merveilles, comme Vaux-le-Vicomte. Mais sa course ne peut se poursuivre qu'entraînée par un mouvement continu, sur fond d'angoisse, car il sait obscurément que la fortune qu'il a bâtie sonne creux et que, si un jour les circuits financiers se grippent, tout s'effondrera. Il choisit pour l'instant de n'y pas penser. Il s'engage allègrement sur la route vers le pouvoir que lui ouvre la surintendance. Très sûr de lui. Trop sûr ? À l'avenir de le dire.

CHAPITRE TROIS

Mazarin, Colbert et Fouquet

Lorsque Mazarin, sur les instances de Basile Fouquet, confia la surintendance des Finances à Nicolas, il n'avait en celui-ci qu'une confiance limitée. Il redoutait ses initiatives. Aussi l'entoura-t-il de garde-fous qui lui laissaient très peu de pouvoir. L'homme qu'il lui associa, Abel Servien, était sa vivante antithèse. Les déceptions et la venue de l'âge n'avaient pas amélioré le caractère raide et hautain de ce diplomate opiniâtre, dont les états de service dans l'heureuse conclusion du traité de Westphalie n'avaient pas reçu, du fait de la Fronde, les récompenses escomptées. Cette nomination venait *in extremis* couronner sa carrière et il était décidé à ne pas se laisser marcher sur les pieds par son trop remuant jeune collègue. Entre les deux surintendants, aucune répartition des tâches n'avait été fixée. Se compléteraient-ils l'un l'autre ? Selon toute vraisemblance, ils se neutraliseraient. Par prudence, Mazarin avait encore enrichi leur entourage d'une douzaine de recrues. De plus, il avait fait de son banquier personnel, Barthélemy Hervart, qui était déjà intendant des finances, un contrôleur surnuméraire et il l'avait chargé de tenir, seul, le registre des assignations.

La mésentente s'installa au ministère dès le lendemain de la double nomination, le 7 février 1653. Fouquet, bien décidé à conquérir son autonomie, se lança dans une guérilla sournoise par commis interposés, qui dura près de deux ans. À la fin de 1654, l'impulsion décisive vint de l'extérieur : les financiers – d'eux-mêmes ou sur suggestion – déclarèrent qu'il était impossible de discuter avec Servien et refusèrent désormais d'avoir affaire à lui. Les caisses étaient vides, on touchait le fond. Fouquet proposa ses services ; la situation n'était pas désespérée, pourvu qu'on le laissât faire. Le 24 décembre 1654, un règlement vint délimiter les attributions entre les deux hommes. Servien, en tant qu'ordonnateur des fonds pour toutes les dépenses, superviserait les sorties d'argent et il délivrerait les assignations[1]. Fouquet se chargerait des rentrées destinées à alimenter l'Épargne : il veillerait au recouvrement des sommes dues à l'État, vérifierait les comptes des fermiers et traitants. Mais comme ces ressources étaient notoirement insuffisantes, il lui faudrait élargir le champ des « affaires extraordinaires » en imaginant de nouvelles sources de profit et en mettant sur pied les montages financiers adéquats. Aux dépens de son rival marginalisé, il concentrerait désormais entre ses mains les pouvoirs de décision.

L'opinion vit dans ces promotions successives,

---

1. Au détriment d'Hervart, à qui il fallut retirer la signature. Mais Servien était un moindre mal que Fouquet.

assorties d'attendus élogieux sur sa « fidélité éprouvée », une preuve de la confiance qu'il inspirait au ministre. Et lui-même, bien sûr, en tira argument lors de son procès pour accuser Mazarin de duplicité. Mais put-il vraiment être dupe de ces propos convenus qui n'engagent personne ? La langue de bois est toujours et partout en usage, mais elle prend la couleur des temps. Celle du XVIIe siècle donne volontiers dans l'hyperbole. Lorsque Mme de Sévigné termine une lettre par « Croyez que je vous aime... », c'est souvent l'équivalent de nos « meilleurs sentiments ». En réalité, la présence continue de Nicolas Fouquet à la surintendance pendant plus de huit ans s'explique très simplement. Contrairement aux espoirs soulevés par le retour de la paix intérieure, l'étau financier ne s'était pas desserré et il imposait le recours aux financiers. Pour servir de démarcheur auprès d'eux, nul n'était plus qualifié que lui, dont on pouvait penser de surcroît que l'ambition fouetterait le zèle.

Des opposants mal soumis

Pour que l'État trouve aisément à emprunter, il ne suffisait pas de ménager les détenteurs de capitaux. La bonne volonté de ceux-ci dépendait étroitement de la conjoncture politique. Or l'euphorie qui avait accompagné la fin de la guerre civile fut de courte durée. Auprès des Français, le premier ministre, doté par la reine et le jeune roi d'un pouvoir sans entraves, souffrait de l'image créée par les tombereaux d'insultes des *mazarinades* – dont il ne se défera jamais – et certains le tenaient pour un usurpateur. La guerre étrangère continuait, grosse consommatrice de numéraire, et le passage du prince de Condé à l'ennemi éloignait la perspective d'une victoire rapide. Autant de causes d'affaiblissement pour l'autorité royale encore convalescente. Les nostalgiques du passé tout proche où l'on pouvait fronder le gouvernement et lui extorquer des faveurs relevèrent la tête.

Les magistrats furent les premiers à se faire entendre. Invoquant les conquêtes juridiques de l'automne 1648, qui n'avaient pas été abrogées, ils réclamaient entre autres choses un droit de regard sur l'impôt et le respect du taux légal de l'intérêt. Pour présenter au Parlement dix-sept édits bursaux relevant des ressources «extraordinaires» destinées à financer la poursuite de la guerre, le gouvernement eut donc recours à un «lit de justice», où l'enregistrement fut accordé à la pluralité des voix. Mais le lendemain il fut remis en cause par de jeunes conseillers d'une chambre voisine, sous prétexte que la présence du roi avait entravé «la liberté des suffrages». On se crut reporté à sept ans en arrière. C'est alors que fut concertée par Mazarin la fameuse scène qui frappa tant l'opinion: le 13 avril 1655, Louis XIV déboula impromptu au Palais de justice en tenue de chasse, contrairement aux «formes accoutumées», et il interdit fermement la poursuite des délibérations. Non, il ne s'exclama pas «L'État, c'est moi», parce qu'il ne pensait rien de tel. Mais il rappela qu'il était le maître et que les décisions lui appartenaient. L'opinion s'interrogea un instant sur ce jeune roi dont c'était la première apparition en solitaire sur la scène politique. Était-ce le signe qu'il avait l'envie et la capacité de gouverner ? On préféra y voir la prestation d'un acteur bien dressé qui avait su tenir son rôle. On devait s'apercevoir plus tard que les deux explications n'étaient pas incompatibles.

Les magistrats s'agitaient en corps. Les nobles, eux, les grands surtout, étaient restés sonnés par la défaite de Condé à qui Turenne avait arraché tous ses points d'appui sur le territoire français. Les retours de flamme frondeuse se manifestèrent surtout parmi ceux qui, ayant soutenu le roi pendant les troubles, se trouvaient mal payés de leurs peines. Le comte d'Harcourt n'avait pas attendu la fin des combats pour s'assurer la récompense qu'on ne manquerait pas de lui refuser. Abandonnant devant Bordeaux l'armée royale qu'il commandait, il avait filé sur l'Alsace et s'était enfermé dans Brisach, d'où il narguait le roi avec la complicité des Espagnols : il en coûta des sommes considérables pour l'en faire partir. À son exemple, mais à un échelon plus modeste, le marquis de Manicamp refusa de rendre à Mazarin la place de La Fère, qui lui avait été confiée à titre provisoire : il exigea et obtint qu'on lui en rachetât le gouvernement[1].

---

1. Lorsque la place se libéra par la mort du titulaire, Mazarin se la réserva, mais il n'osa pas en prendre possession durant la Fronde. D'où le recours à Manicamp, qui s'engagea devant témoins à la lui restituer sur simple présentation d'un « demi-louis rompu » en deux, dont il conservait l'autre moitié. Mazarin n'était donc pas tout blanc dans l'affaire, ce qui n'excuse pas la mauvaise foi de Manicamp, mais explique qu'ils aient transigé.

Le maréchal d'Hocquincourt, lui, illustre un autre cas de figure, les effets ravageurs que peuvent produire dans le cœur d'un militaire vieillissant les sortilèges d'une séductrice patentée. Il était gouverneur de Péronne et de Ham, deux places de la ceinture qui protégeait Paris. Pour les beaux yeux de la duchesse de Châtillon, il n'hésita pas à promettre de les livrer à Condé, donc aux Espagnols. Pour le coup, l'affaire était grave ! Elle se termina en vaudeville, grâce à l'abbé Fouquet qui proposa à Mazarin une parade imprévue. Au lieu de s'en prendre militairement aux deux places, au prix de risques énormes, il suggéra de faire enlever la duchesse et il s'offrit à la garder. Tout Paris en fit des gorges chaudes, car Basile passait pour un de ses — nombreux — soupirants agréés. Pendant que le maréchal s'employait à faire libérer « son bel ange », la belle Angélique goûtait dans les bras de son ravisseur des plaisirs rarement offerts à un otage. La famille du coupable négocia, moyennant finances, le transfert de Péronne à son fils et Mazarin se borna à reprendre Ham. L'imprudent amoureux, couvert d'un impérissable ridicule, s'enfuit rejoindre le prince, dans l'armée duquel il trouvera la mort aux abords de Dunkerque.

Bien que dépourvus de conséquences graves, ces quelques épisodes attestent que les vieilles habitudes ont la vie dure : il n'est pas facile de renoncer à des façons de sentir, de penser, de raisonner profondément invétérées. L'idée peine à s'imposer que la révolte ne paie plus et qu'on a intérêt à ne pas discuter les ordres du roi. Surtout quand ces ordres passent par la bouche d'un ministre contre qui prévalent tous les anciens préjugés. La soumission de la noblesse d'épée, comme celle de la noblesse de robe, reste sujette à caution. Il suffirait de quelques revers sérieux pour que renaisse l'opposition. Or précisément, la situation se dégrade, à l'intérieur comme à l'extérieur, entre 1655 et 1658.

Des années noires

D'abord, c'est la nature qui s'en mêle. Pluies diluviennes, inondations, récoltes perdues, famine. Une bonne moitié de la France, celle qu'ont déjà éprouvée les troubles civils, crie misère et les jacqueries renaissent, soutenues par les nobliaux locaux, tandis que dans le Midi, Marseille laisse libre cours à ses rêves récurrents d'autonomie.

La guerre se poursuivit d'abord favorablement : en 1654 les Espagnols échouèrent devant Arras. Mais deux ans plus tard survinrent de graves mécomptes. Au début de l'été, Turenne investit Valenciennes, alors espagnole. Il comptait sur la surprise pour en venir à bout. Faute d'effectifs suffisants pour un encerclement complet, il partagea son armée en deux quartiers, de part et d'autre de l'Escaut. Mais Condé, survenant à la rescousse de la place, rompit les écluses, et le flux qui emporta les ponts coupa les communications adverses. Il ne fit ensuite qu'une bouchée des troupes du maréchal de La Ferté et Turenne dut lever le siège. Sur le plan militaire cette semi-défaite n'était pas une catastrophe. Mais elle eut des effets psychologiques désastreux. L'Espagne reprit courage et se remit à croire la victoire possible. Elle coupa court aux négociations que menait secrètement Hugues de Lionne à Madrid en vue de la paix. Pour la France, la prolongation de la guerre impliquait des besoins financiers considérablement accrus.

Il fallait de l'argent pour payer les troupes, comme de coutume. Il en fallait aussi pour se procurer des alliances, car il était clair que la France ne pourrait pas s'en tirer seule. Pour déloger les Espagnols des places maritimes de Flandre – Gravelines, Mardick, Dunkerque –, qui étaient ravitaillées par mer, l'appui d'une flotte puissante était indispensable. En Manche, seuls les Anglais et les Hollandais en avaient une. Recourir à ces derniers contre l'Espagne était exclu : ils venaient de traiter avec elle en échange de leur indépendance. Restaient les Britanniques. Ils avaient alors à leur tête Cromwell, usurpateur, hérétique et régicide, qui proposait son appui au plus offrant. Ces tares ne semblaient pas rebuter les Espagnols, qui étaient sur le point de signer, lorsque Mazarin se mit sur les rangs. À la dernière minute, un différend colonial entre Madrid et Londres fit pencher la balance en faveur de la France. Mais à la promesse de livrer Dunkerque aux Anglais – quand on l'aurait conquise –, il fallut joindre un bon poids de louis d'or : le contingent de « têtes rondes » expédié à notre secours se révéla de grande qualité, à condition d'être choyé dans les moindres détails de la vie quotidienne. On ne racontera ici ni les marchandages sordides auxquels donnèrent lieu les moutures successives des traités, ni la vague d'indignation que souleva contre Mazarin son alliance avec le démon en personne. On en soulignera plus modestement le coût.

Or une autre source de dépenses gonflait à vue d'œil outre-Rhin. À Vienne, l'empereur Ferdinand III, mal consolé de sa défaite de 1648, soutenait en sous-main son cousin et rêvait d'un nouveau tour de piste. La France contre-attaqua en s'appuyant sur les principautés allemandes, qui l'avaient naguère contraint de signer la paix. L'objectif de la *Ligue du Rhin* fut de les fédérer en une association défensive qui, sous patronage de la France, découragerait chez lui toute visée impérialiste. À sa mort en 1657, l'élection de son successeur, Léopold Ier, fut l'occasion de pérenniser ce que celui-ci appela «une invention du diable», qui perpétua pour deux siècles le morcellement politique de l'Allemagne. Un beau résultat, mais coûteux. Quinze mois durant, la bière et les écus avaient coulé à flots chez les sept Électeurs qui détenaient la clef du scrutin. « L'argent pour aider au bon succès de votre négociation sera fourni, écrivait le cardinal au maréchal de Gramont, quand je devrais pour cela rester en chemise; mais il faut être assuré que ce qu'on y emploiera produira l'effet que nous souhaitons. »

Comme on s'en doute, ces débours-là exigeaient des espèces sonnantes et ils ne figuraient pas dans le relevé officiel soumis à la Cour des comptes. Dans l'Europe entière, l'usage prévalait d'accompagner de largesses toute sollicitation. Chacun savait par exemple que la couronne élective de Pologne était quasiment à l'encan. C'était le moyen de survivre pour beaucoup de princes mal fournis en ressources naturelles. Corruption ? C'est un bien gros mot pour des comportements passés dans les mœurs au titre de rémunérations de services et qui d'ailleurs ne croyaient pas devoir se cacher. Combien de gens Mazarin subventionna-t-il, d'un sac d'écus ou d'une bague, à travers l'Europe ? Et combien ont-ils coûté, à lui ou au Trésor public ? L'enquête reste ouverte.

Une chose est sûre, ces difficultés accumulées se répercutèrent lourdement sur les circuits financiers. Plus elles se multipliaient, plus l'État avait besoin d'argent, mais moins on lui faisait confiance, parce qu'on le croyait incapable de se redresser. Au lendemain de l'échec devant Valenciennes, son crédit tomba au plus bas, il ne trouva plus de créanciers – à moins de les payer à hauteur des risques. L'avenir ne se dégagea pour la France qu'en 1658, lorsque la victoire des Dunes le 14 juin contraignit l'Espagne à s'incliner. Certes l'endettement ne pouvait être jugulé du jour au lendemain. L'argent continuait de manquer. Il fallut maintenir les troupes sous les armes pendant qu'on débattait du traité définitif : la paix des Pyrénées ne fut signée que le 7 novembre de l'année suivante. Mais l'interminable guerre était enfin gagnée et l'avenir s'en trouvait transformé. L'État, à plus ou moins brève échéance, allait redevenir solvable et l'on pourrait engager ses avoirs auprès de lui, à des taux plus modestes, mais sans crainte. Une telle perspective menaçait d'ébranler le système fisco-financier dont on s'accommodait depuis si longtemps et sur lequel était assis le pouvoir de Nicolas Fouquet.

Tel est l'arrière-plan sur lequel se déroule l'histoire de ses relations avec Mazarin. Avant d'en aborder les péripéties, il est temps d'aller faire connaissance avec celui-ci, tel qu'en lui-même sa victoire sur la Fronde l'avait changé.

Un pouvoir fragile

Avant toute chose, il faut ici crever un abcès. L'on s'obstine parfois encore à voir en Mazarin – comme on le fit au début du XIXe siècle sur la foi des pamphlets et des mémoires du temps – un aventurier cupide venu s'engraisser chez nous, un valet de *commedia dell'arte* se pavanant effrontément sur le trône grâce à la faveur suspecte de la régente, insoucieux de l'intérêt des Français pourvu qu'il s'enrichît aux dépens du Trésor. Ce thème assure aux romanciers un succès facile mais garanti – voir Alexandre Dumas. Or les historiens sont obligés de constater que ce prétendu fantoche a mené à bien les entreprises que Richelieu avait dû laisser en suspens : il est venu à bout des révoltes nobiliaires qui secouaient le royaume depuis un siècle et il a fini par remporter sur l'Espagne une victoire décisive, qui a fait de la France le premier pays d'Europe. À son impensable succès Mme de La Fayette ne trouva jadis qu'une explication : son « bonheur », entendez sa chance, la faveur du ciel. Aujourd'hui, comme l'argument surnaturel nous paraît peu convaincant, pourquoi ne pas admettre que ce résultat fut le fruit d'une démarche concertée, obstinée, à laquelle il consacra toutes ses forces jusqu'à épuisement – mais qu'il mena par des voies cachées et souvent détournées, parce qu'en tant qu'étranger et détenteur d'un pouvoir doublement délégué[1], il n'avait pas l'autorité requise pour faire prévaloir ses vues ? Et pourquoi ne pas se servir de cette clef pour essayer de le comprendre ?

Revenons à l'année 1653. Mazarin, né en 1602, vient de franchir la cinquantaine. Il est sorti vainqueur de la Fronde, il règne en maître sur un royaume dont son filleul, qui approche de quinze ans, lui abandonne les rênes. Mais il est fatigué, sa santé flanche, il sent son corps prêt à le trahir. Il est obsédé par la crainte de voir le temps, les moyens et les forces lui manquer pour atteindre son second objectif, qui est la paix générale. Sa hâte est justifiée : il n'aura qu'un sursis de huit ans. Le combat a été rude. Les Français ne l'ont jamais adopté, ils ne l'aiment pas. Il sort de l'épreuve plus défiant, plus dur, plus triste et l'inquiétude ne le quitte pas.

Parce que nous savons, nous, qu'il conserva le pouvoir jusqu'à sa mort, nous lui supposons une sécurité qu'il n'eut jamais. « Principal ministre », il est révocable sans préavis ni dédommagement, il peut même finir dans un cul-de-basse-fosse, Sa situation est précaire, Elle dépend de multiples facteurs, politiques et militaires, mais surtout, elle ne tient que par un fil à la personne du roi. Que celui-ci disparaisse et c'en est

---

1. Du roi enfant à la régente et de la régente à lui.

fait de lui, car l'héritier du trône, Philippe d'Orléans, le déteste. Il eut des sueurs froides au lendemain de la victoire des Dunes, lorsque Louis XIV, pour avoir traîné sur le champ de bataille de Mardick jonché de cadavres pourrissants, attrapa le typhus et fut si gravement malade qu'on le jugea perdu. Fausse alerte. Mais ce fut pour tomber sur d'autres dangers. Tandis qu'il vieillissait, le jeune roi avait grandi. Chaque année qui passait le rapprochait du jour où il devrait céder la main. Comment s'opérerait la transition ? Il put craindre le pire dans l'été de 1659, lorsqu'il lui fallut, tout en débattant des clauses du traité de paix avec le ministre espagnol, lutter pied à pied contre Louis XIV qui prétendait épouser sa nièce, Marie Mancini. La correspondance qu'ils échangèrent alors ne laisse aucun doute sur sa détermination. Pour sauver l'union dynastique qui devait couronner la paix, il n'hésita pas à mettre sa démission en balance. Certes, c'eût été, politiquement, une folie de le renvoyer à cette date. Mais de la part d'un adolescent amoureux, même roi – surtout roi ? –, toutes les folies sont possibles. Il l'emporta. Mais l'épisode lui rappela combien sa puissance était fragile. Il ne l'oublia jamais, même lorsqu'il bénéficia enfin, dans les deux dernières années de son existence, d'une relative sécurité. Tout au long de sa vie, il avait dû se protéger. D'où son obsession d'assurer ses arrières, d'accumuler le plus possible d'alliances, de dignités et de biens, afin de parer à tous les imprévus imaginables.

Il est temps maintenant d'aborder la question de sa fortune, qui est au cœur de tous les débats sur l'affaire

Fouquet. L'argumentaire est bien connu : le surintendant ne fut qu'un gagne-petit, un amateur, de surcroît malchanceux, à côté du cardinal qui se trouvait à sa mort riche de trente-huit millions ; le surintendant aurait été choisi comme bouc émissaire pour détourner l'attention du public des scandaleuses ponctions opérées sur les revenus de l'État par le ministre. Pour faire bonne mesure, on laisse entendre que ces ponctions étaient responsables de la disette chronique du Trésor et que, sans elles, les finances du royaume eussent été en excellente forme.

Qu'en est-il donc vraiment ? Inutile de se voiler la face. Laissons de côté les rémunérations officielles, bénéfices ecclésiastiques, pensions et gratifications diverses : la régente, puis le roi étaient en droit de les lui accorder. On s'en tiendra donc ici aux moyens dont il s'est servi pour s'enrichir en marge de la légalité ou franchement illicites. Oui, il a joué avec maestria de toutes les ressources offertes par le système – prêts au roi et recyclage de billets périmés notamment. Il n'avait nul besoin d'en inventer de nouvelles, tant le rendement de celles-là était abondant. Entre lui et Fouquet il y a là différence d'échelle, l'autre n'est qu'un amateur. De plus Mazarin trempe dans des domaines où le surintendant ne semble pas s'être aventuré. Il se fait munitionnaire de guerre, c'est-à-dire qu'il prend à ferme la fourniture des vivres et des munitions indispensables aux armées. C'est le lieu de ristournes diverses que son secrétaire Colbert juge peu rentables : le « pain de Catalogne » ne rapporte quasiment rien. Tout cela reste dans le cadre des pratiques cautionnées par l'usage, à défaut d'être légales. De plus, comme il dispose d'émissaires un peu partout à l'étranger, il joue sur l'écart des prix, par exemple en se procurant au Portugal les diamants qu'il fait tailler à Anvers. Ce n'est que du négoce licite, socialement déshonorant pour un noble – ce qu'il n'est pas, pas encore. À tout cela s'ajoutent les « donatifs », c'est-à-dire les cadeaux liés à un service rendu. Nommez-les pots-de-vin ou commissions, selon que vous voulez les dénoncer ou les justifier. Une chose est sûre : ils étaient de règle à l'époque, à condition de ne pas mettre la barre trop haut. En matière de pratiques financières, Mazarin n'est pas une exception à la norme, il ne se hisse au-dessus du lot des profiteurs patentés que par l'ampleur de ses résultats, pas par leur nature, et s'il eût porté comme Richelieu un nom bien de chez nous, personne ne s'en serait offusqué.

Reste à savoir si ses détournements ont, comme on l'a dit, ruiné le royaume en détournant à son profit des flux monétaires considérables. Trente-huit millions ! l'équivalent de l'encaisse or de la banque d'Amsterdam ! le tiers du budget annuel de l'État ! Quel trou dans les finances royales avait creusé le « magot du cardinal », comme ses détracteurs se plaisent à le nommer ! Voire. Calculons. Huit ans pour accumuler un tiers du budget annuel de l'État, cela fait 4,166 % par an. Ce n'est pas négligeable. Assurément il aurait mieux valu que cette fortune fût stockée dans une banque d'État, mais il n'y en avait pas. À coup sûr, versée à l'Épargne, elle n'eût été qu'un mince filet d'eau, bien incapable de réalimenter l'insatiable tonneau où chacun puisait dès qu'il y entrait quelques sous. En revanche, si Mazarin s'était privé de ce recours, il aurait été réduit à l'impuissance et n'aurait atteint aucun de ses objectifs politiques.

Non, ce n'est pas sa faute si les caisses de l'État sont vides. Sa responsabilité, si responsabilité il y a, est à partager avec tous les bénéficiaires du système. En revanche, oui, il a voulu s'enrichir. Méthodiquement et de toutes ses forces, parce qu'il a compris très tôt que l'argent est l'indispensable ressort de toute action politique. Or, après la Fronde, il n'a plus le moindre scrupule, si tant est qu'il en ait jamais eu, parce qu'il n'a plus d'illusions sur les hommes. On l'a injurié, chassé, traîné dans la boue, dénoncé comme voleur à la face de l'Europe entière ; on a mis ses revenus sous séquestre, saisi ses meubles, dispersé à l'encan la bibliothèque savante dont il ouvrait les portes aux chercheurs, mis sa tête à prix, on l'a voué aux gémonies, tandis que les frondeurs à peine repentis disputaient âprement auprès de la régente le salaire de leur ralliement et que les irréductibles mettaient les provinces à feu et à sang pour lui imposer leurs volontés. Exilé à Brühl, bien qu'il ait pu craindre de ne jamais rentrer, il a repoussé le «pont d'or» que lui offraient les Espagnols pour passer à leur service et il n'est parvenu à regagner la France que parce qu'il lui restait encore de quoi recruter une modeste armée pour l'amener jusqu'à Poitiers auprès du roi. Plus jamais ça ! Il s'est juré qu'on ne l'y reprendrait plus ! Il s'applique donc à se constituer une solide réserve. Et pour ce faire il dispose d'un intendant hors pair.

Colbert

Lorsque Mazarin avait dû quitter la France en toute hâte au début de 1651, le Parlement avait eu pour premier soin d'inventorier sa fortune. Comme il était naturellement désordonné, il régnait dans ses affaires une inextricable pagaille – en partie voulue, pour décourager les curieux. Ceux de ses serviteurs qui s'en occupaient se trouvèrent suspectés et certains furent ruinés. Il avait alors prié Le Tellier de lui procurer un homme discret, habile, capable de mettre au net ses papiers et de leur donner une apparence présentable. Le Tellier préleva parmi ses propres commis Jean-Baptiste Colbert, qui devait se révéler une perle irremplaçable.

Ce nouveau venu n'était pas n'importe qui. Il avait du répondant. Ses origines étaient identiques à celles de Fouquet : sortis de la paysannerie et de l'artisanat, ses ancêtres étaient devenus eux aussi des marchands drapiers, mais en Champagne. Par la suite, à la différence des Fouquet, ils n'avaient pas tout misé sur la fonction publique. La situation de Reims, seconde place commerciale après Lyon sur la grande voie Nord-Sud, avait fait d'eux des banquiers internationaux dès le XVIe siècle. C'est donc avec des acquis solides qu'ils s'étaient lancés au XVIIe à la conquête des lieux de pouvoir. Ils étaient riches et puissants. En s'agrégeant à la noblesse, ils avaient pris pour armes une couleuvre – en latin *coluber* –, rivale métaphorique de l'écureuil des Fouquet. Respectivement nés en 1615 et en 1619, Nicolas et Jean-Baptiste appartenaient à la même génération, mais ils furent formés différemment : l'un avait choisi le droit, l'autre fit ses premières armes à quinze ans dans la finance, chez des banquiers, puis un notaire et un procureur. C'est seulement plus tard que sa famille le poussa vers le service du roi, où l'introduisit un cousin commis à la Guerre. Il devint secrétaire de Michel Le Tellier, qui en coiffait le ministère. Il était déjà conseiller d'État lorsqu'il dut délaisser une carrière qui s'annonçait brillante pour aller « ajuster » la comptabilité du cardinal exilé.

Ce n'était pas une promotion. Il endossa sans joie cette fonction supposée provisoire, en ironisant sur les négligences de celui qu'il nommait en privé le « patron ». Mais confronté à une tâche dont la complexité eût découragé tout autre, il s'y attela avec le soin méticuleux qui lui était propre, se piqua au jeu et montra un tel talent que le cardinal, revenu au pouvoir, décida de se l'attacher. Il souhaitait lui confier la réorganisation générale de ses affaires, puis le cas échéant leur gestion au quotidien. Ayant jaugé son rétablissement politique à sa juste valeur, Colbert accepta, non sans avoir réclamé l'exclusivité : « Si j'ai toutes les qualités pour La servir, comme le choix que Votre Éminence a fait de moi doit le faire croire, la créance et la confiance qu'Elle doit avoir en moi ne doit être ni partagée, ni disputée, ni contestée par aucune personne. » Pacte conclu et confirmé un an plus tard par Mazarin sous forme de carte blanche : « Il n'a jamais été en mon pouvoir de faire aucun effort pour mettre mes affaires en bon état. Il faut que vous suppléiez où je manque, et que vous ne prétendiez pas exiger de moi certains soins qu'il n'est pas possible de donner à mes intérêts particuliers, que je suis en possession, il y a longtemps, d'oublier pour les affaires publiques. »

Colbert fut donc promu « intendant des maisons et finances » du cardinal et doté pour l'assister d'une petite équipe nommée « conseil des affaires de Son Éminence ». Son point de vue sur les inconséquences de son maître ne changea pas, mais il en garda l'expression par-devers lui et, conscient que la confiance avait des limites, il prit soin, ne serait-ce que pour se couvrir, de l'informer et de le consulter régulièrement. D'où une volumineuse correspondance, qui est parvenue jusqu'à nous. Conçue comme une pure relation d'affaires, claire et nette, sans aucune de ces connotations affectives qu'on affectionnait alors, cette association fonctionna jusqu'au bout sans failles ni bavures, et elle fut le fondement de la confiance que Louis XIV accorda par la suite à Colbert, un fidèle entre les fidèles.

Figurait-il explicitement dans l'organigramme du secrétariat aux Finances lorsque Fouquet le prit en main en 1654 ? Les deux hommes se connaissaient de longue date et semblèrent d'abord liés d'amitié. Nicolas avait fourni à Colbert une lettre de recommandation lorsqu'il cherchait à entrer chez Le Tellier. Il lui avait fait obtenir du Parlement la copie du volumineux dossier dressé contre Mazarin, pour l'aider à préparer sa justification. Mais il les tenait alors l'un et l'autre pour de petits personnages. Son mépris éclate dans une lettre où il somme le serviteur d'obtenir de son patron qu'il fasse droit à une revendication de Basile, sur un ton dont l'arrogance s'assortit de menaces : « ... quand les services qu'on a rendus jusqu'à présent ne le toucheraient point, *ce que je puis, et pour et contre son intérêt ici*, devrait être de quelque considération[1]... » Mazarin choisit de passer l'éponge dans l'immédiat, mais Colbert encaissa mal.

Dans sa personne et sa tenue, il offrait l'exacte antithèse du surintendant. Il était brun, de grande taille et de belle allure, mais « son visage naturellement renfrogné, ses yeux creux, ses sourcils épais et noirs, lui faisaient une mine austère et lui rendaient le premier abord sauvage et négatif ». Loin de chercher à adoucir son apparence, il en accentuait l'austérité par la sobriété de ses tenues. Il était si glacial que Mme de Sévigné le surnomma *le Nord*. Il lui faudra pas mal d'années et une longue suite de succès pour gagner un peu en humanité. Du temps de Mazarin, il restait encore sur la défensive, traînant avec lui son éternelle serviette de clerc de notaire, attentif à ne pas se faire remarquer, sinon par le zèle qu'il apportait à ses fonctions. Sous sa direction, les affaires du cardinal se transformèrent en une pompe à finances d'autant plus efficace qu'il y prélevait sa dîme au passage. Il en rationalisa l'organisation, selon

---

1. La lettre, datée du 8 novembre 1651 – Mazarin n'est pas encore rentré d'exil –, figure dans les *Lettres, instructions et mémoires* de Colbert. *Ici* désigne le Parlement.

une double démarche. D'une part il s'attela à répertorier les sources de revenus éventuelles et à faire rentrer l'argent, sans pitié pour les débiteurs récalcitrants. D'autre part, il s'efforça de limiter les sorties, épluchant les bordereaux, lésinant sur les pensions ou les gratifications accordées, tranchant dans les frais inutiles, ne manquant jamais de « ferrer la mule sur la dépense du roi » chaque fois que c'était possible. Il renâclait aux ponctions opérées pour le compte de l'État et s'employait, lorsqu'il avait dû s'y résoudre, à faire rembourser au plus vite par le Trésor les sommes avancées. Doué d'une patience de fourmi, méticuleux, tatillon, il redressa très vite les finances du cardinal et fut l'artisan de son prodigieux enrichissement.

Tapi dans l'ombre, il ne perdait pas une miette de ce qui se tramait autour de lui. Il détestait Fouquet. Dans les bureaux, il n'était pas le seul : celui-ci avait indisposé par ses grands airs la plupart de ses subordonnés. Mais on aurait tort de n'imputer son animosité qu'à l'amour-propre blessé ou au désir de prendre sa place. L'arrogance et l'ostentation du personnage le révulsaient et, plus grave encore, il avait des doutes sur sa capacité à redresser la situation financière. Leurs domaines étant distincts, il n'avait pas directement affaire à lui et échappait à son autorité. Mais il jouissait d'un excellent poste d'observation pour guetter les faux pas que ne manquerait pas de commettre le surintendant, enivré de sa gloire toute neuve.

Nicolas Fouquet le Magnifique

Avec la surintendance, Fouquet a franchi une étape de plus dans sa marche au pouvoir. Un seul obstacle le sépare désormais du ministère tant convoité, mais l'âge de Mazarin autorise tous les espoirs. Il en est métamorphosé. Ou plutôt, il est toujours le même, mais le succès a libéré en lui des penchants que la prudence lui enjoignait auparavant de réprimer. Il passe en tout et partout à la vitesse supérieure, pensant se qualifier en adoptant d'ores et déjà la stature et le style de vie d'un premier ministre.

Avant tout, il lui faut une demeure fastueuse propre à recevoir. Dans les années cruciales où se joue sa carrière, il a pour résidence de prédilection Saint-Mandé. À côté des signes extérieurs de richesse perceptibles dans le décor intérieur et dans l'agencement du jardin, deux éléments proprement culturels, la collection de tableaux et surtout l'immense bibliothèque, témoignent d'un désir de rivaliser avec Mazarin : le maître des lieux sait lui aussi promouvoir les arts et les lettres. Est-il, comme celui qu'il prétend imiter, un collectionneur éclairé ? La correspondance échangée avec un de ses frères, envoyé à Rome pour s'y fournir en œuvres d'art, montre qu'il en juge selon l'apparence. Il veut des tableaux assez grands pour couvrir la nudité des murs. Mais pas question de gaspiller de l'argent pour eux, mieux vaut faire quelques frais pour les statues, plus meublantes. Le haut de gamme est trop cher, une qualité « passable » suffira. Certes, il fera beaucoup mieux pour Vaux, plus tard, en surenchère ! Mais il semble bien que le souci du paraître ait largement primé chez lui sur une authentique passion pour les arts. Une sorte de conformisme préside à ses choix : il opte pour ce qui convient au personnage qu'il veut être.

Autre devoir impérieux : le mécénat. Fouquet n'a pas été l'élève des jésuites pour rien. De son passage chez eux il a gardé une solide culture classique. Il n'a pas de peine à rallier autour de lui les écrivains. Mazarin, qui ne goûte la poésie qu'en italien, a eu le grand tort de les négliger. Le terrain est libre, il peut les apprivoiser à bon compte : de modestes pensions, quelques compliments, l'honneur d'être reçu chez lui, même si l'on y fait parfois antichambre en vain. Il ne lui en faut pas plus pour s'attacher les meilleurs, ceux qui ont de l'esprit à revendre et qui, comme lui, aiment la vie, la bonne chère et le reste. Il est entré gaiement dans le jeu de La Fontaine qui, pour s'acquitter de la rente qu'il lui assure, a décidé de lui offrir en retour une « pension poétique », sous forme de pièces de vers livrables par quartiers, à chaque saison. Le ton qui règne chez lui est celui des « salons » littéraires qui foisonnent à l'époque, mais à un degré au-dessus. Autour de lui gravite une cour préposée à chanter ses louanges.

Aime-t-il vraiment la poésie ? Elle contribue, comme l'ensemble des arts, à l'édification du personnage qu'il veut devenir, celui de l'homme pressé, important, capable cependant de consacrer une part de son temps à ses amis lettrés. L'abbé de Choisy n'a pas manqué d'observer que ce personnage en cachait un autre, en quête de plaisirs plus substantiels. « Il faisait semblant de travailler seul dans son cabinet à Saint-Mandé ; et pendant que toute la cour, prévenue de sa future grandeur, était dans son antichambre, louant à haute voix le travail infatigable de ce grand homme, il descendait par un escalier dérobé dans un petit jardin, où des nymphes que je nommerais bien si je voulais, et des mieux chaussées, lui venaient tenir compagnie au poids de l'or. » Mais tout n'est pas chez lui faux-semblants. Sans quoi il n'eût pas suscité chez ses protégés l'attachement dont certains firent preuve dans son malheur. Il se prêtait à eux sans marchander, pour un temps, et il leur savait gré du rôle gratifiant qu'ils lui permettaient de jouer. Mais il y trouvait aussi du plaisir. Et à force de fréquenter les écrivains et les artistes, son goût s'affina. C'est en amateur éclairé et passionné qu'il conçut et dirigea l'édification de Vaux.

Une même ambiguïté préside à ses relations avec ses innombrables obligés. Autour de lui, son premier cercle est étroit, quasiment limité à la famille. Mais il cherche, on l'a vu, à se constituer une vaste clientèle. Pour y parvenir, il n'a d'autre moyen que l'argent. Il pratiquait depuis longtemps l'art d'acheter les votes au Parlement. Gourville se chargeait d'établir la liste des conseillers visés, puis de les contacter : le tarif moyen était de cinq cents écus comptant et de cinq cents autres promis aux étrennes, après service rendu. Le président Le Cogneux, plus influent, mérita mieux. Les travaux en cours sur la terrasse de sa maison de campagne coûtaient plus que prévu ? Qu'à cela ne tienne, deux mille écus vinrent le soulager aussitôt, sans préjudice d'une contribution ultérieure. Pour faciliter les opérations, il finit par faire établir sur les principaux magistrats de véritables fiches de police, qui furent retrouvées plus tard dans ses papiers.

Une fois maître de la surintendance, il avait entrepris d'étendre cette pratique à d'autres milieux, voire de la généraliser. Désormais l'obligeant M. Fouquet s'offre à dépanner les gens en détresse. Une grosse dette de jeu à honorer, une parure pour compléter la tenue d'une élégante, un problème de trésorerie? Il a réponse à tout, l'argent coule de ses mains comme par enchantement. Attention, il ne donne pas, il prête, sans fixer d'échéance au remboursement, mais il demande un reçu pour la bonne forme. Même quand quelque jolie fille choisit de payer de sa personne, ce à quoi il consent de bonne grâce? Dans ce cas il est rare qu'il n'en reste pas quelque trace sous la forme de billets doux, prémices aux rendez-vous. Les jeunes veuves désargentées sont sa cible de choix. Mme de Sévigné, fine mouche, repoussa prudemment ses avances: «Je crois qu'il se lassera enfin», confia-t-elle au bout d'un an à son cousin Bussy-Rabutin – qu'elle éconduisit également.

La grande nouveauté, c'est qu'en guise de rabatteurs, financiers ou amoureux, Fouquet utilise des femmes. Comme on ne les attend pas dans ce rôle, elles passent inaperçues. D'autre part, elles ont un accès continu auprès de leurs semblables, de sorte qu'elles peuvent aisément se faire entremetteuses. Il en utilisa plusieurs. Mais nulle n'égala Suzanne de Bruc, marquise Du Plessis-Bellière. Il avait en elle une confiance absolue. Au risque de démonétiser le pathétique roman d'amour que leur prête Alexandre Dumas, on est contraint de révéler qu'elle avait dix ans de plus que lui et qu'elle ne se mit à son service qu'après la mort de son mari, ayant déjà passé la cinquantaine. Elle était belle assurément. Qu'en fut-il de sa vertu ? Nous n'en savons rien. Ce qui est avéré, en tout cas, est qu'elle joignait à un sens aiguisé des affaires une énergie et un sang-froid hors du commun. Aussi organisée qu'il était négligent, elle tenait ses comptes avec une compétence de professionnel. Bussy-Rabutin l'accusait en outre d'avoir été « la surintendante des amours du surintendant ». Associée à toutes ses entreprises, elle fut une des principales bénéficiaires de la pluie d'or tirée des trafics sur les « affaires du roi ».

Tout cela n'est pas très reluisant. Mais on retrouve là encore ce mélange de candeur et de rouerie qui le caractérise. S'il endosse avec une telle aisance les habits flatteurs du noble bienfaiteur prêt à rendre service, c'est qu'ils correspondent à un aspect de sa nature et de son éducation. Il aime sincèrement pratiquer ce qui peut passer pour une forme de charité. Et l'idée que les bénéficiaires pourraient ne pas lui en savoir gré ne semble pas l'effleurer. Ces gens qu'il séduit par l'argent facile, l'argent aimable, il pense avoir des droits à leur reconnaissance. Mieux même, il croit avoir conquis leur amitié. Et quelques-uns d'entre eux en effet – ou plutôt quelques-unes – sont disposés à le suivre dans les entreprises censées lui procurer puissance et fortune.

Les mirages de la mer

Les secours qu'il apporta à l'une de ces amies dépassaient largement le cadre de ses libéralités habituelles. Jeanne-Pélagie de Rieux, marquise d'Assérac, appartenait à une famille illustre en Bretagne, mais déchue de son ancienne splendeur. Devenue veuve très jeune avec un fils de six ans, elle se trouvait en butte à une meute de créanciers. Disséminés à travers la Bretagne et assortis d'ajouts au sud de la Loire, ses biens menacés de saisie étaient considérables. Grâce à des démarches conjuguées à base d'achats et d'échanges entamées dès avant la mort de son mari, Fouquet avait réussi à lui conserver son domaine d'Assérac et son titre nobiliaire. Mais il s'était approprié au passage diverses terres, dont le fleuron était le comté de Largoët, qui plongeait ses racines dans un lointain passé avec son château fort à enceinte crénelée, doté du plus haut donjon de France. De quoi concrétiser son implantation dans l'antique noblesse terrienne, à condition qu'il lui ajoutât des gouvernements pour assurer, par le biais des emplois à pourvoir, sa domination sur l'ensemble de la région. Le marquis d'Assérac ayant possédé celui de l'île d'Yeu et ceux de Guérande et du Croisic, il batailla en justice pour les faire mettre au nom de son fils, sous tutelle maternelle. Mais des contrats sous seing privé stipulaient qu'il en était le véritable propriétaire.

Dès lors qu'il touche au but, va-t-il enfin mesurer le chemin parcouru et s'offrir une pause pour jouir de ses acquisitions ? Au contraire, c'est alors que son imagination s'ouvre toute grande aux chimères. Comme bien des habitants de cette façade atlantique, il rêve d'aventures au-delà des mers. Il n'y a plus guère de continents à découvrir depuis qu'on sait que la terre est ronde, mais il reste des territoires à conquérir et à évangéliser. C'est un crime d'abandonner les océans aux galions espagnols et aux frégates britanniques ou aux flûtes hollandaises. Non content de soutenir les compagnies françaises vouées au commerce des Îles, Fouquet se lance dans l'aventure lui-même, il se fait armateur, à la tête d'une dizaine de bâtiments. Et plutôt que d'aller chercher soi-même le poivre et les épices dans les lointaines Antilles, pourquoi ne pas les saisir au retour sur les navires étrangers ? Cette fructueuse activité a un nom, elle s'appelle la *course*. Elle ne se pratique que contre des ennemis.

Attention, ne prenez pas les corsaires pour des pirates : ces derniers sont des hors-la-loi travaillant pour leur propre compte, tandis que les premiers opèrent sur commission royale et que leurs prises donnent lieu à des partages réglementés. Les mystérieux travaux qu'entama Fouquet à l'île d'Yeu dans l'été de 1658 attirèrent l'attention d'un cousin de Colbert, intendant de Brouage, qui y trompait l'ennui en épiant les alentours. Il apprit qu'on aménageait un port dans l'île et qu'on en fortifiait les accès. Renseignements pris, elle servait de refuge à deux navires de guerre qui arraisonnaient des vaisseaux hollandais, dont la cargaison était revendue à Concarneau – autre possession de Fouquet. Pas de quoi fouetter un chat, d'autant que Mazarin lui-même s'était adonné à la course trois ou quatre ans plus tôt. Certes, mais c'était sous pavillon français et contre les Espagnols avec qui nous étions en guerre – ce qui n'était pas le cas pour les Hollandais. Bien entendu le surintendant, qui se cachait là sous un prête-nom, n'avait pas de commission officielle, il naviguait sous pavillon de complaisance – en l'occurrence portugais – et il ne partageait ses prises qu'avec ses co-associés. Il était donc en pleine illégalité. Il dut quitter l'île d'Yeu, que Mme d'Assérac revendit.

Mazarin n'en fit pas une affaire : il ne le croyait pas dangereux. Il vit au contraire dans ses visées maritimes un moyen idéal pour régler une question qui le préoccupait. Au large de la côte atlantique, un peu plus au nord, Belle-Île, plus vaste, offrait un point d'appui propre à séduire des amateurs de subversion. Elle appartenait aux Gondi, adversaires déclarés de Richelieu et de son successeur. Elle avait servi récemment de refuge au plus illustre d'entre eux, le cardinal de Retz en fuite après son évasion du château de Nantes. Incapables de faire face aux frais d'entretien, ils venaient de la mettre en vente. Mais étrangement, un seul acquéreur se mit sur les rangs, le duc de Brissac, autre opposant : tout s'expliquait, il était marié à une Gondi. Pour faire obstacle à ce clan nobiliaire hostile, il parut opportun de susciter une autre candidature. Mais qui pouvait espérer l'emporter sur le très puissant Louis de Cossé ? Seul le surintendant avait la carrure requise. C'est pourquoi, dans l'été de 1658, Mazarin en personne l'autorisa à acheter Belle-Île, à titre provisoire, pour le cas où lui-même lui trouverait un autre usage, avant de la lui abandonner l'année suivante. Nul ne soupçonnait à l'époque que ce serait un cadeau empoisonné.

Bien qu'il se fût lourdement endetté pour cette acquisition, Fouquet regorgeait d'idées. Le brevet du roi lui enjoignant d'acquérir la place lui accordait le droit d'y entretenir une garnison et de la restaurer, car la vieille forteresse affectée à sa défense depuis le Moyen Âge menaçait ruine. Mais il y vit, lui, une occasion inespérée de réaliser les rêves qui avaient bercé son enfance, lorsque son père participait aux efforts de Richelieu en faveur de la marine. Il en ferait une plaque tournante du commerce maritime international, capable de détrôner Amsterdam. Il deviendrait un puissant armateur et sa flotte sillonnerait en tous sens l'Atlantique, du Canada aux Antilles et à Madagascar. Il se lança à corps perdu dans des travaux pharaoniques qui dépassaient de très loin le simple entretien. Eut-il dès le départ l'intention affirmée de s'y créer une « place de sûreté » pour l'accueillir en cas d'éventuelles poursuites ? C'est peu probable. Mais à coup sûr la possession de l'île aviva son désir d'être son propre maître et de ne dépendre de personne. Il ne supportait plus le climat de tension créé au ministère par les besoins croissants de l'État. Il voulait brasser pour son compte des affaires lointaines, glorieuses, lucratives. Il se voyait déjà à la tête d'entreprises florissantes, régnant sur les établissements développés outre-mer. Aussi acheta-t-il au duc de Damville, qui s'en désintéressait, la charge à l'intitulé ronflant de vice-roi d'Amérique qui lui donnerait autorité sur les Français implantés là-bas.

L'arrestation, qui coupa court à ses projets, lui épargna un échec hélas prévisible. Car à la différence de son père, qui prenait des parts dans des entreprises patronnées par Richelieu, donc par l'État, il tenait à agir seul, en marge de la loi au besoin, et le secret devenait chez lui une seconde nature. Comme s'il craignait que l'on ne lui vole ses idées, son bien, sa raison d'être. Or ses ambitions étaient évidemment chimériques. Les Anglais et les Hollandais, qui avaient un bon siècle d'avance en matière de commerce maritime, n'allaient pas lui lâcher les positions qu'ils tenaient aux Caraïbes ou à Madagascar. Quant aux Canadiens, ils protégeaient énergiquement leurs pêcheries et leurs pelleteries. Les Compagnies créées du temps de Richelieu avaient rapidement battu de l'aile. Celles que Nicolas tenta de créer périclitèrent encore plus vite et les expéditions qu'il finança échouèrent. C'est donc lui faire beaucoup d'honneur que de voir en lui l'héritier des vastes desseins du grand cardinal en matière de développement maritime. En revanche cette activité multiforme et impulsive – c'est aussi le moment où il met en chantier Vaux-le-Vicomte – témoigne qu'il est en train de perdre contact avec le réel. Il atteint un point de non-retour, au-delà duquel il court sur sa lancée, perdant le contrôle de sa carrière, voire de sa vie, pour avoir trop présumé de ses forces et de ses ressources. Ce goût de l'aventure, cet attrait pour l'impossible, cette propension au rêve compensent ce qu'avaient de déplaisant les calculs de l'ambitieux : ce cœur parfois si sec était capable de passion. C'est ce qui rend pathétique le récit de ce qui va lui arriver désormais.

L'engrenage

Lorsqu'en 1654 il insista pour assurer, seul, le financement des dépenses courantes, Fouquet avait ôté du pied de Mazarin, enchanté, une très grosse épine. Il se faisait fort de lui procurer tout le crédit nécessaire à la marche de l'État : il lui éviterait de courir après d'éventuels prêteurs. Il ne le fit pas par amitié pour lui. Le désir de montrer ses talents et l'espoir de se rendre indispensable pesèrent dans sa décision au moins autant que le souci du bien de l'État. Il n'en vit que les avantages. Il n'avait pas réfléchi aux contreparties.

Après l'éviction de Servien, il se crut tout-puissant. Le texte de la commission royale qui les avait nommés en 1653 ne plaçait au-dessus d'eux aucune autre autorité que le souverain : « Nous vous avons constitués par les présentes signées de notre main pour faire et exercer la charge de surintendants de nos finances, avec un plein et entier pouvoir d'en ordonner et de les administrer ainsi qu'en vos consciences vous jugerez être nécessaire pour le bien de notre service. » Son collègue mis sur la touche, il crut n'avoir personne au-dessus de sa tête qu'un jeune roi plus occupé par les ballets de cour que par l'état de son royaume, dont il se chargerait de financer les divertissements. Pas la moindre allusion à un principal ministre ayant autorité sur lui. L'incompétence supposée de Mazarin en matière financière permettait d'espérer qu'il ne s'en mêlerait pas. D'ailleurs l'intéressé l'encouragea lui-même à prendre les plus larges responsabilités : « Il me laissait, dira-t-il plus tard pour sa défense, maître absolu d'accorder telles remises, donner tels intérêts et telles gratifications qu'il me plaisait et généralement tout ce que je jugerais à propos, pourvu qu'on en tirât les sommes indispensables. » Il crut avoir la haute main sur l'ensemble des finances. Mais en réalité, sa liberté se bornait à la recherche de moyens pour faire rentrer de l'argent dans les caisses. Il n'avait aucun droit de regard sur le montant exigible ni sur l'affectation des sommes collectées. Il était là pour fournir des fonds à la demande, un point c'est tout. Comment avait-il pu s'engager avec une légèreté frisant l'inconscience ?

D'abord, tout alla très bien. Les financiers qui refusaient de se soumettre au contrôle de Servien devinrent miraculeusement dociles dès l'instant qu'un homme à eux prenait en main l'ensemble des processus. Comme il avait obtenu la maîtrise des assignations, ils étaient assurés que leurs avances faites au Trésor seraient remboursées sur des fonds bien alimentés. Mais les sujets de friction ne tardèrent pas à apparaître, car Fouquet découvrit deux choses qu'il n'avait pas prévues.

La première est la façon dont Mazarin concevait les finances. En matière de dépenses, il ne faisait pas de différence entre les affaires de l'État et les siennes propres. Le compte des sorties était commun. Le surintendant était indifféremment invité à financer les frais d'entretien des armées et les dettes de jeu du cardinal. Par bonheur, celui-ci, excellent joueur, perdait très rarement et l'énorme majorité de ses exigences répondaient à des besoins justifiés. Mais le principe était discutable. Les recettes, elles, avaient droit à deux comptes. Celui de l'Épargne, où allaient toutes les rentrées générées par la fiscalité et ses annexes, et le sien propre, où il engrangeait ses rémunérations personnelles et les bénéfices des opérations diverses auxquelles il se livrait. Mais on l'aurait fort étonné en l'accusant de vider le premier à son profit. Car les flux de l'un à l'autre servaient son action politique. Il créait sous son nom, pour la soustraire à la meute des revendications de tous ordres, une masse de manœuvre préservée pour les coups durs. Il thésaurisait certes, mais pas comme Harpagon, pour amour de l'or. S'il tenait tant aux espèces monnayées ou à la rigueur aux pierres précieuses, c'est qu'elles seules étaient immédiatement efficaces, pour empêcher une armée de se débander – cela s'était produit –, pour mener à bien une négociation, pour rémunérer un service ou pour assurer sa sécurité. Et s'il en réservait une part pour son agrément personnel, il estimait ne l'avoir pas volé. De fait, il remplissait alors très légitimement les fonctions d'un roi et il se comportait en tant que tel. Et cela, Fouquet n'était pas prêt à l'admettre.

D'autre part, il n'a pas pris la mesure du rôle que jouait Colbert auprès du cardinal. L'obsession de celui-ci a toujours été d'échapper aux soucis d'argent. Rappelons-nous les termes de son contrat avec Colbert. Ce sont les mêmes qu'avec Fouquet : gérez mes affaires à votre guise pourvu que je dispose des ressources dont j'ai besoin ! Deux engagements hiérarchisés, qui font que le signataire du premier n'aura qu'un souci, refiler au second la tâche de trouver des fonds. Mazarin s'étant déchargé sur son intendant du soin de ses affaires, c'est avec celui-ci que Fouquet aura quotidiennement à traiter. Aux commandes, on trouve donc un trio : Mazarin qui formule des exigences d'en haut, son adjoint qui les répercute et le surintendant qui est prié de les mettre en œuvre. Assurément le cardinal n'éprouve aucune animosité contre ce dernier, il ne veut pas sa perte, mais il n'a aucun scrupule à l'exploiter, puisqu'il tient tellement à se rendre utile. Il en va tout autrement de Colbert, qui a une raison supplémentaire de l'enfoncer : plus Fouquet procurera de fonds, moins son maître aura à débourser et plus il appréciera ses services. Mazarin se sentira donc parfois obligé de tempérer l'ardeur de son acolyte et de l'inviter à n'en pas demander trop.

Ce triumvirat fonctionna sans trop d'à-coups tant que Fouquet trouva aisément des prêteurs. Mais ceux-ci se firent tirer l'oreille après la défaite de Valenciennes, à la mi-juillet 1656, lorsque les besoins de l'État commencèrent d'excéder les possibilités de remboursement. Au début de 1657, les rentrées régulières escomptées pour les deux ou trois années suivantes étaient déjà affermées. Devant l'urgence, Mazarin se résigna à puiser dans ses réserves et invita Fouquet à en faire autant – à cette différence près que celui-ci n'avait pas de réserves et devait emprunter. Il en avait l'habitude, mais ses dettes commençaient à s'accumuler dangereusement. Ce dévouement contraint et forcé, auquel le reste du personnel des Finances fut invité à se joindre, permit de faire face aux dépenses vitales pour les mois à venir.

Mais nos deux prêteurs entendaient bien récupérer leurs avances. Elles étaient garanties par les revenus attendus de telles ou telles « affaires extraordinaires » et comme on en manquait, on en inventa de nouvelles. Fouquet était le plus pressé des deux. Ayant la haute main sur les assignations, il se réservait les meilleures. Bientôt Mazarin se jugea mal traité : « Il eût été bon, proteste-t-il, que j'eusse été remboursé sur des affaires faites et non pas sur celles qu'il projette de faire. » Lorsque se présentent quelques rentrées, il se plaint d'être payé en billets, alors que Fouquet lui avait promis du numéraire. Quand il constate que celui-ci a distribué des intérêts aux autres prêteurs, il s'indigne : « Il me semble que, sans présomption, je pourrais être considéré comme les autres qui ont fait des avances [...] et qui sont payés jusqu'au dernier sol, pendant que je ne sais pas ce que c'est que d'avoir un denier d'intérêt[1]. » Au-delà des questions de gros sous, dans cette affaire c'est la confiance, clef de toute collaboration efficace, qui a été mise à mal : elle est morte.

Il n'y a aucun doute, Fouquet a cherché à « doubler » Mazarin, comme nous disons familièrement. L'affaire du « marc d'or », dont il a été question plus

---

1. La remarque ne vise pas Fouquet directement, mais les amis qui lui servent de prête-noms.

haut[1], semble bien avoir été inventée par lui à son seul bénéfice, puisqu'il toucha la totalité de ce qu'elle produisit et qu'il fit profiter de ses retombées certains de ses proches, comme la marquise Du Plessis-Bellière. Elle confirme qu'il n'hésitait pas à tirer de sa situation tous les profits possibles. Il avait une excuse : il était financièrement aux abois. Par contraste, on peut ironiser à juste titre sur l'impudence du cardinal, qui osait pleurer misère alors qu'il disposait d'un monceau d'or. Sur sa rapacité aussi, si l'on y tient. Avec quelques nuances cependant. Il n'hésitait pas à puiser dans ses réserves quand il le fallait, mais il tenait à les reconstituer à mesure et il avait bien raison : elles étaient son dernier rempart contre la banqueroute et l'écroulement de sa politique. Fouquet lui était utile. Il n'éprouvait pour lui ni amitié, ni haine. S'il se ruinait, tant pis pour lui. Il le laissa se débattre dans le piège qu'avait bâti sa propre présomption : sur le long terme les exercices de haute voltige financière sont mortels. Mais il retarda sa chute, parce que cela l'arrangeait, et il lui arriva même d'inciter l'impitoyable Colbert à desserrer sur lui son étreinte. Après sa mort, qui vivrait verrait.

Le commencement de la fin

Fouquet supportait très mal l'autorité de Mazarin. Il s'obstinait à ne voir en lui qu'un partenaire avec qui il collaborait, chacun étant maître dans sa sphère. Il

---

1. Cf. *supra*, p. 110.

n'avait jamais accepté la montée en puissance du cardinal après sa victoire sur la Fronde. Être contraint de subir ses exigences lui semblait intolérable, au point de l'aveugler sur leurs causes. Il les imputait toutes à sa cupidité, en oubliant que les besoins de l'État en constituaient l'essentiel. Il se mit à le haïr et s'imagina, comme c'est souvent le cas, que la réciproque était vraie. Il en vint à le soupçonner de chercher délibérément sa perte et se livra, pour le cas où il serait menacé d'arrestation, à quelques élucubrations qu'il eut le tort de jeter par écrit. À la vérité, il commençait de perdre pied.

Le fameux crédit, dont il était si fier et qui lui permettait d'emprunter à bon compte l'argent qu'il replaçait ensuite, était en train de s'effriter. En 1657, il subit deux coups durs. La défection d'un de ses principaux commis, Delorme, détacha de lui une partie de ses pourvoyeurs de fonds habituels. Puis il perdit auprès de Mazarin l'appui de son frère Basile lors d'une querelle retentissante : il lui reprochait des frasques amoureuses ternissant l'image familiale, tandis qu'il se voyait accusé en retour de dilapidations et d'escroqueries. Il songea à démissionner mais opta pour la fuite en avant. Pour inspirer confiance aux prêteurs, il faut être riche – ou du moins le paraître. C'est le moment qu'il choisit pour multiplier les acquisitions foncières, pour échafauder d'ambitieux projets maritimes et pour mettre en chantier, à proximité de la route entre Paris et Fontainebleau, la merveilleuse « maison des champs » où il accueillerait les nobles hôtes de passage. En oubliant qu'il offrait ainsi à ses adversaires un argument de poids : il jetait l'argent par les fenêtres quand la cour ne parvenait pas à payer le « service de bouche » quotidien. Le « magot » de Mazarin, lui, ne se voyait pas – pour l'instant.

Maçons, terrassiers, fontainiers, couvreurs, peintres et consorts ne travaillent pas sans salaire et ils usent de matériaux qui se paient en espèces sonnantes. Tout l'argent que lui rapportent ses charges y passe. Il doit cependant continuer de fournir aux besoins de la guerre. Sa garantie ne suffit plus aux gros consortiums financiers pour avancer au roi un argent qu'ils ne sont pas sûrs de récupérer. Il se substitue donc à eux pour réunir autour de lui des prêteurs disposés à tenter leur chance sur promesse de grosses remises. Mais il doit leur offrir sa propre signature en garantie, en d'autres termes hypothéquer ses biens – y compris ceux qu'il n'a pas fini de payer. Et il spécule, autant qu'il peut, sur les billets de l'Épargne, et il se fait traitant pour acquérir, à crédit, des droits sur le roi qui lui apporteront le fruit d'une ribambelle de taxes à percevoir, sur le transport des marchandises notamment.

Or entre-temps, la victoire des Dunes, le 14 juin 1658, est venue changer la donne. La paix qui va s'ensuivre appellera évidemment une remise en ordre des finances. La tâche incombera normalement au surintendant. D'où la question : Fouquet sera-t-il l'homme approprié ? Il en rêve. La mort de Servien, au début de 1659, le laisse brusquement seul en lice. Il peut tout d'abord se croire évincé : il est question que Mazarin prenne la charge entière pour lui. Mais non, le cardinal a bien trop à faire, il le confirme dans son poste sans lui imposer de collègue. Le voici aux commandes, prêt à tout mettre en œuvre pour répondre aux besoins financiers, qui restent très lourds. Or il se fait un plaisir de compliquer la tâche à ses subordonnés en s'abstenant de leur communiquer les registres de comptes. Hervart se plaint, Colbert prépare sa riposte : un très long mémoire dans lequel il expose ses griefs contre Fouquet et trace les grandes lignes de la politique à adopter pour réformer les finances.

On ne s'appesantira pas ici sur les dilapidations reprochées au surintendant. Qu'il s'agisse d'un réquisitoire en règle, non exempt de mauvaise foi, est certain. Mais il reste qu'une divergence fondamentale sépare les deux hommes sur la politique à tenir. Il faut bien entendu en finir avec les taux usuraires et revenir à des pratiques normales. Fouquet, qui tient à ménager les partisans, pense y parvenir au coup par coup, en leur reprenant peu à peu d'une main ce qu'on leur a accordé de l'autre, ce qui aurait l'avantage de faire subir aux plus riches l'essentiel de la ponction. Surtout pas d'entorses directes aux engagements souscrits, pas de réductions de rentes, qui tariraient le sacro-saint crédit ! et d'agiter l'épouvantail de la banqueroute de 1648. Pas de mesures brutales : de simples allusions à des poursuites judiciaires suffiraient pour ramener à l'ordre les plus récalcitrants. En somme, une médecine douce, à efficacité lente, qui donnerait aux principaux intéressés le temps de mettre leurs affaires à l'abri et risquerait de perpétuer les maux auxquels elle prétendait porter remède. Colbert, lui, penche pour des mesures spectaculaires, qui couperaient le mal à sa racine. Il sait fort bien que dans les moments de grande détresse, on ne peut toucher aux contrats léonins imposés par les traitants. Mais il estime que le respect de ces contrats n'est qu'un pis-aller et non comme le dit Fouquet un principe intangible. Tout dépend des circonstances. Il compte sur le retour de la paix qui, en réduisant les dépenses de l'État, ôtera aux financiers leur principal moyen de pression et permettra de faire passer sans douleur une réduction des taux, tout en donnant satisfaction à l'opinion publique par l'instauration d'une chambre de justice. Il y croit si fort qu'il a déjà dressé par avance la liste des magistrats qui y siégeront.

Ce mémoire eut de plaisantes aventures. Mazarin était à Saint-Jean-de-Luz en train de fixer les dernières clauses du traité des Pyrénées avec son homologue espagnol lorsque Colbert le lui envoya, par la voie normale. Or Fouquet, répondant à l'appel de Mazarin, faisait étape à Bordeaux où le directeur de la Poste, un ami, lui signala le passage du colis, qui fut ouvert par ses soins avec les précautions requises. En toute hâte, il en prit une copie, avec l'aide de Gourville : attablés côte à côte ils transcrivaient ensemble l'un les pages de gauche, l'autre celles de droite. Quand Mazarin reçut le paquet dûment recacheté, il le mit au placard. Le moment était aussi mal choisi que possible pour s'en prendre au surintendant. Surtout pas de scandale ! Il venait de régler le sort de l'Europe. Accablé de soucis de toute sorte et souffrant déjà de la maladie qui l'emporterait, il tenait à terminer son œuvre en beauté. Les chamailleries de ses adjoints l'exaspéraient. Il les somma donc de se réconcilier et le 22 octobre, ils se jurèrent amitié du bout des lèvres. Il fit bonne figure à Fouquet : il avait encore besoin de son entremise, car les cérémonies du mariage de Louis XIV, programmées pour juin 1660, allaient coûter une fortune.

Mais il eut avec lui en décembre des entretiens décisifs sur les questions financières. Fouquet s'engagea à renouveler, par anticipation, les baux des fermiers à des conditions plus avantageuses pour l'État et à réduire les rentes – ce qui équivalait à une banqueroute déguisée. À qui fera-t-on croire que celui-ci a proposé de lui-même des mesures aussi opposées à la doctrine qu'il professait depuis toujours ? Elles ne doivent pas être portées à son crédit, car elles lui ont été imposées par Mazarin, comme le prouvent les *satisfecit* que celui-ci lui adressa. L'un, fait sous le nom du roi, d'apparence élogieuse, est tout chargé d'ironie latente : « La voix publique nous avait déjà appris la grande augmentation que vous avez fait faire dans les fermes, dont tout le monde s'étonne, quoiqu'on ne doutât pas que la paix ne les fît enchérir ; mais par votre adresse, vous avez porté les choses plus loin que personne ne croyait, et par là vous pouvez juger quelle satisfaction on a de vous. »

L'autre est plus explicite : « Je vous dirai, en premier lieu, que j'ai été ravi de joie de voir la grande augmentation que vous avez faite aux fermes, au-delà même de ce que vous et moi avions espéré à Saint-Jean-de-Luz, et il est aisé de voir que vous y avez apporté tout le soin, l'adresse et l'application qu'on pouvait souhaiter d'une personne zélée et intelligente au point que vous êtes. Je vous confirmerai, à ce propos, ce que je vous ai dit plusieurs fois, que je suis tout à fait persuadé que, lorsque vous emploierez vos talents de la bonne manière pour faire réussir les affaires dont le roi vous chargera, quelque difficiles et épineuses qu'elles puissent être, elles auront un bon succès. Je vous dirai aussi que je ne suis pas seulement aise de ce que vous avez fait à cause de l'avantage que le roi en tire présentement, mais parce que je considère par là qu'agissant de la même manière dans toutes les autres choses, avec l'assistance que je vous donnerai et ce que je prétends faire, de mon côté, pour relever l'autorité du roi et mettre ses affaires en bon état, cela réussira, au point que je puis désirer, au grand soulagement du peuple, rétablissement du commerce, et gloire et avantage solide pour le roi et pour l'État [...] » La mise au point est cinglante : Continuez d'appliquer les décisions que nous prenons – le roi et moi – en réservant vos talents pour l'exécution. Comment Mazarin, si attentif en diplomatie à sauver la face à l'adversaire vaincu, s'est-il laissé aller à une lettre aussi blessante ? Fouquet n'avait pas le choix. Il obtempéra et il y gagna de conserver son poste et les honneurs afférents.

Contrairement à ses pronostics, cette semi-banqueroute ne tarit pas le crédit : il était déjà épuisé. Mais c'est Mazarin et non pas lui qui, face à des dépenses nouvelles, inventa des solutions inédites. On créa des impôts dans les provinces conquises. Puis, en attendant que l'Espagne fût prête pour la cérémonie, on entreprit une tournée dans les provinces méridionales, sous prétexte de les faire découvrir au roi et afin de solliciter au passage une contribution – exceptionnelle, bien sûr – pour les frais de son mariage. Sur les récalcitrants planait une menace, l'obligation de loger les gens de guerre. Car les troupes de mercenaires qui naguère pillaient en territoire étranger, étaient chez nous en chômage technique et elles refusaient de regagner leurs pénates tant qu'elles n'auraient pas touché leurs arriérés de soldes, qui couraient sur des années. La perspective d'avoir à les héberger suffit à arracher au Languedoc et à la Provence de quoi payer une partie d'entre elles. Soudain, on s'aperçut avec épouvante qu'Anne d'Autriche ne pourrait exhiber ses plus beaux bijoux : ils étaient entre les mains des Suisses, comme gage des paiements à venir ! On dut faire des prodiges pour les récupérer à temps. Mais si l'on fondait quelque espoir sur la dot de Marie-Thérèse, dont le premier quart était dû au jour du mariage, on déchanta : l'Espagne, encore plus désargentée que la France, n'en versa jamais la moindre pistole.

Mazarin, à bout de forces, refusa de s'attaquer à l'indispensable réforme des finances, qui excéderait à coup sûr les méthodes douces chères à Fouquet. Il put mourir « content », ayant accompli la tâche qu'il s'était fixée, le rétablissement de la paix en Europe. Il transmit à Louis XIV l'équipe qui l'avait aidé à gouverner, dans laquelle figurerait Fouquet, parmi d'autres. Il avait même fait de lui un de ses exécuteurs testamentaires. Si l'on en croit Colbert – mais faut-il l'en croire ? – il l'aurait desservi secrètement auprès du roi. Le plus probable est qu'il s'en désintéressa. Mais connaissant Colbert, il n'avait guère de doutes sur ce qui attendait l'imprudent.

CHAPITRE QUATRE

Louis XIV

Les années passent, Mazarin vieillit, le petit roi grandit. Le 7 septembre 1651, il a été déclaré majeur. Le 21 octobre 1652, au milieu des acclamations, il a retrouvé la capitale désertée par les frondeurs. Le 7 juin 1654, il a été sacré à Reims selon le rite. Il approche de seize ans. À cet âge-là, certains jeunes nobles commandent déjà un régiment. Qu'attend-il pour prendre en main le gouvernement de son royaume ? Mais non, il en laisse le soin au cardinal, seul maître à bord, plus puissant que jamais. Et l'on commence de se poser des questions. Qui est-il donc, ce jeune garçon que Dieu, via les mystères de la naissance, a destiné à régner sur la France ? Il est jeune, beau, vigoureux, il monte à cheval superbement et il ne tremble pas lorsqu'il entend – à bonne distance parce qu'on y veille – le fracas des canonnades. Il est déjà l'enfant chéri des troupes en campagne. Aucune crainte à avoir : ce sera un roi guerrier. Hélas, il semble se désintéresser totalement de la conduite des affaires au quotidien. Arpentant les routes de France à la remorque de sa mère pour raviver le sentiment monarchique, il a rempli à la perfection un rôle convenu. Mais cette docilité n'est pas de bon augure. Et les commentaires vont bon train.

C'est la faute à Mazarin, dit-on, qui l'a maintenu dans l'ignorance pour se rendre indispensable. Il ne manquait pas, pourtant, d'hommes d'Église aussi savants que sages, qui lui auraient enseigné comment doit se conduire un prince chrétien. Un important corpus de traités sur la question offrait une multitude d'exemples prétendument tirés de l'histoire pour illustrer toutes les situations auxquelles il aurait à faire face. Mais Louis XIV, qui ne sait rien, ne pourra être qu'un « roi fainéant ». Une telle conviction, très largement répandue, débouche sur une autre question : qui, dans ce cas, remplacera Mazarin ? À mesure qu'apparaissent sur lui les marques de la fatigue, puis de la maladie, cette question cruciale se fait plus aiguë. Au début de 1659, l'échéance prévisible n'est plus qu'une affaire de mois. Sera-t-il contraint de lâcher les rênes prématurément ? Il tient encore deux années, au prix d'un effort de volonté surhumain, pour terminer la tâche qu'il s'est fixée, signer la paix et marier le roi. Elles se déroulent dans un climat de fin de règne extrêmement tendu. Car si la continuité dynastique est assurée sans problème, la disparition du cardinal créera, situation inédite, une véritable vacance du pouvoir. Sur l'avenir pèse donc une incertitude majeure : qui recueillera sa succession ? Il n'y a que deux options possibles : un autre premier ministre ou le roi lui-même. Comme tout le monde, ou presque, Fouquet parie sur la première et il met les bouchées doubles pour se qualifier. Mazarin, lui, mise sur la seconde et il prépare en secret le « second avènement » de son filleul. Rude tâche ! Car contrairement à ce qu'un vain peuple imagine, il ne sera pas facile de le remplacer. Il faut être bien sûr de soi pour prétendre le contraire. Le seul qui pourrait à juste titre s'en croire capable – mais sous quelle forme ? – est Condé. Seulement, il lui faudrait pour cela regagner la France dans les fourgons espagnols, et il n'en prend pas le chemin.

Une éducation atypique

Aucun doute, l'éducation reçue par l'enfant ne répondit pas aux normes préconisées pour les petits princes. Rois et reines ayant mieux à faire que de les pouponner, ceux-ci étaient confiés jusqu'à l'âge de sept ans à des femmes compétentes et dévouées, qui leur prodiguaient beaucoup de tendresse. C'était pour eux un arrachement lorsqu'il leur fallait « passer aux hommes », se plier à une discipline et absorber des programmes inspirés du modèle fourni par les collèges jésuites. Ils voyaient peu leurs parents et menaient en marge des agitations de la cour une vie que venaient animer quelques compagnons choisis. Louis XIV, au contraire, vécut en symbiose avec sa mère dans des conditions très insolites.

Cette particularité est due aux circonstances. À sa naissance tout d'abord. Louis XIII, on le sait, n'estimait ni n'aimait Anne d'Autriche et, après quelques espoirs déçus, il avait fini par la délaisser, lorsque les impératifs successoraux le décidèrent à renouer les relations conjugales. On n'est pas obligé de croire à l'édifiante légende qui entoura la nuit décisive où un orage providentiel le contraignit de partager le lit de sa femme, mais une chose est sûre : il se mit à la tâche assidûment et elle se trouva enceinte. Mais il ne lui rendit pas pour autant sa confiance : il est vrai qu'on l'avait surprise, en pleine guerre franco-espagnole, à correspondre avec un de ses frères qui commandait les troupes ennemies. Il l'avait donc confinée à Saint-Germain. Après la naissance du dauphin, elle y resta, en résidence encore plus surveillée. Elle avait accueilli avec des transports de joie la venue de ce fils, qui transformait son existence. Elle lui voua un amour passionné, exclusif, même lorsque deux ans plus tard lui en naquit un second, au lieu de la fille dont elle rêvait. Isolée, coupée du monde, elle se consacra à lui à temps plein et il eut avec elle dès le berceau une relation étroite et profonde – inhabituelle chez les reines. Pour lui, elle est « Maman » et il continuera de la désigner ainsi à un âge où l'usage voudrait qu'il dise « Madame »[1].

Le 14 mai 1643, la mort de son père le fit roi, à quatre ans et huit mois. Il l'avait peu connu, n'en gardait quasiment aucun souvenir et le moins qu'on

---

1. Il a douze ans et demi lorsqu'il participe à l'arrestation de Condé. C'est lui qui est chargé du message invitant le prince à quitter l'antichambre pour se rendre à ce qu'il croit être le Conseil : « Maman dit que l'on passe en la galerie. »

puisse dire est qu'Anne d'Autriche et son entourage ne firent rien pour perpétuer sa mémoire. La principale figure masculine offerte à son admiration est Henri IV, dûment débarbouillé de toutes scories, pour un règne aux couleurs de paradis perdu. Mais dans la vie réelle, l'instance qui incarne à ses yeux l'autorité est sa mère. Elle entreprend son éducation dans le double domaine qu'elle se réserve, la morale et la religion. Bien entendu elle ne prétend pas lui expliquer le dogme, dont les simples croyants n'ont pas à se mêler. Elle lui inculque les pratiques de piété, quotidiennes et saisonnières, auxquelles elle accorde une grande part de son temps. Et surtout elle lutte contre les défauts qu'elle observe en lui, l'orgueil et la colère, dont il est d'autant plus important de le désaccoutumer qu'il n'y trouvera plus de freins extérieurs quand il sera le maître. Elle lui apprend à douter de lui-même et à se garder de l'autosatisfaction. Bref, elle lui forme le caractère, et le forme bien.

On n'en dira pas tant des études. Est-ce la faute de ses précepteurs si elles l'ennuient ? Dès qu'il le peut, il leur échappe pour rejoindre les appartements de sa mère où les filles d'honneur le cajolent. Il est actif, vigoureux, il aime le plein air, l'espace, l'exercice physique. Cependant, quand il le veut, il est capable d'efforts intellectuels soutenus. Il passe pour avoir l'esprit lent, parce que sa pensée est analytique. Mais il est plein de curiosité, bon observateur, réfléchi, jamais à court de questions. On le mit au latin, élément de base obligé, encore que, pour les princes, « il y eût plus de honte à l'ignorer que de profit et de gloire à le savoir[1] ». Il parvint à en ingurgiter assez pour traduire les *Commentaires* de César. Mais il ne le parle pas couramment, il ne peut pas, comme les doctes magistrats du Parlement ou comme le prince de Condé, s'exprimer spontanément dans cette langue qui lui reste étrangère. Les livres semblent l'avoir rebuté. À l'écrit, il leur préférera toujours la communication verbale : tout au long du règne, il se fera lire les dépêches et dictera les réponses à ses secrétaires. Avec l'âge, aurait-il fini par s'intéresser à l'enseignement qu'on lui dispensait ? Serait-il devenu un puits de science ? Impossible de le savoir : il n'a pas encore dix ans lorsque se déchaîne la Fronde parlementaire. Quand la cour ne fait pas face à l'émeute à Paris, elle voyage pour éteindre le feu en province. Adieu, travail organisé, emploi du temps régulier, concentration nécessaire à l'étude. Son existence se plie désormais au rythme des événements. Abandonnant les hauts faits des héros que lui offraient les livres, il va vivre à plein temps, aux premières loges, l'histoire en train de se faire, dans le bruit et la fureur.

Une formation sur le tas

Son très jeune âge ne l'avait pas dispensé de paraître, en tant que roi, dans les conjonctures où sa présence était requise. Il était là dans la Grande

---

1. C'est une réflexion de Vauquelin des Yveteaux, qui fut le précepteur de Louis XIII.

Chambre du Palais, installé sur son trône de velours violet semé de fleurs de lys d'or, lors de la séance où fut cassé le testament de son père. On l'avait dressé tout debout pour prononcer la formule rituelle donnant la parole à son chancelier, mais on avait dû se contenter d'un gazouillis. C'en était assez pour que Séguier pût dire : « Le roi, séant en son lit de justice [...], a déclaré sa mère régente », avec une autorité pleine et entière qu'il était seul à pouvoir lui déléguer. Fort sagement celle-ci évita de multiplier sans nécessité ses apparitions publiques, mais elle choisit avec soin celles qu'elle lui imposait. Par exemple, peu après son avènement, féliciter le vainqueur de Rocroi et de Thionville ou recevoir l'hommage des ambassadeurs étrangers venus se présenter à lui. Un peu plus tard, passer en revue ses gardes suisses ou visiter une place frontière. Elle lui épargna les lits de justice, sauf bien sûr quand il s'agissait d'obtenir du Parlement l'enregistrement de quelques taxes nouvelles. Le second, celui du 7 septembre 1645, se passa bien, sous couleur de célébrer son septième anniversaire.

Mais le troisième, où sa mère l'emmena, pour les mêmes raisons, le 15 janvier 1648, lui donna un avant-goût de ce qu'allaient être les mois suivants. Le climat était si tendu qu'il en oublia la formule rituelle donnant la parole au chancelier et se mit à pleurer. Omer Talon se livra à un réquisitoire en règle contre le gouvernement, rendu responsable de la misère du peuple, et termina en exhortant la reine à un examen de conscience qui la ramènerait à son devoir – en clair mettre fin à la guerre –, car « l'honneur des batailles gagnées, la gloire des provinces conquises ne peut nourrir ceux qui n'ont point de pain, lesquels ne peuvent compter les palmes et les lauriers entre les fruits ordinaires de la terre». L'idée était soutenable, la forme insultante. Anne d'Autriche en sortit ulcérée. À neuf ans et demi, son fils n'avait sans doute pas saisi les enjeux politiques de l'affaire, mais il n'avait pas besoin d'explications pour vivre intensément les émotions de sa mère. Il eût été souhaitable, à cet âge, de le mettre à l'écart pour l'en préserver. Or, parce que l'autorité émanait de lui, elle dut au contraire l'associer aux conflits qui s'ensuivirent, quand elle affrontait les magistrats, soit en corps dans des lits de justice, soit en délégations pour négocier. Il subit donc de plein fouet toutes les péripéties de la Fronde parlementaire. Il vit sa mère pleurer de rage à l'issue d'une séance où le Parlement lui avait arraché quelques nouveaux lambeaux de son autorité. Il en garda une forte répugnance pour les affrontements oratoires, l'obstruction verbale, les arguties, la chicane, au point de préférer la violence sans fard des combats sur le terrain lors de la guerre condéenne. Et il se promit de tenir toujours à l'œil le parlement de Paris.

La condition de roi passe souvent pour enviable. Un avenir tout de facilité lui semblait promis par le modèle d'écriture que lui proposa pour ses débuts un pédagogue mal inspiré: «L'hommage est dû aux rois. Ils font tout ce qui leur plaît.» Mais la vie se chargea de le ramener à une vue plus réaliste du métier. Avant d'en goûter ce qu'il nommera les «délices», il lui fallut tâter de ses «épines». Au lendemain du *Te*

Deum pour la bataille de Lens, il s'éveilla au milieu des clameurs dans le Palais-Royal assiégé par la foule. Douze cents barricades hérissaient la capitale. Il put en voir une, installée rue du Faubourg-Saint-Honoré, sous ses fenêtres, et il perçut les échos des refrains hostiles. Trois mois plus tard, lors de l'Épiphanie – tout le monde connaît l'épisode grâce à Alexandre Dumas –, il fit partie du convoi nocturne qui arracha la cour aux pressions de la foule parisienne; tiré de son premier sommeil, il se retrouva à Saint-Germain-en-Laye dans le château démeublé et glacial où l'attendait un des quatre lits de camp prévus – le reste de la troupe devant s'accommoder de bottes de paille. Il y avait là de quoi divertir un garçonnet de dix ans, à condition qu'il eût l'esprit assez libre pour en rire. Mais les témoignages sont muets sur ce point.

Il n'avait assurément pas envie de plaisanter deux ans plus tard dans des circonstances beaucoup plus dramatiques. En février 1651, Anne d'Autriche, gravement aux prises avec ses adversaires réunis, avait voulu renouveler l'exploit de la nuit des rois; Mazarin, menacé dans sa vie, était sorti de Paris le premier, elle était prête à le rejoindre; mais les portes de la ville furent fermées et un capitaine des gardes fut délégué pour s'assurer que le roi était bien là; amassés aux grilles du Palais-Royal, les émeutiers exigèrent de vérifier par eux-mêmes. Louis XIV, couché tout habillé, se tint immobile sous ses couvertures, feignant le sommeil, pendant que défilaient à son chevet quelques manants, d'ailleurs plus intimidés que menaçants, que sa mère abreuvait de paroles aimables. Il partageait ses émotions, mais il avait appris, comme elle, à les dominer.

La proclamation de sa majorité, qui eut lieu peu après, ne changea rien à ses relations avec elle, mais Mazarin commença de l'initier aux tâches de gouvernement et mit l'accent sur sa formation militaire. Signe des temps : lors de l'affrontement crucial avec les troupes de Condé, dans le Faubourg Saint-Antoine, la reine s'abîmait en prières au Carmel de Saint-Denis, tandis que Louis XIV, aux côtés de son parrain, observait le combat des hauteurs de Charonne. De là, au moment où Turenne allait écraser les Condéens, il put voir les portes de la ville s'ouvrir pour leur donner refuge, tandis que les canons de la Bastille tiraient sur l'armée royale. Il n'oublia pas ! La victoire n'en fut que retardée, au prix d'immenses souffrances pour Paris et pour les campagnes d'Île-de-France. Moins de quatre mois plus tard, il rentrait dans Paris en liesse et en l'absence de son mentor, il profitait d'une visite du cardinal de Retz pour lui adresser des propos aimables, avant de faire procéder discrètement à son arrestation. Une telle dissimulation nous choque aujourd'hui. Le Père Paulin, son confesseur, y vit au contraire un geste de fin politique, une manière de signal donné au public : c'était une chose toute simple, qui ne méritait pas qu'on y prît garde.

Une fois son autorité rétablie, aurait-il pu profiter de l'éloignement provisoire de Mazarin pour revendiquer la direction des affaires et cantonner ensuite celui-ci dans le rôle d'un premier ministre à son service ? Il ne semble pas s'être posé la question. Assurément, il est sorti de l'enfance. Il a déjà une expérience considérable. Mais il n'est pas encore émancipé psychologiquement des influences conjuguées de sa mère et de son parrain. Pour accéder à l'âge adulte, il lui faut traverser la délicate période de l'adolescence. Elle se déroule pour lui dans un climat moins tourmenté et en devient presque banale.

Un adolescent comme les autres

L'été il suit, d'assez loin, les opérations militaires qui se poursuivent contre l'Espagne, l'hiver il profite de la vie de cour, qu'Anne d'Autriche s'emploie à ressusciter. Il aime s'amuser, c'est de son âge. Durant les mois d'automne on prépare les ballets qui seront le clou des fêtes du Carnaval, entre l'Épiphanie et le début du carême. Le *Ballet de la Nuit*, donné le 25 février 1653, surpassa tous ceux qu'on avait pu voir auparavant. Avec ses quarante-cinq «entrées» et ses innombrables personnages, il offrait un condensé du monde réel et du monde surnaturel, objets d'incessantes métamorphoses; il réunissait en un seul spectacle tous les spectacles possibles, mêlait tous les genres et tous les styles, chef-d'œuvre d'ensorcelante fantaisie. Louis XIV y tint entre autres rôles celui du *Jeu*, avec un damier pour plastron, des cornets à dés aux épaules et un chapeau en cartes à jouer. Mais il fit date par son apparition dans la dernière entrée, en *Soleil Levant*, entouré de l'Honneur, de la Grâce, de l'Amour, de la Valeur, de la Victoire, de la Faveur, de la Renommée et de la Paix. Il n'avait pas quinze ans que se dessinait déjà le mythe à venir. Il était excellent musicien. Il aima passionnément la danse, la danse sur scène, la danse spectacle, exercice aristocratique par excellence, dont la sophistication supposait que se joignît aux dons un entraînement assidu. Il la pratiqua, rivalisant avec les professionnels, jusqu'à trente ans passés, quand il s'aperçut que ses entrechats n'avaient plus la légèreté désirée.

Plein d'appétits, il avait de l'énergie à revendre, un vif besoin d'exercice, une forte envie de s'affirmer. Les premières manifestations de puberté inquiétèrent sa mère qui rêvait de le voir arriver vierge dans les bras de sa future épouse. La tradition prétend qu'il fut tout de même déniaisé – aux alentours de ses seize ans – par une femme de chambre de sa mère, Mme de Beauvais, dite Cathau la Borgnesse, choisie à dessein pour sa laideur. Au printemps de 1655, le Premier médecin, Vallot, dut user de beaucoup de circonlocutions dans son *Journal* pour dénier toute origine sexuelle à ce qui était évidemment une blennorragie. La consigne de silence, religieusement observée, empêche d'en savoir plus sur les influences exercées sur l'adolescent par quelques-uns des garçons de son âge qui formaient sa société. Deux d'entre eux au moins, Louis de Vivonne, frère de la future Mme de Montespan, son aîné de deux ans, et Philippe Mancini, le propre neveu du cardinal, étaient d'assez mauvais sujets. Face à lui, ils posaient aux hommes, mettant leur point d'honneur à braver tous les interdits, sur fond de liberté sexuelle revendiquée. Fut-il tenté de les imiter ? En 1656, ils commirent l'erreur de se mêler de politique : quand se déciderait-il à rejeter la pesante tutelle de son ministre ? Lorsqu'il en toucha un mot à sa mère, la réaction fut immédiate et brutale et il n'en fut plus parlé. Mais en matière de mœurs il lui échappa. Visiblement, il tenait plus de son grand-père que de son père. Personne ne put l'empêcher de s'intéresser de près aux filles d'honneur qui étaient l'ornement de la cour. C'est pour éviter que l'une d'elles ne prît barre sur lui qu'Olympe Mancini fut introduite parmi ses familiers, au risque de la compromettre. Ce n'était pas une beauté, mais elle avait de l'esprit, de la gaîté, du piquant : elle l'amusa. Il l'aima certainement – jusqu'à quel point, nous n'en savons rien. Mais elle gardait les pieds sur terre. Lorsqu'elle accepta le très beau parti qui se présentait en la personne de Thomas de Savoie-Carignan, comte de Soissons, il la vit partir sans regret. Il en courtisait déjà une autre.

D'ailleurs, dès le printemps aucune amourette ne résistait à l'attrait des champs de bataille. L'intérêt du royaume coïncidait avec la tendresse de sa mère pour lui interdire d'y prendre des risques. Il compensait ses frustrations en partageant la pitance des soldats dans quelque bivouac d'arrière-lignes et en inspectant inlassablement le théâtre des combats passés ou à venir. Les balles perdues l'épargnèrent. Mais le sort, d'une cruelle ironie, le rattrapa cinq jours après la victoire des Dunes, qui avait mis fin aux hostilités. Normalement, il aurait dû entrer en triomphe dans Dunkerque pour recevoir les clefs de la ville. Mais, chose promise, on devait les remettre aux Anglais pour prix de leur alliance. Faute d'être admis à suivre les troupes lancées en direction des Pays-Bas, il se morfondait, tout vibrant encore d'exaltation guerrière, sur le champ dévasté de Mardick, jonché de cadavres pourrissants. À demi enfouis dans le sable, ils émettaient en ce début d'été des effluves pestilentiels. Le 30 juin, il se plaignit d'être fatigué, ce qui n'était pas dans ses habitudes. Comme la fièvre persistait, on lui fit avaler un remède et on le saigna. En vain. Elle monta si haut qu'il eut des crises de délire. Dans la nuit du 6 au 7 juillet, on lui donna la communion. Il se vit perdu. Dans un moment de lucidité, il prit à part son parrain et lui dit : « Vous êtes un homme de résolution et le meilleur ami que j'aie. C'est pourquoi je vous prie de m'avertir, lorsque je serai à l'extrémité ; car la reine n'osera pas le faire par la crainte que cela n'augmente mon mal. »

Il était jeune, solide. Il résista à l'arsenal de remèdes qu'une escouade de médicastres appelés à la rescousse crurent bon de lui infliger : vomitifs, laxatifs et lavements auraient eu de quoi épuiser un individu bien portant. Ce ne sont pas eux, mais la nature qui vint à bout, à partir du 8 juillet, d'une maladie que les symptômes décrits ont permis d'identifier comme le typhus. Il en resta tout de même si affaibli qu'on l'envoya se refaire une santé au bon air de Fontainebleau. Comme il avait perdu tous ses cheveux, il dissimula son crâne dénudé sous une perruque. Les siens repoussèrent très drus, mais beaucoup de ses aînés trouvèrent à leur gré ce moyen de dissimuler leur calvitie. Ainsi naquit, dit-on, la mode des perruques.

Il avait frôlé la mort, il en était revenu. Les opportunistes qui avaient misé sur son frère s'en mordirent les doigts. Il en sortait régénéré. Déjà sa naissance avait passé pour un miracle. Voilà que le ciel lui accordait un nouveau signe d'élection. Dans un grand nombre de cultures primitives le passage par la mort – plus exactement par un simulacre de mort – est un rite initiatique imposé aux adolescents pour devenir des hommes. Le XVIIe siècle français avait déjà dépassé le stade de la pensée magique. Mais il est avéré qu'Anne d'Autriche vit dans cette maladie, contractée au lendemain de la défaite de l'Espagne, un message de Dieu lui signifiant qu'il réprouvait la poursuite de cette guerre et qu'elle devait imposer la paix au plus vite.

Le grand orage

Louis XIV avait donc franchi tour à tour les étapes quasi obligées de l'adolescence, avec en prime, cette épreuve qualifiante. Était-il enfin adulte ? Était-il mûr pour être roi ? Pas tout à fait. L'avenir qui lui était promis exigea un plus dur sacrifice. Qui ne connaît l'émouvante histoire de son idylle contrariée avec Marie Mancini ? La jeune fille faisait partie du second contingent de neveux et nièces appelés à Paris par Mazarin. Il l'avait croisée dans l'entourage du cardinal sans lui porter grande attention : étant très brune et plutôt maigre, elle passait pour laide selon les critères du temps. Le déclic survint à l'occasion de sa maladie. Il apprit qu'elle avait versé des torrents de larmes quand on l'avait cru perdu. Or ce n'était pas le cas général, loin de là ! Il fut touché par ce chagrin et lorsqu'il la retrouva quelque temps plus tard à Fontainebleau, où l'étiquette se faisait moins pesante, il la regarda mieux. L'amour lui donnait de l'éclat : il la trouva jolie. Il s'aperçut qu'elle avait également de l'esprit. Après les cavalcades en forêt et les promenades en gondole sur le canal, elle lui ouvrait des horizons culturels inconnus en lui racontant les romans à la mode ou en lui récitant des vers. Il ne s'ennuyait pas une seconde en sa compagnie et s'enchantait de se sentir aimé. Anne d'Autriche, après avoir eu si grand peur, se réjouissait de constater qu'il reprenait goût à la vie. Elle préférait le voir fleureter avec cette gamine, qu'on pourrait écarter facilement, plutôt qu'avec une Française adossée à une ambitieuse famille. Mazarin, quant à lui, était accaparé par les négociations avec l'Espagne.

Le chemin à parcourir était long, car celle-ci ne se résignait pas à reconnaître publiquement sa défaite en sollicitant la paix. Cette défaite signait la fin d'un rêve séculaire. Depuis Charles Quint, les Habsbourg prétendaient à la monarchie universelle. Mais en 1648, la France avait vaincu la branche autrichienne et elle venait, dix ans plus tard, de vaincre l'irréductible branche espagnole. L'hégémonie en Europe allait changer de mains. Philippe IV finassait, tergiversait, lanternait. Anne d'Autriche, bourrelée de remords, tenait à en finir au plus vite. Depuis des années elle rêvait de retrouvailles entre sa patrie d'origine et sa patrie d'adoption. La Providence avait pris soin de faire naître à Madrid, cinq jours seulement après Louis XIV, l'infante Marie-Thérèse qui était doublement sa cousine[1] – à coup sûr pour qu'ils s'épousent. Et pour une fois, les voies du Ciel coïncidaient avec les impératifs plus terre à terre de la diplomatie : selon l'usage, un bon traité de paix doit être scellé par un mariage. Une telle pratique permet de sauver la face au vaincu en donnant au traité l'apparence d'une réconciliation. Elle s'impose, dans ce cas particulier, parce que les deux intéressés sont, chacun dans leur catégorie, le plus brillant parti d'Europe. Ils n'ont pas l'embarras du choix, à moins de convoler au-dessous de leur rang. Philippe IV a tout de même pour sa fille une position de repli en la personne de l'Empereur, de deux ans plus jeune. Aussi en laisse-t-il planer la menace sur Anne d'Autriche, qui, elle, ne trouve nulle autre à son gré et ne s'en cache pas, Louis XIV n'a pas émis d'objection.

Les pourparlers traînaient. Pour aiguillonner l'Espagne, la France lança l'idée d'un mariage savoyard et fit le nécessaire pour que cela se sût. Rendez-vous fut pris à Lyon avec la duchesse de Savoie – une autre sœur de Louis XIII – pour une rencontre avec la princesse Marguerite. C'est là que, *in extremis*, la cour vit arriver un envoyé spécial de Philippe IV, offrant la paix et la main de l'infante. L'engagement

---

[1]. Ils sont issus des mariages croisés de 1615, qui unirent l'un Louis XIII à Anne d'Autriche et l'autre la sœur de Louis XIII, Élisabeth, au frère d'Anne, Philippe IV.

fut pris alors et Louis XIV y souscrivit : il épouserait Marie-Thérèse. Le principe étant acquis, les diplomates s'attaquèrent aux clauses d'un traité qui, par alliés interposés, mettait en cause l'Europe entière : il leur fallut des mois d'épineuses discussions, pour lesquelles les représentants espagnols devaient en référer à leur maître, au prix d'interminables délais. Le 7 mai 1659 on signa enfin l'armistice et le 4 juin, un traité préliminaire fut envoyé à Madrid pour ratification. Mazarin se préparait à gagner Saint-Jean-de-Luz pour débattre des dernières modalités de ce traité avec son homologue espagnol don Luis de Haro. Avec un peu de chance, on pourrait peut-être organiser le mariage à la fin de l'automne.

Les assiduités du roi auprès de Marie Mancini n'avaient inquiété ni son oncle, ni même Anne d'Autriche, mieux placée pour les observer. Tout au plus se montrait-elle agacée par la liberté d'allure de la jeune fille ; elle la jugeait mal élevée et lui en voulait d'accaparer son fils. Mais elle n'aurait plus à la supporter longtemps. On lui trouverait un mari comme à Olympe et elle serait vite oubliée. L'idée qu'elle pût avoir de plus hautes visées n'avait effleuré personne[1]. Les convenances exigeaient qu'elle s'efface. Mazarin,

---

1. On ne débattra pas ici d'une éventuelle complicité de Mazarin dans les projets de sa nièce. Les contemporains, toujours malveillants, l'en soupçonnèrent. En réalité, il n'avait pas intérêt à ce mariage qui eût fait scandale. C'eût été de sa part une folie de faire capoter l'œuvre politique de toute sa vie afin de mettre sur le trône une nièce incontrôlable, qui ne l'aimait pas et ne lui en saurait aucun gré. Et il n'était certainement pas fou.

la sachant imprévisible, ne voulut pas la laisser à Paris hors contrôle. Elle partirait donc avec lui, mais divergerait à mi-parcours pour se rendre à La Rochelle, où elle était assignée à résidence. La présence à ses côtés de deux de ses sœurs cadettes évitait de donner à cet exil l'air d'une sanction.

Soudain, coup de théâtre : Louis XIV, bouleversé, s'opposa à son départ et déclara vouloir l'épouser. Dans un premier temps, c'est en vain qu'il supplia sa mère et son parrain, « à genoux », de le lui permettre. « Il fallut enfin qu'il consentît à une séparation si rude. » La veille de la séparation, il eut avec sa mère un long entretien d'où il ressortit « avec quelque enflure aux yeux », constate Mme de Motteville. Le 22 juin, les amoureux se dirent adieu dans les larmes. C'est Marie qui appuya là où cela faisait mal. Lui dit-elle « Vous pleurez, et vous êtes le maître ! », ou bien « Sire, vous êtes roi et je pars » ? On ne le sait pas au juste. Mais quelle que fût la formule, elle lui faisait sentir cruellement les limites de son pouvoir.

Cependant, ils n'avaient pas dit leur dernier mot. Tandis que Mazarin penchait pour une rupture radicale, Anne d'Autriche, qui ne supportait pas de voir pleurer son fils, consentit des accommodements : elle autorisa un échange de lettres sous surveillance. Moyennant quoi ils s'écrivirent tous les jours des « volumes » – de quoi faire empirer le mal et non le guérir, s'écriait son parrain. Bientôt la complicité d'amis de leur âge, dont le jeune Vivonne et Philippe Mancini, leur procura des circuits clandestins, grâce à quoi ils s'épanchaient plus librement. Mais les trop complaisants amis, qui transmettaient des ragots en même temps que le courrier, furent démasqués et exilés.

Sur ces entrefaites, la cour partit pour Saint-Jean-de-Luz. La route passait non loin de La Rochelle. Louis XIV, exploitant la faiblesse de sa mère, lui arracha une entrevue avec Marie, Il prétendait aller la voir ! On transigea : c'est elle qui se déplaça pour rendre hommage aux souverains lors de leur passage à Saint-Jean-d'Angély. Les tourtereaux se revirent et se séparèrent plus amoureux que jamais. À Saint-Jean-de-Luz, où il passait ses journées à discuter pied à pied de la paix, Mazarin, consterné, devait affronter les questions de don Luis de Haro, alerté par des rumeurs insistantes. Si Louis XIV, violant la parole donnée, persistait à préférer Marie Mancini à l'infante, il se déshonorerait aux yeux de toutes les cours d'Europe et l'outrage infligé à l'Espagne serait tel que les pourparlers en seraient rompus. Il faudrait reprendre la guerre, dans des conditions matérielles et morales détestables. Si même le roi, sans renoncer à l'infante, s'apprêtait, comme il semblait l'envisager, à lui imposer une cohabitation avec Marie installée comme maîtresse officielle, l'insulte serait à peine moindre. Mazarin exigea donc une rupture sans détour. Trois mois durant, parrain et filleul se livrèrent donc à ce sujet un combat acharné, auquel les circonstances imposèrent la forme épistolaire – ce qui nous vaut de disposer aujourd'hui d'un remarquable ensemble de lettres où se mêlent étroitement morale et politique.

Auprès de l'adolescent révolté par la première vraie déception rencontrée, Mazarin assume dans sa plénitude l'autorité paternelle, que lui a déléguée Louis XIII sur son lit de mort. Il commence par une exhortation solennelle : « Souvenez-vous de ce que j'ai eu l'honneur de vous dire plusieurs fois, lorsque vous m'avez demandé le chemin qu'il fallait tenir pour être un grand roi : c'est-à-dire qu'il fallait commencer par faire les derniers efforts afin de n'être pas dominé d'aucune passion ; car, quand ce malheur arrive, quelque bonne volonté qu'on ait, on est hors d'état de faire ce qu'il faut. » L'adolescent riposte par des faux-fuyants et tente d'opposer à sa sévérité les complaisances d'Anne d'Autriche. Aussitôt le ton change, se fait plus tranchant : « Feindre de croire que je ne puis désapprouver les vues de votre mère est une dérobade. Cela s'appelle en bon français : éviter la question et donner le change. Vous êtes le maître de votre conduite, mais non pas de m'obliger à l'approuver. » C'est sans périphrases ni euphémismes qu'il lui assène la vérité sur ses devoirs : « Dieu a établi les rois pour veiller au bien, à la sûreté et au repos de leurs sujets, et non pas pour sacrifier ce bien-là à leurs passions particulières. » Il met en balance sa démission – et ce n'est pas une simple figure de style. « Personne n'ignore que vous cultivez un amour impossible et que vous n'éprouvez qu'aversion pour le mariage qu'on vous prépare. [...] Comment voulez-vous que je continue à mentir au ministre d'Espagne ? [...] Il est temps de vous résoudre et déclarer votre volonté sans aucun déguisement ; car il vaut mille fois mieux de tout rompre et continuer la guerre sans se mettre en peine des misères de la nation et des préjudices que cet État et vos sujets en recevront, que d'effectuer le mariage, s'il n'a à produire que votre malheur et ensuite nécessairement celui du royaume. » Le suspens se prolongea tout le mois d'août. Une longue épître où Mazarin avait eu l'imprudence de critiquer le caractère irréfléchi de sa nièce lui attira, gribouillée sur un bout de papier, cette réponse puérile : « Je suis fâché contre vous. »

Puis brusquement, au début de septembre, Louis lâcha prise. Le 11 il écrivit à son ministre qu'il avait toujours pour lui la même amitié et se dit entièrement résolu à surmonter sa passion. Le 15, Marie choisit de se retirer à Brouage, dont l'isolement convenait à sa mélancolie, disait-elle, mais aussi parce que le gouverneur de la place n'était autre que l'intendant complaisant qui, chargé à La Rochelle de surveiller son courrier, avait cru habile de complaire au jeune roi plutôt qu'à des maîtres vieillissants. L'obligeant Colbert du Terron continua donc de favoriser une correspondance désormais interdite. Mais il ne put dissimuler tout à fait l'acheminement d'un chiot dont le collier portait l'inscription : « Je suis à Marie Mancini. » En apprenant l'affaire de la bouche de Mazarin, dont les espions avaient découvert la fraude, Jean-Baptiste Colbert faillit en avoir une attaque et offrit sa démission, qui fut refusée. Comme il tenait à garder son cousin sur place, pour surveiller Belle-Île, le coupable fut absous, sous promesse de garder le silence et d'espionner sa pensionnaire – et l'on tomba d'accord pour n'en rien dire au roi.

Visiblement celui-ci songeait encore à Marie. Tant qu'il n'était pas marié, Anne d'Autriche et Mazarin continueraient de trembler. On avait perdu beaucoup de temps, il y avait huit mois à occuper avant la cérémonie, repoussée à l'été suivant. Il fallait lui fournir de l'occupation. On n'hésita pas à déléguer pour le distraire Olympe Mancini, désormais comtesse de Soissons, qui en voulait à sa sœur de lui avoir succédé dans son cœur. Mais elle ne mit que peu de zèle à jouer les utilités auprès de lui. Le vrai, le grand remède à son chagrin fut le voyage organisé pour meubler l'hiver à travers le Languedoc et la Provence. Les changements de lieu quotidiens y fatiguaient le corps et y occupaient l'esprit. Il traversait des provinces inconnues, achevant de prendre connaissance de son royaume comme peu de rois en avaient eu l'occasion. En longeant les plaines au pied des Pyrénées il en aperçut les très hautes cimes et put deviner la rudesse de la vie montagnarde. Au débouché, il découvrit le Midi méditerranéen, ses paysages, ses couleurs, ses odeurs, ses contrastes. Il goûta l'accueil qu'on lui réservait quasiment partout, les acclamations, les arcs de triomphe, les bouquets de fleurs offerts par des jeunes filles rougissantes, la diversité de l'habitat, du costume, de la gastronomie. Il se sentait roi, et aimé comme tel. Il eut çà et là des sanctions à prendre, une rude leçon à imposer à Marseille l'indocile, où il tint à entrer par un pan de muraille abattu.

Une grande satisfaction d'amour-propre lui fut offerte à Aix. Condé vaincu et repentant vint y faire amende honorable. Huit ans s'étaient écoulés depuis que le prince était parti en promettant à la France une vengeance exemplaire. Il n'avait pas à se plaindre : son retour, assorti de conditions inespérées, avait été négocié par Mazarin qu'il avait tant méprisé. Seul son orgueil eut à souffrir. C'est le cardinal qui l'accueillit et le conduisit à l'archevêché où résidaient le roi et sa mère, pour une entrevue sans témoins dont rien ne transpira. Il avait quitté un pré-adolescent. Il découvrait un homme en pleine possession de lui-même, qui le traita avec cette courtoisie souveraine, plus imposante que tous les reproches, qui devint par la suite sa marque personnelle. Mazarin pouvait être satisfait. Louis XIV serait capable d'affronter ce qu'il projetait pour lui. La crise occasionnée par Marie Mancini aurait pu créer entre eux une fracture durable. Ce fut le contraire qui se produisit, au détriment d'Anne d'Autriche. Elle fit du jeune roi, une fois dépassé l'âge de la révolte, l'élève le plus docile et le plus réceptif pour les enseignements qu'il avait encore à lui transmettre.

La mise à l'écart d'Anne d'Autriche

Anne d'Autriche, elle aussi, a vieilli. Elle a changé et les choses ont changé autour d'elle. Dans le royaume, sa situation n'est plus la même. Longtemps elle avait détenu l'autorité suprême, même si cette autorité était discutée, même si elle en déléguait l'essentiel à Mazarin. Dans l'immédiat, la majorité du roi n'y avait rien changé, au contraire. Elle avait régné seule jusqu'au retour du cardinal au début de 1652. L'arrivée de celui-ci à Poitiers lui permit de transmettre l'autorité à son fils. C'est au nom de Louis XIV que le ministre allait gouverner désormais. Elle n'avait jamais aimé l'exercice du pouvoir. Elle se disait heureuse d'en être soulagée. Mais elle ignorait qu'elle en goûtait les retombées. Au fil du temps, elle subit le contrecoup de son renoncement. Dans les dernières années, lorsque Mazarin ployait sous le poids des tâches accumulées, il ne la consultait plus guère. À la grande indignation de Mme de Motteville, on ne lui obéissait plus, on la tenait pour négligeable, on ne sollicitait plus son appui : « Quand elle recommandait une affaire, soit au chancelier, soit au surintendant, ou à quelque autre ministre, elle voyait visiblement qu'elle n'était point obéie ; et si elle en pressait l'exécution, ils lui répondaient souvent qu'il fallait en parler à M. le cardinal. » Et bientôt le roi même lui interdirait de donner des ordres[1]. Elle avait perdu ce qu'on appelait alors son *crédit*.

En vérité, il s'était creusé entre elle et Mazarin, depuis l'écrasement de la Fronde, un désaccord d'ordre politique. Ils n'avaient plus les mêmes objectifs. Long-

---

1. Un des espions placés auprès d'elle par Fouquet lui rapporta une scène entre le roi et sa mère où il lui reprochait vivement d'avoir donné un ordre à Brienne sans lui en parler. L'incident est postérieur de très peu à la mort de Mazarin.

temps, ils avaient mené côte à côte même combat, contre les forces qui menaçaient l'autorité du jeune roi. Elle s'y était engagée avec passion, elle y avait apporté toute son énergie. Ensemble, ils ont triomphé. Mais pour Mazarin, la tâche n'est qu'à moitié terminée, il tient à poursuivre jusqu'à la victoire la guerre contre la maison de Habsbourg, c'est-à-dire à cette date contre la seule Espagne. Or cette guerre-là, menée contre son propre frère, Anne d'Autriche ne souhaite pas seulement la voir finir : elle n'a pas vraiment envie de la gagner. Elle ne l'a jamais aimée. Elle se reproche de l'avoir approuvée, au temps où l'Espagne entretenait en France la subversion. Elle n'a plus cette excuse désormais. En 1656, la défaite de Valenciennes, qui consterna toute la cour, lui inspira cette curieuse réflexion « qu'il y avait de la présomption à croire qu'il n'y eût des victoires que pour nous, que les prières des Espagnols devaient quelquefois obtenir des grâces du ciel, telles qu'il lui plaisait de les distribuer tantôt aux uns et tantôt aux autres ». S'il n'avait tenu qu'à elle, on aurait signé la paix sur-le-champ, sans vainqueur ni vaincu. Deux ans plus tard, elle perçut la dangereuse maladie contractée par son fils à Mardick comme un avertissement et multiplia les prières et les vœux. Si elle le perdait, elle avait prévu de se retirer au Val-de-Grâce. Il était guéri, la victoire était acquise : deux dons du ciel à peine mérités qu'elle se sentait tenue de reconnaître par une recrudescence de piété. La dévotion poussée à l'extrême se mit alors à remplir dans sa vie l'espace déserté par la politique – sans qu'elle mesure que c'était encore faire de la politique que de s'abandonner à ses amis dévots, qui eux, en faisaient. Et par là elle s'éloigna davantage de Mazarin.

Elle avait toujours été très pieuse, à la manière espagnole, avec un penchant marqué pour les pratiques extérieures. Au temps où ses relations tendues avec son époux lui faisaient la vie dure, ces pratiques mêmes lui avaient été refusées. À peine régente, elle se lança dans la visite méthodique des églises de Paris au gré du calendrier de leurs fêtes. Elle était entourée d'amis dévots. Ils avaient cru le pouvoir à leur portée. Lorsque l'évêque de Beauvais se vit préférer Mazarin comme premier ministre, leur déception avait été telle que celui-ci eut raison de s'inquiéter de leur emprise sur elle. Il s'était donc efforcé de contenir dans de justes bornes ses exercices de piété : Dieu lui avait confié, lui disait-il, « le gouvernement du royaume et l'éducation du roi [...] ; un moment donné par elle à ce devoir suprême était plus agréable à Dieu que des heures entières de prières, de visites aux églises, de sermons et de vêpres ». Il hésitait à lui dire crûment que les dévots poussaient à la roue pour une paix immédiate et sans conditions avec l'Espagne, qu'il jugeait contraire à l'intérêt du royaume. Elle finit par s'en rendre compte durant la Fronde parlementaire. Mais comme les partisans de la paix usaient alors de moyens violents pour l'y contraindre, la défense de l'autorité royale prit le pas chez elle sur toute autre considération. À la fin des années 1650, plus rien ne l'incitait à contrarier son penchant pour la dévotion, qui n'avait fait que croître avec l'âge. Vivement encouragée par ses pieuses amies, militantes de la Réforme catholique, elle se lança dans les œuvres de charité, qui tentaient alors de répondre – on doit le reconnaître – à d'immenses besoins.

Et Mazarin en était aussi contrarié qu'autrefois, pour les mêmes raisons, parce qu'il y sentait, en arrière-plan, la main du parti dévot cherchant à assurer son emprise sur la société. Comme son mentor Richelieu, il avait toujours jugé fâcheuse l'intervention de la religion dans les affaires de l'État. Or les circonstances présentes le renforçaient dans ses convictions. D'une part, l'Église de France se déchirait publiquement, jansénistes contre jésuites, au sujet de la grâce divine – les *Provinciales* de Pascal sont de 1656-1657 –, donnant ainsi au Saint-Siège l'occasion de s'en mêler, en exigeant la signature du fameux formulaire qui condamnait *Cinq propositions* tirées de l'*Augustinus*. D'autre part, l'évasion du cardinal de Retz était source de sérieux ennuis. À peine libre, il avait révoqué sa démission de l'archevêché et gagné Rome, où le pape, tout en refusant de lui faire le procès sollicité par la France, lui fit comprendre qu'il encombrait. De Hollande ou d'Allemagne, où il se cachait sous une fausse identité, il prétendit alors gouverner son diocèse à distance par grands vicaires interposés, menaçant d'y jeter l'interdit s'il n'était pas rétabli dans ses droits. Si l'on ajoute, pour faire bonne mesure, que les vicaires en question étaient jansénistes, on comprendra sans peine que cette «fronde ecclésiastique», comme on la nomme parfois, ait eu le don d'exaspérer Mazarin. Il n'avait pas servi douze ans dans la diplomatie pontificale sans apprendre combien les querelles religieuses étaient lourdes de troubles politiques potentiels.

Anne d'Autriche n'était pas janséniste, au contraire, elle soutenait le camp adverse. Beaucoup de ses amies étaient liées à la Compagnie du Saint-Sacrement, qui confiait volontiers ses activités caritatives aux femmes, tandis que les hommes se concentraient sur la surveillance des mœurs. Malgré d'excellentes intentions, cette société secrète, qui étendait ses réseaux dans l'ombre, avait fini par créer un groupe de pression, ne serait-ce qu'en plaçant ses membres à des postes stratégiques. Mazarin, qui songeait à la supprimer[1], savait fort bien que la dotation financière de la reine passait pour la plus grande part aux œuvres de charité patronnées par ces dames. En s'abstenant de l'augmenter, il laissait le champ libre à Nicolas Fouquet. Depuis fort longtemps, celui-ci lui procurait des subsides, régulièrement servis sous forme de pensions, pour financer ses bonnes œuvres. Un fonds secret avait été constitué chez un de ses commis servant de prête-nom. Mme de Beauvais précisait les montants souhaités, qui lui étaient transmis de la main à la main par un ami commun.

Le cardinal s'en doutait. Mais qu'y faire ? Il trouva mauvais cependant qu'Anne d'Autriche, une fois le mariage accompli, eût pris sa jeune bru sous son aile

---

1. Elle ne fut pas interdite explicitement, mais se trouva visée, de fait, parmi d'autres associations. Elle survécut clandestinement pendant quelque temps.

pour l'associer à ses pieuses activités. Car elle eut le tort de pousser Marie-Thérèse à réclamer. La jeune reine ne recevait que les mille écus par mois «destinés de tout temps pour les menus plaisirs des reines et pour leurs aumônes». «Mais comme le jeu était à la mode, continue Mme de Motteville, et que la reine aimait quelquefois à jouer, cette somme n'était pas suffisante; car pouvant perdre beaucoup chaque jour, il arrivait souvent que l'argent était bientôt fini: de sorte qu'elle n'avait pas de quoi faire ses aumônes, ni de quoi satisfaire à ses plaisirs.» Elle était également fâchée de savoir que ses étrennes avaient été très inférieures à celles que recevait Anne d'Autriche du temps de son époux. Elle s'en plaignit à sa dame d'honneur, la duchesse de Navailles, qui alla prévenir Mazarin, en «le conseillant de mieux traiter sa maîtresse». Il ne fut pas dupe de cette démarche cousue de fil blanc, où le jeu couvrait les aumônes, et il n'apprécia pas le recours à une voie détournée. Il répondit «que la reine aurait de l'argent quand il lui plairait d'en demander», sans rien promettre et il gémit sur le déplorable état des finances. De quoi indigner Mme de Motteville sur sa scandaleuse fortune, sa tyrannie, son avarice et son ingratitude.

Fouquet, dûment averti, en profita pour présenter à Anne d'Autriche de nouvelles offres de service. Il était question d'un complot auquel on lui demandait de s'associer, sans courir aucun risque, pour le cas où Condé – forte personnalité s'il en fut – tenterait de subjuguer le jeune roi comme il avait espéré le faire naguère. «On ne veut point que la bonté qu'elle a lui soit à charge ; on aime mieux prendre tout sur soi que de la commettre. Si on a quelques sentiments ou quelque conduite qu'elle n'approuve pas, on lui demande en grâce de le dire. Un mot réglera tout sur le pied qu'il lui plaira [...]. Secret et dissimulation, sans exception, à tout le monde [...]. Si elle trouve bon qu'on lui rende compte de ce qu'on apprend, ou s'il y a quelque chose dont elle désire savoir la vérité, en s'ouvrant un peu, on tâchera de la satisfaire[1]. » Rien d'autre n'a transpiré de ce projet, qui avorta, comme bien d'autres conçus à l'approche de la mort de Mazarin. De toute manière, les jeux étaient faits, car le cardinal avait déjà disposé de sa succession et Anne d'Autriche n'y pouvait rien. Mais personne ne le savait encore. C'était un secret entre lui et le roi.

Car il avait enfin conquis la confiance de Louis XIV, pleine et entière. Contrairement à toute attente, la crise provoquée par Marie Mancini, loin de le dresser contre son parrain, a fini par l'en rapprocher. Il a trouvé chez lui une fermeté qui contrastait avec les complaisances de sa mère. Lorsqu'il jouait de leurs dissentiments pour obtenir de l'un ce que l'autre lui refusait, elle n'a cessé de biaiser alors que Mazarin, parlant juste et net, n'a jamais flanché. D'ailleurs, il ne lui a pas envoyé dire, au cours de

---

[1]. Ces offres (citées par Chéruel dans l'Introduction aux *Mémoires* d'Olivier Lefèvre d'Ormesson, t. II, p. LII) sont tirées d'une lettre jointe à un message adressé à Fouquet par un des observateurs qu'il avait placés auprès d'elle. Bien qu'elle ne comporte pas de noms propres, la personne visée par les offres semble bien, d'après le ton, être Anne d'Autriche.

cet été dramatique, que son comportement déplorable ne pouvait qu'aggraver le déchirement. Bien que sa chère Mme de Motteville tente de la persuader que la victoire est son œuvre, elle sait très bien que ce n'est pas vrai. Elle a conscience de n'avoir pas été à la hauteur et sent qu'elle a perdu par là une part de l'emprise qu'elle exerçait sur son fils. Il faut dire, pour être honnête, qu'elle n'était pas la mieux placée pour plaider auprès de lui la sévérité. Partageant alors son existence dans une attente vide, à l'affût des négociations en cours, elle l'accablait de son amour maternel et exerçait sur lui une pression permanente où les leçons de morale assaisonnées de compassion larmoyante avaient tout pour exaspérer un garçon de vingt ans. Mazarin, lui, était à Saint-Jean-de-Luz, en train de débattre des destinées de l'Europe. Entre eux, la distance permettait à la colère de retomber – sauf exception – après une première lecture. Les paroles écrites restent. Et Mazarin écrivait avec vigueur. Une parole virile. Pas une once de sentiment. De la politique. Une morale à l'usage exclusif des rois. Une destinée à assumer. Une invitation à la grandeur, à la gloire, à tout ce dont peut rêver un jeune prince de son âge. Louis XIV n'a pas cédé à la force ; il a cru à l'avenir que Mazarin décrivait pour lui ; il a été converti – le mot n'est pas trop fort s'agissant d'une charge obtenue par délégation divine, selon les croyances du temps. C'est pourquoi, loin de tenir rigueur à son parrain de son opposition à un mariage déraisonnable, il se trouve finalement plus proche de lui qu'il ne l'a jamais été.

Ajoutons ici, pour compléter l'analyse de cet épisode, un mot sur les silences de Mazarin. Dans ses grandes lettres de l'été 1659, il s'est bien gardé, contrairement à ce que faisait assurément Anne d'Autriche, de parler de mariage chrétien et de fidélité conjugale. L'union avec Marie-Thérèse, partie prenante du traité de paix, y est envisagée sous l'angle politique. Les futurs époux doivent se plier aux formes requises et s'engager à les respecter par la suite. Et en ce qui concerne les formes, Louis XIV fut en effet plus scrupuleux que la plupart de ses confrères. Il traita Marie-Thérèse avec égards, il veilla à ce qu'elle fût toujours et partout honorée en reine. Il lui tint même une promesse d'ordre privé faite au lendemain du mariage, celle de la rejoindre chaque soir dans son lit, parfois fort tard et sans préjudice de ce qu'il avait pu faire avant. Et il lui donna six enfants en une vingtaine d'années. Mais compte tenu de son tempérament, elle ne pouvait espérer de lui aucune fidélité et personne ne l'escomptait. Les amis de son âge avec qui il n'avait jamais totalement rompu ont dû se charger de lui dire que la vie conjugale d'un roi ne se conformait que rarement au modèle prôné par sa mère. Une fois marié, il serait libre d'imiter ses ancêtres François Ier, Henri II, Henri IV et divers souverains étrangers. Une seule maîtresse lui était interdite, Marie Mancini, parce que ce choix eût donné à penser – à tort – que le cardinal était complice de l'idylle initiale. Mais la cour regorgeait de filles d'honneur prêtes à tomber dans ses bras, ce qui advint.

Le dénouement de cette crise contribua donc à éloigner un peu plus Anne d'Autriche de son fils aîné. La vérité est qu'elle ne l'avait pas vu grandir. Il lui échappait soudain, c'était dans l'ordre des choses. Elle fut tentée d'en incriminer Mazarin, comme s'il le lui avait volé. Elle reporta sur sa belle-fille l'affection dont elle débordait, avec pour résultat de l'ancrer dans le passé, d'en faire une sorte de double d'elle-même, avec mêmes robes, mêmes gestes, mêmes habitudes, même prédilection pour l'usage en privé du castillan. En formant avec elle un bloc, en marge du rajeunissement qui marquait la vie de cour, elle l'isola et elle s'isola. Elle admettait mal l'inévitable arrachement qui éloignait d'elle son fils et, faute de parvenir à établir avec lui des relations neuves, elle déplora son ingratitude. Elle devint amère. Elle n'a pas encore tout vu pourtant. Que dirait-elle quand elle découvrirait ce que Mazarin avait prévu pour sa succession ?

Les Français demandent un roi

Les huit années qui suivent la fin de la Fronde sont marquées par un suspens qui n'en finit pas. Les Français attendent le roi un peu comme on attend le Messie. Il est là, en réserve, si l'on peut dire. Mais plus le temps passe, plus l'inquiétude monte. Il a vingt ans passés, on s'apprête à le marier, et il ne fait pas mine de bouger. Jamais Mazarin n'a été aussi puissant. Il jouit d'un pouvoir que bien des souverains pourraient lui envier. Il n'est plus le même. Plus exactement il devient lui-même. Les Français ne reconnaissent plus le ministre timoré que la moindre menace faisait reculer. Personne désormais ne se risquerait à l'insulter. C'en est fini de l'inaltérable patience qui lui avait permis d'avaler tant de couleuvres. Il reste courtois, mais sous le gant de velours on sent la poigne énergique et son ironie peut être ravageuse. La maladie est là, il sait que le temps lui est compté. Il ne se soucie plus de ce qu'on pense de lui. Il tient à terminer sa tâche : après avoir pacifié la France, lui assurer la suprématie en Europe. Il prend ses décisions seul. Contre vents et marées, il a choisi l'alliance anglaise, et les faits lui ont donné raison. On le méprisait naguère. On le craint. Mais on répugne à l'admirer, préférant attribuer ses succès aux caprices de la fortune, et on ne l'aime pas davantage. Au contraire. L'extension continue de ses pouvoirs inquiète. N'est-il pas en train de « faire le roi », ce qui passe pour un sacrilège ?

Le fait qu'il exerce des pouvoirs régaliens heurtait en effet des convictions très anciennes, récemment renforcées par la doctrine de la monarchie de droit divin, qui réserve au roi seul la détention de l'autorité suprême. Car il est seul censé recevoir les lumières et les grâces qui lui permettront de représenter Dieu sur terre. L'autorité qu'exerçait le cardinal, issue d'une double délégation – à la régente, puis à son ministre –, souffrait d'un double déficit de légitimité. Elle n'était qu'un pis-aller, imposé à titre temporaire par le trop jeune âge du roi. Mais dès l'instant que celui-ci devenait adulte, le maintien de Mazarin au pouvoir passait pour usurpation.

On assiste alors, conjointement, à un double phénomène d'idéalisation de la monarchie et de dévalorisation du ministériat, qui n'est pas propre à la France – voyez l'Espagne ou la Suède –, mais qui prend un tour aigu chez nous après un siècle de troubles civils et une longue période d'effacement des rois. Les guerres de religion avaient ouvert un débat sur les fondements du régime monarchique[1], mais deux régicides successifs, celui d'Henri III, puis celui d'Henri IV, imputables aux intolérances confessionnelles, marquaient durablement la conscience collective : le XVIIe siècle, profondément légitimiste, se raccroche à la monarchie comme à une bouée de salut. Durant la Fronde, le conflit porte seulement sur les modalités d'exercice du pouvoir royal. On rêve de le restaurer sous ce qu'on croit être sa forme primitive et pure. On regrette le bon vieux temps où les volontés du souverain coïncidaient miraculeusement avec les aspirations du peuple. On repeint le passé aux couleurs de ses désirs. Qu'est-ce au juste qu'un roi ? On n'en a quasiment pas vu régner un seul depuis près de cinquante ans, par suite de deux minorités et parce que Louis XIII, quoique maître des décisions essentielles, se reposait sur Richelieu de leur mise en application. Dans l'imaginaire collectif, la royauté prend les traits de deux personnages : un

---

1. En France, les réformés se réclamaient de Calvin, qui avait instauré une République à Genève. Ils remirent donc en cause la doctrine catholique sur l'origine de la souveraineté. Parmi eux les « monarchomaques » allèrent jusqu'à autoriser le régicide en cas d'indignité notoire du souverain régnant.

mort, Henri IV, instaurateur d'une paix et d'une prospérité largement mythiques, et l'enfant-roi, innocent et pur, qui n'a pas encore assumé la plénitude de la fonction. Durant sa minorité, la personne de Louis XIV, à l'abri de toute atteinte, était soustraite aux turbulences de l'histoire. Voici qu'il va devoir, en passant de l'ombre à la lumière, affronter la dure réalité. On ne sait pratiquement rien de lui, ou très peu de chose. Pourtant on attend beaucoup de ce roi tout neuf. Trop, assurément. Il risque de traîner comme un boulet le poids des espérances mises en lui, dont il décevra forcément une bonne part. La transition risque d'être rude et il n'y aura personne pour l'aider à l'assurer.

Car une autre chose crève les yeux : les Français ne veulent plus de premier ministre. Certes, il y a bien quelques ambitieux, dont Nicolas Fouquet, pour convoiter la place. Mais ils sont les seuls à refuser d'entendre la vague de réprobation qui monte contre le ministériat. Ce rejet n'est pas propre à la France. Le recours à un premier ministre est au XVIIe siècle, dans les États d'une certaine étendue, un phénomène nouveau rendu nécessaire – même hors minorités – par l'ampleur des tâches à accomplir. Or ce personnage est forcément voué à déplaire, non seulement parce qu'il passe pour usurper l'autorité de son maître, mais aussi et surtout parce que celui-ci se décharge sur lui des mesures impopulaires. Il fait le « sale travail » et concentre sur sa personne les rancœurs et les haines. Nous disons aujourd'hui, dans un régime républicain, qu'il sert de fusible au Président. C'est exactement ce que Mazarin est en train de faire dans les dernières années de son règne. Il y réussit. On ne lui en sait aucun gré. Mais s'il y avait manqué, mieux vaut ne pas penser au sort qui lui eût été réservé. Malheur aux ministres dont la politique échoue ! Il suffit de parcourir le répertoire théâtral de la première moitié du siècle pour constater qu'y pullulent les « mauvais conseillers », source de perdition des bons princes – qu'un dénouement *ex machina* vient tout de même sauver à la fin. « Vive le roi ! » a pour écho quasi obligé : « À bas – quand ce n'est pas "À mort !" – le premier ministre ! »

Or en matière de premiers ministres, la France a été gâtée. Depuis 1616, elle a eu Concini, pour peu de temps, puis sans discontinuer à partir de 1624, Richelieu et Mazarin. Le premier fut abattu avec le consentement tacite du jeune Louis XIII, son corps déchiqueté par la populace, sa femme condamnée au bûcher comme sorcière. Contre Richelieu, les projets d'assassinat n'ont jamais cessé, ils échouèrent tous, parce que les comploteurs étaient souvent des amateurs maladroits, et aussi parce que certains hésitaient devant le meurtre d'un cardinal, passible de damnation éternelle. Mazarin fut également menacé, mais moins souvent ; il y échappa pour les mêmes raisons et aussi grâce au mépris dans lequel on le tenait : il n'en valait pas la peine ; puis, par la suite, il était trop tard, à quoi bon l'assassiner, puisque la nature allait se charger de l'éliminer ? Les Français toléreraient-ils aisément un quatrième ministériat ? On pouvait en douter.

Pour endosser à son tour le rôle, il aurait fallu un oiseau rare. Or l'examen des candidats potentiels fut sans appel. Il n'y en avait pas un qui convînt. Mazarin en conclut que Louis XIV devrait se passer de premier ministre. Et il décida de faire le nécessaire pour l'y préparer[1]. Sa conviction était faite dès avant l'épisode Mancini. Lorsqu'il le quitta en emmenant sa nièce, au lendemain des adieux de Fontainebleau, il le croyait décidé à renoncer à Marie, mais il redoutait, à juste titre, de le livrer à l'influence pernicieuse de ses amis. Il avait donc prévu de maintenir le contact par une correspondance serrée. Les lettres de Louis XIV ayant disparu, il ne nous reste que les siennes. De vraies lettres de direction, à la fois morale et politique, qui dessinent le profil de ce que doit être un « grand roi ». Objectif élevé, dures exigences. Car le roi est au service de l'État et non l'inverse. Les premières lettres comportent un rappel des servitudes du métier et un ensemble de conseils sur la meilleure manière d'y faire face dans son cas particulier : l'esquisse d'un programme de gouvernement[2].

---

1. Le fait qu'il ait donné à son filleul le conseil de se passer de premier ministre n'est pas une légende colportée par la seule Mme de Motteville. Prétendre qu'il s'en était bien gardé, par crainte de se condamner rétrospectivement lui-même, est une erreur. La lettre citée un peu plus loin suffit à le prouver.
2. S'il a écrit autre chose de sa main, rien n'en est resté. Mais Louis XIV, aussitôt après sa mort, en a fait consigner les principaux points par son secrétaire Toussaint Rose et surtout il en a repris les thèmes dans les *Mémoires* qu'il a dictés pour son fils dix ans plus tard. L'ensemble constitue un tout cohérent.

« Vous gouvernerez par vous-même… »

29 juin 1659 : « Je vous dirai sans exagération que j'ai lu votre lettre avec une extrême joie, car elle est fort bien écrite, et vous vous engagez d'une telle manière à vouloir vous appliquer aux affaires, et n'oubliez rien de ce que vous croyez être nécessaire, pour devenir un grand roi. Vous jugerez aisément à quel point cela me touche, puisque vous savez en quels termes j'ai pris la hardiesse de vous parler si souvent là-dessus. Je vous réplique de nouveau qu'il ne dépendra que de vous seul d'être le plus glorieux roi qui ait jamais été, Dieu vous ayant donné toutes les qualités pour cela, et n'étant à présent besoin d'autre chose que de les mettre en usage, ce que vous ferez avec facilité et toujours de bien en mieux, acquérant, par l'application que vous voulez donner aux affaires, la connaissance et l'expérience qui vous est nécessaire […]. Si une fois vous prenez le gouvernail, vous ferez plus en un jour qu'un plus habile que moi en six mois ; car est d'un autre poids et fait un autre éclat et impression ce qu'un roi fait de droit fil que ce que fait un ministre, quelque autorisé qu'il puisse être. Je serai le plus heureux des hommes si je vous vois, comme je n'en doute pas, exécuter la résolution que vous avez prise, et je mourrai très satisfait et content à l'instant que je vous verrai en état de gouverner de vous-même, ne vous servant de vos ministres que pour entendre leurs avis, en profiter à la manière qu'il vous plaira et leur donner après les ordres sur ce qu'ils auront à faire. »

Ce texte est remarquable par le contenu, comme on va le voir, mais avant tout par le ton. Il n'est pas besoin d'avoir lu la lettre de Louis XIV pour deviner son angoisse : il ne se sent pas à la hauteur. Car il sait bien que la disparition risque de ranimer les foyers de subversion mal éteints. Et il en a trop vu pour croire la tâche aisée. Mazarin s'efforce donc de lui insuffler l'énergie nécessaire dans un appel personnel, émouvant, d'allure testamentaire. Nul mieux que moi ne vous connaît, lui dit-il en substance, et nul ne mesure mieux le poids du pouvoir; vous avez les aptitudes requises et la tâche sera moins difficile qu'il n'y paraît. Il le rassure, sans lui mentir cependant. Non, il n'a pas la science infuse : il lui faudra encore beaucoup apprendre. L'expérience lui viendra, par la pratique. Il progressera s'il consent à s'y appliquer. Tout est affaire de volonté et de travail. Et les circonstances l'y aideront, parce qu'il bénéficie d'un préjugé favorable du simple fait qu'il est roi. « Un ministre qui m'aimait, et que j'aimais... » écrira plus tard Louis XIV. Rien n'aurait été possible sans la relation affective profonde qui l'unissait à son parrain, l'autorisant à lui tenir des propos qu'il n'aurait acceptés de personne.

Mais Mazarin ne se borne pas à des encouragements d'ordre général. Quelques mots lui suffisent pour fixer des lignes directrices. Tout d'abord : vous gouvernerez autrement que moi, parce que vous aurez, vous, l'autorité nécessaire. Et voici renvoyés au rang de pis-aller tous les moyens détournés auxquels le cardinal venu d'Italie avait dû recourir pour imposer aux Français une politique dont ils ne voulaient pas, les détours, les faux-fuyants, les promesses non tenues, dont il avait usé face à de grands seigneurs détenteurs de la force armée. La conclusion implicite est que le roi pourra et devra moraliser la vie publique. Le mémoire dicté par lui à Rose au lendemain de la mort du cardinal montre qu'il avait parfaitement assimilé la leçon : veiller à la moralité du clergé, obtenir de la noblesse qu'elle soit « son bras droit », faire honorer les magistrats mais « les tenir dans les bornes de leur devoir », soulager le peuple en matière d'impôts. Que ce programme n'ait été qu'imparfaitement tenu n'enlève rien à sa valeur de principe.

D'autre part, Louis XIV doit savoir qu'il ne peut faire ce qui lui plaît. Certes, juridiquement, il est *absolu*, c'est-à-dire qu'il décide souverainement, sans que quiconque puisse s'y opposer. Mais une autre lettre lui rappelle un peu plus tard que son pouvoir a des limites et que ses actions seront jugées : « Quoique vous soyez le maître en certain sens de faire ce que bon vous semble, néanmoins vous devez compte à Dieu de vos actions pour faire votre salut et au monde pour le soutien de votre gloire et de votre réputation. » La crainte du jugement de Dieu est présente chez tous à l'époque. Mais, vu l'éloignement de l'échéance, elle risque d'avoir peu de prise sur un garçon de vingt ans. Mazarin fait donc peser sur son pupille une autre menace, qui touche à plein son orgueil : le mépris sanctionnant l'indignité d'un roi. Et cette menace-là peut être efficace tout au long d'une vie.

Enfin gouverner par soi-même n'implique pas se fier à ses seules lumières. Au contraire. Plus les décisions à prendre sont importantes et plus il importe de s'informer. Donc le roi s'entourera de conseillers. Cela n'est pas nouveau, dira-t-on : il a toujours eu des ministres. Ce qui doit changer est sa relation avec eux. Ils auront part au travail préliminaire en amont, ils prépareront les dossiers, il en discutera avec eux. Mais il se réservera la décision. Ils seront réduits ensuite au rôle d'exécutants, la rançon étant pour le roi un surcroît de travail considérable, puisqu'il devra prendre connaissance de tout. Exprimée en une simple phrase de trois lignes, c'est une révolution qui est ici programmée. Dans le statut des ministres tout d'abord. Aucun d'entre eux ne s'élèvera au-dessus du lot : à chacun son département, le roi faisant office de premier ministre. Aucun ne disposera d'une délégation de pouvoirs, tous seront sous son contrôle. Ils se présenteront quand il les fera appeler, ce qui implique un grand nombre de réunions partielles plutôt que des séances plénières. Ils devront être choisis pour leur compétence et non en fonction de leur rang dans la hiérarchie nobiliaire. Bref ce seront des serviteurs. Et leur recrutement s'en trouvera affecté. Saint-Simon pourra s'indigner de voir les fonctions ministérielles remplies par des « gens de rien », autrement dit des robins, qui ne sont à ses yeux que des bourgeois. Mais telles qu'elles seront conçues, les grands peuvent-ils s'en accommoder ?

Le changement prévu postule leur mise à l'écart. Car bien que le programme ici esquissé ne le précise pas, il est clair que cette façon de gouverner entraînera la déshérence du vaste Conseil issu de l'ancienne *cour-le-roi*, tel qu'il s'était perpétué depuis le Moyen Âge. Y siégeaient de droit les membres de la famille royale et les pairs de France, censés y remplir leur *devoir de conseil* auprès du souverain, dont ils prétendaient soutenir l'action. Ils n'avaient fait que la perturber depuis un siècle et Louis XIV avait trop souvent vu à l'œuvre son oncle Gaston d'Orléans et son cousin Condé pour ne pas souscrire avec enthousiasme à une solution qui le débarrasserait de leurs pareils. Hélas, cette mesure avait une implication fâcheuse, et c'est sans doute pourquoi Mazarin la laissait dans l'ombre. En démultipliant ses conseils, le roi pouvait en exclure son frère, dont il redoutait les favoris, et Condé, à qui on prêtait encore des ambitions. Mais il lui faudrait en écarter sa mère. Et il était évident qu'elle en serait profondément blessée. Trouverait-il une solution transitoire ou taillerait-il dans le vif?

La question n'était pas encore à l'ordre du jour lorsque Mazarin, dans l'été de 1659, se battait pour arracher son filleul à une passion destructrice et tentait de lui insuffler l'énergie nécessaire pour se conduire en roi : « Je continue d'être fort satisfait du contenu de vos lettres et de la fermeté que vous témoignez pour exécuter la résolution que vous avez prise, de vouloir vous appliquer aux affaires, martelait-il sans craindre de se répéter. Si vous commencez à y prendre plaisir, je vous déclare, sans exagération et sans flatterie, que vous ferez plus de progrès et que vous profiterez plus en un mois qu'un autre ne ferait en six... » Mazarin ne semble-t-il pas pratiquer ici, par anticipation, la future méthode Coué ? Et pourtant, le miracle eut lieu, Louis XIV parvint, au bout de quelques années, à y prendre un très vif plaisir.

La course contre la mort

Le régime qui se prépare n'est donc pas, comme certains l'espéraient naïvement, un retour au « bon vieux temps ». Louis XIV aura à inventer et à imposer sa propre manière de gouverner. Il sera seul pour le faire, puisque, chacun le sait, Mazarin va mourir. Au lendemain de son mariage, il y est décidé, mais il est loin de se sentir prêt. Fort heureusement, son parrain l'a initié, dès qu'il en a été capable, aux rouages de la grande machine administrative – pas en théorie, à coups de travaux pratiques, sur des cas réels. Il lui a imposé l'habitude du travail. Il reste à lui transmettre un état des lieux et à lui donner pour viatique d'ultimes recommandations. Le temps presse, il leur faut mettre les bouchées doubles.

Il se passe alors un phénomène étrange et tout à fait inattendu. Durant presque une année, Louis XIV disparaît de la scène, il subit une éclipse, à la manière d'un astre. Laissons ici l'ambassadeur vénitien nous dire sa stupéfaction : « Tout l'effort de ses affections paraît dirigé vers le cardinal. Il ne faut pas dire seulement que le roi l'estime comme un ministre utile et nécessaire, [...] que par force il lui laisse l'autorité, mais il faut avouer qu'il y a une sympathie occulte, une subordination de l'esprit et de l'intelligence, par suite desquelles l'inclination d'un grand prince peut dépendre du génie d'un homme privé. Aussi, il lui laisse un pouvoir absolu sur les affaires du royaume, le pouvoir sur lui-même, la disposition de tout, et, en se privant de sa propre autorité, il ne peut pas rester privé de sa présence. Il le voit plusieurs fois par jour. Dans toutes les choses, jusque dans les petites et même dans celles qui ne dépendent que de son goût, il reçoit ses avis et l'on peut dire ses prescriptions. Il n'entend pas parler d'affaires ou demander des grâces qu'il ne renvoie tout au cardinal, ou au plus il s'offre pour intercéder auprès de lui.» Tous les matins, il venait dans la chambre du malade pour y tenir le Conseil et s'enfermait ensuite avec lui pour une longue leçon de politique.

Les contemporains s'inquiétaient. Loin de se décider à secouer l'emprise du cardinal, voilà qu'il semblait n'être plus qu'une cire molle entre ses mains. Devant cette abdication, ils commencèrent à désespérer. Le roi tant attendu n'allait-il être qu'un soliveau ? Rétrospectivement, nous sommes mieux à même de comprendre. Point n'est besoin de recourir au parapsychique pour expliquer la situation : tous deux savaient que le temps leur était compté, qu'il n'y avait pas une minute à perdre. Mazarin mène de front le règlement des affaires en suspens – ce sera autant de moins à faire ensuite – et la mise au courant de son successeur. Et Louis XIV, entièrement concentré, absorbe ses leçons qui seront les dernières. Rien n'a filtré de leurs entretiens. Mais les initiés – Colbert d'un côté, Brienne de l'autre – estiment que Mazarin ne lui a rien caché, y compris sur les finances, puisqu'il était urgent de les réformer. Il est certain aussi qu'il lui a rappelé quelques principes de base sur la façon de se conduire. Pas de précipitation, pas d'initiatives irréfléchies. Ni amitié, ni antipathie ne doivent dicter ses choix : seul compte l'intérêt de l'État. Mieux vaut prévenir les désordres pour n'avoir pas à sévir. Et si l'on doit le faire, il faut frapper quelques têtes haut placées et amnistier les autres. Et ne pas demander aux hommes ce dont ils ne sont pas capables. Rien de machiavélique dans tout cela : mais une juste appréhension du possible. Bref Mazarin l'a fort bien « stylé dans l'art de régner ».

Si intense que fût cette formation accélérée, elle ne suffit pas à tuer en lui l'appréhension. Il n'est pas encore tout à fait mûr psychologiquement. Parlant de la prise du pouvoir dans ses *Mémoires*, elle était, dit-il, « ce que je souhaitais et ce que je craignais ensemble depuis longtemps ». Car il sait que pour la première fois de sa vie, il devra être lui-même. Jusqu'alors, surprotégé, il n'avait jamais eu à affronter la réalité : d'autres s'en chargeaient pour lui. Désormais sa mère, déçue qu'il ne soit plus l'enfant d'autrefois, s'abîme dans une dévotion dont les excès lui pèsent. Elle ne croit plus en lui, il le sent, il en souffre, au moment même où Mazarin y croit plus que jamais. Mais Mazarin se meurt et ne pourra guider ses premiers pas. Et il commence à comprendre que le pouvoir absolu, qui lui réserve l'entière responsabilité des décisions, le condamne à la solitude face à un fardeau qui ne se partage pas.

Dieu sait que l'autorité de son parrain a pu lui

peser par moments ! Il en garde une hantise : n'être plus jamais « gouverné ». Mais à l'idée de se lancer, sans filet, dans le tourbillon des affaires, il regrette de n'avoir plus d'appui. Impossible de s'y soustraire pourtant. Car le programme de Mazarin comportait, pour lui faciliter la prise effective du pouvoir, une botte secrète. Avec un sens très sûr de la communication, celui-ci avait pensé à transformer un handicap en avantage. Plutôt qu'une transition tâtonnante, mieux valait une coupure radicale. Un an plus tôt, il était notoire que le jeune roi ne savait rien. Sa formation serait forcément imparfaite. Plutôt que d'y procéder ouvertement en laissant voir ses lacunes, le coup de génie fut de l'occulter et d'imposer l'image d'un roi indolent, peu désireux d'agir. La surprise serait totale lorsqu'il annoncerait sa décision de se passer de premier ministre. Tous ses actes pourraient alors s'inscrire dans les desseins de la Providence, Dieu lui ayant soudain conféré les lumières nécessaires à sa mission[1].

---

1. Veut-on un exemple de ce que peut donner ce thème dans la bouche d'un bon courtisan ? Voici quelques-uns des éloges que lui adresse le duc de Montausier, précepteur du dauphin, à l'apogée du règne : « Le ciel ne fait pas tous les jours des miracles. C'en est un, Sire, que le monde voit avec étonnement, que vous vous soyez vous-même rendu capable de gouverner un grand État […] avec le seul secours de vos réflexions et par la force de votre excellent génie. Il est vrai que Votre Majesté n'a eu besoin ni de maîtres, ni de directeurs, d'instruction ni de précepteurs, et que Dieu Lui a inspiré la science des rois, comme il inspira aux premiers hommes les arts et les connaissances nécessaires au genre humain » (cité par Lacour-Gayet, p. 71, voir Bibliographie en fin d'ouvrage). À force de l'entendre dire, il finit par le croire.

La partie était jouable, à condition que nul n'en sût rien.

Mais il devrait la jouer seul et l'enjeu était impressionnant. Mazarin avait mis la barre très haut. «Je connaissais la grandeur du fardeau – dira-t-il dans ses *Mémoires* pour expliquer qu'il ait tardé à prendre le pouvoir –, sans avoir pu jusques alors bien connaître mes propres forces, préférant sans doute dans le cœur, à toutes choses et à la vie même, une haute réputation si je la pouvais acquérir, mais comprenant en même temps que mes premières démarches, ou en jetteraient les fondements, ou m'en feraient perdre pour jamais jusques à l'espérance...» À l'idée de jouer ainsi son va-tout sur un geste, il se rongeait d'anxiété, si bien qu'on est tenté de se dire qu'il avait peut-être cherché auprès de Marie Mancini si décidée, si sûre d'elle-même, quelqu'un qui l'aide à franchir la passe. L'épisode était clos. De toute évidence il n'avait aucun soutien à espérer de Marie-Thérèse. Mazarin mort, il se trouvait au pied du mur, seul.

La peur était toujours là: honni soit qui mal y pense! Il fit face. Sa déclaration initiale lui valut un sursis dont il profita pour prendre peu à peu ses marques. Mais l'étonnement et le scepticisme ne fléchissaient pas et son image restait floue. Comment un homme pouvait-il être «si dissemblable de lui-même»? s'exclamait Mme de La Fayette. Il lui restait donc à transformer l'essai.

DEUXIÈME PARTIE

L'impossible procès

CHAPITRE CINQ

La chute du surintendant

Au lendemain de la mort de Mazarin, Louis XIV avait fait sur la scène politique une entrée retentissante en déclarant qu'il se passerait de premier ministre et gouvernerait par lui-même. Il s'agissait là d'une rupture considérable avec les pratiques qui avaient prévalu durant près d'un demi-siècle. L'annonce avait frappé les esprits. Mais en lui donnant une telle publicité, il risquait gros. Car les proclamations de ce genre, si elles ne sont pas suivies d'effets, sont toujours contre-productives. Comment allait-il s'y prendre pour mettre en œuvre cette espèce de révolution ? Son autorité était encore mal assurée. On attendait de lui des actes, non sans un solide scepticisme. Or, entre le début avril et le début septembre de 1661, six mois passèrent sans qu'on vît rien bouger, en apparence du moins. Les interrogations sur son compte se prolongeaient, et l'on se demandait quelle tournure prendrait le nouveau règne. S'ouvre alors une période étrange, sur laquelle il est très difficile de se faire une idée quand on connaît la suite, qui nous condamne à un regard rétrospectif. C'était déjà le cas de la plupart des témoignages quasi contemporains. Quant aux pages que Louis XIV leur consacre, avec dix ans de recul, dans ses *Mémoires*, elles dissimulent sous un propos affiché de sincérité une évidente volonté de se justifier.

En réalité, l'avenir était si chargé d'incertitude que chacun retenait son souffle. Et la frénésie de plaisirs qui s'empara de la jeune cour à Fontainebleau durant cet été de 1661 répondait peut-être à cette inquiétude latente, à ce besoin de repousser le moment où il faudrait regarder les choses en face. Elle offrit en tout cas à Louis XIV une pause, qui lui permit de prendre, dans le silence de son cabinet, la mesure des problèmes qui se posaient à lui. Elle lui donna le temps de mettre au point ce qui allait être le premier acte politique marquant de son règne personnel : l'arrestation du surintendant Fouquet.

L'ombre du cardinal

La disparition du cardinal avait tout de même créé un vide. Qui donc allait prendre en charge la gestion des affaires au quotidien ? Les supputations allaient bon train, les ambitions s'aiguisaient. Dans l'immédiat, la continuité sembla prévaloir. Louis XIV laissa en place les trois ministres d'État qui, du temps de Mazarin, avaient tenu les rôles principaux : aux Affaires étrangères Hugues de Lionne, à la Guerre Michel Le Tellier, aux Finances le surintendant Nicolas Fouquet. À vrai dire, la paix des Pyrénées, signée le 7 novembre 1659, promettait quelques loisirs aux deux premiers. Mais le troisième devrait s'attaquer de toute urgence à une remise en ordre des finances. Car bien que la fin de la guerre eût heureusement réduit le chapitre des dépenses, l'État traînait comme un boulet le fardeau d'une dette colossale. Depuis 1635 il vivait à crédit, engageant pour survivre les recettes d'au moins deux années à venir, et il avait dû consentir aux prêteurs des conditions difficilement soutenables. À Fouquet donc, qui avait assuré avec succès le financement des années difficiles depuis 1653, le soin de remettre de l'ordre dans l'inextricable jungle que constituaient la fiscalité et ses services annexes. Un détail à noter cependant : aux côtés de la « triade » apparut en surnombre Colbert, nommé intendant de finances juste avant la mort du cardinal[1], et dont bien peu soupçonnèrent alors qu'il n'était pas là pour seconder le surintendant, mais pour le surveiller. Tous quatre gens rassis ayant passé la quarantaine, issus de la génération intermédiaire entre le roi et sa mère, ils assuraient la transition.

Le public eut donc l'impression que Mazarin était toujours là. « L'on pouvait dire de lui ce que l'on disait d'Alexandre : même mort il règne encore », bougonne Gui Patin. Mme de La Fayette, plus fine, note que c'est son esprit qui prévaut, et non sa pratique : « L'ombre du cardinal était encore la maîtresse de toutes choses et il paraissait que le roi ne pensait à se conduire que

---

1. Il y avait, au-dessous du surintendant, deux intendants des finances.

par les sentiments qu'il lui avait inspirés.» Certes, nous le savons, Mazarin lui avait conseillé de gouverner autrement que lui. Mais l'injonction première était la prudence, la crainte d'une résurgence de fronde n'étant pas écartée. Il choisit donc d'agir, explique-t-il dans ses *Mémoires*, «en observant avec soin ce que le temps et la disposition des choses [lui] pouvaient permettre». D'où la méthode des petits pas et des changements dans la continuité. Non, la tâche n'était pas si difficile qu'il le prétend. Le «désordre» n'était pas «partout». Mazarin avait fait le ménage dans tous les domaines où il l'avait pu. Il lui laissait des services administratifs compétents, dont le caractère pléthorique était compensé par la surveillance pointilleuse que ses membres exerçaient les uns sur les autres. Au plus haut niveau même, ministres et secrétaires d'État, répartis en deux clans, s'équilibraient. S'il était tenu d'une main ferme, le royaume pourrait rouler sur sa lancée, à condition d'être convenablement alimenté en numéraire – et l'on en revenait au problème financier.

Il s'abstint de clamer sur les toits les changements qu'il apportait à l'usage. Les grands et les pairs du royaume avaient été avertis qu'ils assisteraient au Conseil lorsqu'on les y appellerait, mais on omit de les y inviter. Condé n'était pas en position de s'en plaindre. Mais Anne d'Autriche fut ulcérée en apprenant que son fils avait convoqué la «triade» sans elle. Renchérissant même sur les consignes de Mazarin, il décida de n'admettre dans ses Conseils que des gens de condition sociale moyenne, choisis pour leur compétence, mais voués à rester de bons serviteurs sans se permettre d'initiatives. « Il n'était pas de mon intérêt de prendre des sujets d'une qualité plus éminente. Il fallait, avant toutes choses, établir ma propre réputation, et faire connaître au public, par le rang d'où je les prenais, que mon intention n'était pas de partager mon autorité avec eux. Il m'importait qu'ils ne conçussent pas eux-mêmes de plus hautes espérances que celles qu'il me plairait de leur donner. » Le malicieux abbé de Choisy y voyait surtout la crainte d'être dominé et de ne pas parvenir à s'imposer face à des gens parlant fort et ferme. Et le fait est qu'il eut quelque peine, au moins dans ses débuts, à diriger des débats.

Il lui fallait donc s'astreindre à tout contrôler. « Je commandai aux quatre secrétaires d'État de ne plus rien signer du tout sans m'en parler ; au surintendant de même et qu'il ne se fît rien aux finances sans être enregistré dans un livre qui me devait demeurer, avec un extrait fort abrégé, où je pusse voir à tous moments et d'un coup d'œil l'état des fonds et des dépenses à faire. » Qui trop embrasse mal étreint, surtout quand il n'a pas encore les compétences requises. Celles de Louis XIV en matière de finances étaient minces. Il se mit à la tâche courageusement, partageant son temps à Fontainebleau entre travail et divertissements. Mais cette démarche le mettait à la merci de son initiateur, Colbert, chargé en outre au ministère de tenir la comptabilité en partie double. Oh, certes celui-ci avait le profil du bon serviteur idéal. Mazarin l'avait recommandé au roi « comme un homme de confiance, un bon valet qui ne songerait qu'à le servir et ne penserait pas à le gouverner». Mais en dehors de ses fonctions officielles, il disposait d'un passeport magique auprès de Louis XIV : il avait entre ses mains tous les papiers du cardinal [1], il connaissait tous ses secrets, et il inaugura son service en livrant au roi, hors inventaire, l'essentiel des dépôts en numéraire que son maître avait dissimulés çà et là. Il ne manquait pas d'occasions pour l'entretenir sans témoins. La confiance ainsi acquise lui donna dans les affaires un poids hors de proportion avec le poste encore modeste qu'il occupait. Comme il bouillonnait d'idées et d'ambitions et que ses compétences financières étaient irremplaçables, on peut donc dire sans risque de se tromper qu'il dirigea en sous-main la politique menée alors en ce domaine par Louis XIV.

Elle n'avait rien d'original, se bornant à prolonger les dernières initiatives de Mazarin. Mais sa vigueur était en totale contradiction, on l'a vu, avec la souplesse que préconisait Fouquet. Colbert jugeait que le temps des concessions aux financiers et aux rentiers était passé et qu'on pouvait les mettre à la raison sans ménagement. Il était partisan d'une opération chirurgicale, alors que Fouquet préconisait l'homéopathie. Les premières mesures prises en 1661 – dont une amputation des quartiers de rente et une réné-

---

1. On décida de les répartir en trois parts : ceux qui seraient remis après inventaire au duc et à la duchesse de Mazarin ; ceux qui seraient déposés entre les mains de Colbert sur ordre du roi, également après inventaire ; et ceux qui seraient laissés en sa possession, sans être inventoriés ni même cotés. Comme c'était lui qui s'occuperait du tri, autant dire qu'il en disposerait à sa guise.

gociation obligée des fermes – constituaient une de ces banqueroutes partielles que le surintendant dénonçait comme la pire des méthodes. Comme cette politique fut pratiquée sous son autorité nominale et qu'à long terme elle se révéla payante, les historiens lui en accordent volontiers le mérite. C'est le mettre en contradiction avec lui-même et faire bon marché de la doctrine modérée dont il s'était toujours montré l'ardent défenseur. Selon toute vraisemblance, il se contenta d'en être l'exécutant, comme il s'y était résigné déjà le jour où, à la fin de 1659, Mazarin lui avait imposé des directives en le sommant d'y obéir[1]. Il aurait pu, alors, se retirer de lui-même et démissionner. Pour conserver sa place, il continua d'obtempérer. Mais il était trop tard. La pente ne pouvait plus être remontée.

Le sort de Nicolas Fouquet

À la mort de Mazarin, Louis XIV n'avait encore pris aucune décision à son égard. La reine mère rapporta un propos du cardinal, qui l'aurait dit capable de « grandes choses » pourvu qu'on pût « lui ôter les bâtiments et les femmes de la tête », et qu'on prît garde à son ambition – ce qui supposait bien des conditions réunies ! Mais il semblait difficile de le conserver à la surintendance, si l'on voulait sabrer dans les pratiques qu'il avait cautionnées. Dans ce cas, que faire

---

1. Cf. *supra*, p. 166-167.

de lui ? Fallait-il se contenter de le démettre de ses fonctions ? Le disgracier plus lourdement en lui imposant de surcroît un exil provincial ? Confisquer sa fortune ? Le poursuivre en justice ? Et dans ce cas, quelle sanction envisager ? Les différentes options restaient ouvertes. Louis XIV dit avoir hésité : « Je ne m'étais d'abord proposé que de l'éloigner des affaires. » Mais il apparaissait largement solidaire des financiers qui avaient profité de la détresse financière de l'État. Or celui-ci, désormais en position de force, pourrait engager contre eux des poursuites effectives et leur imposer sanctions et amendes. Si on les soumettait réellement à une chambre de justice, Nicolas Fouquet, porteur d'une double casquette, y jouerait-il le rôle de procureur ? ou d'accusé ? Quand l'opinion exige des victimes, la foudre tombe en général non sur le plus coupable, mais sur le plus voyant. Son style de vie fastueux et son comportement hautain le désignaient comme bouc émissaire idéal à offrir en pâture à l'opinion publique. Mais l'issue aurait pu être différente si l'acharnement de Colbert d'une part et ses propres maladresses de l'autre n'étaient venus aggraver au fil des jours les griefs retenus contre lui.

Colbert et Fouquet, naguère invités par Mazarin à travailler ensemble, avaient eu d'autant plus de peine à se supporter que leurs pouvoirs respectifs n'avaient pas été délimités. Le surintendant, qui acceptait mal que les ordres du cardinal lui soient transmis par un factotum échappant à son autorité, ripostait en le traitant de haut. Désormais, pour son malheur, les rôles sont renversés. Colbert, qui a l'oreille du roi, est décidé à l'abattre. Cependant, on pourrait le conserver, sous stricte surveillance, afin de profiter des réseaux dont il dispose parmi les financiers : n'applique-t-il pas, bon gré mal gré, la politique de rigueur préconisée par son adversaire ? Louis XIV hésite ? Cela incite au contraire Colbert à se hâter, pour deux raisons principales. L'une tient au rythme des réformes en cours, qu'il juge insuffisantes. Il voudrait profiter de l'état de grâce dont bénéficie le jeune roi à son second avènement pour faire passer des mesures drastiques, parfaitement illégales, dénonçant des contrats juridiquement certifiés. S'en prendre à la personne de Fouquet permettrait de remettre en cause, rétroactivement, son action passée : « Il y avait nécessité absolue de condamner tout ce qu'il avait fait, note l'abbé de Choisy, pour ne rien tenir de ce qu'il avait promis, et pour dépouiller tous ceux qui s'étaient enrichis pendant son administration. » C'est ainsi que procéda en effet Colbert au cours des années suivantes, déchargeant largement le Trésor aux dépens de tous ceux qui détenaient des crédits ou des rentes sur l'État. La mise en jugement des gros prêteurs était destinée à consoler les petits épargnants : ils n'y perdaient, eux, que leur argent. Ce n'est pas ici le lieu de porter un jugement moral sur une démarche conjoncturelle dictée par la nécessité. Elle heurta fortement les magistrats – et pas seulement ceux qui y laissèrent des plumes – parce qu'ils y virent, à juste titre, une violation du droit. Mais dans l'esprit de Colbert elle était liée à des conceptions économiques fort avancées pour son temps. Il n'aimait pas les rentiers. Il déplorait que l'argent s'investisse dans la spéculation ou dans l'acquisition d'offices – entraînant la création de fonctions inutiles –, il souhaitait le voir financer des entreprises industrielles et commerciales qui enrichiraient tout le pays.

L'autre raison, inavouable, de sa hâte est qu'il croyait, comme tant d'autres, que les bonnes résolutions du roi ne dureraient pas et qu'il se lasserait du plaisir de gouverner. Tout le monde était alors persuadé que quelqu'un de son entourage « s'emparerait de son esprit et de ses affaires ». Condé, dont on parlait beaucoup depuis quelque temps ? Et pourquoi pas Fouquet lui-même, s'il se montrait bon courtisan ? Colbert jugea donc qu'il fallait battre le fer pendant qu'il était chaud. Il poussa les feux, sachant qu'en fournissant au roi des raisons d'éliminer le surintendant et des moyens pour y parvenir, il renforcerait sa propre influence et se ménagerait un bel avenir. Mais il savait aussi, inversement, que si Fouquet parvenait à sauver sa place, il risquait de payer très cher ses menées hostiles.

À côté de tels enjeux, la motivation avancée d'ordinaire pour expliquer sa conduite – une manœuvre de diversion pour faire oublier les prévarications de Mazarin et les siennes propres – paraît faiblarde. Car il était assez intelligent pour se douter que, si l'on traînait le surintendant en justice, celui-ci déballerait pour sa défense tout ce qu'il savait de leurs affaires – ce qui advint d'ailleurs. Il n'aurait pas pris le risque d'un procès public s'il n'y avait eu en jeu de plus puissants intérêts. Il s'agissait d'une lutte pour le pouvoir.

Non, il ne rêvait pas d'être premier ministre, ni même de remplacer Fouquet dans sa périlleuse fonction. Il avait discerné l'extrême volonté de puissance de Louis XIV et compris qu'il faudrait lui laisser l'initiative en tous domaines. Il espérait tenir auprès de lui un second rôle dont les frontières restaient à définir, mais qui pouvait être capital.

Dans les semaines qui suivirent la mort du cardinal, il prit l'offensive. Sur les malversations réelles ou supposées du surintendant et sur les remèdes à apporter aux désordres financiers, il disposait d'un document très élaboré, le fameux rapport qu'il avait rédigé à l'intention de Mazarin à l'automne de 1659 et qui avait été mis au placard. L'a-t-il donné à lire au roi tel quel? Lui en a-t-il commenté la substance? Ce qui est sûr est que celui-ci fut très vite averti des «voleries» de Fouquet. Sans attendre les probables sanctions, l'intéressé, sentant venir l'orage, prit les devants et eut avec lui un entretien en tête à tête où il confessa ses «fautes». Selon ses dires ultérieurs, il se serait reconnu coupable de n'avoir pas toujours respecté les formes requises en matière de gestion financière, mais il s'excusa sur l'urgence et invoqua l'aval de Mazarin. Le souverain, satisfait de ses promesses et de ses protestations de zèle, l'aurait rassuré. Que s'est-il passé entre eux au juste? On ne sait. Une seule chose est sûre: à la fin du mois, le roi semblait encore hésiter sur son sort, il envisageait seulement de le démettre de ses fonctions. C'est pourquoi Colbert se mit en quête d'un autre angle d'attaque. Il invita son cousin Du Terron, toujours en poste à Brouage, à pousser quelques investigations du côté de Belle-Île.

Le résultat dépassa ses espérances. Grâce à un marchand de vin espion expédié sur place, l'officieux cousin recueillit et transmit, à la mi-mai, des nouvelles sensationnelles. On travaillait d'arrache-pied aux fortifications de l'île, on y entretenait une garnison de deux cents hommes, on y emmagasinait du blé et du vin, on y entassait des armes et des munitions qui étaient – circonstance aggravante – importées de Hollande. Lorsque Louis XIV en fut informé, il vit rouge. On le comprend ! Il s'intéressait de très près à tout ce qui touchait aux questions maritimes et il avait eu l'écho, par sa mère, des tentatives de Condé pour s'en assurer la maîtrise. Même si Fouquet n'avait pas de desseins subversifs, il est évident que Belle-Île relevait de l'Amirauté dès l'instant qu'elle comportait des installations militaires. Certes il s'était engagé auprès de Mazarin à entretenir les remparts qui menaçaient ruine, mais rien ne l'autorisait à en faire, de son propre chef, une place forte en activité. Qui plus est, le secret dont il entourait l'entreprise aurait suffi à la rendre suspecte et l'on se doute bien qu'il n'en avait pas soufflé mot dans sa confession. Or si l'on en croit les *Mémoires* de Louis XIV, les promesses de Fouquet étaient globales et engageaient l'ensemble de sa conduite. Il eut alors le sentiment, très violent, d'avoir été trompé en tout : « Je ne fus pas longtemps sans connaître sa mauvaise foi ; car il ne pouvait s'empêcher de continuer ses dépenses excessives, de fortifier des places, d'orner des palais, de former des cabales, et de mettre sous le nom de ses amis des charges importantes qu'il leur achetait à mes dépens, dans l'espoir de se rendre bientôt l'arbitre souverain de l'État.» Il jugea donc qu'une simple disgrâce ne suffirait pas à y mettre un terme et il décida de l'arrêter. On était à la fin du mois de mai.

Préalables

La mise en œuvre de ce dessein lui donna, de son propre aveu, «une peine incroyable». Avant de passer à l'acte, bien des préalables s'imposaient. Il serait impossible d'y procéder avant l'automne, estimait-on. Pour plusieurs motifs. D'abord, il valait mieux, puisqu'on prévoyait aussi de livrer tous les prévaricateurs à une chambre de justice, attendre que le renouvellement de certaines fermes fût fait. Car on avait besoin d'argent frais et l'annonce risquait de dissuader les candidats. Et puis, il y avait deux obstacles majeurs à écarter: l'opposition, probable, de la reine mère, et la résistance, certaine, du parlement de Paris.

Anne d'Autriche aimait Fouquet. Elle avait rêvé, les derniers temps, de le voir succéder à Mazarin. Il était son féal, à elle. Il n'avait jamais manqué aux égards qu'il lui devait. Elle y était d'autant plus sensible qu'elle se sentait délaissée. Loin de lui reprocher, comme Mazarin, le temps qu'elle passait en dévotions et les sommes qu'elle dépensait en bonnes œuvres, il admirait sa piété et lui fournissait ponctuellement, depuis des années, de quoi financer ses activités charitables. Elle vivait entourée de dévots qui lui chantaient ses louanges – moyennant rétribution parfois, mais elle ne s'en doutait pas. À l'instigation de Colbert, son amie d'autrefois, la duchesse de Chevreuse, dont l'âge n'avait pas éteint le goût et le talent pour l'intrigue, se chargea de lui ouvrir les yeux. Dans son château de Dampierre, où elle l'avait invitée à dessein au mois de juin, elle s'efforça de la circonvenir. Une tradition due à Mme de La Fayette veut que la perte de Fouquet fut résolue lors de ce séjour, qu'Anne d'Autriche y souscrivit et qu'on y fit consentir Louis XIV. Nous savons au contraire que la décision du roi était prise dès la fin mai. Et il semble bien que la reine mère fut seulement troublée, et non convaincue.

Une gaffe ultérieure de Fouquet ne suffit pas à la détromper pleinement. Il se permit de lui reprocher de s'être associée, à Dampierre, à une réunion où l'on complotait contre lui. Elle commença par nier tout complot. Il la renvoya pour information à son confesseur. Elle comprit donc que ce bon Père Le Roy – même lui ! – la trahissait en rapportant ses faits et gestes à Fouquet ! Tout ce que lui avait dit Mme de Chevreuse, et qu'elle n'avait pas voulu croire, de ses filles d'honneur stipendiées comme espionnes, était donc vrai. Elle admonesta son confesseur et lui interdit d'avoir désormais le moindre commerce avec le surintendant. Songea-t-elle à en changer ? À quoi bon ? Il en irait de même avec n'importe lequel. D'ailleurs, elle n'avait rien à cacher, sa vie était si pure que nul n'y trouverait à redire. Elle souffrait des pressions discordantes exercées sur elle pour influencer son attitude à l'égard de Fouquet et se sentait comme assiégée.

Elle reçut, de la bouche de Louis XIV, la preuve que le surintendant ne méritait pas sa confiance. Il l'avait trahie en rapportant au roi qu'elle venait de réclamer, sous le sceau du secret, la subvention annuelle qu'il lui servait pour la construction du Val-de-Grâce. «Enfin, Madame, s'écria-t-il, vous croyez cet homme fort fidèle à vos intérêts particuliers, mais je veux vous convaincre de sa mauvaise foi. Il m'a découvert que vous lui aviez récemment demandé deux cent mille livres et lui aviez ordonné de me cacher cette libéralité. Vous savez que je ne vous refuse rien et que je préviens même souvent vos demandes et vos besoins, que vous pouvez me faire connaître avec confiance : mais vous devez juger, par ce mystère, du cœur et de la fidélité du surintendant pour ce qui vous regarde.» Elle prit alors le parti de se taire : elle n'avertirait pas Fouquet de ce qui l'attendait. Elle refusa donc de s'associer à l'hallali, mais ne put assurer au malheureux la protection escomptée.

Il disposait cependant d'un autre atout capital. Sa charge de procureur du roi constituait pour lui un rempart assuré contre d'éventuelles poursuites, car elle était rattachée au Parlement : légalement, il ne pouvait être jugé que par lui. Or la défiance à l'égard du pouvoir y était encore si vive et l'esprit de corps si puissant que tous les magistrats, même ceux qui ne l'aimaient pas, risquaient de voler à son secours pour des raisons de principe. Comment espérer y faire son procès à l'un de ses principaux officiers, sans s'exposer à d'incessants conflits ? À supposer même le climat paisible, s'en remettre au jugement de cent cinquante personnes qui veulent opiner longuement, c'était la mer à boire, et peu d'assurance d'une bonne justice. Or Louis XIV souhaitait que tout aille très vite. Il fallait donc inciter Fouquet à vendre sa charge. Ce fut Colbert qui s'y employa. Il misa sur sa vanité. Il se fit humble, le flatta, le courtisa comme s'il voyait en lui le maître de demain, l'assura que le roi lui portait « amitié tendre » et « confiance aveugle » – que vinrent confirmer des grâces et des distinctions.

On ne résiste pas au plaisir de citer ici, avec les réserves d'usage [1], le savoureux dialogue que leur prête l'abbé de Choisy : « Fouquet, persuadé et attendri, jurait qu'il donnerait sa vie pour le roi. "J'en ferais autant, reprit Colbert. Mais à quoi lui servent toutes ces paroles ? Il n'y a pas un sou dans l'Épargne ; et vous savez, monsieur, combien les moyens extraordinaires sont difficiles et dangereux. — Vous avez raison, dit Fouquet ; je vendrais de bon cœur tout ce que j'ai au monde pour donner de l'argent au roi." » Colbert, sachant fort bien qu'il était à bout de ressources, n'insista pas, mais il glissa un peu plus tard, comme en passant, qu'un nommé Fieubet avait récemment offert dix-huit cent mille francs d'une charge de président à mortier. Et Fouquet, mordant à l'hameçon, dit de lui-

---

1. L'abbé de Choisy dit tenir ces détails de Perrault – sans doute le président à la Cour des comptes – à qui Colbert les avait contés plus d'une fois.

même « qu'il n'en aurait guère moins, s'il voulait, de sa charge de procureur général, et que le même Fieubet lui en avait offert quinze cent mille livres ». « Mais, monsieur, reprit Colbert, est-ce que vous la voudriez vendre ? Il est vrai qu'elle vous est assez inutile : un surintendant ministre n'a pas le temps de voir des procès. »

Ils en restèrent là pour une première fois, mais par la suite la question revint sur le tapis assez souvent. Finalement Fouquet, « se croyant assuré de l'esprit du roi, dit un jour à Colbert qu'il lui en voulait faire le sacrifice ». Et « enivré de la belle action qu'il croyait faire, il alla sur-le-champ le dire au roi, qui le remercia, et accepta l'offre sans balancer, en lui cachant le véritable sujet de sa joie. Le roi dès le même soir ne manqua pas de dire à Colbert : "Tout va bien, il s'enferre de lui-même ; il m'est venu dire qu'il porterait à l'Épargne tout l'argent de sa charge" ». Cette rouerie partagée est très déplaisante, mais hélas vraisemblable. Car Pellisson, le secrétaire de Fouquet, confirme que celui-ci offrit en effet un million au roi, en se disant prêt à lui céder « tout son bien » et déclara qu'il ne voulait « ni protection, ni bien, ni honneur, ni vie qu'en [sa] bonté ». Il vendit finalement son office, non pas à Fieubet, comme le souhaitait la reine mère, mais à un de ses propres amis, Achille de Harlay, pour un million quatre cent mille livres – le million allant à l'Épargne, le surplus servant à dédommager Basile qui en détenait la survivance. Le 10 août, le roi n'avait plus de raisons d'attendre. Le sort de l'imprudent était scellé.

Le jeu de dupes

Le récit des relations entre Louis XIV et Fouquet durant ces cinq mois, qui séparent la mort de Mazarin de l'arrestation, met l'historien mal à l'aise, parce qu'elles sont dominées par la duplicité, totale chez le roi, partielle et maladroite chez le surintendant. La plupart des contemporains n'y virent que du feu et continuèrent de promettre à celui-ci un bel avenir politique. Les initiés, eux, dans chaque camp, sans connaître tout ce que les documents nous ont révélé aujourd'hui, ont été très sensibles à la tension qui régnait entre eux, présageant un éclat. Et cette tension, alimentée par les multiples faux pas de Fouquet, augmenta au fil des jours jusqu'à l'exaspération.

Louis XIV, qui tenait à l'effet de surprise, s'appliquait à endormir la méfiance du surintendant en lui prodiguant les amabilités. Il lui confia diverses missions et fit pleuvoir les faveurs sur ses proches, sans autre résultat que de se voir demander davantage. Ayant refusé à l'un de ses parents le gouvernement de Touraine, il ne put se dispenser, bien à contre-cœur, d'accorder le généralat des galères au gendre de Mme Du Plessis-Bellière. Que ne fallait-il faire pour tromper sa future victime ! Fouquet croyait le gagner en manifestant son zèle, mais ses efforts étaient mal compris. On peut tout de même supposer, en dépit des allégations de Colbert, qu'il avait cessé de jouer avec les finances de l'État. Mais ce qui irritait désormais Louis XIV, plus que les voleries, c'étaient les dépenses de prestige, les fortifications de Belle-Île et le noyautage méthodique des gens en place, jusque dans l'entourage de ses proches. Or, Fouquet n'y avait nullement renoncé. Donc le roi, prévenu contre lui, soupçonnait dans la moindre de ses démarches une intention perfide, au moment même où, croyant plaire, il les multipliait. « Non seulement je voyais que, pendant ce temps-là, il pratiquait de nouvelles subtilités pour me voler ; mais ce qui m'incommodait davantage était que, pour augmenter la réputation de son crédit, il affectait de me demander des audiences particulières, et que, pour ne pas lui donner de défiance, j'étais contraint de les lui accorder, et de souffrir qu'il m'entretînt de discours inutiles, pendant que je connaissais à fond son infidélité. »

Louis XIV savait dissimuler ses sentiments. Il avait été à bonne école pendant la Fronde. Il mentait bien, et Fouquet fut dupe. Il se félicita, dans ses *Mémoires*, que sa « raison » eût triomphé de ses « ressentiments » – autrement dit qu'il eût réussi à cacher sa colère. Mais il sentait bien que l'obligation de mentir et de ruser avec l'un de ses sujets est pour un souverain une marque de faiblesse. Alors, comme chacun en pareil cas, il déchargeait sa rancœur sur celui qui l'y avait acculé. Son irritation ne cessa de croître durant tout l'été, attisant son désir d'en finir au plus vite et d'oublier cet épisode peu glorieux. Au moins avait-il une visée claire et bien arrêtée.

Fouquet, lui, flottait entre l'espoir et la crainte, au gré des avertissements et des conseils contradictoires que lui donnaient ses proches. Il disposait de réseaux efficaces, en majorité féminins, qui cherchaient à lui recruter des appuis à coups de secours financiers. Le dépouillement ultérieur de ses papiers a fait remonter au jour une nuée de lettres émanant d'informatrices opérant à la cour, plus ou moins amoureuses de lui, qui lui rapportaient des propos ayant transité par deux ou trois intermédiaires au moins. Comment faire le tri entre les renseignements utiles et les commérages ? Certes elles l'invitaient à rester prudent, mais la profusion de leurs messages, en lui donnant l'illusion d'être au courant de tout, le rassurait. Il baissa sa garde et multiplia les imprudences. L'extrême tension retentissait sur sa santé. Depuis longtemps il souffrait de fièvres récurrentes, qui altéraient sa lucidité et le laissaient très abattu. Sa vigueur intellectuelle était grande, mais l'esprit de finesse lui faisait défaut. Il manquait de sens psychologique, parce que, trop concentré sur ses objectifs politiques, il ne s'intéressait guère aux autres pour eux-mêmes. Estimant que Louis XIV était un garçon sans envergure qui sacrifierait très vite le travail à ses plaisirs et « persuadé que sa faveur auprès de lui augmentait de jour en jour, il négligea, d'après Gourville, bien des gens avec lesquels il gardait des mesures auparavant ». Il se les aliéna par sa hauteur et ses mépris. Il faisait l'important, parlait à la légère, intervenait sans qu'on lui demande son avis, se mêlait de négociations confiées à autrui – comme la démission du cardinal de Retz, qui était du ressort de Le Tellier.

Il ne savait pas tenir sa langue. Le cas du confesseur de la reine mère, évoqué plus haut, en est un exemple. En voici un autre. Il y avait parmi les ministres conflit de compétences entre Le Tellier et Lionne d'une part et les Brienne père et fils de l'autre. « Le roi dit, dans le Conseil, où il n'y avait que Fouquet, Le Tellier et Lionne, qu'il voulait absolument que Lionne continuât à faire les Affaires étrangères, et qu'il fallait bien que MM. de Brienne obéissent à l'ordinaire. Fouquet prit soudain la parole, et dit qu'il répondait du jeune Brienne. » Fureur des différents intéressés ! Brienne père, affolé, dut avouer à Le Tellier que Fouquet lui avait fait demander son amitié par un ami commun et lui avait fait payer une part de la somme qui lui était due pour ses pensions, mais il jura qu'il n'y avait entre eux aucune liaison particulière. En clair, cela voulait dire qu'il avait tenté de l'acheter, croyant par là tenir son fils. « Le Tellier parut content et lui dit : "Si vous n'avez point tort, comme je le crois, M. le surintendant est bien indiscret ; mais ce n'est pas chose nouvelle." »

Son erreur la plus grave fut de s'en prendre à Louise de La Vallière, la toute récente conquête du roi. Il fut informé parmi les premiers. Voulut-il simplement se procurer une alliée ? Ou visa-t-il plus haut, osant se faire le rival de son maître ? C'eût été courir un gros risque. D'ailleurs, délaissant son épouse qui atteignait le terme d'une grossesse, il filait alors une liaison passionnée avec la « plus belle fille de la cour », Mlle de Menneville. Le plus probable est donc qu'il fit approcher Louise dans le cadre des opérations générales de ratissage visant à rabattre vers lui quiconque pouvait avoir quelque poids. Mais il fut trompé sur la jeune femme, qu'on lui présenta comme une vulgaire ambitieuse. Louise rabroua vertement l'entremetteuse, qui fit part à Fouquet de son inquiétude : « Je ne puis sortir de colère quand je songe que la petite demoiselle a fait la capable avec moi. Pour captiver sa bienveillance, je l'ai assurée de sa beauté qui n'est pas bien grande et puis, lui ayant fait connaître que vous empêcheriez qu'elle manquât jamais de rien et que vous aviez vingt mille pistoles pour elle, elle se gendarma contre moi, disant que deux cent cinquante mille livres n'étaient pas capables de lui faire faire un faux pas et elle me répéta cela avec tant de fierté, quoique je n'aie rien oublié pour l'adoucir avant de me séparer d'elle, que je crains fort qu'elle n'en parle au roi, de sorte qu'il faut prendre les devants pour cela. Ne trouvez-vous pas à propos de dire, pour le prévenir, qu'elle vous a demandé de l'argent et que vous lui en avez refusé ? Cela rendrait suspectes toutes ses plaintes. »

Il est possible que ce billet, non signé, mais attribué par Choisy à Mme Du Plessis-Bellière, soit un texte remanié ou un faux. Mais il reste instructif sur les procédés mis en œuvre, Fouquet, inquiet, crut bon d'intervenir. « Voulant se justifier auprès d'elle et de son amant secret, il se donna lui-même la mission de confident ; et l'ayant mise à un coin dans l'antichambre de Madame, il lui voulait dire que le roi était le plus grand prince du monde, le mieux fait et autres mêmes propos : mais la demoiselle, fière du secret de son cœur, coupa court, et dès le soir s'en plaignit au prince, qui n'en fit pas semblant, et ne l'oublia pas[1]. » En essayant de réparer les dégâts, Fouquet n'avait fait

---

1. *Il n'en fit pas semblant* = il feignit de ne pas le savoir.

que les aggraver. Et pour couronner une longue série de maladresses, la fête de Vaux vint conforter chez le roi l'idée qu'un châtiment s'imposait.

L'impact de la fête de Vaux-le-Vicomte

Le mois de juillet se terminait. Le jeu de dupes avait assez duré, Louis XIV bouillait de colère, Fouquet risquait de comprendre. Il fallait passer à l'acte. Plus tôt ce serait fait, mieux cela vaudrait. Les principaux obstacles étant levés, inutile d'attendre l'automne, on pouvait avancer la date. Le lieu ? On avait prévu Nantes, à cause de la proximité de Belle-Île, dont on pourrait s'emparer sur-le-champ sans coup férir. Sur la forme à donner à l'arrestation, il semble qu'on se soit peu interrogé. Tout devait aller de soi. Mais il y eut la fête de Vaux. On n'en racontera pas ici les merveilles, qui ont été évoquées, côté spectateurs, dans le Prologue. Ce n'est pas elle, on l'a vu, qui provoqua l'arrestation du surintendant. En revanche elle eut sur le déroulement ultérieur de l'affaire une influence considérable. Cette maudite fête, ils n'y tenaient ni l'un ni l'autre. C'est la pression de la cour qui incita le roi à s'intéresser à Vaux, Et dès l'instant qu'il avait parlé d'y aller, le maître des lieux ne pouvait que l'inviter. Rien ne l'obligeait cependant à donner à cette visite un pareil éclat. Elle contribua à creuser le malentendu qui le séparait du roi. Et surtout elle lui donna aux yeux du public une stature qui contraignait celui-ci à forcer sur la sévérité.

Que cherchait au juste Fouquet dans ce déploiement de splendeur ? Les mentalités de nos aînés nous échappent. Beaucoup de leurs actes nous semblent incompréhensibles. En fait, nous ne sommes pas plus raisonnables qu'eux, mais les voies de nos égarements sont différentes. Les comportements de Fouquet à cette date sont étranges. Il se sait couvert de dettes, menacé de perdre tout son crédit. Qu'est-ce qui lui passe par la tête lorsqu'il vend sa charge pour en offrir le prix au roi ? D'un point de vue réaliste, une pure folie. Mais il n'est plus alors dans le domaine du rationnel. On relève dans sa bouche le mot de « sacrifice ». Sincèrement dévot, nourri d'une culture chrétienne profondément sacrificielle, on est enclin à se demander s'il n'est pas habité par l'espoir que Dieu, sinon le roi, le lui revaudra ? Il nous est plus aisé, en revanche, de comprendre son état d'esprit lors de la fête de Vaux. Une folie, là encore ! Il ne peut se dispenser d'inviter le roi, mais il devrait se garder de l'éblouir. Suicidaire ? Au point où il en est, qu'importe ! Il se fait plaisir. Il montre à tous ce dont il est capable. Comme le flambeur impénitent qui joue son va-tout au casino dans une unique mise, il brûle ses dernières cartouches en un éblouissant feu d'artifice, en conservant, tout au fond de lui, un reliquat d'espérance. Et, si, malgré tout, il gagnait ? Si le roi agréait l'hommage ?

Il était très loin du compte. Jamais Louis XIV n'a eu aussi violemment envie de le voir disparaître. Réduire sa réaction à de la jalousie est simpliste. Il n'envie nullement à Fouquet la *possession* de Vaux, dont celui-ci offre d'ailleurs de lui faire hommage. Un tel don l'humilierait. Ce n'est pas d'*avoir,* mais d'*être* qu'il est question. Il ne s'attendait pas à une telle merveille et, à son arrivée, il n'a pu retenir un geste de stupeur. Ce qui l'a bouleversé, au point de lui faire baisser un instant sa garde, c'est le fait qu'un autre que lui ait réalisé ce miracle de beauté. Et cela lui a paru contraire à l'ordre du monde. Il s'en indigna non pas en tant qu'homme, mais en tant que roi. Il y vit comme une atteinte à ses prérogatives, une manière d'usurpation – crime impardonnable. Il ne songea pas une seconde à s'approprier le château, et encore moins à le détruire. Il se promit de faire aussi bien ou plutôt mieux, en y mettant tous les moyens. Vaux fut donc, en quelque sorte, la matrice dont sortit Versailles. C'est pourquoi son premier soin fut de s'attacher tous ceux qui avaient été les artisans du chef-d'œuvre : Le Vau, Le Brun, Le Nôtre – l'architecte, le peintre, le « jardinier » –, sans compter Molière. Il n'eut pas à les chercher bien loin : ils étaient à son service, dûment portés sur les états de paiements. Ce n'étaient pas des débutants, ils avaient fait leurs preuves en bâtissant et en décorant châteaux et jardins pour de riches particuliers. Mais l'État les confinait dans des tâches subalternes. Louis XIV les récupéra et les embaucha dans le vaste projet qu'il caressait. Il commença par les jardins, selon l'usage, parce que les arbres poussent plus lentement que les murs. Trois ans suffirent pour que le parc de Versailles fût en mesure d'accueillir, au début de mai 1664, en écho à la fête de Vaux, mais avec changement d'échelle, celle non moins fameuse des *Plaisirs de l'Île enchantée.*

Dans l'immédiat, il fallait sévir contre le magicien qui s'était permis une telle atteinte à sa prééminence. Une seule réponse possible, l'arrêter au plus vite, pour couper court au concert de louanges qui commençait d'enfler. Une tradition veut qu'il ait envisagé de l'arrêter à Vaux même, à l'occasion de la fête. Elle s'appuie sur l'intervention, bien attestée, d'Anne d'Autriche, qui s'y opposa, en arguant à juste titre qu'étant son invité, il violerait ainsi les lois sacrées de l'hospitalité. On ne sait si cette éventualité fut évoquée entre eux à l'avance ou impromptu, sur le moment. Une réflexion du roi, saisie au vol, accréditerait plutôt la seconde hypothèse. On l'entendit murmurer à sa mère : « Ah ! Madame, est-ce que nous ne ferons pas rendre gorge à tous ces gens-là ? » En tout état de cause, la chose eût été difficilement praticable matériellement. Mais Vaux avait offert un condensé de tout ce qu'il réprouvait et ne voulait plus revoir chez aucun de ses sujets. Bien qu'il n'y ait pas eu de relation directe, de cause à effet, entre la fête et l'arrestation, il tint cependant à établir entre elles un lien logique aux yeux du public. Faute d'avoir pu les faire coïncider dans l'espace, il s'efforça donc de les rapprocher dans le temps. Bref, il décida de mettre les bouchées doubles. Pour l'exécution, il s'en tint au projet initial, Nantes, en vue duquel des jalons étaient déjà posés : il annonça qu'il assisterait aux États de Bretagne.

Pourquoi s'embarrasser d'un voyage ? N'aurait-on pas pu arrêter Fouquet sans fracas dans le cadre de son travail quotidien, quand on l'avait sous la main, à Paris ou à Fontainebleau ? Une évidente volonté d'exemplarité préside à cette mise en scène. Fouquet était fortement implanté en Bretagne et il y disputait la prééminence au maréchal de La Meilleraye. Vaux avait mis en lumière ses dépenses inconsidérées, Belle-Île révélerait l'ampleur de ses fortifications clandestines. Le transfert jusqu'à Nantes, l'incarcération provisoire dans la prison d'Angers, sa ville natale relevaient d'une volonté d'exhiber sa déchéance dans les endroits où il avait prétendu dominer. Tout cela n'était que le prélude à un procès où ses turpitudes seraient données en pâture au public de la capitale. Chargé de tous les péchés de la gent financière, il serait sacrifié comme préalable à la remise en ordre prévue. La démonstration de force accompagnant son arrestation visait bien au-delà de sa personne, elle était un signal adressé préventivement à tous ceux qui seraient tentés de contester l'autorité du roi. Avis à tous : la foudre lancée de sa main pouvait frapper à tout moment sans prévenir.

Une arrestation à hauts risques ?

À Fontainebleau, dans les derniers jours d'août, les signaux alarmants se multipliaient autour de Fouquet. En témoigne un incident survenu cinq jours avant le départ pour Nantes. Lors d'un Conseil, le roi parla de retirer aux surintendants le droit de signer des ordonnances de comptant, qu'il se réserverait en propre. « Sa Majesté fit assez connaître par son discours que c'était son intention. Le chancelier appuya fortement l'avis du roi ; et Fouquet, n'étant pas maître de lui, au lieu d'opiner s'écria : "Je ne suis donc plus rien ?" Il sentit dans le moment qu'il venait de dire une sottise, et tâcha de la replâtrer, en disant qu'il fallait donc trouver d'autres moyens de cacher les dépenses secrètes de l'État : et le roi lui dit qu'il y pourvoirait. » Il n'était effectivement plus rien. Le Tellier ponctua le constat d'un coup de coude au vieux Brienne.

Allait-il enfin en tirer les conséquences et songer à se protéger ? Nous savons, nous, qu'il n'en fut rien. Mais il en aurait eu le temps et les moyens. Le voyage avait été avancé, on dut improviser en grande partie. Dans la précipitation, on n'avait pu tout prévoir, d'où un certain nombre de péripéties, dont le récit donné dans le Prologue a rendu compte en détail. Parti de Fontainebleau douze jours seulement après la fête de Vaux, Louis XIV, accompagné de sa maison militaire et des principaux membres du gouvernement, arriva à Nantes le 1er septembre. Mais d'Artagnan, chargé de l'arrestation, venait d'être terrassé par une crise de malaria. Il fallut donc attendre. Fouquet aurait pu profiter de ce répit et s'enfuir vers Belle-Île dans la barque prévue à cet effet. Mais où aller ensuite ? Il était malade, lui aussi alité pour cause de fièvre triple-quarte, et il se berçait d'illusions dans ses moments de délire. Lorsque tous deux furent enfin sur pied, Fouquet fut convoqué au château pour le Conseil. Il y alla de lui-même. À la sortie, d'Artagnan le manqua, mais le retrouva sans peine. Il ne lui opposa pas la moindre résistance.

Rétrospectivement, on ne peut qu'être frappé du contraste entre le luxe de précautions dont Louis XIV entoura de bout en bout son dessein et la facilité de l'exécution. À croire qu'il avait pris un marteau-pilon pour écraser une mouche. Jugeait-il donc Fouquet si redoutable ? Ne surestimait-il pas le danger que pouvait représenter celui-ci ? Le fait est qu'il s'est engagé personnellement dans une entreprise qui aurait pu relever de la simple police. On a vu à quelle comédie il s'astreignit tout l'été pour tromper Fouquet. À Nantes il participa à la mise en place de la souricière censée le prendre – et qui d'ailleurs ne fonctionna pas. La veille du jour fatidique, il travailla d'arrache-pied, condamnant des portes, modifiant l'itinéraire menant à son cabinet, dissimulant sous un morceau de taffetas les papiers traînant sur son bureau. Le lendemain matin, tout était redevenu normal lorsqu'il reçut aimablement Fouquet, mais il restait aux aguets, guettant par la fenêtre si d'Artagnan était à son poste. Jusqu'à la dernière minute on le vit tendu, anxieux. Il ne respira que lorsqu'il fut avisé que c'en était fait. Certes on doit faire la part de l'excitation, due à la chasse, chez un très jeune homme. Mais il était assurément plein d'appréhension. Pourquoi s'impliquait-il autant ?

Nous mesurons mal aujourd'hui quels étaient pour lui les enjeux. L'arrestation d'un personnage de haut rang constituait par excellence un acte régalien et celui-ci était le premier qu'il eût à accomplir de sa propre autorité. À cette époque, on était très attaché aux traditions, on se référait à des modèles. Et dans ce cas précis, Louis XIV disposait non seulement d'exemples passés, mais de souvenirs personnels : il avait participé, enfant, à l'arrestation de Condé et avait mené lui-même, adolescent, celle du cardinal de Retz. C'était des opérations à hauts risques, surtout quand on s'attaquait à de grands personnages, car ils n'étaient pas disposés à se laisser faire et circulaient fort accompagnés ! Pour être assuré de ne rencontrer aucune résistance, le roi ne pouvait y procéder que chez lui, où nul n'est autorisé à entrer armé. Il avait fallu monter un piège pour y attirer Condé en même temps que son frère et son beau-frère. Les temps étaient changés, Fouquet n'était qu'un robin anobli qui ne risquait pas de tirer l'épée. Il ne traînait pas derrière lui une escouade de gentilshommes armés jusqu'aux dents. Aucun danger, en s'en prenant à lui, de soulever tout le clergé, comme dans le cas de Retz. Mais on ne concevait pas d'autres façons de procéder – sauf à dépouiller son arrestation de son caractère exemplaire. Donc, par une ironie du sort, lui qui rêvait tant d'accéder à la noblesse d'épée, eut droit à la forme d'arrestation dont bénéficiaient naguère les plus hauts seigneurs.

Son transfert de Nantes à Paris procéda du même luxe de précautions, comme si l'on craignait une tentative d'évasion ou d'enlèvement. Le carrosse qui l'attendait avait été muni de fenêtres grillées. D'Artagnan et trois autres officiers n'avaient pas été jugés de trop pour le garder. Le reste de la compagnie les rejoignit à Mauves. Cap sur Angers où le vieux château fort avait été mis en état de défense : la garnison ordinaire fut remplacée par les mousquetaires. Aucune communication avec l'extérieur. Le malheureux, malade, se disait à l'extrémité. Sa mort eût été fâcheuse. Il réclamait un prêtre : on lui en trouva un, discret, dans les environs. Il obtint surtout que son médecin habituel Pecquet et son plus fidèle valet de chambre fussent enfermés avec lui. Sa santé s'améliora. Le 1er décembre, il fut mené à Amboise, où il resta près de trois semaines, entre les mains des gardes du corps locaux. Une escouade de mousquetaires vint l'y chercher pour le conduire à Vincennes, où il fut installé au premier étage du donjon. Et comme la mésentente régnait entre les responsables des lieux, le 4 janvier on rappela d'Artagnan, désormais préposé à sa garde exclusive et chargé de le maintenir dans l'isolement complet.

Précautions bien inutiles, du moins durant le trajet. L'arrestation avait semé la panique parmi ses familiers et beaucoup n'avaient songé qu'à se mettre à l'abri. Les plus fidèles, dont Pellisson, étaient en prison. Impossible d'envisager une évasion, on n'en avait pas les moyens. D'ailleurs Belle-Île, à elle seule, n'était pas un lieu de séjour durable, elle n'aurait pu être, comme elle l'avait été pour le cardinal de Retz, qu'une étape vers une autre destination. Mais où serait-il allé ? Il n'avait pas d'implantation hors de France. C'est donc sans regret qu'il avait donné au commandant l'ordre de livrer la place au roi. De plus, les campagnes d'opinion récurrentes contre les financiers retombaient sur lui, assimilé aux affameurs du peuple. Tout au long du trajet, il fut en butte aux cris hostiles, aux injures des populations locales. À Angers, les gens criaient à ses gardes : « Ne craignez pas qu'il sorte. Car, si nous l'avions dans nos mains, nous le pendrions ! » À Saumur, à Tours, ce furent les mêmes insultes, reprises ici et là par des paysans brandissant des fourches, que les mousquetaires devaient disperser. Le malheureux était plus en sécurité dans son cachot roulant qu'à courir les chemins.

Assurément Louis XIV s'était inquiété pour rien. Très soulagé, il triomphait. Avant de partir pour Nantes, il avait prévenu sa mère et l'avait laissée à Fontainebleau fâchée, mais contrainte à se taire. Le soir même, sans attendre, il lui écrivit pour lui annoncer l'arrestation, en des termes qui respirent une autosatisfaction quasi puérile. Son insistance sur le succès tend à suggérer qu'elle avait eu tort de s'y opposer – comme s'il ne savait pas qu'elle y était hostile pour de tout autres raisons que la difficulté ! Mais sa lettre se veut surtout une réponse aux doutes mal dissimulés qu'elle cultive sur son aptitude à gouverner. J'ai discouru, lui explique-t-il, avec les gens de mon entourage : « Vous n'aurez pas de peine à croire qu'il y en a eu de bien penauds, mais je suis bien aise qu'ils voient que je ne suis pas si dupe qu'ils s'étaient imaginé, et que le meilleur parti est de s'attacher à moi. » Et il n'oublie pas de lui préciser qu'il ne pense pas seulement à se divertir : « J'ai déjà goûté le plaisir qu'il y a de travailler soi-même aux finances, ayant, dans le peu d'application que j'y ai donnée cette après-dînée, remarqué des choses importantes dans lesquelles je ne voyais goutte, et l'on ne doit pas douter que je ne continue. » Bien qu'il soit roi, ce garçon de vingt-trois ans tout juste aspire à retrouver l'estime de sa mère, qu'il n'a jamais cessé d'admirer et d'aimer. Émouvant ou ridicule ? À chacun de juger.

En tout état de cause, cette arrestation, si réussie qu'elle fût, n'était pas un exploit. Il clamait victoire un peu vite. Il croyait le plus dur passé. Or les ennuis ne faisaient que commencer. Car il s'était trompé sur la nature du danger que représentait Fouquet. Celui-ci, comme on pouvait s'en douter, ne disposait pas de moyens militaires. La confiance qu'il manifesta jusqu'au bout donnait pourtant à penser qu'il se croyait de la force. Mais ce n'était pas celle que le roi craignait d'avoir à affronter, Fouquet était un homme de robe, un juriste, un avocat. Il tenait par sa mère aux milieux dévots. Sa force ne relevait pas de l'épée, elle était du côté du verbe. Et dans ces conditions, un procès à grand tapage comportait des dangers, que Louis XIV n'avait pas prévus.

CHAPITRE SIX

L'Enquête

L'arrestation accomplie, il fallait passer au jugement. Sous l'Ancien Régime, le roi, en tant que source suprême de la loi, pouvait user de ce qu'on nommait sa « justice retenue » et donc juger et condamner de présumés coupables sans consulter qui que ce soit. Mais le recours à cette pratique d'origine médiévale prêtait, dans les cas difficiles, à bien des suspicions. Aussi les souverains successifs préférèrent-ils souvent les soumettre aux institutions juridiques normales – quitte à exercer sur celles-ci quelques pressions. Dans le cas de Fouquet, Louis XIV tenait à revêtir le procès de formes légales et à donner au verdict toutes les apparences de l'objectivité et de l'équité. Le prévenu serait donc jugé par un tribunal. Il n'était pas question, on l'a dit plus haut, de le traduire devant le Parlement, son corps d'origine, trop enclin à protéger les siens. On recruterait donc une chambre de justice exceptionnelle, dont les membres seraient nommés par commissions pour une session unique. Louis XIV, quittant le devant de la scène, en abandonna l'organisation à Colbert. Un seul impératif :

régler au plus vite le sort du surintendant, pour laisser la voie libre aux réformes en cours dans le système fisco-financier.

Ni l'un ni l'autre n'avait mesuré, semble-t-il, l'ampleur matérielle de la tâche. Car Fouquet n'était pas seul en cause. Selon l'usage, on avait décidé de poursuivre du même coup tous les responsables soupçonnés de malversations, tant parmi le personnel du ministère que parmi les banquiers privés. D'ordinaire, cette menace suffisait à obtenir un compromis. Mais cette fois on prétendait la mettre à exécution. Et au lieu de se borner aux années récentes, on se donnait pour objectif « la recherche des abus et malversations commis dans les Finances depuis 1635 ». Date choisie à dessein : on répudierait les turpitudes d'un quart de siècle, dévoyé par les troubles civils et la guerre étrangère, pour revenir au temps où les Français étaient heureux et les impôts supportables. Vaste programme, qui impliquait de nettoyer les écuries d'Augias ! Si l'on tenait à abattre les gros profiteurs, il faudrait justifier leur condamnation. C'est une montagne de pièces comptables qu'on devrait inventorier et éplucher en détail. Il y en aurait pour des mois. La justice, on le sait, est d'une lenteur proverbiale. Or les juges désignés pour Fouquet eurent quelques motifs de plus pour tirer en longueur. Se sachant en terrain glissant, sous l'œil du public, ils s'astreignirent à une stricte observation des règles. L'instruction, les querelles de procédure et enfin les débats publics n'aboutirent donc dans le cas de Fouquet qu'après plus de trois ans, pour un verdict dont les enjeux n'avaient plus grand-chose à voir avec sa personne.

La Chambre de justice[1]

La chambre en question, contrairement à ce qu'on lit ici ou là, n'était pas un ramassis de serviteurs dociles aux ordres du gouvernement. Pour la composer, Colbert avait son idée de longue date. Il n'eut qu'à reprendre son projet primitif. « Pour la nomination des commissaires, il faut prendre garde qu'ils soient habiles, qu'ils ne soient point intéressés ni alliés avec les gens d'affaires ou partisans, passés ou présents, qu'ils ne soient point faciles à corrompre, qu'ils n'aient acquis aucun droit sur le roi depuis vingt ans, et, en un mot, il faut rechercher dans leur vie passée ce que l'on doit attendre d'eux dans une action de cette importance. » C'étaient là des conditions de compétence, d'indépendance et de moralité auxquelles il n'y avait rien à redire, mais elles étaient difficiles à réunir. Elles présidèrent effectivement aux nominations, dans la mesure du possible. Le roi ne voulait pas d'un procès suspect de truquage.

Bien qu'il tînt à perdre Fouquet, Colbert ne crut pas commettre d'imprudence en ouvrant assez largement le recrutement. Il pensait disposer d'un dossier solide. Ayant longtemps travaillé à ses côtés, il

---

1. Voir en Annexe la liste de ses membres à l'origine, puis en 1664.

connaissait ses méthodes : il aurait pu d'avance énumérer les chefs d'accusation. D'autre part, à cette date, la culpabilité du surintendant ne faisait guère de doute. Il était peu aimé. De là à voir dans l'argent qu'il dilapidait en bâtiments et en fêtes le fruit de malversations, il n'y avait qu'un pas, aisément franchi. La condamnation irait de soi, la chambre n'ayant à débattre que de la nature de la peine, sur laquelle le roi et son intendant ne s'étaient pas encore accordés. Donc Colbert composa la chambre de façon relativement honnête, en se bornant à verrouiller quelques postes clefs, qui lui assureraient la maîtrise des opérations.

La première des conditions concernait les aptitudes requises. Elle restreignait le choix aux milieux de la robe, puisque seuls les magistrats avaient fait des études de droit. On raffina même sur les exigences, jusqu'à écarter certains d'entre eux qui n'étaient pas gradués – en d'autres termes diplômés. On ne pouvait sans scandale se dispenser de puiser parmi les membres du parlement de Paris. Comme l'esprit de contestation était encore vif parmi eux, c'était prendre un risque. Avec un palliatif cependant : leur formation de juristes n'impliquait pas qu'ils fussent tous initiés aux arcanes de la haute finance, qui constitueraient le cœur du procès, La question des « alliances » – familiales ou financières – avec les gens d'affaires était plus épineuse. On les avait dites rédhibitoires. Or l'osmose entre la haute magistrature parisienne et les gros détenteurs de fonds était de notoriété publique. Compte tenu du penchant de ces milieux pour l'endogamie et de l'étendue très large donnée à la notion de parenté, on découvrit donc qu'un certain nombre de candidats retenus se trouvaient cousiner, au cinquième ou sixième degré, avec tel ou tel des accusés, voire avec Fouquet lui-même. Quelques-uns n'hésitèrent pas, pour se dédouaner, à invoquer des dissentiments de longue date. Pour les parents plus proches, on transigea, en leur imposant l'abstention lors de certains votes. On parla peu des accointances financières, mais chacun savait qu'il n'y a pas de mariages sans contrat. Si l'on avait ajouté aux liens familiaux les intérêts matériels qui allaient de pair, il aurait fallu en exclure le plus grand nombre, pour avoir trempé dans les très profitables « affaires du roi ». Quant aux recherches dans leur « vie passée », elles concernaient moins leur enrichissement éventuel que leur comportement lors de la Fronde et des troubles qui s'ensuivirent. Sous ses airs d'enquête de moralité, il s'agissait d'une investigation politique.

On choisit donc parmi les présidents et conseillers ceux qui étaient proches du pouvoir ou qui se signalaient par leur antipathie notoire pour Fouquet. Les maîtres des requêtes, associés par leurs fonctions à l'action du gouvernement, s'y taillèrent, proportionnellement à leur nombre, une fort belle part. Mais pour équilibrer les Parisiens et donner aux délibérations de la chambre une portée nationale, on leur associa un représentant de chacun des neuf parlements provinciaux[1]. Désignés par le roi et étrangers

---

1. Dans l'ordre d'ancienneté : Toulouse, Grenoble, Bordeaux, Dijon, Aix, Rouen, Rennes, Pau et Metz.

aux réseaux propres à la capitale, ils aborderaient le procès sans préventions. Les espérait-on, sans le dire, plus maniables ?

La chambre serait présidée par le chancelier Séguier, dont la servilité face au pouvoir n'était plus à démontrer, et l'avocat général Denis Talon, qui avait sucé avec le lait la haine de son père pour Fouquet, y serait le procureur. Colbert pensait la tenir en main sans difficulté. Pour diriger les débats et porter à l'accusé les coups les plus efficaces, il pouvait compter sur son oncle maternel, Pussort, et sur ses deux amis, Poncet et Voysin – les seuls qui fussent acquis d'avance à une condamnation à mort. Les autres le croyaient coupable, au moins en partie. Mais ils ne le haïssaient pas. C'était tout de même un robin, comme eux. Tout en le blâmant, ils étaient enclins à le plaindre. Ce n'étaient pas des gens malhonnêtes, même s'ils avaient profité quelque peu des facilités offertes. Ils se montraient favorables à une réforme des finances, pourvu qu'elle fût conforme au droit. Ils arrivaient imbus de leur importance, bien décidés à faire correctement leur travail. Ils n'avaient pas l'impression de participer à un coup monté.

De leur côté, Colbert et son oncle ne se sentaient pas une âme de conspirateurs. Ils se voyaient plutôt en justiciers, se battant pour rendre au souverain la maîtrise de ses finances usurpée. Le plus déchaîné contre Fouquet était Pussort, à peine plus âgé que son neveu, un célibataire peu sociable, « fort riche et fort avare, chagrin, difficile, glorieux, avec une mine de chat fâché qui annonçait tout ce qu'il était, et dont l'austérité faisait peur et souvent beaucoup de mal, avec une malignité qui lui était naturelle, [...] un fagot d'épines, sans amusement ni délassement aucun, [...] dangereux et insolent, qui voulait être maître partout et qui l'était parce qu'il se faisait craindre ». Mais, ajoute Saint-Simon, il avait « beaucoup de probité, une grande capacité, beaucoup de lumières ». Bref, c'était un de ces hommes qui, parce qu'ils croient détenir la vérité, sont prêts pour la faire prévaloir à détruire la moitié du monde. Colbert, étant très occupé par ses tâches au ministère, se déchargea sur lui de la Chambre de justice. Il fut pour Fouquet un adversaire redoutable, mais son acharnement excessif finit par manquer son but.

Telle qu'elle était, la composition de cette chambre n'avait rien de vraiment scandaleux, elle ne présageait nullement un de ces grands procès factices comme en ont connu les États totalitaires du XXe siècle. La France était un État de droit, non une tyrannie à la mode ottomane. Louis XIV voulait une action juridique dans les formes. Il l'aurait. Mais elle lui réservait quelques surprises.

Les inventaires

Dès l'arrestation les scellés avaient été apposés sur les différents domiciles de Fouquet et sur ceux de ses commis emprisonnés ou en fuite. On n'avait pas attendu la mise en place de la Chambre de justice, ni le transfert du prisonnier à Vincennes pour entamer le dépouillement de la masse de documents saisis. L'essentiel se trouvait dans sa maison de Saint-Mandé, puisque ses amis n'avaient pas su profiter des quelques heures d'avance de son messager pour les mettre à l'abri ou les détruire. Le soin de les inventorier fut confié à trois commissaires, deux conseillers d'État, MM. Lauzon et de La Fosse, et un maître des requêtes, Pierre Poncet, futur membre de la Chambre de justice. Joseph Foucault, conseiller secrétaire du roi, leur fut adjoint comme greffier. Le 19 septembre, les quatre hommes entamèrent leur tâche en se livrant à un examen d'ensemble – mobilier, jardins, bibliothèque, personnel domestique – avant de passer aux papiers. Survint Colbert qui s'associa à eux bien qu'il n'eût aucun mandat officiel. Il procéda à une fouille en règle des lieux où le maître de maison avait coutume de travailler, en quête d'armoires dissimulées, de tiroirs à secrets, de cachettes. Il manipula des foules de dossiers. Première trouvaille importante, un engagement des fermiers des gabelles pour une pension de 120 000 livres, en faveur d'un destinataire dont le nom était laissé en blanc. Le lendemain, les recherches reprirent. Autres découvertes : un roman pornographique, qu'on fit brûler aussitôt, des plans de Belle-Île, mais surtout, glissé contre le mur derrière un miroir, « un cahier de petit papier coupé, de treize feuillets écrits des deux côtés, raturés en plusieurs endroits et les ratures corrigées ». On reconnut aussitôt l'écriture du surintendant. Stupeur : il y expliquait longuement à ses amis comment voler à son secours dans le cas où il serait arrêté. C'était là un document d'importance capitale ! On procéda dans les règles. Colbert le fit glisser dans un pli, qu'on cacheta avec son sceau de cire et qui fut confié au greffier. Le commissaire La Fosse fit demander au chancelier ce qu'il devait en faire et on attendit sa réponse pour en faire mention dans le procès-verbal.

Le 23, dans l'après-midi, un officier des mousquetaires du roi débarqua avec quatre hommes, porteur d'une lettre de Colbert qui ordonnait qu'on leur remette certaines des pièces inventoriées, « afin qu'elles puissent être montrées à Sa Majesté ». Il y en avait tout un lot : des lettres, la plupart non signées, mais provenant de femmes ; divers papiers d'affaires ; enfin des pièces importantes concernant la « conduite particulière » de l'accusé – dont le cahier trouvé derrière le miroir, bientôt désigné sous le nom de « projet de Saint-Mandé ». Les juristes chargés de l'inventaire étaient scrupuleux… et prudents ! Colbert, n'étant pas associé à la procédure, n'était pas qualifié pour leur donner des ordres et ils rechignaient à se dessaisir à sa demande de ces importants documents. D'un autre côté, il était difficile d'opposer un refus à l'homme de confiance du roi. Ils trouvèrent donc une solution pour se couvrir. Poncet irait en personne les porter à la cour. Ou bien le roi, après en avoir pris connaissance, les leur restituerait, ou bien il les conserverait en leur donnant une décharge. Ainsi fut fait. Louis XIV garda les billets galants, les plans de Belle-Île et le projet de Saint-Mandé et leur rendit le reste. Les commissaires se trouvaient à l'abri de tout reproche.

Mais cette solution ne réparait pas les erreurs commises. Elle soulignait au contraire l'incongruité de la présence de Colbert au côté des magistrats légalement chargés de procéder à l'inventaire. Il n'avait rien à y faire et n'aurait jamais dû mettre les pieds à Saint-Mandé. Cette entorse aux règles de bonne procédure jetait la suspicion sur l'ensemble des opérations. Rien ne l'empêchait en effet de jeter subrepticement parmi les papiers de l'accusé des documents compromettants ou, inversement, d'en soustraire d'autres qui auraient pu servir à sa défense. Celui-ci n'allait pas se priver d'exploiter cette faille, notamment à propos de la pension sur les gabelles découverte peu après l'intrusion du ministre[1]. Cette première irrégularité et toutes celles qui suivirent contribuèrent à ruiner une bonne partie des dossiers à charge retenus contre Fouquet. En fait, ce procès comportait à la base un vice fondamental. Car le roi, bien qu'il ait créé un tribunal théoriquement indépendant, n'avait pas renoncé à suivre ses travaux, à perturber le cours de ses démarches et à orienter ses décisions. Il y avait donc, sous-jacent, un conflit de juridictions, source de frictions et de malentendus. Les interférences entre le roi ou son conseiller Colbert et la Chambre de justice ne cesseront de s'amplifier tout au long du procès. Dès la première semaine, le sort fait aux billets galants trouvés chez Fouquet

---

1. Ce document compromettant jouera un rôle important au cours du procès : Fouquet accusera Colbert de l'avoir glissé lui-même parmi ses papiers.

et, plus largement, à sa correspondance privée en est un exemple flagrant.

«Les cassettes de Monsieur le Surintendant»

Bien qu'ils ne fussent pas tous contenus dans le sac que Fouquet transportait toujours avec lui, c'est sous le nom de cassettes que l'opinion publique désigna les dossiers où il conservait les lettres reçues. Parce qu'ils ont aujourd'hui disparu, l'histoire les réduit à une place anecdotique, comme un témoignage de plus sur sa liberté de mœurs. Nous mesurons donc mal la panique provoquée par leur découverte dans les hautes sphères de la société parisienne. À cette époque où la vie sociale laissait peu d'occasions de tête-à-tête, où il n'y avait pas de téléphone et où les facilités de déplacement étaient réduites, on écrivait beaucoup. Fouquet gardait tout, même les billets fort brefs fixant un rendez-vous ou sollicitant une faveur. « On lut ses papiers et ses lettres ; on en trouva de plusieurs personnes de la cour, les unes pleines d'intrigues politiques, et les autres de beaucoup de galanteries. » Tous ceux et toutes celles qui avaient été un jour ou l'autre en correspondance avec lui se mirent à trembler. Autant dire tout le monde, dans l'entourage du roi et dans les milieux parlementaires. Chacun se creusait la mémoire pour tâcher de se rappeler ce qu'il pouvait bien lui avoir dit, tout en gardant l'œil tourné vers les autres, avec l'espoir que les plus compromis détourneraient d'eux l'orage. La bourgeoisie parisienne, si l'on en croit Gui Patin, ricanait.

Louis XIV s'astreignit à tout lire. Son attention se porta d'abord sur les femmes, parce que les commérages, déchaînés, y trouvaient matière plus croustillante. Veut-on un exemple de l'affolement qui s'empara de celles qui se sentaient concernées ? Mme de Sévigné, à Ménage, le 9 octobre 1661 : « Je pense que vous savez bien le déplaisir que j'ai eu d'avoir été trouvée dans le nombre de celles qui lui ont écrit. Il est vrai que ce n'était ni la galanterie ni l'intérêt qui m'avaient obligée d'avoir un commerce avec lui ; l'on voit clairement que ce n'était que pour les affaires de M. de La Trousse[1]. Mais cela n'empêche pas que j'ai été fort touchée de voir qu'il les avait mises dans la cassette de ses poulets, et de me voir nommée parmi celles qui n'ont pas eu des sentiments si purs que moi. Dans cette occasion j'ai besoin que mes amis instruisent ceux qui ne le sont pas. » Mais le soutien de ses amis ne suffisait pas à rassurer la marquise. Par Mme de Montausier[2], elle parvint à faire toucher Anne d'Autriche, qui certifia qu'elle n'avait pas été nommée parmi les autres. Fallait-il en déduire que la cassette ne comportait pas de lettres d'elle ? Selon Le Tellier, consulté par Bussy-Rabutin, il y en avait bel et bien, mais elles étaient « les plus honnêtes du monde et d'un caractère de plaisanterie ». Nous n'en saurons pas plus.

---

1. Un de ses cousins germains.
2. Gouvernante du dauphin, qui venait de naître le 1er novembre.

Mme de Sévigné put se rassurer, le catalogue du surintendant était suffisamment bien fourni pour faire marcher les langues. « On vit qu'il y avait des femmes et des filles qui passaient pour sages et honnêtes qui ne l'étaient pas ; et on connut manifestement que s'il avait une grande ambition, il n'avait pas moins d'emportement pour la volupté. Il y en eut même, de celles-là qui souffrirent pour lui, qui firent voir que ce ne sont pas toujours les plus aimables, les plus jeunes ni les plus galants qui ont les meilleures fortunes, et que c'est avec raison que les poètes ont feint la fable de Danaé et de la pluie d'or. » Non sans mauvaise foi, puisqu'elle dénie à Fouquet toute séduction, Mme de Motteville dénonce ici les pratiques mises au grand jour par sa correspondance. Il se procurait des femmes en les achetant. Ce n'étaient pas des professionnelles, mais des dames ou demoiselles de la bonne société, qui se montraient prêtes à payer de leur personne pour obtenir de lui des subsides. On était donc très loin du simple libertinage.

Le flot des ragots enflait. Louis XIV dut réagir très vite. S'il sévissait, le scandale serait énorme. Il choisit d'enterrer l'affaire. Il fit détruire les billets de femmes trouvés dans les cassettes. Hélas, beaucoup avaient déjà circulé. On les lisait avec gourmandise, on les copiait. Il semblait difficile de mettre un terme à leur diffusion. Paradoxalement, ils furent victimes de la curiosité qu'ils suscitaient. Car leur succès était tel que lorsqu'on n'en avait pas, on en fabriquait, et on renchérissait sur les côtés salaces. Tant et si bien qu'ils cessèrent d'être crédibles et, de même que la mauvaise monnaie chasse la bonne, ainsi les faux «poulets galants» entraînèrent les vrais dans leur discrédit[1]. De plus, comme la plupart n'étaient pas signés, on finit par se lasser de jouer à y mettre des noms. Bien que Mme de Motteville la dise innocente, une seule fut convaincue d'avoir été la maîtresse de Fouquet : la pauvre Menneville, qui ne s'en cachait d'ailleurs pas. Elle avait accepté son aide pour tenter d'obtenir, grâce à l'attrait d'une possible dot, que le signataire d'une promesse de mariage se décide à l'épouser. Mais elle s'était éprise du surintendant. Outre sa place de fille d'honneur d'Anne d'Autriche, elle perdit dans l'affaire dot, amant et mari. Réduite à se réfugier dans un couvent, elle refusa de prendre le voile et y mourut oubliée au bout de huit ans. La vertu de toutes les autres était sauve.

Mais Louis XIV n'était pas au bout de ses peines pour autant. Car les cassettes du surintendant contenaient aussi des lettres d'hommes, où la galanterie n'avait point de part, mais où il était fortement question d'argent ou de charges à pourvoir. On trouvait des bénéficiaires jusque parmi les ministres et l'entourage de la reine mère était entièrement gagné. On a vu ci-dessus que Brienne avait profité de ses largesses. Lionne avait crânement pris les devants en se déclarant ami de Fouquet et en offrant sa démission, ce qui

---

1. Le recueil de Conrart, qui en contient des deux sortes, atteste qu'on ne peut garantir l'authenticité d'aucun, sauf dans les cas, très rares, où l'on dispose de deux textes très proches où l'étude des variantes permet d'établir la filiation.

lui avait valu un refus et l'estime de Louis XIV. Mais il ne fut pas mécontent d'entendre Gourville lui affirmer que tout l'argent qui lui avait été donné par son ordre depuis deux ans «ne serait jamais su». Comme le dit crûment Mme de Motteville, à qui Anne d'Autriche confiait sa désolation, «peu de personnes à la cour se trouvèrent exemptes d'avoir sacrifié au Veau d'Or»: «Il avait à ses gages presque tous les gens de la cour.» Plus encore que pour les femmes, le silence s'imposait. Surtout ne pas laisser circuler de noms! Et Fouquet, au cours du procès, aura beau jeu de répondre au procureur, qui lui reproche de ne pas nommer les particuliers bénéficiant de pensions suspectes, qu'il les aurait révélés au roi si celui-ci le lui avait demandé – en ajoutant tout de même que certains étaient des protégés de Colbert!

À l'évidence, le procès de Fouquet risquait de déclencher un énorme scandale. Louis XIV choisit d'en éliminer les preuves. Il fit détruire les lettres compromettantes. Il en avait incontestablement le droit, puisque toutes les institutions judiciaires lui étaient subordonnées. On peut penser que, politiquement, il eut raison d'épargner une tempête de ce genre à une société encore fragilisée par les épreuves récentes. Sa décision se situait dans la ligne du comportement qu'il adopta à l'égard des troubles qui avaient secoué sa minorité: les oublier, les effacer si possible de l'histoire, les rayer en tout cas de la mémoire vive de ses sujets. Mais il soustrayait du dossier des pièces importantes qui eussent pu servir à éclairer les débats et toute une part des activités suspectes du surintendant sortait du champ de l'enquête. De plus, il empiétait, d'avance, sur les prérogatives de la cour de justice qu'il était en train de recruter. Lorsque ses membres découvriraient, au fil des interrogatoires, qu'il leur manquait des éléments essentiels, comment ne se sentiraient-ils pas dépossédés et amoindris ? Avant même que le procès fût engagé, ils pouvaient craindre de se voir réduits à n'être qu'une chambre d'enregistrement.

Le projet de Saint-Mandé[1]

Dans l'immédiat, Louis XIV ne voyait pas si loin. Il continuait d'explorer les documents saisis. Ce qu'il découvrit dans le petit cahier trouvé derrière le miroir était proprement stupéfiant. On l'aurait cru sorti des cartons d'un grand seigneur frondeur douze ans plus tôt ! Après un préambule au vitriol contre Mazarin, accusé de l'avoir poursuivi de sa haine, Fouquet passait en revue les mesures que devraient prendre ses amis au cas où il ferait l'objet de poursuites. Le texte n'avait rien d'un plan concerté, cohérent. C'était pour l'essentiel une énumération disparate, sans ordre, une sorte de pense-bête où il notait, telles qu'elles se présentaient à son esprit, toutes les choses à ne pas oublier : ainsi la mise à l'abri de ses papiers et de ses biens, qui aurait dû précéder tout le reste, n'intervient-elle que très loin, après une multitude de détails oiseux.

---

1. Voir le texte intégral, reproduit en Annexe.

Il donnait à première vue l'impression d'être sorti d'un cerveau dérangé.

Le projet concernait la marche à suivre si lui-même et son frère Basile, également arrêté, se trouvaient privés de tout moyen de communication avec l'extérieur. Il reposait sur la conviction, très répandue au temps de la Fronde, que Mazarin était «timide» et qu'il suffisait de lui faire peur pour qu'il recule. Dans un premier temps, ses amis devraient faire adoucir ses conditions de détention. Puis ceux d'entre eux qui commandaient des places fortes y rassembleraient vivres, troupes et munitions. Il leur faudrait ensuite battre le rappel des obligés qui lui devaient reconnaissance, attiser ici et là tous les conflits propres à semer le désordre, notamment avec l'appui du clergé, qui pourrait demander la tenue de conciles nationaux ou, associé à la noblesse, la réunion des États généraux. Si, malgré un tel déploiement de force, le gouvernement, non content de lui refuser la liberté, envisageait de le traduire en justice, les gouverneurs de places devraient alors passer aux grands moyens, «arrêter tous les deniers des recettes», non seulement chez eux, mais dans le périmètre où leurs troupes étaient opérationnelles, «faire faire un nouveau serment à tous leurs officiers et soldats, mettre dehors tous les habitants ou soldats peu à peu, et publier un manifeste contre l'oppression et la violence du gouvernement». Pour couronner le tout, Guinant, qui commandait ses cinq vaisseaux armés, pourrait s'emparer de tous les navires marchands dans la Seine, de l'embouchure jusqu'à Rouen, brûler les uns et transformer les autres en bateaux de guerre pour s'assurer la maîtrise du commerce entre Le Havre et La Rochelle. « Il est impossible, estimait-il, ces choses étant bien conduites [...], que l'on ne fît une affaire assez forte pour tenir les choses longtemps en balance et en venir à une bonne composition, d'autant plus qu'on ne demanderait que la liberté d'un homme qui donnerait des cautions de ne faire aucun mal. » Au cas où la procédure suivrait cependant son cours, on pourrait tenter d'enlever quelques membres importants du Conseil, en s'assurant d'une retraite sûre, ou mieux encore, « prendre le rapporteur et les papiers ; [...] c'est une chose qui a pu être pratiquée au procès de M. de Chenailles le plus aisément du monde, où, si les minutes eussent été prises, il n'y avait plus de preuves de rien [1] ».

Telle est, en gros, la substance du projet, quand on l'extrait de la longue liste d'alliés potentiels à contacter et à convaincre, qui occupe la plus grande partie du texte. Ainsi réduit à sa plus simple expression, il prête aujourd'hui à sourire, tant il ressemble à celui

---

1. Un conseiller au Parlement, Vallée de Chenailles, accusé en décembre 1656 d'avoir voulu livrer Amiens – ou Saint-Quentin ? – au prince de Condé, avait récusé la juridiction à laquelle on le soumettait et refusé de répondre aux questions, comme le fera bientôt Fouquet. Mais menacé d'être jugé « comme un muet », sans s'être défendu, il avait rapidement retrouvé la parole. Il échappa à la mort, malgré les pressions du pouvoir, et ne fut condamné qu'au bannissement le 25 mars 1657. Gui Patin, qui rend compte de l'affaire (*Correspondance*, t. II, *passim* entre les p. 260-300), ne fait aucune allusion au projet de s'emparer de ses papiers.

de Perrette spéculant sur la fortune qu'elle tirerait de son pot au lait. Fouquet s'illusionne sur sa puissance, qu'il croit propre à faire trembler Mazarin. Car il lui manque visiblement l'essentiel, c'est-à-dire les alliés en question, dont l'adhésion est très improbable. Plaindre son «malheur» et dire un mot en sa faveur est une chose, le suivre dans une entreprise subversive en est une autre. Il le sait bien d'ailleurs puisqu'il précise qu'on doit demander à chacun jusqu'où il est prêt à aller. Il ne peut compter en réalité que sur un cercle très restreint, dont la cheville ouvrière est la marquise Du Plessis-Bellière. On y trouve sa famille – non sans quelques réserves, puisque Basile fera bientôt défection –, les commis associés à ses affaires, comme Bruant, Boylesve, Catelan, son homme à tout faire, Gourville, son secrétaire Pellisson, quelques féaux, parfois engagés par un pacte à l'ancienne mode à le servir «envers et contre tous». Pas de quoi constituer un réseau puissant comparable à ceux dont jouissent les très grands seigneurs. Il raisonne comme ceux-ci raisonnaient des années plus tôt. Les mesures qu'il préconise font partie de l'arsenal utilisé lors des révoltes nobiliaires dans la première moitié du siècle, et dont Condé avait donné la plus brillante illustration, en y ajoutant la saisie des recettes fiscales et, tout récemment, la prise d'otages. Mais l'esprit d'indépendance de la noblesse d'épée jette alors ses derniers feux. Même pour les grands, le temps est loin où l'on arrachait des concessions au roi les armes à la main, comme le montrera bientôt la défaite du prince passé au service de l'Espagne. Sa soumission en marquera la fin.

Le projet de Fouquet est donc déjà anachronique lorsqu'il le dresse au milieu de l'année 1657, au moment où il découvre les inconvénients de cette surintendance qu'il avait tant désirée. Il pourrait aisément passer pour une rêverie jetée au hasard sur le papier dans un de ces moments de dépression dont il est coutumier, bref pour des élucubrations sans conséquence. Malheureusement, le texte porte en lui-même la preuve de l'importance qu'il lui attachait : il l'a non seulement conservé, mais remanié vers la fin de l'année suivante, pour remettre à jour certaines indications devenues caduques. Désormais Basile n'est plus chargé de rien et Belle-Île est substituée aux places de Picardie, comme Hesdin et Ham, qui lui ont échappé. D'autre part, il y rajoute un développement supplémentaire qui le rallonge d'une bonne moitié. Toute la fin, la partie la plus violente appelant à la révolte armée, n'appartient pas au premier jet. Et nous savons de plus – ce que Louis XIV ignora – qu'au début de 1661, il montra ce papier à Gourville, qui jeta les hauts cris, épouvanté. « Il n'y a donc autre chose à faire qu'à brûler ce projet », soupira-t-il. Il fit porter une bougie dans son petit cabinet secret à double entrée et quitta son ami pour s'y rendre. Mais, comme il le lui expliqua plus tard, il y trouva une personne arrivée par l'autre issue « comme elle avait accoutumé » – autrement dit une femme –, « il l'avait mis derrière son miroir, et s'en était si peu souvenu depuis, qu'on le trouva à la même place après qu'il eut été arrêté ».

La conservation de ce texte est un de ces actes manqués révélateurs chers aux psychiatres. Trop irréaliste pour constituer un vrai projet subversif, il témoigne chez Fouquet d'obsessions récurrentes. D'abord la haine viscérale, violente, qu'il voue à Mazarin. Cette fixation date du temps déjà lointain où le retour du cardinal, en décembre 1651, a brisé dans l'œuf ses espoirs de lui succéder[1]. Objectivement, il n'a pas de motifs raisonnables de se plaindre de lui quand il rédige ce brûlot – antérieur à la rédaction du mémoire accusateur par Colbert. Loin de songer à l'arrêter, ni même à le congédier, Mazarin, on l'a vu, n'hésite pas à étendre ses attributions et le défend à l'occasion contre la rapacité de son intendant – non par bonté mais parce qu'il le juge utile. Mais Fouquet lui prête une haine symétrique à la sienne propre, il ne voit en lui que malveillance et s'abandonne au délire de la persécution. Rétrospectivement ses déboires ultérieurs lui paraîtront justifier ses préventions, bien que le ministre disparu n'en soit pas responsable.

D'autre part, le plan de Saint-Mandé respire la peur. La prison, il semble déjà s'y croire, elle se présente à lui sous ses aspects les plus concrets, à travers des détails qui ne devraient pas avoir leur place dans un plan d'ensemble. Les amis sont invités à remuer ciel et terre pour un objectif quasi dérisoire : qu'on lui

---

1. Cf. *supra*, chap. 3.

rende la liberté et il sera sage. Pourquoi la perspective d'une arrestation, puis d'un procès lui paraît-elle si terrifiante ? Parce qu'il se sent menacé. Ce n'est pas par hasard que la version remaniée désigne Belle-Île comme refuge et échafaude pour le tirer des griffes d'un tribunal des projets insensés. À la fin de 1658, son crédit bat de l'aile, au bord du gouffre financièrement il perd une bonne partie de ses moyens d'action. Or la guerre est virtuellement gagnée. À plus ou moins brève échéance, le gouvernement s'attaquera à la remise en ordre des finances et l'on relancera l'idée d'une chambre de justice. Il en sera la cible toute désignée. Et il se sait punissable. Sans quoi il n'imaginerait pas de procéder à une soustraction de preuves grâce à l'enlèvement du rapporteur et des papiers compromettants : une fois les minutes prises, il n'y aurait « plus de preuves de rien ». Donc ce très imprudent projet permet de répondre à deux questions qui ont fait couler beaucoup d'encre. Oui, dans son esprit, Belle-Île était bien conçue à la fois comme un port d'attache pour des entreprises commerciales outre-mer et comme une place de sûreté où se mettre à l'abri des poursuites. Oui, il avait à se reprocher des malversations assez sérieuses pour lui inspirer la terreur d'un procès. Nous ne saurons jamais au juste lesquelles, parce que les papiers en cause ont disparu – mais pas de son fait.

Dans les derniers jours de septembre 1661, le projet de Saint-Mandé, lui, était là, sur le bureau de Louis XIV. Dûment inventorié, coté, répertorié, il allait être versé au dossier. Hélas, comme les billets tirés des cassettes, il contenait aussi des noms. En nombre limité, mais de qualité. On n'en citera ici qu'un seul, pour l'exemple : « M. le Premier président de Lamoignon, qui m'a l'obligation tout entière du poste qu'il occupe, auquel il ne serait jamais parvenu, quelque mérite qu'il ait, si je ne lui en avais donné le dessein, si je ne l'avais cultivé et pris la conduite de tout, avec des soins et applications incroyables, m'a donné tant de paroles de reconnaissance et de mérite, répétées si souvent à M. Chanut, à M. de Langlade et à Madame Du Plessis-Guénégaud et autres, que je ne puis douter qu'il ne fît les derniers efforts pour moi ; ce qu'il peut faire en plusieurs façons, en demandant lui-même personnellement ma liberté, en se rendant caution, en faisant connaître qu'il ne cessera point d'en parler tous les jours qu'il ne l'ait obtenu... » Guillaume de Lamoignon, Premier président du parlement de Paris – donc nommé par le roi –, était en effet un des plus hauts personnages du royaume. Or on avait prévu qu'il coprésiderait, aux côtés du chancelier, la Chambre de justice chargée de juger – et de condamner – Fouquet.

Que faire ? Il était trop tard et le document était trop important pour qu'on pût le passer discrètement à la trappe. Par bonheur, l'action proprement subversive y est réservée à la famille de Fouquet et à ses amis du premier cercle. Les autres personnages concernés n'y figurent que comme des gens invités à solliciter la liberté du prisonnier. Or on ne peut pas reprocher à un homme d'être virtuellement associé, sans qu'on lui ait demandé son avis, à des démarches imaginaires, fort innocentes au demeurant. Était-ce un crime d'avoir reçu du surintendant divers services et de l'en avoir remercié publiquement ? À cette aune, les coupables seraient en nombre ! Lamoignon en fut quitte et on le nomma, comme prévu, à la tête de la Chambre de justice. Louis XIV, pour des motifs politiques, choisit donc de minimiser la portée du plan de Saint-Mandé. Mais, ce faisant, il le vidait d'une partie de sa substance comme pièce à charge dans le procès à venir. Car si l'on évitait d'enquêter sur les relations entre Fouquet et ses obligés et si l'on tenait à taire leurs noms, il deviendrait impossible de mettre en lumière le mécanisme qui lui servait à se constituer une clientèle, donnant-donnant, ses offres généreuses n'étant que des avances dont il escomptait un retour. En revanche, le projet de soulèvement armé pourrait, à lui seul, fonder une accusation de lèse-majesté.

Personnellement, Louis XIV ne pouvait trouver dans cette lecture que des raisons de s'indigner, Fouquet y prône des comportements contre lesquels sa mère et son parrain n'avaient cessé de lutter chez les grands. Comme eux, il rêve de se tailler un fief autonome où il régnerait en maître, à l'abri de l'autorité royale, comme eux il prétend négocier avec le souverain en position de force. Il en est très loin et l'idée qu'il pût faire peur à Mazarin est risible. Non, il n'est pas dangereux, ces rêveries ne sont plus de mise en 1661. Mieux vaut cependant ne pas en laisser courir l'auteur. Et deux choses ont pu indisposer particulièrement le roi. D'une part les vues de Fouquet sur la mer et la marine, qu'il tient pour son domaine réservé. D'autre part le fait qu'il n'apparaisse lui-même dans le texte que comme une entité abstraite, effacé au profit de Mazarin : c'était vrai à l'époque, bien sûr, mais il n'aimait guère se le voir rappeler. Désormais sa relative mansuétude à l'égard du surintendant est morte, il est prêt à soutenir à fond l'offensive de Colbert.

Un prisonnier exemplaire

Les angoisses de Fouquet étaient prémonitoires. Trois ans après la rédaction seconde de son plan, voici que ses pires craintes se réalisaient : il se trouvait prisonnier, en passe d'être jugé. Il n'eut pas besoin de feindre la maladie : malade, il l'était déjà la veille à Nantes. À Angers, sa fièvre monta en flèche, il s'agitait, incapable de dormir, et par moments il délirait. Le Tellier, contacté par Gourville, obtint aussitôt qu'on lui accorde son médecin et son valet. Fut-il vraiment à l'article de la mort ? Les fièvres, qu'elles fussent simples ou triples-quartes, avaient pour particularité d'être intermittentes et donc de disparaître spontanément au bout d'un laps de temps donné, jusqu'à la crise suivante. Fouquet n'avait que quarante-six ans. Mis à part les passages dépressifs d'ordre psychosomatique, sa santé était bonne. Physiquement, il récupéra assez vite, à part ses cheveux, qui avaient brusquement blanchi. Mais le choc psychologique fut plus dur à surmonter. Il oscillait entre nervosité et prostration. Il marqua durement le coup lorsque le roi repoussa sans la lire la supplique qu'il lui avait adressée et que toute communication avec l'extérieur lui fut interdite. D'Artagnan témoigna « qu'il avait été d'abord trois semaines fort inquiet et étonné, mais que son esprit s'étant calmé, il s'était fort possédé depuis et s'était mis dans une grande dévotion, et qu'il avait continué depuis également[1] ».

Le changement est rude. Des années durant, il avait couru éperdument après l'argent, les honneurs, le pouvoir, dans une fuite en avant insensée. Il a tout perdu, le château de cartes s'est effondré. Il est désormais dos au mur. Dégrisé de ses rêves de grandeur, il retrouve sa lucidité. Il redevient intelligent. L'extrême tension dans laquelle il avait vécu depuis cinq ou six ans disparaît du même coup et il en est presque soulagé. Et tout est plus simple, il n'a plus qu'un objectif : il lutte pour sa vie. Il va désormais bander toutes ses énergies pour échapper au sort qui lui est promis. Oh ! pas avec les méthodes subversives qu'il préconisait naguère ! Plus modestement, avec les moyens du bord. On va lui faire son procès ? Fort bien : il est avocat. Un tribunal, même si les débats n'y sont pas publics, constitue, il le sait bien, une formidable caisse de résonance. Sa cause, il pourra la défendre dans le cadre judiciaire, mais aussi dans l'opinion. L'affrontement avec les magistrats n'est pas à l'ordre du jour, la lourde machine peine à se mettre en route, il va s'écouler plus de cinq mois avant que

---

1. Les mots *inquiet* et *étonné* ont à cette époque un sens beaucoup plus fort qu'aujourd'hui.

la Chambre de justice s'occupe enfin de lui. Inutile de préparer sa défense sans connaître le détail des chefs d'accusation. Mais en revanche, il a compris que sa chute était imputable pour une large part à son comportement. Revenant sur lui-même, il mesure ses erreurs et décide de se réformer moralement et socialement.

En premier lieu il y avait l'orgueil. Individuellement, il a blessé beaucoup de gens en les traitant de haut. Et de l'avis de tous, il affichait des prétentions au-dessus de son rang. Il avait commis, aux yeux de cette société si attachée aux hiérarchies, le crime de sauter allégrement les barrières qu'on ne doit franchir, suivant l'usage, qu'au bout de deux ou trois générations, « M. Le Tellier, et encore plus M. Colbert, blâmaient fort la conduite de M. Fouquet en général, et surtout, en particulier, d'avoir fait le mariage de sa fille avec M. le comte de Charost, celui de son frère avec Mlle d'Aumont, comme aussi d'avoir acheté la maison de M. d'Émery, qui à la vérité était fort belle : ils disaient qu'il fallait que sur tout cela il se fût bien oublié[1]. » Les mesures qu'il s'impose sont radicales. Il sera aussi humble qu'il a été arrogant, aussi aimable qu'il a été cassant, et pour faire oublier le luxe de ses demeures, il s'astreint à une existence quasi monastique. Et il s'y tient, tout

---

1. La jeune Marie Fouquet avait épousé non pas le *comte* de Charost, mais son fils aîné le *marquis* – lequel hérita du titre de comte, qu'il porte en effet lorsque Gourville fait cette observation dans ses *Mémoires*. Ils formaient une branche de la très ancienne maison noble de Béthune, dont faisait partie Sully.

au long de sa captivité, jusqu'à la fin de son procès, ce qui implique une force de caractère peu commune.

Pour n'avoir pas à y revenir, on évoquera ici son mode de vie, qui ne changea pas durant ces trois années, même quand il fut transféré de Vincennes à la Bastille. Le voici, en janvier 1664, vu par Olivier Lefèvre d'Ormesson : « M. Fouquet était vêtu d'un habit de drap noir tout fermé, le manteau doublé de drap, avec des bas de laine, des souliers plats, un collet uni, des petites manchettes cousues et un chapeau de castor, le tout fort propre. Son visage ne me parut point changé, sinon qu'il est plus gras et les yeux plus battus, ayant un peu de bile répandue sur le visage. Durant la discussion du procès-verbal, il parla fort raisonnablement de toutes les formes et de ses défenses, disant qu'il n'omettait aucun de ses petits avantages ; que cela ne lui devait pas être envié[1], étant accusé ; et il parla avec beaucoup d'esprit, d'honnêteté et de liberté d'esprit. » Un peu plus tard, faute de pouvoir paraître devant le tribunal revêtu de sa robe de magistrat, qu'on lui refuse, il déplore de devoir se présenter dans une tenue si simple qu'on le prendrait pour quelque marchand de province.

Des habitudes régulières rythmaient sa vie. Il était d'une extrême sobriété. D'Artagnan précisa « que durant le carême, il ne lui a servi que hareng, morue et saumon salé, pas un poisson frais ; depuis Pâques, du bœuf et du mouton sans un seul poulet

---

1. *Envié* = marchandé, refusé.

ou gibier ; qu'il jeûne au pain et à l'eau tous les samedis, et que, depuis qu'il est prisonnier, il ne l'a jamais trouvé qu'à genoux priant Dieu ou écrivant sur sa table ». Il se levait avant sept heures, faisait sa prière ; après, travaillait jusques à neuf heures où il entendait la messe. Lorsqu'on lui eut accordé un conseiller pour l'aider à sa défense, il s'entretenait avec lui tous les jours de dix heures à midi. Ensuite il dînait et puis travaillait, et ne se couchait qu'à onze heures. Cette simplicité et cette frugalité tranchaient sur les habitudes du temps. Que ce soit à Vincennes ou à la Bastille, les prisonniers de haut rang n'étaient pas condamnés à l'ordinaire des crève-la-faim entretenus aux frais de l'État. Ils commandaient à l'extérieur la nourriture de leur choix. Et certains ne s'en privaient pas : les menus du duc de Beaufort ou du prince de Condé pendant la Fronde étaient dignes de la table d'un roi. Assurément, Fouquet serait bien en peine de les imiter, puisque ses biens sont confisqués. Mais la sérénité avec laquelle il accepte l'épreuve est très méritoire.

Sa métamorphose morale lui gagne peu à peu estime et bienveillance. D'instinct, c'est un séducteur. Il use désormais de la douceur et de la courtoisie pour se concilier geôliers et magistrats – en s'adaptant au caractère de chacun. D'Artagnan est l'officier sans états d'âme, chez qui primait le respect de la consigne. Mousquetaire du roi, il n'a pas la moindre sympathie pour celui qu'il vient d'arrêter. Il est poli, mais reste prudent. Pas de familiarités. Il veille d'autant plus à garder ses distances qu'il est voué à le côtoyer au plus près, puisqu'il s'est vu confier sa garde exclusive, au détriment du personnel ordinaire des différentes prisons. Seul admis à entrer dans sa chambre, c'est lui qui apporte au captif ses plateaux de nourriture, mais jamais il ne partagera avec lui le moindre repas, ni ne lui proposera de jouer aux dés ou aux cartes. Il doit cependant lui reconnaître un mérite ; c'est un prisonnier tranquille, qui ne se plaint pas, ne fait pas d'histoires, ne tente pas de s'évader, ne complique pas à plaisir la vie de ses gardiens. Il admire d'abord son égalité d'humeur. Lorsqu'on lui accorde un conseil pour l'aider à préparer sa défense, le mousquetaire, contraint d'assister en tiers à leurs entrevues, muet, mais sans en perdre un mot, apprécie son esprit conciliant. Et à cette occasion, il découvre son intelligence. Si bien qu'entre eux finit par s'établir une sorte d'amitié tacite, faite de respect et d'estime mutuels.

Les magistrats chargés de l'interroger, eux, appartiennent à deux catégories distinctes : les irréductibles, qui veulent sa perte et auprès de qui il est vain de nourrir des espoirs, et ceux qui, soucieux avant tout de justice, cherchent la vérité. Et ceux-là sont d'autant plus sensibles à son charme qu'ils détestent généralement leurs collègues. Point n'est besoin de ruses. Il lui faut simplement dépasser le terrain des débats techniques pour les intéresser à l'homme qu'il est devenu et au genre de vie qu'il mène. Ne sont-ce pas là choses à connaître quand on doit juger quelqu'un ? D'Ormesson demande lui-même à visiter son logis, il voit dans un coin ses oiseaux, sur sa table les notes prises en vue du procès et le texte du psaume qu'il vient de traduire.

Fouquet lui explique qu'au temps où on ne lui donnait pas de quoi écrire, il marquait les pages importantes dans ses livres grâce à d'infimes fragments de papier gris qu'il y collait comme des mouches – de celles qui ornent le visage des jolies femmes. Et voilà le magistrat à demi conquis.

On l'aura remarqué, tous ses comportements au cours de cette période ont un centre de gravité, qui est la piété. Il tente de réunir en sa personne comme un condensé de toutes les vertus chrétiennes. À ce stade du récit, une chose doit être très claire. Il n'est pas question de mettre en cause la sincérité de ses sentiments religieux. Sans une foi profonde, il n'aurait pas résisté à l'épreuve. Il y a cherché et trouvé la force nécessaire pour la surmonter. Mais cela ne l'empêche pas de mesurer que, dans la lutte menée pour se sauver ici-bas, sa piété peut être un atout considérable. Il y met un brin d'ostentation et ses amis se chargent, sans qu'il ait besoin de le leur dire, de lui assurer la plus grande publicité. Il a raison de jouer cette carte et on ne saurait le lui reprocher. Mais on doit souligner qu'elle remplit un rôle important dans l'histoire de son procès.

Qu'il ait réclamé, dès Angers et partout ailleurs, les secours de la religion est dans l'ordre. Si on ne lui a permis ni de se rendre dans la chapelle de la prison, ni de recevoir un prêtre de son choix, on a fait dire la messe dans sa cellule et on lui a fourni les livres qu'il demandait, une Bible et un saint Augustin. Mais lors de son transfert vers Paris, il se fait remarquer par la façon dont il supporte les injures, «avec beaucoup de courage et de résolution ». En touchant au but, le convoi passant tout près de sa maison de Saint-Mandé, il soupire « qu'il y aurait plus de plaisir à prendre à gauche qu'à droite ; mais que, puisqu'il avait été si malheureux que de déplaire au roi, il fallait prendre patience ». Dans une phrase de ce genre, chaque mot porte. Le *malheur,* dans la langue du XVIIe siècle, c'est la malchance, à quoi l'on ne peut rien. Son crime : avoir *déplu* au roi, sans qu'on sache pourquoi. Il s'installe dans le rôle de la victime innocente, voire du martyr. Et ce thème, enrichi de variantes, sert de leitmotiv à une foule de déclarations ultérieures. « Se voyant si bien renfermé et si soigneusement gardé, il perdit l'espérance de recevoir des nouvelles de ce qui se passait au-dehors, et ne pensant plus qu'à soi-même, on ne l'entendit plus parler que des vanités du monde et du bon usage qu'il ferait de son affliction s'il plaisait au roi de le reléguer en quelque lieu, aux extrémités du royaume[1]. » Songe-t-il pour de bon à se faire ermite ?

Les propos qu'il tient à d'Ormesson, au terme de la visite évoquée plus haut, sont un chef-d'œuvre du genre. Il nous dit, rapporte le magistrat, « qu'il n'avait de consolation qu'à recevoir cette persécution de la main de Dieu ; qu'il regardait [ses ennemis] comme les instruments de sa colère, sans leur vouloir

---

1. Petite remarque : s'il n'a plus aucune communication avec l'extérieur, à qui dit-il toutes ces belles choses ? À son médecin ou à son valet ? Ils sont enfermés avec lui. À d'Artagnan ? Celui-ci en parla – à d'Ormesson notamment – mais sensiblement plus tard.

de mal ; que, hors de son procès, il ne haïssait point M. Berryer, et qu'il le servirait sans peine ; mais que Dieu, après avoir châtié ceux qui avaient péché, tournait enfin sa colère contre ceux dont il s'était servi ; qu'il espérait que Dieu lui pardonnerait ses fautes, mais qu'il ne doutait point que Dieu ne punît enfin ceux qui le persécutaient... » Et il enchaîne sur une demande d'entretien avec Colbert, homme raisonnable qui conviendrait volontiers qu'on ne pouvait lui reprocher que « trop de facilité et point de malice » ! Était-ce là, transposé à son propre cas, le psaume qu'il était en train de traduire ? Tout y est, les idées et la phraséologie. Il s'enrôlait en bonne place dans les saintes cohortes des justes indignement persécutés, appelant sur leurs bourreaux la main vengeresse du Seigneur. Paroles en l'air ? Ses deux visiteurs ne semblent pas avoir réagi, puisque la conversation se prolongea plus d'une heure et que leur départ s'accompagna de « civilités de part et d'autre ».

Appuis extérieurs

Une chose est sûre en tout cas : la métamorphose consécutive à son emprisonnement a réconcilié Fouquet avec les milieux dévots. Son ascension, on le sait, avait largement bénéficié des appuis que lui apportaient les militants de la Réforme catholique et sa famille était restée très active dans l'œuvre des Filles de la Charité, créée par Vincent de Paul. Mais dans les dernières années de sa carrière, les dévots avaient pris leurs distances. Pour les confrères du Saint-Sacrement, par exemple, l'action charitable devait se doubler d'une surveillance des mœurs, afin de promouvoir une société conforme à l'enseignement évangélique. Ils cherchaient à faire régner autour d'eux l'ordre moral. Comment le flamboyant surintendant ne les aurait-il pas choqués tant par son étalage ostentatoire de richesse que par le libertinage scandaleux de sa vie privée ? Loin de s'indigner de son arrestation, sa propre mère, Marie de Maupeou, très active aux côtés des Filles de la Charité, y avait vu la voie de son salut. Sa transformation en anachorète, même imposée par les circonstances, tenait du miracle. Elle tombait à point pour les dévots, au moment précis où le jeune roi échappait à sa mère et se dévergondait. Il n'allait pas tarder à offrir à sa première maîtresse avouée, Louise de La Vallière, les fêtes de *L'Île enchantée*, et à soutenir Molière, qui avait osé y mettre en scène un faux dévot, *Tartuffe*[1]. Quel merveilleux repoussoir que Nicolas Fouquet, enfin rentré dans les voies qu'il n'aurait jamais dû quitter !

Il réussit le tour de force de réconcilier autour de sa personne jansénistes et jésuites, qui s'invectivaient avec violence sur l'épineuse question théologique de la grâce divine. Les uns et les autres n'avaient pas à se louer du tour que prenait l'autorité royale, déci-

---

[1]. La fête dite des *Plaisirs de l'Île enchantée* eut lieu à Versailles du 7 au 9 mai 1664, avec un prolongement jusqu'au 14. Molière y donna la première version de *Tartuffe*, en trois actes, soulevant l'indignation de la reine mère et de toutes les autorités ecclésiastiques.

dée à cantonner l'Église dans son magistère spirituel, hors de la sphère politique. Taxés d'hérésie par le pape, les jansénistes étaient perçus comme fauteurs de troubles dans le royaume : c'étaient d'authentiques persécutés. Leurs adversaires, bien que mieux en cour, souffraient de voir se réduire leurs moyens d'action. La dissolution de la Compagnie du Saint-Sacrement, englobée dans une interdiction générale des associations non homologuées, avait contraint les confrères à la clandestinité. L'affaire du cardinal de Retz, acculé, après dix années de lutte, à démissionner de l'archevêché de Paris comme l'exigeait le roi, montrait au clergé les limites des armes spirituelles face au pouvoir temporel. Dans ces conditions, le sort du malheureux Fouquet permit aux dévots de se faire entendre, toutes nuances confondues. Unies dans une même compassion pour une victime qui clame son innocence, les âmes pieuses mirent au service de sa cause les innombrables réseaux dont elles maillaient le royaume.

On ne s'étonnera donc pas que l'opinion, travaillée dès le lendemain de l'arrestation, ait commencé à se retourner très vite. La famille et les amis disposaient de moyens de diffusion. De la Bastille où il était incarcéré, Pellisson rédigea un *Discours au roi par un de ses fidèles sujets sur le procès de M. Fouquet*, qui parut au début du printemps 1662. Il lui avait bien fallu des complicités pour écrire son texte et le faire sortir de la prison. Pour l'imprimer, tout était prêt. Marie-Madeleine de Castille avait installé des presses dans sa maison de Montreuil. Elle-même occupait le devant de la scène en adressant au roi des placets toujours repoussés et en venant au Parlement jusqu'aux portes de la Grand Chambre supplier les anciens collègues de son époux : on ne la recevait pas, c'eût été illégal, mais son message franchissait les obstacles. Pendant ce temps, d'autres presses clandestines s'implantaient un peu partout, des milliers de fourmis s'activaient à imprimer et à diffuser des libelles en faveur du captif. La Fronde n'était pas si loin, on n'avait pas perdu la main. En 1663, La Fontaine se joignit au concert de lamentations par la bouche des Nymphes de Vaux et Pellisson récidiva dans un second *Discours*, plus âpre. Les couvents, notamment féminins, se mirent de la partie. Dames de la Miséricorde et Visitandines – où les parents Fouquet avaient plusieurs filles – ne furent pas les dernières à user du bouche à oreille pour répandre la bonne parole.

Des magistrats mécontents et des rentiers en colère

Les magistrats sont aussi réservés que les dévots devant la politique qui se met en place. Rien d'étonnant, ce sont en partie les mêmes : on trouve sur les bancs du Parlement un bon nombre de confrères du Saint-Sacrement. Ils ont en plus leurs propres raisons de mécontentement. Fouquet avait été, à la surintendance, l'apôtre d'une politique fondée sur le crédit et la dette publique. Sa mise en jugement était liée, dans les plans de Colbert, à un effort d'assainissement financier opéré aux dépens de ceux qui orientaient vers des placements dits sécurisés une épargne qui serait plus utile dans le commerce et l'industrie. En poursuivant à grand fracas quelques prévaricateurs, il espérait faire passer auprès de l'opinion quelques mesures extrêmement douloureuses.

Depuis un siècle et demi, l'État avait mis au point à Paris une formule d'emprunt permettant de toucher un public diversifié, notamment parmi les classes moyennes, qui avaient un peu d'argent à placer, mais pas assez pour avoir accès aux grands consortiums. Les rentes sur l'Hôtel de Ville offraient un placement attractif à un père de famille soucieux de procurer des ressources à un jeune couple ou d'assurer les vieux jours d'une veuve. Et il en coûtait moins cher à l'État que de s'adresser aux professionnels. Elles étaient perpétuelles. Leur taux était conforme à la norme légale, soit 5,5 %. Le souscripteur prêtait une somme donnée, en échange de quoi il touchait quatre fois par an des arrérages, sans limitation dans le temps. On laissera ici aux actuaires le soin de calculer au bout de combien d'années elle était amortie. À une époque de stabilité monétaire, où l'inflation était quasi nulle, cette formule proposait aux épargnants des revenus réguliers, stables, sans qu'ils eussent besoin de s'en occuper. Certes, ils ne pouvaient pas demander à l'État de leur rendre leur mise, puisqu'il se réservait l'initiative d'éventuels remboursements. Mais les titres étaient transmissibles. On pouvait donc les léguer, les donner et, si on tenait absolument à récupérer le capital engagé, les vendre. Ils alimentaient ainsi un marché très actif. La formule étant pratique, il y en avait en circulation des quantités considérables.

Hélas, la médaille avait son revers. Comme toutes les dépenses du royaume, les rentes étaient assignées, pour leur paiement, sur des fonds précis, qui figuraient dans leur dénomination. Lors du contrat de souscription l'État s'engageait en principe à *aliéner* – c'est-à-dire à prélever – les sommes nécessaires sur les fonds concernés. Mais il fallait, pour que les arrérages fussent effectivement payés, que ces fonds fussent alimentés. Et pour en bénéficier, les rentiers n'étaient pas prioritaires. Depuis des années, l'État avait pris l'habitude, dans les périodes de vaches maigres, de rogner sur les rentes : il réduisait autoritairement le nombre de quartiers versés et il lui arrivait de les suspendre totalement. Mais au lieu de les annuler, il prétendait seulement les reporter à des jours meilleurs et le contentieux s'accumulait. Les chroniques du temps signalent la colère des rentiers portant leurs doléances à l'Hôtel de Ville, qui n'y peut plus rien, et au Parlement, qui choisit ou non de les encourager selon la conjoncture, sans plus d'effet. Lorsque Louis XIV prend en main son royaume, les épargnants trop souvent échaudés se sont détournés des rentes de l'Hôtel de Ville, désormais très dépréciées sur le marché. C'est le moment que choisit Colbert pour décider que l'État, comme le contrat initial l'y autorise, va procéder à leur remboursement obligatoire : nul ne pourra refuser. Mais attention ! Il va les faire racheter, non pas à leur prix d'émission, mais à leur valeur actuelle sur le marché. Autrement dit, les épargnants ne récupéreront qu'une part très réduite de leur capital, tout en perdant leur rente[1]. L'opération – très profitable pour l'État – risque de léser pas mal de gens. Tant pis pour eux, qui sont à charge au pays, juge Colbert. Cela ne serait que justice. L'argent économisé permettrait au roi d'apporter quelque soulagement à l'énorme masse du peuple qui travaille, en réduisant le montant de la taille – dont les Parisiens, eux, sont exemptés.

Les années 1662 à 1664 voient donc surgir une rafale d'édits de remboursement ciblés. Voici la liste des contrats partiellement ou totalement remis en cause :

– 13 mars 1662 : un million de livres de rentes sur les tailles ;

– 18 mars 1662 : 600 000 livres de rentes sur les gabelles ;

– 3 juin 1662 : 400 000 livres de rentes sur les Cinq grosses fermes ;

– 30 août 1662 : toutes les rentes sur les parties casuelles ;

– 3 avril 1663 : les rentes de l'Hôtel de Ville souscrites entre 1656 et 1661 ;

– 1664 (projet) : toutes les rentes de l'Hôtel de Ville établies depuis vingt-cinq ans.

Ce sont donc des montants considérables que

---

1. On envisagerait aujourd'hui de prendre en compte les intérêts déjà versés et de les considérer comme un début d'amortissement pouvant être retranché du capital restituable. Mais les clauses de ce genre n'étaient pas prévues dans les contrats de constitution de rentes.

l'État n'aura plus à débourser chaque année. Relativement limité tout d'abord, le champ visé s'élargit peu à peu, jusqu'à l'édit de l'été 1664, sur lequel l'État est contraint de transiger devant la montée des protestations. Il avait d'abord exigé, pour procéder au remboursement, que l'on produise non seulement le contrat initial, mais tous les documents attestant des transmissions ultérieures !

Ces mesures révoltent les magistrats. Beaucoup sont sans doute touchés personnellement, parce qu'ils avaient, comme beaucoup de Parisiens, quelques titres de l'Hôtel de Ville dans leur portefeuille. Mais en tant que juristes, ils ont de bonnes raisons de s'indigner. Car il y a rupture de contrat, avec suspicion de mauvaise foi. L'État, par ses défauts de paiement accumulés, a frustré les contractants d'une partie des arrérages qui leur étaient dus. Il a provoqué ainsi la baisse du cours des titres sur le marché. Et il prétend profiter de cette baisse pour les rembourser à vil prix, donc à les frustrer aussi d'une part de leur capital. C'est bien d'une banqueroute qu'il s'agit, et d'une banqueroute d'une ampleur incompatible avec la présence de Fouquet à la surintendance. Mais son procès, au lieu de faire diversion comme on pouvait l'espérer, eut pour résultat imprévu de le réhabiliter aux yeux des magistrats et d'une partie de l'opinion – en minimisant, par comparaison, l'importance de ses voleries et en l'associant aux rentiers, victimes comme lui de la brutalité de Colbert.

Les rentes de l'Hôtel de Ville ne succombèrent pas à ce grand coup de balai. Elles rendaient trop de services. Elles reparurent, avec des taux un peu plus bas à la signature des nouveaux contrats – c'est le seul stade de l'opération qui rapporte à l'État, sous forme d'argent frais – et leurs clauses furent respectées jusqu'au jour où la guerre fera croître les besoins, entraînant les mêmes dérives. Colbert voyait loin et large. Il raisonnait sur le long terme, à l'échelle du royaume et à l'écart des milieux qui faisaient l'opinion à Paris. Ses projets, trop vastes, se heurtèrent en matière économique aux pesanteurs propres à la société française. Il ne parvint pas à détourner ses compatriotes des placements sécurisés, sans risques, dont ils sont encore friands. Eut-il raison de leur appliquer un remède de cheval dans les premières années du règne de Louis XIV ? Ce n'est pas le lieu d'en débattre ici. Mais sa politique financière est une donnée essentielle pour comprendre le procès Fouquet. Car les membres de la Chambre de justice, tous issus de la magistrature, vivant en quasi-osmose avec le Parlement dont certains étaient membres, n'ont cessé de réagir aux mesures prises, soit pour les approuver, soit pour s'en indigner. Et l'enquête sur le surintendant, qui avait incarné l'option inverse, les amenait à plonger chaque jour plus avant dans les arcanes d'un système fisco-financier assurément plein de vices, mais dont on commençait à regretter sérieusement les facilités.

CHAPITRE SEPT

Une affaire mal engagée

En tout lieu et en tout temps, les institutions judiciaires se voient reprocher leur lenteur. Mais cette lenteur est inévitable. Elles ont été créées pour remplacer la justice expéditive qu'exerçaient les puissants au gré de leurs humeurs. Elles se réfèrent à des normes et doivent offrir à l'accusé les moyens de se défendre. Louis XIV, en confiant à un tribunal le soin de juger Fouquet, alors qu'il était habilité à le faire lui-même, souhaitait montrer que la France n'était pas un régime où régnait l'arbitraire. La culpabilité de Fouquet ne faisait à ses yeux aucun doute, mais il voulait qu'elle fût confirmée en droit. La nature de la peine restait à débattre. Colbert lui aussi estimait le surintendant coupable. Cependant, à la différence du jeune roi, il savait fort bien qu'il n'était pas le seul. À travers lui, c'est tout un système qu'il espérait atteindre. Fouquet devait être très précisément le bouc émissaire qui emporterait avec lui l'habitude des profits illicites ancrée depuis vingt-cinq ans chez une bonne partie des élites. Mais pour que le mécanisme du bouc émissaire fonctionne, il est indispensable que la société communie à son égard dans une même détestation, au terme d'une crise violente. Et dans ce cas, la société n'a que faire de la justice : on le chasse ou on le tue, sans autre forme de procès. Au contraire, dès que l'on prétend donner une forme juridique à un processus de ce genre, on se heurte à des impasses, parce qu'il est impossible de juger objectivement un individu particulier sans examiner son action passée et donc mettre en cause d'autres gens, d'autant plus nombreux que le personnage en question a occupé une place plus éminente. On ouvre alors une boîte de Pandore dont nul ne sait ce qui sortira.

Colbert était un financier très compétent, mais un médiocre juriste. Et surtout ses conceptions politiques, nées lors du travail accompli dans l'ombre au temps de Mazarin, n'avaient pas encore subi l'épreuve du réel. Comptant sur l'autorité royale toute neuve pour les faire passer en force, il sous-estimait le poids de l'opinion à Paris. Il manquait terriblement de patience et de diplomatie. Il avait promis au roi un procès rapide. Espoir vite envolé ! L'inventaire des papiers saisis lui avait fait mesurer l'ampleur de la matière à brasser et il avait découvert le formalisme des magistrats. Mais il était trop tard pour faire marche arrière et impossible d'en accélérer le cours, comme l'expliqua un jour au roi celui qui devint le principal acteur de ce procès : puisqu'on avait choisi la voie judiciaire, il fallait, au prix d'une inévitable lenteur, en respecter toutes les règles, faute de quoi le jugement serait frappé de nullité. Entre l'arrestation de Fouquet, le 5 septembre 1661, et le jugement, le

Une affaire mal engagée 299

20 décembre 1664, il s'écoula trois ans et quatre mois ! Ce fut un procès-fleuve, qui échappa à ses initiateurs et qui, de plus en plus médiatisé, quitta le huis clos du tribunal pour s'étaler sur la place publique.

Une machine peu maniable

Plus un organisme comporte de participants, plus il est difficile à gérer. Dans cette chambre de justice, ils sont une trentaine si l'on compte le procureur Denis Talon et le greffier Joseph Foucault. Au départ ils ne se connaissent pas tous. Les provinciaux font figure de néophytes, mais s'adaptent vite. Il ne s'opère pas de clivage entre eux et leurs collègues parisiens. Le tri se fait entre les plus réservés et ceux qui aiment à parler en public. Dans ce temple de l'éloquence qu'est un prétoire, certains tiennent à se distinguer. Quand on leur donne la parole, ils se lancent dans d'interminables discours, lestés de citations latines et agrémentés de fleurs de rhétorique, dont le texte nous tombe des mains aujourd'hui. Mais nos aînés faisaient preuve à leur égard d'une capacité d'écoute extraordinaire. Mieux même : ils y prenaient plaisir. Olivier Lefèvre d'Ormesson, au sortir d'un exposé de trois heures d'affilée, note fièrement dans son *Journal* : « M. le chancelier et tous Messieurs me témoignèrent grande satisfaction. » À vrai dire, il arrive à Séguier de piquer parfois du nez pour un petit somme réparateur, mais on lui pardonne au bénéfice de l'âge.

Chacun a le droit d'exprimer son point de vue

pourvu que ce soit dans les formes. Et il y en a qui ont toujours quelque chose à dire. On invoque des précédents. On souligne les divergences. On discute de tout. On ergote. Et l'on vote, ou plutôt exactement on opine, ce qui signifie, dans la langue de l'époque, qu'on exprime un avis motivé. Vu le nombre de participants, il faut s'armer de patience. S'il n'en émerge que deux avis opposés, on tranche selon la majorité. Mais s'il y en a trois ou plus, on invite les minoritaires à se rallier à l'un des deux autres. Le greffier est chargé d'enregistrer à la main, avec une plume d'oie, l'essentiel des débats, en les expurgeant tout de même des altercations ! Et le procureur doit relire et entériner. Un tel système manque terriblement de souplesse. Lorsqu'un imprévu se présente, on doit en débattre afin d'aboutir à un vote sanctionné par un arrêt : impossible donc de réagir vite face à une urgence. De plus, lors d'une affaire complexe où surgissent tour à tour des questions multiples, on se trouve lié par des arrêts antérieurs, sur lesquels il est souvent très difficile de revenir.

Telle était la pratique en usage dans les tribunaux, à une époque où l'on avait du temps à revendre. Conçue pour des causes d'ampleur limitée, elle convenait très mal au procès Fouquet. Mais comment espérer que les commissaires[1] de la Chambre de justice

---

1. Étant nommés par commission (et non propriétaires de leur charge), les magistrats siégeant à la Chambre de justice étaient souvent nommés commissaires dans les procès-verbaux du temps.

rompraient avec leurs habitudes ? Livrés à eux-mêmes, ils risquaient de suivre leur pente naturelle. Pour débroussailler le maquis de pièces comptables saisies et enquêter sur tous ceux qui avaient manié l'argent du roi, il leur faudrait des années ! Or le calendrier prévu par Colbert exigeait, du moins pour Fouquet, une issue rapide. Il se croyait paré contre le risque de lenteur. Lorsqu'il s'était interrogé sur le profil requis pour siéger à la chambre, il avait omis de prendre en compte la compétence financière, pourtant essentielle dans un procès de ce type. Avait-il pensé en secret que des juges largement dépassés par des débats techniques seraient plus enclins à suivre sans discuter la voie qu'on leur proposait ? Oh certes, le recrutement répondit à son attente. La plupart d'entre eux étaient incapables de décrypter les opérations complexes montées par des professionnels exercés à brouiller leurs traces. Mais ils n'en renonçaient pas pour autant à discuter. Fallait-il exposer un par un les points reprochés à Fouquet, et en débattre à mesure ? Trop long, rétorquait Pussort, il suffisait de lire l'acte d'accusation en son entier et de voter ensuite. Avec pour résultat qu'à la fin les trois quarts des gens avaient oublié le peu qu'ils avaient saisi en cours de route. On dépensait en explications à l'adresse d'incompétents une énergie et un temps qui auraient pu être mieux occupés.

Surtout, il apparut très vite que dans leur partie même, qui était le droit, un bon nombre d'entre eux perdaient pied. C'est que ce diable de procès ne ressemblait pas à ceux dont ils avaient eu à débattre dans leurs fonctions ordinaires. Car Fouquet prétendait n'être justiciable, en tant qu'ancien procureur général, que devant le roi ou le parlement de Paris et il récusait leur compétence. D'où la nécessité d'adapter la procédure à ce cas particulier. En ce domaine, ils se croyaient compétents et, en gros, ils l'étaient. Mais ils pataugeaient sur des points qui leur étaient peu familiers et ils saisissaient mal les implications ultérieures de leurs votes. Tenaces, ils s'accrochaient d'autant plus énergiquement à la forme qu'ils avaient mal compris le fond. D'où une multitude d'oublis, de négligences, de fausses manœuvres, qui perturbaient le cours de la procédure. On débattait sur les moyens de les réparer, on opinait à tour de rôle, et le temps coulait sans remède.

Des flottements au sommet

De telles défaillances auraient pu servir les vues de Colbert, si la chambre avait été fermement dirigée. Or ce ne fut pas le cas. Il avait pris ses précautions pourtant. Il téléguidait les opérations. Son factotum, Berryer, servait de courroie de transmission aux consignes, ouvertes ou secrètes, dont ses trois plus solides féaux, Pussort, Voysin et Poncet, devaient diriger la mise en œuvre. Il n'avait pas eu à chercher loin un président et un procureur : ceux qu'imposait la hiérarchie lui étaient tout acquis et détestaient Fouquet. Ce fut donc à Denis Talon, avocat général au Parlement, qu'incomba le soin de porter l'accusation. La présidence échut tout naturellement au chancelier

Pierre Séguier. À soixante-quatorze ans, cet éminent personnage donnait quelques signes de fatigue physique et mentale. Il fut donc entendu au départ qu'il ne serait pas tenu de l'exercer en personne et serait suppléé dans cette tâche par Guillaume de Lamoignon, dont le vote entraînerait en chaîne un bon nombre de ses amis. Celui-ci occupait au Parlement le poste éminent de Premier président – une commission confiée à titre personnel par le roi. Il avait des enfants à établir et il lui fallait se dédouaner de l'amitié qui l'avait lié à Fouquet. Bref, on devait pouvoir compter sur lui. Comme la Chambre de justice était logée au second étage dans l'enceinte du Palais, il lui suffirait de quelques pas pour passer d'une de ses présidences à l'autre. Il les mènerait de front et se rendrait utile des deux côtés.

Tout fonctionna harmonieusement durant les trois premiers mois. On se consacrait à la chasse aux complices éventuels du surintendant et au tri des documents saisis. Les choses se gâtèrent soudain au début de mars, lorsque des édits royaux s'attaquèrent aux rentiers et aux détenteurs d'offices[1]. Au Parlement, on tempêta fort contre ces mesures, dont le caractère rétroactif était contraire au droit. Voilà que l'État recommençait à spolier les épargnants en reniant les engagements qu'il avait signés ! Le président Lamoignon partageait l'indignation de ses collègues. À la Chambre de justice, dans la foulée des édits, Talon proposa de casser des contrats de rentes sur les tailles

---

1. Cf. *supra*, p. 290 *sq.*

émis par les soins de Fouquet et jugés frauduleux[1]. Lamoignon s'y opposa pour des raisons de principe. En vain : il ne fut pas suivi. Outré, il se plaignit publiquement « des personnes dont le roi se servait dans les affaires de finance ». Il se produisit alors dans la chambre une fracture, qui n'avait rien à voir avec l'accusé. D'un côté les tenants du droit, arc-boutés sur la défense de leurs principes. De l'autre les politiques décidés à éradiquer, fût-ce au prix d'importants dégâts, des pratiques vicieuses que vingt-cinq ans d'usage avaient quasi transformées en norme. Les deux points de vue eussent été défendables, à condition qu'on en débattît honnêtement. Mais Colbert voulut passer en force, ses agents eurent recours à des méthodes douteuses et ils furent, par-dessus le marché, d'une insigne maladresse. Si bien que tous les efforts déployés par le gouvernement pour imposer ses vues ne firent qu'exacerber les résistances.

Ces dissensions eurent pour effet immédiat de retarder un peu plus le déroulement des opérations. Car la pression qui pesait sur eux incitait les commissaires, toutes opinions confondues, à mesurer leurs propos et à s'assurer qu'ils ne seraient pas dénaturés. Ils exigeaient que le greffier inscrivît au procès-verbal

---

1. Il faut dire que l'émission de titres correspondant à un prêt d'un million de livres n'en avait apporté que cent mille dans les caisses de l'État. — On parlait des *tailles* au pluriel et non de la *taille,* parce que le mode de perception en était différent selon les provinces. Mais il s'agit bien de l'impôt direct roturier auquel échappaient les nobles, le clergé et un bon nombre de privilégiés – dont les habitants de Paris et des grandes villes.

la moindre parole tombée de leur bouche, tant ils craignaient d'être pris en défaut, ou de se voir adresser des reproches immérités. On discutait donc à perte d'haleine, sur des broutilles. Un document réclamé par le roi devait-il lui être transmis directement ou en passant par le procureur général? Les avocats invités à parler dans le cadre de cette chambre devaient-ils appeler le chancelier *Monseigneur* ou simplement *Monsieur* et ôter ou conserver leur couvre-chef? Lorsqu'un accusé, comme Fouquet, refusait de répondre à un interrogatoire, la procédure exigeait qu'on lui fît trois sommations avant de passer outre. La chambre devait-elle en prendre acte par un arrêt unique, ou rendre trois arrêts successifs distincts? Cette grave question donna lieu à un débat, puis à un vote où chacun opina à son tour. Et par précaution, on adopta, bien sûr, la solution la plus lourde. Ainsi, de jour en jour, Foucault grattait du papier pour d'interminables procès-verbaux, dont on écoutait distraitement la lecture et que Talon, débordé, signait souvent sans y avoir jeté l'œil.

Dès le printemps de 1662, le climat se détériora. Des défections se produisirent: le conseiller d'État Chouart s'en alla sur la pointe des pieds. Louvois également. Jeune conseiller au parlement de Metz, il avait été choisi parce que fils de Le Tellier. L'animosité de celui-ci contre le surintendant, bien que voilée, n'était pas moindre que celle de son collègue: «Autant M. Colbert désire que Fouquet soit pendu, autant M. Le Tellier craint qu'il ne le soit pas», plaisantait Turenne. Mais il préférait ne pas paraître associé à l'entreprise si elle suscitait des remous. La démission de son fils, prudente, montra qu'il en voyait venir. Lamoignon, lui, resta en place. Il se contenta de lever le pied. Il consacrait le plus clair de son temps au Parlement et ne faisait à la chambre que quelques apparitions, entre onze heures et demie et midi et entre quatre et cinq. Le procès se traîna ainsi tout au long de l'année 1662, jusqu'au jour où, à la mi-décembre, Colbert, excédé, décida le roi à crever l'abcès. Louis XIV y mit des formes. Invoquant le poids excessif de ses deux fonctions, il signifia à Lamoignon que le chancelier présiderait désormais en personne la Chambre de justice, sans pour autant l'empêcher de s'y rendre quand ses occupations lui en laisseraient le loisir. Une brève période de transition permit à l'intéressé de sauver la face, il se retira la tête haute, finalement soulagé. Il quittait au bon moment un poste périlleux où il n'aurait eu que des coups à recevoir.

Son départ posait à Colbert un gros problème. Il lui fut facile de substituer au jeune Louvois un autre Messin tout acquis à ses vues. Mais pour remplacer Lamoignon, il eût fallu un homme qui l'égalât en dignité et qui eût des capacités équivalentes. Or il ne s'en trouvait pas dans sa clientèle. Et, en tout état de cause, il ne pouvait écarter le chancelier qui, mécontent d'avoir été cantonné dans une semi-retraite, ne demandait qu'à reprendre du service dans l'espoir de conquérir enfin un titre de duc. Hélas, l'art de diriger une assemblée n'est pas donné à tout le monde. En la matière, Lamoignon avait fait ses preuves au Parlement. Séguier n'en était plus capable à son âge, si tant est qu'il l'eût été autrefois. Il apparut très vite que le procureur Denis Talon ne faisait pas non plus le poids. Il se mit à multiplier erreurs et négligences. Que lui arrivait-il donc ? Il était tombé éperdument amoureux de la maréchale de L'Hôpital, une aventurière au passé tumultueux, qui lui faisait perdre la tête. Si vraiment, comme le murmurait la rumeur, elle avait été jetée dans ses bras par Colbert pour l'inciter à « bien faire », c'était raté. L'explication est un peu courte. Au vu des discours qui nous sont parvenus, et qui sont de la même encre que ceux de son père, il semble bien qu'il ait été plus doué pour l'éloquence d'apparat, ronflante comme on l'aimait alors, que pour les manœuvres politiques subtiles. Amoureux ou pas, il était dépassé par la tâche qui lui incombait.

Cette chambre se trouva donc dépourvue de direction effective, alors que s'accentuaient de jour en jour les tensions qui la traversaient. Parmi les commissaires acquis à Colbert, le seul qui fût doué d'un esprit vif et profond, assorti d'un vrai talent oratoire, était Pussort. Sous un autre régime, il eût été un remarquable tribun. Mais il était totalement dépourvu de diplomatie et sa violence, qu'il ne savait contrôler, prenait à rebrousse-poil cette assemblée accoutumée aux tons feutrés, aux discours codés et aux périphrases. De plus, comme il servait ouvertement de porte-parole à son neveu Colbert, il était trop marqué pour pouvoir afficher une objectivité à laquelle nul n'aurait ajouté foi.

Il y avait donc un vide à combler, une place à prendre. Il fallait un homme capable à la fois de dominer une matière complexe, d'arbitrer sereinement les débats et d'obtenir le respect de ses collègues en dépit de leurs divergences, afin de parvenir à un jugement auquel chacun pût souscrire. Tâche quasi impossible, tant les règles du jeu étaient biaisées au départ, du fait d'une contradiction fondamentale. On avait invité ces hommes à rendre la justice équitablement, selon les règles, tout en exigeant d'eux un verdict de culpabilité. Dans son principe même, cette chambre bafouait la notion de justice et donc le fondement du droit. Ils le supportaient mal. N'invoquons pas ici l'indépendance de la magistrature, puisqu'il s'agit d'un temps où le roi détient le pouvoir de vie et de mort sans partage. Mais pourquoi celui-ci a-t-il choisi de se décharger sur eux d'une besogne qui lui incombait ? Pourquoi n'a-t-il pas eu le courage d'assumer, d'entrée de jeu, la mise à l'écart de Fouquet, dont il aurait pu fixer à son gré les modalités ? N'était-ce pas chez lui un signe de faiblesse que de se défausser sur des magistrats réduits au rôle d'exécutants ? C'était là une faute politique, que pouvait expliquer son inexpérience et dans laquelle Colbert portait une lourde responsabilité. Mais il allait la payer cher. À cet aréopage de magistrats éminents censés représenter le pays tout entier, il n'ouvrait en effet qu'une voie étroite et semée d'embûches entre la servilité et la révolte.

Le contenu du dossier

Le 3 mars 1662, Talon annonça à ses collègues que les inventaires étaient terminés. Leur examen avait montré que Fouquet était coupable d'un certain nombre de délits impliquant sa mise en accusation. Les éléments mis au jour étaient désormais suffisants pour engager des poursuites. Mais l'enquête était loin d'être achevée. Il fallut attendre jusqu'au début juillet pour que les commissaires pussent disposer de toutes les données engrangées. Une récapitulation s'impose donc ici.

Il fallait, bien sûr, partir de ses papiers. La première chose à faire était d'en examiner de près le contenu. Si l'on mettait à part les lots de lettres détruites par le roi, les fouilles opérées chez Fouquet avaient permis d'isoler quelques documents, sur lesquels ses accusateurs fondaient de grands espoirs. Mais la masse des papiers financiers n'avait donné lieu tout d'abord qu'à un inventaire sommaire. Il s'y ajoutait les saisies opérées chez ses commis, venues enfler le flot qui déferlait sur la chambre. Deux avocats, assistés du greffier Foucault, furent affectés au dépouillement de toutes ces paperasses, sous l'autorité du procureur Talon. Ils mirent trois mois à les répertorier, en attribuant une cote à chaque document et en s'efforçant de tirer du lot ceux qui paraissaient suspects. Ces avocats, notamment l'un d'eux, Gomont, prirent leur tâche à cœur, au point d'agacer parfois leurs commanditaires, et leur travail fut bien fait. C'est sur lui que s'appuya Talon pour lancer la procédure au début mars.

Mais la chambre n'avait pas attendu pour engager des poursuites contre les associés du surintendant. On avait ratissé large : les financiers furent invités à présenter tous leurs traités. De son côté le roi avait révoqué les trésoriers de l'Épargne, suspects de négligences graves dans l'exercice de leur charge[1]. Ils étaient trois, Guénégaud, Jeannin de Castille et La Bazinière, à avoir régenté tour à tour, une année durant, les sorties de fonds. Le 15 décembre, on s'avisa qu'il serait bon de confronter les papiers saisis chez Fouquet avec les archives de l'Épargne. On constata qu'il n'y en avait pas, du moins pour les années postérieures à 1654, date où celui-ci avait conquis son autonomie à la surintendance. La plupart des commissaires l'ignoraient et d'Ormesson fut stupéfait, un peu plus tard, lorsque la chose lui fut confirmée par Hervart, le contrôleur en titre, dont la fonction avait alors été réduite à rien : les ordonnances de sorties, rédigées sur de simples feuilles volantes, n'étaient pas enregistrées ! Comment apprendre quelles sommes avaient réellement été versées ? Les initiés, eux, savaient fort bien que les trésoriers, contraints de tricher par la modicité des taux légaux, avaient pris l'habitude de présenter à la Cour des comptes une fausse comptabilité, qu'ils s'empressaient de détruire aussitôt après[2]. Mais ils savaient aussi qu'ils conservaient par-devers eux, sur des registres purement privés, la trace des opérations effectuées. C'est pour pouvoir confisquer ces registres qu'on venait de les destituer. Ne crions pas à l'abus de pouvoir : le seul fait d'avoir procédé ainsi les rendait suspects de malversations – que confirmait leur notable enrichissement. Dans leurs

---

1. Ils ne seront arrêtés et embastillés qu'au début d'avril 1663.
2. Cf. *supra*, chap. 2. — Guénégaud avoua avoir brûlé les rôles de 1654.

registres étaient sauvegardés des documents concernant les différents traités dont ils avaient honoré le paiement. Certains d'entre eux portaient la trace de vérifications antérieures : Hervart put identifier sa propre marque et celle d'un de ses collègues. Face aux papiers de Fouquet, ils devaient permettre de déceler les opérations suspectes.

On décida donc de les inventorier. Mais il n'était pas question d'en charger un avocat vétilleux, qui, comme Gomont, se risquait à des objections. Pour cette tâche importante et délicate, Colbert délégua des gens à lui, Pussort et Voysin, assistés de l'inévitable Berryer. Pour ce dernier, il aurait mieux fait de s'abstenir ! Comment venir à bout d'une telle montagne de documents ? Talon parlait de dix à douze mille. On les affecta d'un numéro de code, mais cela ne suffit pas à les rendre maniables : vu leur masse, il serait évidemment impossible de les compulser à la demande. Il fut donc décidé d'en « tirer des extraits » qui en résumeraient la substance. Les commissaires préposés eurent besoin de quatre mois pour mettre au point un recueil, connu sous le nom de « Procès-verbaux des registres de l'Épargne », qui jouera un rôle décisif dans la suite du procès. Ils n'en vinrent à bout qu'au début de juillet.

On avait procédé, bien entendu, à l'interrogatoire des témoins, en deux fois, selon les règles, leurs dires initiaux devant ensuite être authentifiés par une déclaration signée. On n'en tira pas grand-chose. Il n'existait pas de témoins extérieurs à l'affaire. Les gens qu'on présentait comme tels étaient eux-mêmes en prison ou sous le coup de poursuites. Avant tout soucieux de se dédouaner, ils chargèrent l'accusé sans vergogne, comme son parent Jeannin de Castille, ou s'en tinrent, non sans contradictions, à quelques faits connus. Ceux qui en savaient le plus long sur le compte de Fouquet étaient en fuite, comme Bruant des Carrières, ou planqués, comme Gourville, avec la complicité de Colbert lui-même[1]. Quant à la foule des bénéficiaires de sa « générosité », on avait renoncé, en haut lieu, à la mettre en cause.

Restait donc Fouquet lui-même. Dès que fut terminé l'examen de ses papiers, qui entraînait sa mise en accusation, on avait commencé de l'interroger sur leur

---

1. L'indulgence dont bénéficia Gourville s'explique par sa situation très particulière. Orphelin de toute petite noblesse et sans le sou, il débuta comme secrétaire et factotum de La Rochefoucauld et eut l'occasion grâce à lui de connaître beaucoup d'importants personnages pendant la Fronde. Lorsque son maître se retira, il se mit à son compte. Sans « appartenir » à personne, il se fit prestataire de services, tant pour des missions très courtes que pour des entreprises de plus longue haleine. Intelligent, courageux, efficace et discret, il fut apprécié des gens les plus divers et n'abusa jamais des secrets qu'il détenait. La Chambre de justice finit par le condamner par contumace et il fut pendu en effigie place de Grève : il se paya le luxe de venir à Paris et il put ironiser, quand on lui apporta son portrait, détaché nuitamment du mannequin d'osier, sur le manque de talent du peintre. Il offrit ses services à travers l'Europe durant une huitaine d'années et finit par avoir ses entrées partout. Ayant bénéficié d'une abolition, il rentra en France et prit en charge la maison du prince de Condé couvert de dettes. Fixé auprès de lui comme intendant, il régenta superbement les affaires de son maître et les siennes propres. Il finit très âgé et richissime.

contenu. Ce furent d'abord des entretiens informels, dépourvus de caractère officiel. Il consentit donc à y répondre[1]. Pendant trois semaines, deux commissaires désignés, Poncet et Regnard, se rendirent à Vincennes matin et après-midi tous les jours – sauf les dimanches – pour une série de questions précises. Tout d'abord, il le prit d'assez haut, protesta contre l'exil de sa femme, se plaignit de n'avoir ni encre, ni papier, implora un entretien secret avec le roi, réclama un avocat. Désinvolte il avait réponse à tout, il niait. Parmi les points litigieux, beaucoup furent abandonnés et ceux qu'on retint firent l'objet par la suite d'un fastidieux ressassement. Il n'en sera donc évoqué ici que deux, à valeur d'exemples.

Le premier est le fameux titre de pension de 120 000 livres sur les gabelles, sans nom de bénéficiaire, trouvé chez lui au premier jour des inventaires. Chez lui ? Comment est-ce possible ? rétorque-t-il avec assurance. Et d'insinuer que le document a pu être glissé au milieu des siens par malveillance – sous-entendu, n'oubliez pas la participation illégale de Colbert à la fouille de sa maison. En tout état de cause, cette pension ne lui était pas destinée – cherchez plus haut, en direction de Mazarin ! En revanche, il se montre moins à l'aise lorsque Poncet lui demande un beau matin s'il n'a pas dressé à l'intention de ses amis la liste des mesures à prendre si l'on en venait à l'arrêter. Non, il prétend n'en avoir pas souvenir. Mais

---

[1]. Si ses visiteurs avaient été mandatés par la chambre, accepter de répondre aurait été reconnaître sa juridiction.

lorsque le commissaire exhibe le petit cahier trouvé derrière le miroir, il se décompose. C'est son écriture, impossible de nier. Il croyait, dit-il, l'avoir brûlé, nul n'en a eu connaissance. Les enquêteurs l'abandonnent à ses réflexions, le temps d'aller dîner[1]. À leur retour il leur inflige un discours de quatre heures : ce texte irréfléchi est né d'un mouvement d'humeur provoqué par la conduite cauteleuse de Mazarin à son égard, dont il se complaît à détailler longuement les turpitudes. Et de rejeter sur le harcèlement moral dont il était victime la responsabilité de ces élucubrations sans conséquence. Mais en son for intérieur, il sait désormais qu'il risque très gros.

Les chefs d'accusation

Au terme de ces interrogatoires, la chambre se crut en mesure de formuler les chefs d'accusation. Le 23 mars, le rapport de Poncet et Regnard fut pour les commissaires une douche froide : il ne comportait pas moins de cent quarante-sept rôles ! Devant la perspective d'une immersion au long cours dans tout cet océan, ils n'eurent qu'une idée, en circonscrire l'étendue. En éliminant les doublons et en regroupant les cas similaires, on réduisit le nombre des éléments suspects à quatre-vingt-seize. C'était encore trop ! En élaguant le dossier au maximum, on finit par borner

---

1. Le dîner est alors le repas de midi, pris entre une et deux heures.

la culpabilité de l'accusé à une dizaine de points jugés irréfutables[1], que Talon exposa à ses confrères au milieu d'avril.

Le premier s'appuie sur le fameux plan de Saint-Mandé, qui, en raison du projet de soulèvement esquissé, relevait de la lèse-majesté, passible de la peine capitale. Curieusement, bien qu'il témoigne d'intentions gravement coupables, il va être plus ou moins escamoté des débats qui vont suivre. Son contenu pourtant ne prête pas à discussion. De plus il est corroboré par la découverte dans ses papiers des « pactes de fidélité » par lesquels deux de ses affidés s'engageaient par serment à le servir « envers et contre tout ». Cependant les choses se passent comme si la chambre répugnait à y toucher. Plutôt que d'examiner le projet lui-même, on préféra se pencher sur les intentions supposées de son auteur : fallait-il y voir, comme il le prétend, la rêverie chimérique d'un esprit momentanément égaré, ou le premier jalon d'une entreprise concertée ? Voilà que ces magistrats si réalistes, si pointilleux sur les faits se mettent à faire de la psychologie ! En réalité la plupart d'entre eux supportent mal l'idée de l'envoyer à la mort. En tout cas, ils préfèrent remettre la décision à plus tard.

Place donc aux délits financiers. Parmi les manipulations d'argent attestées dans ses papiers, certaines

---

[1]. La liste fournie par les diverses sources est d'une longueur variable, selon qu'on détaille ou regroupe certains chefs d'accusation relevant de la même catégorie ou qu'on inclue ou non le projet de Saint-Mandé dans la liste.

étaient très profitables, mais non répréhensibles, comme les prêts au roi, même assortis, pour compenser la différence de taux, de confortables remises. Et il avait beau jeu de proclamer que s'il n'avait pas secouru l'État de sa poche dans des moments critiques, celui-ci se serait trouvé en cessation de paiement. Ainsi, au lendemain du désastre de Valenciennes, les 900 000 livres avancées avaient permis de reconstituer aussitôt l'armée en déroute et lui avaient d'ailleurs été remboursées – avec ou sans intérêt, on ne sait. Mais avait-il trempé dans des prêts totalement fictifs, ou dans des «affaires extraordinaires» truquées?

Les chefs d'accusation relèvent de trois catégories principales, les pensions, les prêts frauduleux et les aliénations de droits sur le roi, à quoi on peut ajouter six millions en billets sur l'Épargne réformés et remis en circuit [1].

Les pensions en question étaient des rentes payées par les financiers ayant obtenu l'attribution de fermes particulièrement lucratives. Bien que présentées sous forme d'une participation à l'opération, justifiant ainsi le versement d'une quote-part, c'étaient en réalité des «donatifs» déguisés, autrement dit des pots-de-vin rétribuant l'intermédiaire bien placé ayant facilité la transaction – nous dirions aujourd'hui des commissions. Il s'agissait là de rentes temporaires, limitées à la durée des contrats de fermage, renouvelés à intervalles rapprochés. Celles qu'on reprochait à Fouquet étaient au nombre de trois. L'une, d'un montant

---

[1]. Cf. *supra*, chap. 2.

de 120 000 livres, portait sur les adjudicataires des gabelles, l'autre de 140 000 livres sur ceux des aides, la troisième de 50 000 livres sur ceux du convoi de Bordeaux[1]. Dans la première, le nom du bénéficiaire était demeuré en blanc; Gourville, selon les fermiers, aurait négocié la seconde pour le compte de son maître et il figurait nommément comme titulaire de la troisième.

Ces pensions posaient un double problème : qui les avait réellement touchées ? Et d'autre part aux dépens de qui l'argent avait-il été prélevé ? Si elles étaient accordées avant la signature du contrat, on postulait que le traitant les incluait dans ses frais généraux et les déduisait donc du montant de l'impôt avancé à l'État; si au contraire elles étaient accordées après, la charge était censée peser sur le traitant seul et il n'y avait pas prévarication. N'est-il venu à l'esprit de personne que, dans un système où la pratique des donatifs était quasi obligatoire, les traitants pouvaient s'en prémunir en les prenant en compte à tout hasard dans leurs contrats initiaux, parmi les risques justifiant un rabais ? Si, bien sûr, on le savait. Mais dans ce cas le délit, s'il y avait lieu, était imputable au traitant. De toute façon, l'État était volé, mais légalement on ne pouvait incriminer Fouquet que s'il était le bénéficiaire nommément désigné d'une pension attribuée

---

1. Les *gabelles* sont des impôts sur le sel, dont les *regrats* du Languedoc ne sont qu'une sorte de sous-produit (vente en gros, puis au détail). Les *aides* sont des impôts sur les vins et autres boissons, le *convoi de Bordeaux* est un impôt sur les marchandises arrivant dans la ville.

avant signature du traité. Voilà qui promettait du travail aux enquêteurs !

Les prêts, eux, constituaient un maquis touffu dans lequel il était très difficile de suivre des pistes. Fouquet a certainement pris, avant même sa surintendance, des participations dans les grands consortiums très rémunérateurs où s'arrondissaient vite les grosses mises initiales. Mais elles n'ont pas laissé de traces. Figurent essentiellement sous cette rubrique quatre prêts dans lesquels il se serait engagé personnellement et qui seraient en partie fictifs. On parla d'un total de 10,8 millions de livres, sur lequel il n'en aurait avancé que 1,1 million, mais qui lui aurait permis d'en tirer plus de 500 000 d'intérêts. Tout cela au conditionnel ou appuyé sur des témoignages suspects.

Les aliénations de droits sur le roi permettaient à l'acheteur de percevoir en son lieu et place, durablement, certains impôts ou taxes. Le bénéfice dépendait évidemment du prix d'achat et du revenu escompté. À cette catégorie appartenaient divers droits d'octroi pesant sur la circulation des marchandises, les sucres et les cires de Rouen, par exemple et sur des péages ou des entrées de villes. En relevait aussi le fameux marc d'or au nom fascinant. Était-il loisible à un surintendant d'en acquérir ? Directement ou par l'intermédiaire d'un financier ? À quelles conditions ? De telles opérations constituaient des infractions aux règles de droit administratif, mais étaient-elles pendables ? Enfin on reprochait à Fouquet la remise en circulation d'une masse de vieux billets récupérés à bas prix sur le marché et recyclés grâce à de nouvelles assignations.

Il y en aurait eu pour six millions, répartis en trente-sept billets qui furent portés à l'Épargne et échangés contre argent sonnant. Si les faits étaient avérés, il y avait là de quoi justifier une lourde condamnation. À condition toutefois d'en fournir la preuve.

Que ces diverses opérations, toutes imputées à un haut responsable des finances, fussent fortement suspectes ne fait aucun doute. Mais il serait très difficile d'en démontrer formellement le caractère délictueux. Aussi ne manqua-t-on pas d'invoquer à l'appui les dépenses somptuaires accumulées les dernières années par le surintendant, témoignant d'un enrichissement qui ne pouvait provenir que du pillage des fonds publics. L'ensemble parut justifier qu'on engageât les poursuites au double titre de *lèse-majesté*, pour le projet de complot contre l'autorité royale, et de *péculat* pour malversations financières dans l'exercice de ses fonctions. Cette double qualification, gravissime, entraînait la peine capitale. Restait à appuyer la condamnation sur des attendus circonstanciés, sans réplique possible. Et c'est là que les difficultés ont commencé de surgir.

Une précipitation inconsidérée

Il aurait mieux valu réfléchir avant de proférer au départ des accusations aussi brutales, excluant toute autre forme de châtiment que la mort. Car à chaque stade de la procédure, les plus honnêtes d'entre les juges – et ils sont nombreux – vont se trouver partagés. Cet homme, ils le connaissent, c'est un des leurs, il a cédé à des tentations auxquelles ils ont été soumis et ont parfois succombé. Certains ne l'aiment guère, mais de là à vouloir le pendre, il y a de la marge. Or chaque fois qu'ils apporteront une preuve de sa culpabilité, c'est un pas vers la potence qu'ils lui feront faire. Il y a là de quoi les inviter, non pas à trahir la vérité, mais à pousser les investigations le plus loin possible, en quête de doutes et de circonstances atténuantes. De sorte que le dossier sur les malversations financières, loin de se clarifier au cours des mois qui suivront, va s'enrichir et s'alourdir d'éléments accumulés qui les rendront inextricables.

D'autre part, l'impératif de rapidité imposé par Colbert aboutit à rétrécir l'enquête en la concentrant sur les points, jugés seuls déterminants, où Fouquet est soupçonné de s'être enrichi personnellement. Aussi décide-t-on bientôt de rejeter les pensions accordées à ses proches, comme Gourville, Mme Du Plessis-Bellière et quelques autres. Comme si ces pensions, qu'ils n'auraient jamais obtenues sans lui, n'étaient pas une manière de rémunérer leurs services – quelque chose comme les emplois fictifs de nos jours ! On va jusqu'à écarter certains traités négociés pour son compte par des tiers, au motif qu'il n'était pas responsable de tout ce que faisaient ses commis. Il était tout de même surintendant !

De plus, en se bornant à examiner à la loupe, en quête de preuves irréfutables, un petit nombre de délits susceptibles de tomber sous le coup de la loi, on se prive du recul nécessaire pour juger l'ensemble de sa gestion, avec ses motivations et ses conséquences. Celle-ci, mise en cause à travers des formules très générales – il avait « fait l'Épargne chez lui », « détourné à des fins personnelles l'argent public » et mené « une politique financière désavantageuse pour le roi » –, n'a donné lieu à aucune enquête approfondie. À la vérité, on n'y tenait pas, parce qu'on n'avait nulle envie de découvrir non seulement qu'il avait cautionné les défaillances du système fisco-financier, mais que toute la haute société avait bénéficié de ses libéralités. On trouva par exemple des pensions ordonnancées par lui – à quel titre ? – pour la princesse Palatine, le prince de Condé, le cardinal de Retz, Turenne et divers personnages en vue. Mais combien d'autres avait-il pu en signer au profit de bénéficiaires divers, sans laisser de traces ? On ne le saurait jamais ! On voulait un coupable illustre, mais un seul. On édifia autour de lui une manière de cordon sanitaire qui arrêtait l'enquête dès qu'elle risquait d'atteindre un domaine sensible.

Ses biographes s'étonnent à juste titre qu'on n'ait pas interrogé tel ou tel. Certes. Mais on ne pouvait pas interroger tout le monde, on n'en aurait jamais fini. Les commissaires savaient bien que les financiers en diraient le moins possible et qu'il serait difficile de les prendre en faute. D'ailleurs, comment ne se seraient-ils pas irrités d'avoir à quêter laborieusement des informations ici ou là, alors qu'il existait un témoin qui connaissait mieux que personne toutes les affaires en cause, Colbert lui-même, qui, à l'époque, travaillait aux finances en même temps que

Fouquet et le surveillait pour le compte de Mazarin ? Mais il était le bras droit du roi, chef suprême de la justice, et supervisait à ce titre le déroulement du procès. Intouchable, il se trouvait à la fois, comme l'accusé ne manqua pas de le souligner, juge et partie. Ajoutez à ce vice fondamental les irrégularités et les imprudences qui s'étaient produites lors des inventaires, l'intervention constante de personnes non mandatées dans la manipulation des documents et les pressions qui se firent plus insistantes au fil des mois. Il y avait de quoi démobiliser les meilleures volontés. Mais la vie d'un homme était en jeu et le droit était bafoué. Il fallut à l'un des commissaires un travail de longue haleine pour se faire une opinion personnelle et un très grand courage pour parvenir à la faire prévaloir.

Une procédure peu orthodoxe

La Chambre de justice s'acheminait vers un procès technique, où les chefs d'accusation, traités à tour de rôle, occuperaient l'essentiel de sa tâche. Les comptes rendus laissés par le greffier Foucault attestent qu'elle s'y adonna jusqu'au bout avec conscience. Mais l'ennui prévalut très vite. Le cœur n'y était pas. Car tous ont compris que leurs enquêtes étaient vaines. D'une part, les premières investigations ont montré leurs limites : des présomptions, on en a en foule, mais il est quasi impossible de trouver des preuves, tant les montages financiers ont habilement brouillé les pistes. D'autre part, même si on en trouvait, les vices de forme relevés dès le début suffiraient à entacher le jugement de nullité. Pourquoi donc des magistrats, souvent peu portés vers une matière aussi rébarbative que la finance, se donneraient-ils la peine de s'y plonger – en pure perte ? D'autant qu'ils se voient offrir des sujets de débats autrement importants, directement liés à leur fonction : c'est sur la conduite de la procédure à mener qu'ils vont s'affronter deux ans durant. Autrement dit, c'est le procès lui-même qui se trouvera mis en procès !

Ce déplacement de champ est le fruit d'une machiavélique manœuvre initiale de Fouquet. Il avait une formation de juriste bien plus poussée que la plupart de ses juges et il connaissait par cœur les moindres subtilités du droit. Dès le lendemain de son arrestation, il avait récusé, on l'a vu plus haut, la compétence de la chambre spécialement créée. Les autorités avaient balayé l'objection en invoquant l'autorité supérieure du roi. Il se dit prêt à se soumettre à une sanction du souverain à son égard. Mais puisque celui-ci le renvoyait devant la chambre, il maintint sa récusation. Non qu'il espérât la faire recevoir – au contraire : il n'avait aucune indulgence à attendre de Louis XIV ! Mais il en arguerait pour refuser de répondre à ses juges. Et le code de procédure prévu pour ce genre de cas leur promettait une cascade de désagréments. À cette protestation de base, il en joignit d'autres : on le maintenait au secret, on le privait des moyens d'écrire, il n'avait pas accès aux dossiers saisis, indispensables pour répondre aux accusations, et on lui refusait le secours d'un conseil. Il invoqua les droits légitimes de la défense, qui n'étaient pas respectés. Et pour corser le tout, il déposa une récusation contre le procureur en personne, Talon, et contre Voysin, dont l'hostilité à son égard était notoire. Il y avait là de quoi donner du grain à moudre aux juges pour un bon moment.

Bien des ennuis se profilaient donc à l'horizon lorsque la chambre, une fois les enquêtes préliminaires terminées, engagea enfin la procédure. Le 17 juin, elle décida qu'il serait «recommandé» – c'est-à-dire, en termes actuels, «inculpé». Les interrogatoires seraient désormais officiels et ses propos, dûment consignés par le greffier, pourraient lui être opposés. Poncet et Regnard, chargés de le lui signifier, tentèrent de noyer le poisson dans une conversation informelle, mais le mot d'*arrêt* imprudemment lâché par l'un d'eux l'éclaira et il se referma, refusant de répondre avant qu'on eût fait droit à ses justes réclamations. Or la procédure normale consistait en une confrontation entre l'accusé et ses juges sur les points controversés. Que faire? On résolut, s'il persistait à se taire, de «lui faire son procès comme à un muet». Un muet ne peut pas parler, mais il peut écrire. À condition qu'on lui en fournisse les moyens. On lui accorda donc, de mauvaise grâce et au compte-gouttes, une plume et du papier, puis l'autorisation de recourir à un «conseil» en la personne de deux avocats, Barthélemy Auzanet et Jean-Marie Lhoste, et on lui fournit enfin la copie des inventaires de ses dossiers. À ce stade du procès, sa cause semblait perdue: les derniers témoignages, notamment celui d'un nommé Tabouret, confirmaient tous les soupçons.

Est-il permis de faire ici une remarque de bon sens ? Un muet ne *peut pas* parler, mais il ne refuse pas de s'exprimer. À défaut de la parole, le recours à l'écrit s'impose. Mais Fouquet, lui, ne *veut pas* parler, ce qui est bien différent. Il le sait fort bien. On peut espérer que ses juges le savent aussi. La solution normale, dans son cas, eût été de le juger sur pièces sans l'entendre – aussitôt dit, aussitôt fait. Mais l'opinion, qui, au lendemain de l'arrestation, aurait applaudi à une sentence de mort expéditive, attendait désormais un procès dans les formes et la Chambre de justice, à une large majorité, aurait difficilement admis qu'on lui coupât ainsi l'herbe sous le pied. Au prix de quelques contorsions sémantiques, on lui appliqua donc une procédure qui n'était pas faite pour son cas. Loin de vouloir se taire, il tenait à parler au contraire et il avait beaucoup à dire. Son refus n'était que tactique. En premier lieu il y gagna d'obtenir les moyens de se défendre qu'on lui refusait. À plus longue échéance, la manœuvre lui permit de substituer à une confrontation orale nécessairement condensée et bornée à l'essentiel une suite non limitative de dialogues écrits, susceptibles de s'étendre à perte de vue dans les détails, et dont les juges n'auraient connaissance qu'à travers les comptes rendus des greffiers. En condamnant la chambre à communiquer avec lui par des intermédiaires, il démultipliait le temps nécessaire pour en débattre et repoussait indéfiniment la comparution en audience. Et, en attendant, le temps travaillait pour lui.

Cette solution avait rallié la majorité des commissaires, affolés devant la complexité du dossier. Se sentant incapables d'affronter directement Fouquet, ils aspiraient à un temps de réflexion. Les plus avisés d'entre eux, cependant, comprirent vite qu'ils mettaient le doigt dans un engrenage et que les premières concessions accordées en appelleraient d'autres. Mais il était impossible de revenir en arrière. Le 5 octobre, la cour prit donc un arrêt d'« appointements », spécifiant que l'instruction se déroulerait par écrit. Les parties opposées, c'est-à-dire le procureur d'un côté et l'accusé de l'autre, fourniraient à la chambre leurs « productions » respectives, au vu desquelles celle-ci pourrait débattre et trancher. Pour assurer le va-et-vient entre eux, il fallait désigner deux rapporteurs. Le choix en fut laborieux. Le *Journal* d'Olivier Lefèvre d'Ormesson explique avec humour comment, par éliminations successives, la tâche finit par tomber sur lui, qui ne la souhaitait nullement. Il se vit associer un collègue normand, Le Cormier de Sainte-Hélène. L'usage accordait à l'accusé ou à sa famille le droit de jeter l'exclusion contre certains des commissaires présumés hostiles. On s'aperçut que la mère de Fouquet les avait écartés tous deux, sans formuler de motif. Lorsque Lamoignon crut devoir dire au roi « qu'il était raisonnable de ne pas donner pour rapporteurs des personnes suspectes aux parties », celui-ci répliqua « qu'il n'y en avait point de plus propres dans la chambre et que, puisqu'on ne lui proposait aucune raison de suspicion, il désirait que [les deux pressentis] le fussent. […] Cette nomination fut aussitôt publique, et chacun en parla selon son esprit, les uns blâmant le roi d'avoir voulu lui-même nommer les rapporteurs, les autres approuvant[1] ».

Sainte-Hélène était notoirement lié à Pussort et au factotum de Colbert, Berryer, mais d'Ormesson s'était trouvé englobé dans la réprobation de Marie de Maupeou, parce que le hasard l'avait amené à travailler avec eux sur certains dossiers. Cette nomination imprévue, qui le hissait très au-dessus du lot puisqu'elle faisait de lui le premier rapporteur, allait lui permettre de donner toute sa mesure et l'entraîner beaucoup plus loin qu'il ne le prévoyait.

Olivier Lefèvre d'Ormesson appartenait à une famille de magistrats qui s'était illustrée au service du roi depuis le début du XVIe siècle. Son père André, après avoir été conseiller au Parlement puis maître des requêtes, était passé au Conseil d'État, dont il était devenu le doyen; octogénaire il vivait retiré auprès de son fils soit à Paris, soit à la campagne. Celui-ci, né en 1616, avait suivi une carrière identique et franchi les mêmes échelons. Ayant fait ses preuves aux côtés de Nicolas Fouquet, qu'il seconda dans l'intendance de

---

1. Le texte de d'Ormesson incite à tempérer la réprobation que suscite souvent la décision de Louis XIV. Il ne confirme pas la désignation des deux rapporteurs *parce qu'*ils sont exclus, mais *bien qu'*ils soient exclus par la famille Fouquet. Car cette exclusion, dit-il n'est pas motivée; et surtout, on n'en a pas trouvé de meilleurs: comme premier rapporteur, d'Ormesson était le seul possible. Ce n'est pas une marque de malveillance de sa part. D'ailleurs le public critiqua non pas le refus opposé aux Fouquet, mais l'intervention du roi dans le domaine réservé des magistrats.

Paris durant la Fronde, il en fut récompensé en 1656 par une commission d'intendant de justice, police et finances en Picardie, puis dans le Soissonnais. Il incarnait le type du magistrat idéal, sérieux, travailleur, honnête, entièrement dévoué à sa tâche, et rassemblant en sa personne toutes les vertus morales dont se targuaient les robins face à une turbulente noblesse d'épée. Pieux sans bigoterie, il appartenait à la Compagnie du Saint-Sacrement. Face à Fouquet, il était à cette époque parfaitement neutre. Le surintendant, tel qu'il avait été à la veille de sa chute, ambitieux, fastueux, arrogant et couvert de femmes, avait tout pour lui déplaire. Sa récente métamorphose dut lui paraître bienvenue. Mais quels que fussent ses sentiments personnels, sa fonction de rapporteur lui imposait de veiller à ce que ses droits à la défense fussent respectés. Étant son porte-parole auprès de la chambre, il se sentit obligé plus qu'aucun autre de tenir la balance égale entre les parties et de pousser aussi loin qu'il le pourrait la recherche de la vérité. Il avait assurément la double compétence requise – droit et finance. Il accepta de se consacrer à sa tâche à plein temps pendant plus de deux ans et fit l'effort d'étudier à fond les dossiers.

L'obstruction

Durant les premiers mois d'isolement, Fouquet avait eu le temps de réfléchir aux moyens de se défendre. L'un des premiers fut l'obstruction. Pour neutraliser ses juges, il ne se borna pas à les promener dans des enquêtes sans issue, il s'appliqua aussi à semer sous leurs pas une multitude d'incidents propres à perturber le cours de la procédure juridique. Par-dessus le marché, il multipliait les récusations contre tous les commissaires supposés lui être hostiles, et contre le procureur en personne. Il leur jetait ainsi autant de motifs à débattre, autant d'occasions pour opiner, jusqu'à en avoir le tournis. Et pendant ce temps, ils écoutaient d'une oreille distraite la litanie des investigations sur les pensions, aliénations et autres voleries qui lui étaient imputées, tout en traitant au passage le cas de quelques autres justiciables de moindre envergure. Les résultats ne se firent pas attendre. Il lui suffisait de guetter chez ses adversaires la moindre inadvertance pour s'engouffrer dans la brèche. On n'en donnera ici qu'un exemple, à titre d'illustration.

La procédure d'appointement supposait un dialogue entre le procureur et l'accusé. Tous deux étaient tenus de fournir leurs « productions », mais celles de l'accusé étaient de deux sortes : d'une part, sous le nom de productions proprement dites, ses revendications personnelles, et d'autre part ses « défenses », c'est-à-dire ses réponses aux accusations du procureur. À ce dialogue étaient fixées des limites temporelles assez étroites, au-delà desquelles il y aurait forclusion. Le 21 octobre, le procureur, ayant déposé sa production au greffe, constata que Fouquet n'avait pas produit. On attendit en vain. Le 6 novembre, on le somma de s'exécuter, avec rappel du délai. Comme le temps manquait, on lui accordait de faire ses défenses « par atténuation », donc sous forme réduite.

Rien n'étant venu, il y eut arrêt le 18 novembre pour le déclarer forclos et on le lui signifia. Il n'attendait que cela. Le 22 il présentait sa réponse au procureur. Après avoir rappelé qu'il rejetait la compétence de la chambre, « il disait que l'arrêt d'appointement ne lui avait pas été signifié et qu'il n'était pas en demeure de fournir ses défenses, puisqu'on ne lui avait pas signifié des conclusions[1] ainsi qu'il était porté par l'appointement, et que tous les arrêts de commandement et de forclusion étaient nuls ». On avait oublié de l'informer officiellement de l'arrêt qui commandait tout le reste ! Ses conseillers lui en avaient signalé l'existence, bien entendu, mais il avait laissé le procureur s'enferrer lourdement, pour mieux le ridiculiser.

Dans la consternation générale, tous firent cause commune contre le pauvre Talon, dont les amours avaient troublé la tête. On lui reprocha la procédure adoptée : le choix de l'appointement était une erreur, il eût fallu s'y prendre autrement. Plus prosaïquement il avait commis une double négligence en ne s'assurant pas que l'appointement avait bien été signifié à Fouquet et que ses propres conclusions lui avaient bien été transmises[2]. Mais était-il le seul responsable ? Dans

---

[1]. Les conclusions du procureur dans sa production contre lui.

[2]. Certains estiment que ce second oubli fut volontaire, comme ils l'affirment pour le premier, qui concernait l'arrêt de « recommandation ». Dans le premier cas, on peut à la rigueur y trouver un motif – le faire parler –, mais on ne voit pas quelle utilité pouvait avoir le second. Ne s'agit-il pas plutôt d'une négligence coutumière chez des gens habitués à traiter sans beaucoup d'égards les accusés ordinaires ?

l'intervalle entre les interrogatoires informels avec Poncet et Regnard, qui avaient pris fin, et l'entrée en fonction des rapporteurs, tout juste nommés, la communication régulière avec l'accusé avait été suspendue et nul ne s'en était avisé. Le greffier, qui consignait tout, aurait dû s'en apercevoir, et combien d'autres, notamment le président Lamoignon, dont elle précipita d'ailleurs la mise à l'écart – tandis que Talon, provisoirement, s'en tirait.

Dans l'immédiat, on trouva un expédient pour réparer les dégâts et Fouquet s'en accommoda, car il n'avait aucune envie de voir le procès tourner court. Mais il continua de jouer avec maestria de tous les moyens disponibles pour faire perdre du temps à ses juges et les mettre en contradiction avec eux-mêmes. Prenons les récusations par exemple. Au mois de janvier 1663, il en dépose quatre contre le greffier Foucault, puis contre Talon, Voysin et Pussort. Va-t-on en débattre ? Le chancelier s'apprêtant à y faire procéder, d'Ormesson émet une observation narquoise : « Je croyais lui devoir dire que M. Fouquet ne reconnaissait pas la chambre et qu'il me semblait nouveau de juger des récusations partielles tant que la récusation générale subsistait. » Mais d'autre part, il était impossible d'opiner sur quoi que ce soit sans avoir statué sur le cas des récusés. Car les inclure parmi les votants frapperait les arrêts de nullité, mais les exclure équivaudrait à les récuser sans justification légale. L'avis du chancelier l'emporta et l'on vit finalement défiler à la barre Talon, Voysin et Pussort pour se justifier des griefs que l'accusé invoquait contre eux !

Cette incessante guérilla procédurière tendait à masquer les véritables objectifs de Fouquet, qui souhaitait obtenir d'une part qu'on lui communique, sous forme écrite, l'ensemble des productions fournies contre lui par le procureur et d'autre part qu'on lui restitue « en originaux ou par copies collationnées, toutes les pièces mentionnées aux inventaires » – autrement dit l'ensemble de ses papiers. L'enjeu était considérable, mais d'Ormesson fut un des rares à le mesurer. Il eût été plus régulier, dit-il, de rejeter la requête puisque l'accusé ne reconnaissait pas la chambre – au risque de bloquer le procès. Mais celle-ci, qui tenait à poursuivre l'instruction, avait entamé la procédure sans tenir compte de la récusation générale. Sur sa lancée, elle décida de passer outre et d'examiner les revendications de Fouquet. Très honnêtement, d'Ormesson s'inclina et il fut d'avis, en stricte justice, de lui donner les moyens de se défendre. Aux productions sorties de la plume du procureur, il proposa même d'ajouter la copie des procès-verbaux de l'Épargne. Quant à ses dossiers personnels, comme il était impossible, vu leur masse, de les lui communiquer tous et plus encore de les copier, il suggéra qu'on lui laisse le soin d'établir la liste des pièces jugées utiles, qui lui seraient fournies à la demande.

Cette décision, datée du début février 1663, était à ses yeux un pis-aller, lourd d'inconvénients à venir. Débordés par l'abondance de la matière et se sachant incapables de tenir le rythme dans l'échange de productions, les commissaires crurent qu'ils profiteraient pour se mettre à jour du temps que l'accusé passerait à explorer tous ces documents. D'autre part, en lui faisant une concession d'importance, ils espéraient l'engager à reconnaître leur juridiction. Ce fut l'inverse. Ils lui offrirent un atout majeur sans contrepartie – il continua de récuser la chambre – et, comme il connaissait infiniment mieux qu'eux les dossiers le concernant, il eut tout le loisir de travailler à sa défense avec l'aide de son conseil, en conservant sur eux beaucoup plus qu'une longueur d'avance.

L'impasse

La chambre subit dès lors de plein fouet les conséquences des mesures prises imprudemment. Elle avait opté pour l'appointement, qui impliquait une suite d'échanges entre les deux parties sur chacun des chefs d'accusation. À la mi-octobre 1663, elle n'en était encore qu'à la première « production » de Fouquet ! Mais elle était tenue, juridiquement, de poursuivre jusqu'au bout. Donc, depuis cette date et tout au long de l'année suivante, « conclusions » du procureur et « défenses » de Fouquet continuent de se répondre rituellement ; mises au net par le greffier, puis lues en séance, elles viennent ensuite grossir la masse de documents accumulés. Comme l'essentiel du dossier est déjà bien connu, leur contenu n'intéresse plus personne. Mais il est impossible d'arrêter cette machine à pondre de la paperasse sans violer le cours normal de la procédure.

Pour les juges, l'enquête sur les malversations de Fouquet passe au second plan. Le débat change d'objet. Il oppose désormais les colbertistes, qui veulent boucler le procès au prix de quelques entorses à la stricte légalité, et ceux qui exigent le respect du droit, non par suite d'une quelconque sympathie pour l'accusé, mais par principe. À leurs yeux, le procès a été mal engagé, mais quand le vin est tiré, il faut le boire. Fouquet connaît bien les magistrats, il a été l'un d'eux. Il sait que, face à la noblesse d'épée, celle de robe justifie son statut social par la défense des lois, qui sont avec les armes le fondement de tout État policé. C'est sur cette corde qu'il joue pour déstabiliser ses juges. Avec succès.

Le camp des légalistes a trouvé un champion en la personne de d'Ormesson. Son rôle de premier rapporteur l'a conduit à intervenir sur toutes les requêtes de Fouquet et il a pris des positions très fermes : le droit, tout le droit, rien que le droit. Elles tranchent sur les incessantes fluctuations de ceux qui sont censés diriger la chambre. Ceux-ci avaient montré leurs limites lors du débat sur la communication des papiers : « M. Talon a changé ses premières conclusions et il était près d'en donner de troisièmes différentes, étant vrai qu'il ne conduit pas l'affaire et qu'il prend les sentiments que l'on veut ; et le véritable mal est que plusieurs têtes se mêlent de cette affaire ; que chacun veut l'emporter, et que Berryer paraît être celui qui a le plus de crédit ; Foucault apparemment y agit contre son sens, et M. Talon ne s'y applique pas pour les conduire et les redresser. »

Les colbertistes commencent alors à se quereller : le noyau dur se déchaîne contre les maillons faibles. Mais on ne peut décemment pas écarter le procureur au moment même où Fouquet a déposé une récusation contre lui. Impossible également de déposséder le chancelier de sa présidence. Mais dans son cas, on compte sur la nature pour s'en charger. Il décline à vue d'œil, entre un érysipèle chronique et une kyrielle de maux variés. Il ne devrait pas passer l'hiver. Lui-même gémit et se prétend mourant, dans l'espoir que le roi lui offrira, comme couronnement d'une carrière entièrement aux ordres, le duché tant convoité. Sur sa résistance physique, il trompe bien son monde : il ne mourra que neuf ans plus tard ! En revanche ses défaillances intellectuelles sont patentes : son attention ne se soutient que peu de temps, il ne voit pas plus loin que le bout de son nez, il est incapable de suivre un raisonnement et se contredit d'une phrase à l'autre.

Faute de pouvoir changer les hommes, on a changé les lieux. Au début juin, la chambre a dû quitter, pour l'Arsenal, le Palais de justice autour duquel s'agitent les rentiers spoliés et Fouquet a été transféré de Vincennes à la Bastille. En novembre le roi décide tout de même de se séparer de Talon, qui est renvoyé sans trop de brutalité et remplacé par Chamillart, réputé plus énergique – plus compétent, c'est moins sûr. L'indéracinable Séguier, à nouveau malade, obtient que les juges, pour éviter de suspendre leurs travaux, aillent délibérer chez lui – importante décision dont la légalité fait l'objet d'un débat et d'un vote[1]. Mais il est clair que nul ne peut plus compter sur lui.

Colbert, maître d'œuvre du procès, était la cible implicite de toutes les récusations de Fouquet. L'effondrement de deux piliers du dispositif qu'il avait mis en place contre lui avait de quoi l'inquiéter. Dans l'entourage même du roi on commençait à se plaindre de son caractère dominateur. À la chambre, les juges, qui n'avaient pu refuser à l'accusé la communication des dossiers, se déchiraient sur les modalités, et le procès piétinait. Pussort prit les choses en main, tenta de bousculer le calendrier, indisposant un bon nombre de ses confrères. Il trouva en face de lui d'Ormesson. Il l'accusa publiquement de « prendre plaisir à prolonger l'affaire », en des termes d'une violence telle que le greffier Foucault comprit qu'il desservait leur cause : « ses emportements faisaient mauvais effet dans l'esprit de Messieurs » ses collègues. Il entreprit un replâtrage. D'Ormesson avait un faible, il aimait qu'on l'estime et qu'on l'admire. Son rôle de rapporteur lui fournissait une occasion unique de montrer ses talents, qu'il jugeait grands. « On avouait, écrira-t-il un peu plus tard, qu'il ne se pouvait ni mieux rapporter ni mieux entendre un procès, et que pour les affaires de finance, je les savais mieux qu'aucun de la chambre. » Dans l'immédiat Foucault lui dit qu'il

---

1. L'Hôtel Séguier, reconstruit pour le chancelier par Androuet du Cerceau en 1634, était situé entre les n°s 41 et 51 de l'actuelle rue Jean-Jacques-Rousseau (anciennement rue Platrière), dans le 1er arrondissement. L'Hôtel du financier Hervart, au n° 61, est aujourd'hui l'Hôtel des Postes.

était le seul à avoir l'esprit clair et l'invita « à se rendre maître de cette affaire et à conduire le rapport ». Trop fin pour donner dans le piège, il se récusa, prétendant qu'il « aimait mieux suivre la conduite des autres que la sienne » et il refusa de se prêter à une réconciliation. Mais il saisit l'occasion de se venger un peu plus tard en amenant Pussort, à qui il transmettait des pièces du dossier, à lire publiquement l'une d'elles qui contredisait ce qu'il venait d'affirmer – « ce dont il fut mortifié ». Et tous les amis de d'Ormesson lui « en surent bon gré ».

À l'approche des fêtes de Noël 1663, on ne voit pas d'issue à ce procès gigogne où les difficultés se multiplient à l'infini. Mais à la chambre les enjeux ont évolué et les cartes ont été redistribuées. Le centre de gravité s'est déplacé en faveur d'Olivier Lefèvre d'Ormesson, dont l'influence augmente de jour en jour. Il devient redoutable. Ayant échoué à le circonvenir, on va l'attaquer de front. La guerre ouverte entre lui et Pussort ne trompe personne. C'est Colbert qu'il s'apprête à affronter, et par-delà Colbert, le roi.

Et Fouquet dans tout cela ? Il se contente de jeter une à une des pommes de discorde au milieu de l'arène. Il attend. Et il commence de rire. Ce rire de Fouquet va jalonner comme un leitmotiv le *Journal* de d'Ormesson dans les mois suivants. Il n'a rien d'âpre ni d'agressif. C'est un rire détendu, gai, joyeux. Car il sent que la Chambre de justice a franchi un point de non-retour : la perspective d'une condamnation à mort s'éloigne. En attendant sereinement la suite, il jubile de voir se chamailler ses juges.

CHAPITRE HUIT

La contre-attaque de Fouquet

Les fêtes de Noël et du Jour de l'an avaient suspendu la poursuite de l'instruction. Lorsqu'elle reprit au début janvier, le blocage était complet. Pussort s'écria aussitôt qu'il « fallait supplier le roi de révoquer la chambre, parce qu'elle ne pouvait achever le procès ». Au printemps Colbert réitéra. En vain, car aux yeux du souverain, c'eût été perdre la face. Ils avaient parfaitement saisi deux des objectifs de Fouquet : gagner du temps et jeter la discorde parmi les juges. Mais ils semblent n'avoir pas aperçu le troisième. Quand on lit d'affilée, avec quelque recul, le *Journal* de d'Ormesson, on voit qu'il use d'une stratégie très calculée. Elle s'apparente à celle des joueurs de billard, qui atteignent leur but au moyen de détours, par la bande. Car en accablant la chambre de multiples requêtes, dont certaines sont évidemment impossibles à satisfaire, il ne se borne pas à lui compliquer la besogne, il lui extorque chaque fois quelque avantage annexe. Comme si le nombre de refus qu'elle lui oppose méritait une modeste compensation, elle lui accorde, au coup par coup, divers moyens de défense. Elle finit même par lui procurer l'arme qui servira à la déconsidérer. Le piège, adroitement masqué, se met en place lors des dernières requêtes de l'année 1663, pour se refermer à la fin de l'été 1664.

Les registres de l'Épargne

Au mois d'octobre 1663, on lui avait permis de consulter les registres de l'Épargne[1], non pas sous leur forme initiale, mais sous celle des procès-verbaux qu'on en avait tirés pour en faciliter le maniement, et il avait aussitôt émis des doutes sur leur exactitude. Il n'eut même pas besoin de demander qu'on s'en assure : pour se prémunir contre toute requête en nullité, la chambre proposa d'elle-même de les vérifier sur les originaux. Mais comme elle tardait à s'accorder sur les modalités de cette vérification, il revint à la charge en janvier, en montant ses prétentions d'un cran. Par une nouvelle requête il sollicitait la récusation du chancelier – pas moins ! – et s'inscrivait en faux contre les procès-verbaux de l'Épargne. Comme les registres dataient des années où il avait été surintendant, il avait quelque idée de leur contenu – notamment à propos d'affaires délicates – et donc d'excellentes raisons de penser que certaines pages avaient dû embarrasser les transcripteurs. Quelques-unes des récentes allégations du procureur contre lui parurent témoigner d'évi-

---

1. Sur ces registres, cf. *supra*, p. 311-312.

dentes infidélités. Il renouvela donc son inscription en faux et s'opposa aux mesures adoptées pour la communication des documents.

La question de savoir si l'on pouvait récuser le chancelier souleva une nuée de controverses qui se prolongèrent jusqu'au mois de janvier. Certes, s'il avait été un juge ordinaire, son animosité notoire contre l'accusé l'aurait fait exclure sans hésitation. Mais il était chef de la justice et président de la chambre. La majorité des juges le tenait cependant pour récusable et, quand le roi trancha en sens inverse, l'on en parla « fort désavantageusement pour [lui] qui, voulant régler et décider seul toutes choses, s'attire sur sa personne beaucoup de chagrin des malcontents ». Quant à l'inscription en faux, elle fut repoussée par un vote où n'hésitèrent pas à prendre part Pussort et Voysin – les auteurs des procès-verbaux contestés. « Personne ne put comprendre, commenta d'Ormesson, comment un juge peut opiner en une inscription de faux formée contre un acte fait par lui ! »

Une fois de plus, la justice avait été malmenée. Mais Fouquet, bien que débouté, avait marqué un point décisif. Car il parut impossible désormais, sous peine de nullité, de poursuivre l'accusation avant d'avoir confronté les procès-verbaux avec les originaux. Et comme c'était lui qui les contestait, on ne put refuser de l'associer à la vérification. On tenta de lui substituer ses avocats, mais ceux-ci ne voulurent pas s'en charger seuls et on se résigna à y procéder en sa présence. Vu la quantité, elle risquait de prendre des mois. La chambre était en piste pour un nouveau marathon. Chamillart, les deux rapporteurs et le greffier furent affectés à cette tâche. Mais comme Sainte-Hélène, atteint d'une crise de goutte, ne pouvait mettre le pied par terre et qu'il se montrait peu enthousiaste, on convint de se passer de lui. Durant près de six mois, d'Ormesson se partagea donc entre la Bastille l'après-midi, où il travaillait avec Fouquet, et l'Arsenal, le lendemain matin, où il en rendait compte à la chambre – une double charge à laquelle il s'attela courageusement. Chamillart avait moins à faire : on avait retiré de ses attributions les accusés autres que Fouquet, et il avait hérité des « productions » faites par Talon avant son limogeage. D'emblée, il avait vivement choqué d'Ormesson en lui proposant une concertation quotidienne préalable, pour accorder leurs points de vue et neutraliser les avis de leurs collègues. Il s'était donc voué depuis à surveiller d'Ormesson et à tenter de le piéger. Celui-ci le sentait, mais loin de s'irriter de sa présence lors des vérifications, il s'en réjouissait : quel meilleur garant de son honnêteté pourrait-il avoir que le procureur en personne, avec pour témoin le greffier Foucault ? Il était bien décidé, en effet, à se montrer d'une rigoureuse neutralité, en fidèle gardien du droit.

Mais dans la pratique, cette fréquentation régulière ne tarda pas à influer sur l'idée qu'il se faisait de Fouquet. De par ses fonctions, le rapporteur doit être le porte-parole de l'accusé auprès de la chambre. Jusqu'alors, il ne le connaissait que de façon abstraite, à travers des écrits. Lors des conversations qu'entraîne la relecture des procès-verbaux, il découvre l'homme. Il ne peut se dispenser de suivre sa pensée, de comprendre ses motivations. Et il est frappé par deux traits dominants. D'abord son calme, sa maîtrise de soi, sa décontraction, dirions-nous, assez surprenants quand on songe que sa vie est en jeu. D'autre part, l'acuité de son intelligence et son extrême attention aux moindres détails. Il ne laisse rien passer, dénonce la moindre entorse aux procédures normales, relève chaque point susceptible de servir sa cause. Toujours à bon escient. Et d'Ormesson admire. Chamillart, lui, se tient à l'écart par principe : il ne pactise pas avec l'accusé ! Il regarde ostensiblement par la fenêtre lorsque celui-ci décrit ses conditions de détention et il montre de l'impatience lorsque le greffier doit prendre sous la dictée ses interminables protestations – sur ce dernier point on ne peut lui donner tout à fait tort. Pour lui, tout cela est du temps perdu, l'accusé est coupable, qu'attend-on pour l'envoyer à la potence ? Tant et si bien que son agressivité finit par transformer en empathie la connivence intellectuelle qui commence de lier d'Ormesson à Fouquet : deux qui comprennent contre un qui ne comprend pas et ne veut pas comprendre. Et Fouquet peut se payer le luxe de glisser à l'adresse du procureur, sur un ton d'une extrême courtoisie, quelques propos d'une rare insolence : « Si vous voulez me faire consentir à quelque chose, dites toujours le contraire ; car je suis persuadé que le contraire de tout ce que vous voulez m'est avantageux, croyant que votre intention n'est pas de me faire plaisir. »

Au fil des jours, l'impression s'impose que l'accusé domine ces entretiens et les mène à sa guise. Diverses anecdotes illustrent cette supériorité de fait. Un jour, on releva dans les procès-verbaux une inexactitude : le nom de *Servien*, intercalé dans l'original entre ceux de Séguier et de Fouquet, y avait été remplacé par *et*; Chamillart prétendit que ce *et* était mis pour *etc*, et désignait Servien. Fouquet montra qu'il s'agissait d'une «fausseté» intentionnelle et fit rétablir la leçon initiale. Mais comme ce détail ne méritait pas qu'il poussât l'affaire, il adopta le mode plaisant – «dans aucune langue le mot *etc* ne signifiait *Servien*» –, sauvant ainsi la face au procureur. Celui-ci capitula, au milieu des éclats de rire généraux, et tint à apporter sa contribution à l'hilarité avec une anecdote sur un mariage où la promise refusait de dire *oui* parce qu'elle avait compris *etc* comme *et se taira* et qu'elle ne voulait pas être privée de parole. La chambre en rit elle aussi le lendemain. Mais Fouquet avait marqué un point sans en avoir l'air : si minime qu'elle fût, la découverte d'une erreur dans les procès-verbaux de l'Épargne était notée par le greffier. Un peu plus tard, la mainmise de Fouquet sur les opérations en cours se confirmait. Il n'y eut rien de remarquable chez lui ce jour-là, note d'Ormesson, «sinon sa liberté d'esprit». Ayant remarqué que Foucault faisait des fautes d'orthographe en écrivant, il fit «changer les mots répétés ou impropres, afin que le discours fût fort pur, et n'omettant d'ailleurs aucun mot pour sa défense».

Dépassé, Chamillart s'enferma dans son rôle de chien de garde hargneux, avec une seule chose en tête : prendre en faute d'Ormesson, qui, prudent, s'accrochait au respect des formes. D'où par exemple une querelle homérique qui les opposa sur la garde des registres de l'Épargne. Les coffres contenant les précieux originaux étaient déposés au greffe de l'Arsenal. On les transportait tous les jours à la Bastille pour examen sous la conduite d'un huissier et on les rapportait le soir. Un beau jour, comme il se faisait tard, Chamillart prétendit les laisser sur place sous la garde de d'Artagnan. D'Ormesson s'y opposa, invoquant les ordres exprès donnés par la chambre. Après une vive discussion, ils aboutirent à un compromis – six mousquetaires accompagneraient l'huissier au long des trajets. C'était une défaite pour le procureur. Celui-ci furieux prit sa revanche : trois semaines plus tard, il brandissait un arrêt du roi ordonnant de confier les coffres à d'Artagnan. D'Ormesson avait des doutes « sur les conditions dans lesquelles cet arrêt avait été rendu[1] ». Il le fit exécuter, ne voulant pas s'« attirer une affaire » par un refus. Mais il souligna, dans son compte rendu à la chambre, qu'il avait pris toutes ses précautions pour la sûreté des coffres. L'incident serait dérisoire s'il ne témoignait d'une volonté de le déstabiliser et s'il n'illustrait une fois de plus les empiétements du pouvoir politique dans le domaine judiciaire.

---

1. Chamillart n'avait invoqué l'arrêt qu'au moment de sceller les coffres, après le départ du greffier, de façon qu'il ne figure pas dans le procès-verbal du jour. Ce qui laissait supposer que cet arrêt sortait des mains de Colbert ou de Berryer et n'était pas officiel.

La conquête de l'opinion

Depuis le début, l'opinion suivait avec un vif intérêt les péripéties de l'affaire Fouquet. Gui Patin, toujours enclin à critiquer le gouvernement, en souligne l'évolution dans ses lettres. Au printemps de 1662, après la découverte du plan de Saint-Mandé, il le dit en mauvaise posture : « Il s'excuse sur la haine que le cardinal Mazarin lui portait et se défend parfaitement bien, il ne perd pas courage, quoique beaucoup de gens le tiennent perdu. » Un peu plus tard, note-t-il, les « gens avertis », prudents, refusent d'en parler. L'année suivante, soutenu par la reine mère, il se sent moins menacé : il se plaint qu'on ait saisi ses papiers, dont il a besoin pour sa défense. Les dissensions en haut lieu, revues et corrigées par le bouche-à-oreille, n'échappent pas à notre cancanier patenté : en décembre le renvoi de Talon fait jaser, Colbert l'aurait chassé « parce qu'il avait menacé son premier commis Berryer pour quelques faux mémoires qu'il lui avait délivrés contre Fouquet ». Bientôt les rumeurs qu'il diffuse perdent le mérite de la fraîcheur : les débats de la Chambre de justice, bien que le public n'y soit pas admis, sont connus de tout Paris du jour au lendemain.

N'accusons pas d'Artagnan de faire mauvaise garde ! Les avocats-conseils mis à la disposition de l'accusé ne sont pas tenus au silence. D'autre part, un bon nombre de juges – appartenant à l'un et l'autre des deux camps affrontés – ne se privent pas de décharger leurs rancœurs à l'extérieur. Dans ce milieu étroit où tout le monde se connaît et où l'on étouffe, les explosions ne sont pas rares. Le « match » qui oppose d'Ormesson au clan des colbertistes passionne : on compte les coups, on marque les points, on félicite l'auteur d'une réplique percutante et l'on commence de parier sur l'issue. Au printemps, selon Turenne, le bruit court que Fouquet « ne peut plus mourir » et qu'on l'enverrait à Pignerol. Commentaire de Le Tellier : « On avait fait la corde si grosse qu'on ne pouvait plus la serrer pour l'étrangler ; il ne fallait d'abord qu'une cordelette, une chanterelle[1] », précisa-t-il.

Qu'on y prenne garde : l'information circulait dans les deux sens. Enfermé à la Bastille, Fouquet ne perdait pas une miette de ce qui se passait au-dehors. Il savait que les trésoriers de l'Épargne avaient été arrêtés, ce qui lui permit un bon mot à l'adresse de Chamillart[2]. Mieux encore, il était au courant d'une rencontre entre Berryer et le procureur, au cours de laquelle les deux hommes, dans l'ombre discrète de Saint-Nicolas-du-Chardonnet, avaient mis au point leur offensive contre lui. « Pourquoi se cacher et conférer en secret, s'ils ne voulaient que la justice ? »

---

1. La corde la plus déliée d'un violon ou d'un luth.
2. « M. Fouquet parlant contre la preuve qu'on prétendait tirer des registres de l'Épargne, M. Chamillart dit qu'il les tenait très fidèles et qu'il les croyait aussi véritables que l'Évangile. M. Fouquet lui répliqua : "Cela ne peut être ; car vous maltraitez trop les évangélistes et vous les tenez en prison" » – allusion aux trois trésoriers de l'Épargne, réputés auteurs des originaux. Le mot courut dans tout Paris.

À la sortie, Foucault confia sa surprise à d'Ormesson : comment Fouquet l'avait-il su, alors qu'ils avaient pris pour passer inaperçus toutes les précautions imaginables ? « Jamais homme n'a été si bien servi que Fouquet, dit le greffier, il est averti à point nommé de toutes choses. » Les dévots, grâce à une multitude d'observateurs partout répandus, avaient tissé une toile à laquelle rien n'échappait.

C'est donc en toute connaissance de cause que Fouquet put concerter avec son épouse une stratégie commune. Depuis le début, elle poursuivait les magistrats du Parlement de ses protestations contre le traitement infligé au prisonnier. Désormais elle vient présenter à la chambre les requêtes de son mari – notamment celle qui demande la récusation du procureur –, que le rapporteur est tenu de recevoir. Cela fait double emploi, dira-t-on ? Certes. Mais une requête transmise par Fouquet à d'Ormesson passe directement à la chambre, sans trop de bruit. Le dépôt de la même requête, portée par sa femme, se fait à grand renfort de publicité à la porte de ladite chambre, dont on lui refuse l'entrée. Pour le sauver, elle brave courageusement les interdictions, on la plaint, on l'admire. Et les griefs qu'elle invoque contre Séguier tombent dans des oreilles accueillantes, tant il est méprisé.

Elle poursuit d'autre part, bien qu'un de ses imprimeurs soit arrêté, la diffusion de libelles. Aux textes issus de plumes amies viennent s'ajouter désormais les propres « défenses » de l'accusé, sorties de la Bastille au fur et à mesure de leur production. Voici donc la cause de Fouquet portée sur la place publique jusque dans les moindres détails et avec un inégalable talent. Que faire pour contrer pareille campagne ? Séguier décide de publier la liste des principaux griefs retenus contre lui, accompagnés du projet de Saint-Mandé. C'est Fouquet qui signale qu'il s'agit d'une pièce à conviction dans le dossier à charge, et qu'on n'en a pas encore débattu. Lourde atteinte au droit ! La gaffe est évitée de justesse. Fouquet y gagne de monopoliser quasiment la parole auprès de l'opinion. Il en use avec brio.

On ne reviendra pas sur les thèmes si souvent ressassés, mauvaise foi de Colbert et violence de ses acolytes, irrégularités de tous ordres dans la procédure, tir à boulets rouges sur Mazarin, seul responsable des infractions commises durant sa surintendance. Il peut en prendre à son aise : l'intéressé n'est pas là pour se défendre et n'a pas laissé un très bon souvenir. Il peut charger la barque au maximum. C'est ici l'occasion d'aborder un point qui a excité – en vain – la curiosité. En insistant sur la puissance occulte du cardinal et l'ampleur de ses ambitions, il fit allusion, à deux reprises au moins, à un mystérieux secret, capable de tuer à jamais l'estime et l'affection que lui portait Louis XIV : « Demeurons dans le silence et le respect, ne disons pas au public ce que je serais consolé si j'avais l'honneur de dire à Sa Majesté en secret, comme le plus important service de tous, et qu'il saura peut-être trop tard. » Disons-le d'abord fermement : tout ce que nous savons aujourd'hui – et que Fouquet ignorait – de la politique de Mazarin et de ses relations avec Louis XIV exclut qu'il ait pu songer à usurper durablement son pouvoir. Imputation erronée, à coup sûr. Mais de quoi peut-il s'agir ? Nul n'a pensé, semble-t-il, à un leurre, lancé sans fondement pour enfoncer davantage l'adversaire. Fouquet ne se privait pas de mentir dans ses défenses et il avait bien raison ! Pourquoi n'aurait-il pas pratiqué ce que nous appelons l'intox ? Ce qui est sûr en tout cas est que Mazarin avait été très critiqué, dans les dernières années, sur un aspect précis de son action : l'alliance avec Cromwell. Elle avait permis la victoire, à un prix jugé scandaleux, la cession de Dunkerque aux Anglais. Certes le roi Charles II, restauré à Londres, venait tout juste, à la fin d'octobre 1662, de revendre la ville à la France. Mais l'indignation n'était pas éteinte contre une politique qui avait consacré l'abandon d'une moitié de l'Europe aux protestants [1]. Le thème du catholicisme en danger hantait encore les esprits. L'idée d'une conjuration entre Mazarin et Cromwell pour se partager le pouvoir dans une Europe divisée entre les deux confessions pouvait être soutenue [2]. Fouquet lui-même y crut-il ? Nous n'en savons rien et tout cela reste du domaine des supputations.

---

1. Le cardinal de Retz, alors dans la clandestinité, avait publié en 1657 contre cette politique un pamphlet d'une violence inouïe, sous le titre de *Très humble et très importante remontrance au Roi sur la remise des places maritimes de Flandre aux mains des Anglais.*

2. C'est vers l'alliance avec Cromwell que se portèrent en tout cas les contemporains qui cherchèrent la clef de l'énigme.

Sa cause gagnait à coup sûr du terrain chaque jour. Mais l'activisme de sa famille et de ses amis était à double tranchant. La mise en cause de Mazarin réveillait dans le public des souvenirs que Louis XIV aurait voulu oublier. Dans l'été de 1664, après la publication des réductions de rentes touchant les épargnants, la colère monte contre la «férocité» de Colbert. Libellistes et chansonniers reprennent du service comme aux beaux jours de la Fronde et ils n'hésitent pas à s'attaquer au roi. Au mois d'avril, on a fait une chanson contre lui, «dont il était fort offensé [...], par laquelle on lui reprochait qu'il n'aimait que lui, opprimait grands et petits et ne considérait que Colbert». Une autre, «fort sanglante», fustigeait l'injustice du chancelier. Et «par la haine contre ceux qui [avaient] à présent l'autorité, on [souhaitait] le salut de M. Fouquet».

Louis XIV s'impatiente

À l'origine, le roi pensait se tenir à l'écart de l'affaire. Après avoir présidé à l'arrestation, qu'il estimait de son ressort, il avait donné carte blanche à Colbert pour le procès, alors tenu pour une simple formalité. Il commença de s'impatienter lorsqu'il comprit que le choix de l'«appointement» promettait une instruction au long cours. À la fin de l'été 1663, il convoqua d'Ormesson. Il était encore fort calme. Il le complimenta sur son travail. «Il ne me recommanda pas la justice, sachant que je ne pouvais avoir d'autres sentiments et qu'il souhaitait la diligence», conte d'Ormesson, qui répliqua qu'elle ne dépendait pas des rapporteurs. «Je le sais très bien, avait répondu le roi; j'ai donné ordre à ceux qui en ont soin de la[1] faire; ce que je souhaite est que vous l'apportiez en ce qui dépendra de vous.» L'avertissement était courtois. Au fil des mois, il s'aperçut que ceux qu'il avait chargés de faire diligence n'y parvenaient pas. D'où des injonctions renouvelées.

Bientôt il ne lui fut plus possible d'incriminer seulement la lenteur inhérente à tout tribunal. Voilà que le respect des formes juridiques, dont il avait chanté les louanges à d'Ormesson, conduisait les magistrats à contester son autorité. Il intervint en cassant leurs arrêts, en limogeant certains d'entre eux, en leur imposant ses décisions. Ils n'osèrent pas s'en prendre à lui. Tant que les tensions restèrent intérieures à la chambre, il se contenta d'interventions ponctuelles. Mais lorsque furent connues les requêtes en récusation de Fouquet contre Pussort et Voysin, puis contre le chancelier – qui visaient indirectement leur patron, Colbert –, il lui fallut bien les soutenir: car au-dessus du ministre, dernier fusible, il n'y avait plus que lui-même. Il exigea donc que les requêtes de Fouquet lui fussent soumises avant toute délibération et il y coupa court chaque fois par un arrêt, au mépris des prérogatives de la chambre, qui en fut stupéfaite et consternée.

---

1. *La* renvoie à *diligence* (tournure admise dans la langue du XVIIe siècle).

Il le savait, et il prit prétexte d'une requête mineure – le nombre de jours de visite accordés aux avocats de l'accusé –, pour tenter de justifier ses interventions auprès des deux rapporteurs : « Lorsque je trouvai bon que Fouquet eût un conseil libre, j'ai cru que son procès durerait peu de temps ; mais il y a plus de deux ans qu'il est commencé et je souhaite extrêmement qu'il finisse. Il y va de ma réputation. Ce n'est pas que ce soit une affaire de grande conséquence ; au contraire, je la considère comme une affaire de rien ; mais dans les pays étrangers, où j'ai intérêt que ma puissance soit bien établie, l'on croirait qu'elle ne serait pas grande, si je ne pouvais venir à bout de faire terminer une affaire de cette qualité contre un misérable. Je ne veux néanmoins que la justice ; mais je souhaite voir la fin de cette affaire, de quelque manière que ce soit. » Il se défie des deux avocats, explique-t-il, et craint que l'accusé ne mette à profit l'allégement de la surveillance pour tenter d'enlever les dossiers et les rapporteurs, selon son projet de Saint-Mandé. « C'est ce qui m'a fait donner cet ordre, conclut-il, et je crois que la chambre y ajoutera. Je m'en remets néanmoins à ce qu'elle fera sur la requête de M. Fouquet, et si elle voudra y mettre quelqu'un de sa part. Je ne veux néanmoins que la justice et, sur tout cela, je prends garde à tout ce que je vous dis ; car quand il est question de la vie d'un homme, je ne veux pas dire une parole de trop. La chambre, donc, ordonnera ce qu'elle trouvera à propos. J'aurais pu vous dire mes intentions dès hier ;

mais j'ai voulu voir la requête, et je me la suis fait lire avec application; on est bien aise de savoir ce qu'on a à dire. Je vous ai dit mes intentions, et je vous rends la requête, afin que la chambre y délibère[1]. »

Ces propos à bâtons rompus ont frappé d'Ormesson par leur évidente spontanéité et leur extrême maladresse. Il a même été ému d'entendre le roi demeurer tout court au milieu d'une phrase et déclarer avec bonhomie : « J'ai perdu ce que je voulais dire », avant d'en tirer un commentaire en forme de lapalissade : « Cela est fâcheux quand cela arrive ; car, en ces affaires, il est bon de ne rien dire que ce qu'on a pensé. » À l'évidence il ne maîtrise pas encore tout à fait le métier de roi, mais il a conscience de ses insuffisances, c'est déjà beaucoup. Et ce témoignage, à une date où l'affaire Fouquet échappe aux mains des meneurs, prouve qu'il n'est pas enfermé, comme eux, dans une colère aveugle. Mais a-t-il compris, au travers des protestations et récusations, que si Fouquet parvenait à mettre en cause directement son ministre, il serait contraint de le soutenir ? Il ne peut en effet se passer de ses compétences financières et – mais cela relève de la petite histoire – de ses services pour gérer sa vie privée : Colbert avait protégé des indiscrets la récente maternité de Louise de La Vallière et confié aux soins de sa femme le petit garçon nouveau-né.

---

1. 8 juillet 1664. La cour était alors en séjour estival à Fontainebleau et, selon l'usage, la Chambre de justice avait suivi, avec armes, bagages et prisonniers.

Haro sur d'Ormesson

Dès le début de 1664, Colbert, sentant la Chambre de justice lui échapper, redoubla d'efforts pour tenter de trouver une issue. Jamais les pressions ne furent aussi fortes sur les gens d'affaires menacés de persécutions quand ils hésitaient à témoigner contre Fouquet. Et comme il s'efforçait de court-circuiter l'action des juges à coups de décisions royales, jamais les entorses à la légalité ne furent aussi nombreuses. Pour aller plus vite, il ne prenait même plus la peine de les dissimuler, au point que certains magistrats s'écrièrent qu'il « semblait avoir perdu l'esprit, tant il faisait de fautes ». Ils se trompaient, bien sûr ; mais la remarque témoigne du fossé d'incompréhension entre ces juristes et un ministre politique jugeant urgentissime d'arrêter cette machine infernale qui réveillait trop de vieux démons. D'Ormesson se posait en adversaire redoutable. La chambre lui servait de tribune et il commençait d'y rassembler les défenseurs du droit. Bref, la partie adverse avait un chef, d'autant plus apprécié qu'il était d'une parfaite honnêteté. Colbert entreprit de le neutraliser et lâcha contre lui ses deux meilleurs acolytes, Pussort le plus violent et Séguier le plus sournois. Chausse-trapes, insinuations, insultes, loin de le décourager, ne firent que renforcer sa résolution. Il déclara qu'il « n'aimait pas qu'on [lui] donnât le fouet chaque matin, et que M. le chancelier était une manière de correcteur qu'[il] ne souffrirait pas ». Il avait l'esprit vif et la réplique facile, ses « mots » bien tournés visaient juste et ils offraient aux plus timides une manière de catéchisme du bon magistrat. Au début du printemps, la guerre faisait donc rage à l'Arsenal et les reproches pleuvaient dru sur sa tête.

Il lui revint aux oreilles que Colbert et Berryer ne cessaient de le dénigrer auprès du roi, l'accusant de « prendre plaisir à allonger l'affaire » et de soutenir en tout point la cause de Fouquet. Ses détracteurs eurent-ils gain de cause ? Au début mai, comme la chambre se montrait de plus en plus récalcitrante, le roi prit les grands moyens pour mettre au pas le trop zélé rapporteur. Celui-ci avait eu un avant-goût de ce qui l'attendait lorsque, dans une affaire privée en recouvrement d'une dette, Pussort lui avait fait opposer une créancière prioritaire imprévue ; il avait passé la somme escomptée aux profits et pertes sans protester, pour bien montrer qu'il n'était pas attaché à l'argent. Ce n'était là qu'un préambule. Le 1er mai, on prit prétexte du fait qu'il était « occupé ailleurs » pour lui retirer sa commission d'intendant du Soissonnais[1]. Et pour que la chambre en fît son profit, l'avertissement fut complété par la révocation d'un de ses membres, Boucherat, pour cause de liens avec un des trésoriers poursuivis, Guénégaud.

Deux jours plus tard, le samedi 3 mai, dans l'après-midi, Colbert se présenta à l'improviste chez

---

1. Il avait un office de maître des requêtes, dont il était propriétaire, mais les intendances en province étaient des commissions confiées *ad hominem* par le roi et révocables. Or ce sont elles qui rendaient lucratifs et gratifiants les emplois de maîtres des requêtes.

d'Ormesson. Fort heureusement, on l'avait prévenu qu'il avait offert au roi de venir voir son père pour se plaindre de lui : tous deux eurent le temps de s'y préparer. Le vieil homme sortit d'une demi-heure d'entretien en tête à tête avec un visage grave et il en transmit la substance à son fils : Colbert « avait ordre du roi de lui venir dire qu'il reconnaissait que je n'apportais pas toutes les facilités que je pouvais pour terminer le procès de M. Fouquet et qu'il semblait que j'affectais la longueur ; que le roi était persuadé que je ferais justice au fond et ne prétendait pas contraindre mes sentiments ; mais qu'il voulait faire finir ce procès ; que la Chambre de justice ruinait toutes les affaires, et qu'il était fort extraordinaire qu'un grand roi, craint et le plus puissant de toute l'Europe, ne pût pas faire achever le procès à l'un de ses sujets, comme M. Fouquet. » À cela André d'Ormesson avait répondu que son fils n'avait que de bonnes intentions, qu'il lui avait toujours recommandé la crainte de Dieu, le service du roi et la justice sans acception de personne ; que la longueur du procès ne venait pas de lui, mais du nombre excessif des chefs d'accusation. « Il faudrait que j'eusse perdu le sens, ajouta-t-il, de chercher à plaire à M. Fouquet, dont la fortune était abîmée, et déplaire au roi, qui avait toutes les grâces en ses mains ; que je ne cherchais que la justice ; que tous mes avis étaient suivis dans la chambre ; que ceux mêmes qui ne l'avaient pas été d'abord l'avaient été depuis ; que même il apprenait de tous côtés que je me conduisais de sorte que l'on ne pouvait découvrir mes sentiments. » Colbert l'accusant « de soutenir plus fortement et plus gaiement les raisons de M. Fouquet que celles du procureur général », le noble vieillard avait répliqué « qu'un rapporteur était obligé de faire valoir toutes les raisons ; que l'on m'avait ôté l'intendance de Soissons : mais que je ne m'en plaindrais pas et que cela ne m'empêcherait pas de faire justice ; qu'il avait peu de biens, et moi aussi ; mais que nous les avions de nos pères et que nous étions contents[1] ; qu'il m'avait toujours conseillé de faire justice sans acception de personne et sans considération d'intérêts et de fortune… »

Colbert s'en alla fort dépité. Il riposta en procurant une promotion à Berryer, nommé conseiller d'État, pour lui permettre de renforcer son emprise sur les juges : désormais celui-ci aurait connaissance de toutes les affaires, aucune conclusion ne devait être prise sans son avis. Faire pression sur des financiers exposés à des poursuites est une chose, s'en prendre à une famille de magistrats irréprochables en est une autre. Et, sur cela, faire d'un homme aussi décrié le « conducteur public » de la chambre, c'était de la provocation ! Que Colbert eût entouré d'éclat les destitutions, qu'il se fût chargé lui-même des « messages désagréables » au lieu de les confier à des serviteurs, parut une conduite si « bizarre », si « extraordinaire » qu'on en « conclut qu'il ne savait plus ce qu'il faisait ».

En vérité, Colbert n'avait pas tout à fait perdu l'es-

---

1. Que nous nous en contentions.

prit. Ses plus farouches détracteurs ne lui ont jamais dénié l'intelligence. Mais il naviguait à la godille, car il s'était mis dans une de ces situations où, selon la formule du cardinal de Retz, « on ne peut plus faire que des fautes ». Il avait commis une erreur en espérant faire plier le vieil André d'Ormesson : elle aggrava les choses. Mais avec la promotion de Berryer il allumait un contre-feu. Et Olivier d'Ormesson l'a compris à l'instant même. « Pour moi, je veux mettre ici une rêverie que j'ai eue sur cette conduite, qui est que M. Colbert voyant qu'il ne peut plus soutenir la Chambre de justice ni terminer le procès qu'avec des longueurs très grandes, veut en rejeter la faute sur plusieurs pour sa décharge, et que de s'en prendre au rapporteur tout seul ferait trop peu d'effet. Il veut élever Berryer et le charger de tout le soin de la chambre publiquement et avec toute-puissance pour s'en décharger absolument sur lui, et dans la suite lui en rejeter tout le mal. » Bref, il se ménageait un bouc émissaire pour parer à d'éventuels coups durs. C'était là une très remarquable prémonition, que les faits se chargeraient bientôt de confirmer.

Dans l'immédiat, d'Ormesson, bien entendu, n'a pas manqué de donner à la réplique de son père toute la publicité requise. Elle suscita « l'applaudissement et la joie de tous les honnêtes gens ». L'écho en remonta jusqu'à la cour et certains n'en furent pas mécontents. Le Tellier par exemple, qui s'était associé sous-main à l'offensive contre Fouquet, commençait de trouver Colbert encombrant. Il se réjouissait de le voir s'empêtrer et diffusait les rumeurs contre lui[1]. Se sentant menacé, celui-ci choisit la fuite en avant. Tant qu'à braver l'opinion, autant faire fort et vite. Il lança donc dans l'été de 1664 les édits les plus lourds sur les rentes, qui semèrent «la consternation et le désespoir dans le cœur de tout le monde» et détournèrent les esprits du procès Fouquet. À la Chambre de justice, il marqua un point. Elle avait à juger un receveur des tailles provincial nommé Dumont, convaincu d'avoir puisé dans la caisse, comme bien d'autres. Coupable de péculat, assurément. Mais cela méritait-il la mort? On en débattit longuement, chacun proposant une sanction à son idée, dûment motivée. La majorité s'orientait vers une solution plus clémente, qui risquait fort de faire jurisprudence quand on aborderait le cas de Fouquet. Pussort prit l'affaire en main et, aidé par le chancelier, parvint à réunir treize voix contre huit en faveur de la mort. Le malheureux fut pendu aussitôt devant la Bastille, victime indirecte de l'affaire en cours. D'Ormesson, sans intervenir dans le débat, avait voté pour le bannissement. Ses adversaires poursuivirent donc leur harcèlement.

Louis XIV était contrarié par cette guerre intestine qui rongeait la Chambre de justice. Cet été-là, il était de bonne humeur, nageant dans le bonheur d'un amour partagé. En mai, il avait offert à Louise de La

---

[1]. C'est un de ses proches qui avait averti les d'Ormesson de la visite de Colbert. Le Tellier, trop âgé, ne travaillait pas pour lui-même, mais pour son fils Louvois. Et la rivalité bien connue de celui-ci avec Colbert prendra toute son ampleur à partir de 1670 environ.

Vallière, dans les jardins à peine aménagés de Versailles, les *Plaisirs de l'Île enchantée*. Fin juin et jusqu'à la mi-août, il s'en vint goûter avec elle la fraîcheur des ombrages de Fontainebleau, où était née leur idylle. Il voulut profiter du climat détendu pour calmer le jeu : c'est à ce moment-là que se place la conversation évoquée un peu plus haut, où il prit la peine de justifier auprès de d'Ormesson et de son collègue les mesures adoptées contre Fouquet. Mais il était trop tard pour inverser le cours des choses. Une bombe à retardement reposait dans les profondeurs des dossiers. Fouquet s'apprêtait à en allumer la mèche et l'explosion ne tarderait pas. Prenons-y garde : au cours des semaines qui suivent, il n'y a pas un seul détail qui ne compte.

Le coup de tonnerre

À ce stade de l'enquête, l'historien se sent très démuni. Toutes les pièces du procès ayant disparu, il ne dispose, pour tenter de comprendre, que du *Journal* de d'Ormesson, particulièrement elliptique sur cette période cruciale. La rigoureuse neutralité dont il faisait montre devant la chambre se répercute dans son récit : il s'en tient aux faits et l'on peut se fier à lui pour l'exactitude. Mais il s'abstient de les commenter – contrairement à son habitude. Et cette prise de distance, qu'elle soit instinctive ou délibérée, implique qu'il a compris ce qui est en train de se jouer. À chaque lecteur de rétablir les liens logiques et d'en tirer les conclusions.

Dans les derniers jours de juillet, à Fontainebleau, Fouquet avait présenté une de ces requêtes inacceptables dont il avait le secret et dont il usait pour occuper le devant de la scène en cachant toujours autre chose. Il sollicitait l'autorisation de poursuivre Colbert en justice pour lui avoir soustrait illégalement ses papiers. Il avait commencé par s'en prendre au procureur, puis il était passé au chancelier, voilà qu'il s'attaquait au ministre ! Chamillart n'eut pas grand peine à persuader la chambre de s'y opposer, « avec défenses de présenter de pareilles requêtes », parce qu'il était « injurieux à l'honneur du roi » qu'on imputât des faits aussi graves à un homme « qui était dans sa confidence et entrait dans tous ses conseils ». Le chancelier ajouta qu'il n'y avait pas la moindre apparence qu'il les eût commis et il demanda que Fouquet fût *débouté* de sa requête – autrement dit qu'elle passât à la trappe sans laisser de traces. Mais, vu l'importance du procès, susceptible de développements imprévus, d'Ormesson jugea préférable qu'elle y fût *jointe* – accompagnée bien entendu d'un refus – et son avis prévalut.

La cour regagna Paris le 14 août, flanquée du prisonnier. Aux approches de Charenton, sa femme, entourée de quelques amis, guettait le passage du convoi qui le ramenait et d'Artagnan, compatissant, fit ralentir l'allure pour qu'elle pût embrasser son mari. Puis il réintégra la Bastille et la chambre reprit la poursuite de l'instruction contre lui. Elle en était aux six millions de billets recyclés et aux quatre prêts – des points délicats – lorsque le 18, à l'heure de l'ouverture de la séance, Mme Fouquet vint à l'Arsenal remettre à d'Ormesson deux requêtes « fort grosses », au sens matériel du terme, avec l'espoir qu'il les présenterait aussitôt à la chambre, sans que les colbertistes aient eu le loisir de se concerter. Il comprit aussitôt que ce paquet contenait de la dynamite et sa réaction fut de s'en tenir à l'écart – autant dans l'intérêt de Fouquet que pour sa sécurité personnelle. Ces requêtes lui brûlaient les doigts. Il les enfouit dans son sac et les garda par-devers soi « pour les voir à loisir ». Mais, au cours de la journée, il en parla à Pussort et à Voysin, et les laissa finalement aux mains du procureur. Ayant constaté qu'elles sollicitaient, une fois de plus, une inscription en faux contre les procès-verbaux de l'Épargne et une récusation de Pussort, ainsi que de Voysin, le chancelier fit du second point l'objet d'un débat préalable et remit à plus tard l'examen détaillé des prétendus faux, dont les preuves expliquaient l'épaisseur insolite du paquet. Mais en réalité les deux questions étaient étroitement liées, puisque Fouquet accusait Pussort d'avoir falsifié les fameux procès-verbaux, et on ne parvint pas à les dissocier.

Devait-on ou non récuser Pussort ? Le soupçon de faux pesait sur lui depuis longtemps. On avait eu vent de diverses anomalies découvertes au cours des vérifications. Ainsi, dès février, sept ou huit lignes entièrement fausses, dont d'Ormesson s'était demandé comment on pouvait « inventer des choses qui ne sont point et les rapporter comme si elles étaient ». Mais puisqu'elles « ne servaient à rien et ne changeaient point le fond de l'affaire », on n'en avait pas fait état. Au cours du même mois, on avait constaté la disparition du nom de Servien, dont il a été parlé plus haut, puis en mars l'absence de quelques billets et d'une remise, cotée *Berryer*. Jusqu'alors, ces anomalies n'avaient pas été exploitées lors des débats, car elles n'étaient pas assez probantes : un résumé ne peut être parfaitement fidèle. Mais les récentes requêtes obligeaient à y revenir. Pussort, interrogé, bafouilla un peu, admit quelques inexactitudes, mais, comme il s'agissait surtout d'omissions, il s'en justifia en invoquant l'inadvertance, sans intention de nuire. On décida finalement d'attendre, pour passer au vote sur la récusation, qu'on eût examiné l'autre requête, l'inscription en faux.

Le soin d'en exposer la teneur et de préparer la réponse incombait au rapporteur. D'Ormesson fit l'impossible pour s'y soustraire. Il déclara d'abord au greffier ne pouvoir travailler sans une copie des documents justificatifs déposés par Mme Fouquet. Oui, certes on lui en avait donné une, mais il l'avait prêtée à un ami et il ne l'avait plus. Pas question qu'il parle sur eux le lendemain : il ne les avait pas encore vus. Le procureur s'en mêla, puis le chancelier, et la scène vira au comique. Elle était digne de la comédie italienne, s'exclama Séguier, où le valet Pantalon demande la réponse d'une lettre avant de l'avoir lue. Mais lorsqu'il fut question de lui mettre sur le dos l'inévitable « retardement », d'Ormesson obtempéra. Dans l'après-midi du jeudi 21 août il donna enfin lecture de la requête sur l'inscription en faux, sans aborder les détails. Le vendredi fut consacré à une autre cause, où il s'opposa à nouveau au chancelier. Il passa un paisible dimanche campagnard à étudier à fond les documents. Mais au retour, sa soirée fut gâchée par un messager de Le Tellier qui le mit en garde : on était feu et flammes contre lui à la cour, parce qu'on craignait qu'il ne pousse à la récusation de Pussort. Il répondit que son avis n'était pas encore formé.

Le lundi il travailla d'arrache-pied. Sur tous les points relevés par Fouquet, il se fit apporter, pour les confronter aux procès-verbaux, les pages correspondantes des registres de l'Épargne. Et soudain, le miracle ! Il s'agissait de bien autre chose que d'infidélités dans la transcription. C'est sur une minute originale que le faussaire avait opéré. « Je trouvai celle des six millions écrite de trois mains, et que, sur la remise de Berryer, elle était écrite et que, depuis elle était rayée, et avaient écrit en interligne que M. de La Bazinière ne l'avait pu trouver ; et outre, que la cote *M. d'Ormesson* était écrite et avait été effacée. » Que faire ? Il ne pouvait pas en exciper devant la chambre sans en avoir préalablement informé le chancelier et le procureur, leur ouvrant ainsi le champ à des manœuvres. Il prit le risque de ne rien dire, comptant sur le cours normal de la procédure pour amener ce document au grand jour. Dès le lendemain, une nouvelle « production » déposée par Fouquet à l'appui des faits mentionnés, lui confirma qu'il ne passerait pas inaperçu.

Le jeudi 28 août, c'est à Sainte-Hélène – un colbertiste convaincu – qu'incomba le soin d'évoquer les passages incriminés. La chambre demanda à voir la minute du procès-verbal des six millions. Elle y découvrit les ratures. «Il fut reconnu que d'abord on avait écrit quatre billets d'une remise de 181 500 livres, cotés *Berryer*; qu'on les avait effacés et qu'on avait écrit en interligne ces mots: *pour laquelle ledit sieur de La Bazinière a déclaré n'avoir rien trouvé, dont il fera plus ample perquisition.*» Mais il manquait à cette prétendue déclaration la signature de La Bazinière. Le scandale fut énorme. «Cette fausseté surprit toute la compagnie, n'y ayant rien de plus honteux que de faire une déclaration si contraire à la vérité.»

Le récit tiré du *Journal* de d'Ormesson laisse subsister quelques ombres. Quand et comment Fouquet découvrit-il cette fraude capitale? Comment put-elle échapper à la vérification menée des mois durant sous surveillance? Nous n'avons pas, dans l'état actuel de l'information, les moyens de le savoir. A-t-il choisi avec soin la date où faire éclater sa bombe, vers la fin de l'instruction, pour que l'effet en soit tout frais quand s'ouvrirait la confrontation décisive? C'est probable. Une chose est certaine en tout cas. L'attaque – irrecevable – dirigée contre Colbert était faite pour ricocher sur Pussort, la véritable cible – son plus redoutable adversaire au sein de la chambre, par sa compétence et sa conviction. Le but de toute la manœuvre était d'obtenir sa récusation, pour qu'il fût exclu lorsqu'on en viendrait au verdict. Avec Voysin en prime, si possible. Ces deux-là éliminés, la cause eût été gagnée d'avance.

Les deux intéressés se démenèrent pour éviter d'être récusés. Ils adoptèrent profil bas. Pussort était peu faraud lorsqu'il avoua «qu'ils n'avaient rien entendu à ce qu'ils avaient fait et qu'ils avaient signé ce que le sieur Berryer leur avait apporté». C'était sans doute vrai, car s'il y avait pas mal d'omissions, les modifications étaient peu nombreuses et touchaient des affaires concernant leur factotum. L'historiographie favorable à Fouquet a monté en épingle les traficotages opérés sur les documents. Par rapport à la masse concernée, ils semblent pourtant en fort petit nombre[1]. Et surtout ils pointent tous vers un unique responsable, qui n'a pas cherché à perdre Fouquet, mais à se tirer lui-même d'un mauvais pas. L'ensemble des procès-verbaux ne suent pas la fraude et il est très peu probable que Pussort et Voysin aient commandité ces manipulations d'une insigne maladresse. Ils eurent seulement le tort de confier le travail à un subordonné sans scrupules. Mais du point de vue juridique, ces quelques lignes omises ou raturées suffisaient à frapper de nullité tout un pan de l'instruction. Et du point de vue moral elles achevèrent de discréditer une procédure qui n'avait pas besoin de ce scandale supplémentaire.

Le 1ᵉʳ septembre, d'Ormesson récapitula toute l'affaire devant ses collègues et conclut en faveur de la récusation. Lors du vote, Pussort et Voysin y échappèrent, mais la requête de Fouquet fut reproduite intacte dans le compte rendu des débats, sans qu'on en ait ôté les mots injurieux contre Colbert, et on renonça à lui interdire d'en présenter de sem-

---

[1]. Les dossiers ayant disparu, il s'agit dans les deux cas de suppositions, sans plus.

blables. D'Ormesson fut couvert de louanges pour la rigueur du travail fourni, y compris par ses adversaires – conclusion mise à part. « Foucault me vint voir aussi le soir, qui me dit n'avoir jamais rien ouï de mieux, et que, si je n'avais pas conclu à la récusation, mon action était admirable. » Berryer eut beau protester comme un beau diable, il fut sacrifié. Colbert parla de lui au roi comme d'un fripon et tout le monde le tint pour un homme perdu.

Sans avoir eu gain de cause Fouquet avait marqué un point important. L'épisode témoigne chez lui d'une maîtrise hors de pair. Mais elle colle mal avec l'image de l'homme généreux et candide victime d'un méchant complot. Loin de plaider en faveur de son innocence, elle montre au contraire, comme toute sa conduite pendant cette année cruciale, qu'il surclassait ses adversaires et les manipulait à sa guise. D'Ormesson, si fin, s'en est-il aperçu ? Sans doute. Mais comment aurait-il pu le lui reprocher ? Ses adversaires s'étaient montrés si infâmes que la contre-attaque relevait de la plus légitime défense.

La chambre en perdition

Le choc avait été rude. Tout le travail mené par l'accusation se trouvait déconsidéré. La chambre ne s'en remit pas. Mais elle se montra tout aussi incapable que naguère de terminer le procès. Pendant plus de deux mois elle continue de courir sur sa lancée, comme si de rien n'était, tout en sachant son travail inutile.

Fouquet ne cesse de l'alimenter en requêtes de toutes sortes et, alors que le procureur a désormais fourni son ultime « production », il déverse sur son bureau une avalanche d'« écritures », en réponse aux divers chefs d'accusation. Aucun espoir de le voir modifier son calendrier. C'est lui qui fixe l'ordre dans lequel ses défenses seront traitées et qui les présente à la date de son choix. L'assemblée au grand complet subit passivement la lecture de textes qui ressassent sans fin les mêmes sujets déjà explorés. Au milieu des octrois, du marc d'or, et des diverses pensions, une séance ou deux sont consacrées aux productions respectives du procureur et de Fouquet sur le « crime d'État » : il ne s'y passe « rien de remarquable ». La chambre oscille entre la lassitude et l'exaspération et les querelles de personnes tournent à l'aigre.

Un dernier conflit vint trancher sur la routine ambiante. Pussort n'avait pas baissé les bras. Bien que son crédit auprès de la chambre eût fortement souffert de la découverte des fraudes, il jugeait les présomptions contre Fouquet assez fortes – notamment avec le projet de Saint-Mandé –, pour justifier une condamnation dont il resterait à déterminer la nature. C'est pourquoi celui-ci lança une seconde offensive. On se souvient qu'il avait déposé en août une requête – qui n'avait pas abouti – l'autorisant à poursuivre Colbert pour la soustraction de ses papiers[1]. Voici que cette requête, déjà utilisée lors de l'épisode précédent, reprenait du service – toujours avec le même objectif,

---

1. Cf. *supra*, p. 362.

se débarrasser de Pussort. La chambre l'avait repoussée, on l'a dit, mais au lieu de la passer sous silence, elle l'avait fait *joindre* au dossier, lui accordant ainsi une forme d'existence officielle. Fouquet put donc en *induire*, au sens juridique du terme, que Colbert était considéré comme *sa partie* dans le procès et il déposa une nouvelle requête en récusation contre Pussort, mais cette fois-ci pour motif de parenté ! La ficelle était un peu grosse, c'était se moquer du monde. Et pour faire bonne mesure, il déposa une requête auprès du Parlement – donc hors juridiction de la chambre – contre la soustraction de ses papiers par Colbert !

Pour le coup, le roi se fâcha. Il expliqua au Premier président du Parlement « qu'il avouait tout ce qu'avait fait M. Colbert et qu'il n'avait pris les papiers que par son ordre », et il émit contre la récusation un arrêt que la chambre fut sommée d'entériner, sans en délibérer. Il condescendit à s'en justifier, invoquant deux raisons : l'une que Fouquet, ayant été associé dans le passé à des secrets d'État, détenait dans ses dossiers « beaucoup de papiers importants » qu'on ne devait point voir, l'autre qu'il « ne voulait pas qu'un homme auquel il confiait ses plus secrètes et importantes affaires fût accusé dans une chambre de justice ». La lecture de l'arrêt tomba dans un silence profond. Mais l'exaspération des magistrats était telle que beaucoup trouvèrent cette conduite « fort extraordinaire et inutile » et propre à décrier encore davantage tout ce procès.

Cela se passa le 17 septembre. Deux mois durant, Fouquet continua de jouer avec les nerfs de ses juges en leur fournissant de quoi nourrir leurs débats. D'Ormesson, en rapporteur consciencieux, travaillait assidûment, pour n'être pas pris en faute parce qu'il se savait taxé de partialité en faveur de l'accusé. Le greffier Foucault le trouvant un jour attelé à lire un amas de paperasses le pressa de les abréger « en faisant connaître celles qui seraient inutiles », à quoi il s'attira comme réponse que « ce qui serait inutile serait traité comme inutile, mais que pour juger s'il était inutile, il fallait le lire et avoir du temps pour cela ». Cependant il s'efforçait d'alléger ses rapports. On put s'en apercevoir lors d'une remarque déplaisante du chancelier lui reprochant sa lenteur : il transmit alors le texte à son co-rapporteur qui, faute d'une connaissance préalable, mit deux fois plus de temps à tout lire, sans omettre un mot. C'étaient là incidents ordinaires de la guerre qui continuait de faire rage contre lui, attisée en coulisses par Berryer qui refusait de payer pour les autres et clamait son innocence. Mais la cause des « zélés » – comme on nommait désormais les partisans de la cour – perdait du terrain. Fouquet avait réussi à exhumer quatre lettres de Mazarin, qui couvraient de fleurs le surintendant pour services rendus et elles touchèrent bien des cœurs[1].

L'impatience grandit. On commença de décompter les votes à venir. En trois ans, la chambre s'était

---

[1]. Des lettres hyperboliques comme Mazarin en prodiguait tant, pour saluer le travail bien fait dans l'exercice d'une profession, mais non pour remercier de services rendus à titre personnel. En l'occurrence, Fouquet avait bien mérité ces éloges comme pourvoyeur de fonds pour l'État en mal de financement.

quelque peu renouvelée. Il y avait eu des défections, des morts, des révocations. Certains se lassaient d'être mobilisés à plein temps, notamment les provinciaux, hébergés de droite et de gauche – l'un d'eux avait même trouvé gîte à la Bastille, chez le gouverneur son cousin. La tentation de sauter quelques séances était forte. Mais attention : au-delà de quatre jours d'absence, c'était l'exclusion définitive. Le nommé Fayet, tombé malade, avait dépassé la limite. Il trouva un défenseur inattendu en la personne de Fouquet, qui déposa requête pour solliciter sa réintégration ! Belle occasion pour d'Ormesson d'afficher son impartialité : l'accusé, empiétant sur les prérogatives de la chambre, fut débouté et Fayet fut exclu. Mais cela faisait une voix perdue en faveur de l'indulgence. Dès lors, on vit les malades se traîner à l'Arsenal avec de la fièvre, par crainte des sanctions. Ainsi du président de Nesmond qui tarda trop à s'aliter et fut emporté par la gangrène dans les derniers jours de novembre. Seul le chancelier avait le droit de suspendre les séances à sa guise : se disant toujours mourant, il offrait à la compagnie un jour de congé de temps à autre, mais il tenait bon.

Comme il était trop tard pour remplacer les partants, l'équilibre de la chambre s'en trouvait affecté et la pression sur les indécis se fit plus forte. Les choses avaient vraiment trop duré. Quand Fouquet se déciderait-il à déposer enfin la plume ? Le 7 novembre, un de ses avocats vint confier à d'Ormesson « qu'il ne donnerait plus qu'une production sur la nullité des inventaires, et qu'après il ne produirait plus ». Il ajouta « que jamais il n'avait eu l'esprit si libre ni si ferme, et qu'il admirait sa force ». Le 9 novembre, Fouquet dit à d'Artagnan « qu'il avait achevé sa dernière production et que, si M. le procureur général ne donnait rien de nouveau, il n'écrirait plus. Sur quoi M. d'Artagnan lui ayant demandé s'il le lui disait pour le dire au roi (car autrement il était obligé au secret), il lui répliqua qu'il le priait de le dire au roi : qu'il ne prétendait point fuir le jugement, et qu'il était prêt à répondre quand on voudrait l'interroger ». Fouquet avait donc fixé seul, de sa propre autorité, la date du jugement et il avait eu l'audace d'en faire informer directement le roi sans passer par la Chambre de justice ! Fallait-il qu'il se sentît fort pour se permettre une telle insolence ! Mais le chancelier était bien trop affolé pour la relever, tant il redoutait la confrontation verbale avec un homme doué d'un tel talent de polémiste. Il eut peu de temps pour se préparer : le 14 novembre Nicolas Fouquet comparaissait enfin devant ses juges. Mais il n'avait pas réussi à éliminer Pussort, dont la pugnacité laissait planer quelque incertitude.

CHAPITRE NEUF

Échec au roi

Ce 14 novembre 1664, tout est fin prêt à l'Arsenal pour la confrontation tant attendue. Elle promet d'être relativement courte, puisque les fêtes de fin d'année font butoir. Le programme est simple. Après lecture initiale des conclusions du procureur, tenant lieu de réquisitoire, l'accusé, qui assure sa défense lui-même sans le secours d'avocats, sera soumis par le chancelier à une série de questions, portant tour à tour sur les différents chefs d'accusation retenus. Tout au long de la procédure, les juges pourront discuter entre eux. Ils seront ensuite invités à opiner, c'est-à-dire à exprimer un avis motivé, aucune limite n'étant fixée à l'exposé de leurs motivations. Les deux rapporteurs, dotés d'un statut particulier, parleront les premiers et devront faire précéder leur avis d'une récapitulation détaillée, destinée à rafraîchir la mémoire de leurs collègues. Après avoir entendu tous les autres, il ne restera plus au chancelier qu'à faire le décompte et à formuler l'arrêt final. La procédure aura lieu à huis clos, conformément à la loi – une clôture très perméable car les magistrats ne sont pas tenus au silence.

Tout Paris suit donc le déroulement des interrogatoires avec une passion dont témoignent les lettres de Mme de Sévigné, qui se mue en « reporter » pour son ami Pomponne[1]. La ville est acquise à Fouquet, pour cause de mécontentements accumulés. Elle fait peser sur la chambre une pression dont celle-ci se serait bien passée, tant elle est déchirée de conflits internes.

La veille de l'ouverture, Séguier et d'Ormesson se sont accrochés sur un point de détail et tous deux ont cru devoir clamer bien haut leur attachement exclusif à la quête de la « vérité ». Mais quelle vérité ? D'Ormesson aura beau redresser toutes les « erreurs » – pas toujours involontaires – commises par les adversaires de Fouquet, il a suffisamment travaillé les dossiers pour savoir qu'il ne le rendra pas pour autant blanc comme neige. La lutte qu'il s'apprête à mener contre le chancelier n'a pas pour objectif de justifier Fouquet, elle vise à dénoncer les méthodes scandaleuses adoptées par le pouvoir en place pour donner une apparence juridique à une condamnation à mort préfixée. Séguier et lui incarnent donc deux conceptions de la justice et ils le savent. Un incident rapporté dans le *Journal* de d'Ormesson peut en témoigner. Le jeudi 13 au soir les sacs[2] contenant le procès avaient été rassemblés à l'Arsenal et entreposés par terre et le chancelier se prit les pieds dedans. « On lui dit : "Monsieur, prenez garde." Je lui ai dit : "Monsieur, ce

---

1. Un membre de la famille Arnauld, janséniste.
2. Tel était le moyen de stockage utilisé dans les cours de justice. On ne disposait pas encore de cartons.

procès-là m'a déjà bien fait faire des faux pas ; il faut que je prenne garde qu'il ne me fasse pas tomber à la fin." Il m'a répliqué : "Vous ne tomberez pas ; vous avez la tête trop bonne." » Personne ne s'y trompe à l'époque. D'Ormesson assume son rôle et les risques qu'il comporte. Ce procès sera un affrontement entre l'autorité royale, incarnée ici par Séguier, et l'institution judiciaire. Le sort de Fouquet n'en constitue que la pierre de touche.

Il restait à savoir comment celui-ci tiendrait sa partie dans le combat annoncé. On ne tarda pas à le découvrir.

L'entrée en scène de Fouquet

Dès neuf heures, il y avait foule à l'Arsenal[1], dont douze mousquetaires ne gardaient que mollement l'entrée principale. Dans la vaste pièce soigneusement fermée où se tenaient les séances, les juges l'attendaient avec curiosité. Un bon nombre d'entre eux le connaissaient mal, certains ne l'avaient pas entendu parler en public, quelques provinciaux ne l'avaient sans doute jamais vu. Réunis autour du chancelier, ils durent écouter tout d'abord la lecture des conclusions formulées par les deux procureurs successifs : Talon et

---

1. Une bonne partie des gens qui avaient travaillé au procès n'avait pas accès à la salle – ainsi les avocats-conseils de l'accusé et même le procureur Chamillart, condamné à se cacher derrière un paravent, à portée d'entendre.

Chamillart y déclaraient l'accusé convaincu du crime de péculat et condamné à être pendu. Celui-ci avait fait demander au roi « en quelle manière il désirait qu'il fût ouï », c'est-à-dire en clair s'il aurait un siège conforme à sa dignité d'ancien ministre. Le roi n'ayant pas répondu, on choisit de se conformer à l'usage et on fit apporter à son intention une sellette[1]. On avait décidé de limiter les interrogatoires à une heure par jour, « pour ne pas fatiguer le chancelier et éviter qu'il ne tombe malade ».

À vrai dire, Séguier ne songeait pas seulement à ménager sa santé, il avait besoin de temps pour se préparer. Il éprouvait un trac intense, qu'il ne cherchait même pas à dissimuler. À la veille du procès, comme Roquesante lui conseillait de faire expliquer Fouquet sur un fait précis, il lui répliqua avec chagrin : « Vous le lui demanderez vous-même ; car je ne prétends pas entrer dans ce détail », et on l'entendit murmurer : « Il en sera quitte à bon marché avec moi. » N'ayant jamais pris la peine d'approfondir les questions, il naviguait à vue, tributaire de la besogne qu'on lui mâchait en coulisse, et il craignait fort de « n'avoir pas de provision devant lui ». Tout incident risquait donc de le déstabiliser. Et pour ce qui est de créer des incidents, on pouvait compter sur Fouquet.

Il s'y employa dès la première séance. « M. Fouquet est entré vêtu d'un habit court de drap d'Espagne noir, tout uni, un petit collet uni propre, ayant son

---

1. Siège inconfortable et bas, qui mettait l'accusé en position d'infériorité matérielle et morale.

manteau. Ayant salué fort civilement M. le chancelier et Messieurs à droite et à gauche, sans que personne lui ôtât le bonnet, M. le chancelier lui a dit de s'asseoir; ce qu'il a fait sur la sellette, sans en témoigner de la peine. » Le chancelier lui dit alors de lever la main pour prêter serment, et c'est là que les choses se gâtèrent. Il les « supplia de ne point trouver mauvais s'il ne pouvait le faire, pour ne pas déroger à son privilège[1]; et au contraire, demandait acte de ce qu'il persévérait en ses protestations ». Séguier lui opposa l'arrêt du Conseil royal, qui les avait rejetées. À quoi il objecta que « son privilège n'ayant point été jugé par ses juges et l'arrêt du Conseil ayant été donné sans l'entendre, contre toutes les formes de la justice, il suppliait la chambre de ne pas trouver mauvais s'il ne pouvait déférer à ses ordres ». Après quoi, il les pria d'excuser son habit « indécent », parce qu'on lui avait refusé la robe à laquelle il avait droit, mais, ajouta-t-il, « il croyait que son privilège ne dépendit pas de son habit ». Bref on se trouvait reporté à deux ans en arrière, au moment où fut décidé l'« appointement ». Fouquet adoptait la même démarche que lors de l'instruction écrite, il allait user de tous les artifices juridiques pour faire diversion. Mais désormais cette tactique, qui rappelle aux juges de mauvais souvenirs, ne peut plus tromper personne. De plus, dans sa seconde version, elle est beaucoup plus percutante,

---

[1]. Rappelons qu'il s'agit de son privilège de juridiction, selon lequel il ne pouvait être jugé que par ses pairs, c'est-à-dire le Parlement.

parce qu'au lieu de passer par la voie détournée des rapporteurs, elle le confronte directement au chancelier lui-même, en présence de la chambre au grand complet. Et pour couronner le tout, elle est assaisonnée d'une insolence savamment calculée, enrobée d'une politesse obséquieuse. Difficile de se moquer d'eux plus ouvertement !

Comme il se dérobait au serment préalable, tout en offrant néanmoins de donner « tous les éclaircissements » voulus, le chancelier, au motif qu'il refusait de reconnaître la chambre, l'invita à se retirer : ce qu'il fit, avec une très grande révérence. Pour y remédier, on disposait de précédents. On discuta. C'est le Provençal Roquesante qui régla le problème : « Il était d'obligation au juge de demander le serment, mais on ne pouvait contraindre l'accusé de le prêter ; mais en ce cas on ne laissait pas de l'interroger ; car la juridiction du juge ne dépendait pas de l'accusé et, s'il répondait, on l'écoutait. » Ce qui revenait, bien sûr, à procéder de la manière accoutumée en se passant du serment. On rappela donc Fouquet, qui parut surpris : les juges avaient trouvé la riposte bien vite. Il mit un temps à répondre, se contentant de dire qu'il ne se départait pas de son privilège.

Séguier crut donc pouvoir enchaîner sur le premier chef d'accusation. Poncet vint lui murmurer qu'il avait oublié de respecter la procédure voulant qu'il somme l'accusé – récalcitrant ou pas – de décliner son nom. Séguier bafouilla beaucoup pour justifier cette inadvertance, mais finalement il ne put éviter de lui réclamer nom et qualité. L'autre prétendit s'en dispenser parce que cela n'était pas nécessaire – tout le monde le connaissait – et que cela préjudiciait à son privilège. Séguier coupa court et reprit l'interrogatoire. Mais cet incident lui avait fait perdre le fil de son discours. Il s'embarrassa, multipliant les confusions, « parlant comme un homme qu'on avait instruit » et qui n'y comprenait goutte. Fouquet eut l'occasion de le reprendre plusieurs fois, en le priant très poliment de l'excuser. Il parla longtemps et fort à propos face à un interlocuteur débordé, qui finit par le congédier. Conclusion du *Journal* de d'Ormesson : « La compagnie paraît avoir entendu assez favorablement M. Fouquet, et les zélés sont mal satisfaits de M. le chancelier. »

La comédie du serment exigé et refusé se renouvela désormais chaque jour, épuisant les capacités d'attention du vieux chancelier et mettant à rude épreuve la patience de l'assemblée – à moins qu'elle n'y excitât l'envie de rire. Car c'est du théâtre que leur offre Fouquet, et de l'excellent théâtre, mâtiné d'éloquence comme on l'aimait encore à l'époque, pimenté de « mots » faisant mouche et soutenu par une gestuelle efficace. Ce qu'il dit et fait vise moins à établir son innocence sur les griefs concernés qu'à se concilier la bienveillance d'un public certes étroit – vingt-deux personnes –, mais dont il connaît les goûts et les habitudes mentales. Et il compte, avec raison, que les échos de sa performance se répandront dans Paris. Sous la plume de d'Ormesson lui-même, les débats techniques sur le fond sont sacrifiés aux commentaires sur la forme. Et Mme de Sévigné, dont il est l'informateur, amplifie encore ce déséquilibre, mélangeant les chefs d'accusation, mais répétant à satiété qu'il a « très bien parlé ».

En bon comédien, il exploitait les diverses occasions. Au cours du second interrogatoire, le lundi 17 novembre, il s'en présenta deux. Lors de l'échange initial sur son privilège de juridiction, qui l'empêchait de reconnaître la chambre et de prêter serment, Séguier lui objecta le fait qu'il se fût assis sans protester sur la sellette : « Il fallait bien qu'il crût être devant ses juges ! » Réponse : « Il ne méritait pas d'être traité de la sorte ; c'était une mortification qu'il recevait de la main de Dieu. » Tiens, voilà que reparaissait dans sa bouche un thème que les rapporteurs avaient entendu naguère lors de leur première visite[1]. Et comme Séguier invoquait l'arrêt du Conseil royal le renvoyant à la Chambre de justice, il le remit à nouveau en cause, disant « que les rois jugeaient ou selon les lois, ou contre les lois ; qu'au dernier cas leurs arrêts n'étaient pas arrêts ». « Vous dites donc que le roi n'a pas pu juger, s'exclama Séguier, et qu'il a abusé de son autorité ? — C'est vous qui le dites ; je ne l'ai pas dit : *a te ipso hoc dicis* ; ce sont vos paroles. » Et de se lancer dans un raisonnement compliqué pour démontrer que ni le roi, ni les juges n'ont abusé de leur autorité, mais qu'ils se sont trompés en prononçant un arrêt contre lui sans l'avoir entendu et qu'on ne peut lui reprocher de ne pas l'accepter. Mais l'auditoire a-t-il eu l'esprit assez libre pour décortiquer ses sophismes ? Car l'es-

---

1. Cf. *supra*, p. 285-286.

sentiel est ici la phrase bien connue tirée du récit de la Passion et qui figure dans les quatre Évangiles : c'est la réponse du Christ à Pilate qui lui demande s'il est le roi des Juifs : « C'est *toi* qui le dis » – pas moi, et Jean précise que son royaume est hors de ce monde[1]. La position de Fouquet face à Séguier n'a évidemment rien de commun. Mais l'allusion invite à voir en lui une victime dont les malheurs entrent dans les plans de Dieu, comme punition de ses péchés.

Il ne put éviter cependant d'être interrogé, comme la veille, sur la pension de 120 000 livres, par un Séguier qui semblait avoir mieux appris sa leçon. Elle passait pour la plus suspecte. Est-ce pour cela qu'il parut d'abord « plus abattu que la dernière fois » et que ses paroles manquèrent de fermeté ? Il se reprit cependant et s'en tira, sans trop égratigner Colbert au passage[2]. Le lendemain, il tenta de varier un peu le spectacle en refusant la sellette, mais il dut se contenter d'une fausse sortie. Excédé, le chancelier le congédia en le priant d'attendre la décision des juges. Pensa-t-il qu'ils risquaient de suspendre les interrogatoires et de délibérer sur dossier ? « Il fit un pas comme

---

[1]. Le récit de Mme de Sévigné transpose et étoffe, en un dialogue vivant, ce que d'Ormesson rapporte au style indirect, et quelquefois elle en rajoute de son cru. Mais elle omet la citation latine et prête à Fouquet une réponse fort plate : « C'est vous qui le dites, monsieur, et non pas moi », qui rend la référence méconnaissable pour un lecteur d'aujourd'hui.

[2]. Rappelons qu'il l'accusait d'avoir tiré ce titre de pension des archives de Mazarin et de l'avoir glissé parmi ses papiers le second jour des inventaires.

pour se retirer, puis revint de lui-même et dit que son refus n'était pas pour retarder l'interrogatoire, et qu'il ne voulait pas faire perdre un moment de temps; mais qu'il suppliait la chambre de lui donner acte de ses protestations, et qu'après il était prêt de répondre et qu'il ne voulait pas chicaner. » Il chicana encore un instant malgré tout, mais le chancelier put enfin entrer dans le vif du sujet, qui concernait la pension de 140 000 livres sur les Aides, puis celle qui portait sur le convoi de Bordeaux : des dossiers assez simples, puisque toutes deux étaient destinées à Gourville et à des tiers. Le chancelier joua correctement son rôle et Fouquet se défendit avec beaucoup d'honnêteté. L'un et l'autre se retirèrent contents de leur matinée. À sa sortie, Fouquet salua comme toujours la compagnie et quelques-uns de ces Messieurs lui répondirent en ôtant leur bonnet. Il regagna la Bastille fort gai.

Les interrogatoires (suite)

Sur ces entrefaites, il se vit offrir quelque espoir et la chambre bénéficia d'une journée de vacances, à l'occasion d'une maladie de la jeune reine.

Marie-Thérèse approchait de son terme lorsqu'elle mit au monde une fille le 16 novembre[1]. Elle ressen-

---

1. Marie-Anne, qui mourut le 26 décembre, était le troisième enfant du couple royal, après Louis dit plus tard le Grand Dauphin, et une fillette qui n'avait vécu que six semaines à la fin de 1662.

tit très vite d'importants malaises, qui firent craindre pour sa vie. À sa demande, on lui apporta une relique, le bonnet de saint François de Paule, et l'on descendit de sa niche la châsse de sainte Geneviève. Le surlendemain au soir, « ce fut la plus magnifique et la plus triste chose du monde de voir le roi et toute la cour, avec des cierges et mille flambeaux, aller quérir et reconduire le saint sacrement. [...] La reine fit un effort pour se soulever, et le reçut avec une dévotion qui fit fondre en larmes tout le monde. Ce n'était pas sans peine qu'on l'avait mise en cet état, ajoute Mme de Sévigné. Il n'y avait eu que le roi capable de lui faire entendre raison. À tous les autres, elle avait dit qu'elle voulait bien communier, mais non pas pour mourir ; on avait été deux heures à la résoudre[1] ». Si la marquise se permet de plaisanter, c'est, bien sûr, qu'elle n'est pas morte. Et il n'est pas impossible qu'elle doive la vie à Mme Fouquet mère : « Celle-ci a donné un emplâtre à la reine, qui l'a guérie de ses convulsions, qui étaient à proprement parler des vapeurs. » Il s'agissait, précise d'Ormesson, d'un remède admirable pour les femmes après leurs couches, « qui lui fit vider deux caillots de sang gros comme la main », après quoi elle se sentit revivre. « Mme Fouquet est une sainte », s'écria-t-elle, et l'on compta beaucoup sur une intervention en faveur de Nicolas. Espérance déçue. Les médecins ne manquèrent pas de dénigrer le remède et la guérison provint peut-être d'un processus natu-

---

[1]. Ce n'était pourtant pas l'extrême-onction, mais une simple communion.

rel. Le roi demeura inflexible et il perdit encore une part de son aura auprès du peuple de Paris, pour avoir repoussé les supplications d'une femme capable de faire des miracles.

Le 20 novembre, les juges reprirent donc le chemin de l'Arsenal. Quelques bonnets persistant à se lever à l'entrée et au sortir, le chancelier grommela : « Il n'avait jamais vu que les juges saluassent les accusés à la Tournelle[1]. » Les interrogatoires se poursuivirent les jours suivants, passant du marc d'or aux sucres et cires, puis aux octrois, sans donner lieu à quoi que ce soit de remarquable. Avec Fouquet du moins. Car la chambre, elle, était travaillée de secousses internes.

Nos ancêtres étaient des lève-tôt. Séguier tenait, pour raisons de santé, à limiter les séances à la matinée. Les juges arrivaient pour neuf heures, ils prenaient un moment pour confronter leurs vues avant de faire entrer l'accusé et, en dépit du refus rituel de prêter serment, qui ne demandait que quelques minutes, en étaient quittes vers onze heures et demie. Ainsi procéda-t-on les tout premiers jours. Mais au bout de quatre séances, Pussort, qui sentait tourner le vent, se mit en devoir de reprendre la main. Le 21 novembre, lors de l'examen préalable des pièces sur les sucres et cires, il mena sur tous les points litigieux une discussion serrée et très argumentée avec d'Ormesson, que celui-ci élude dans son *Journal*. Le greffier Foucault précise, lui, que l'incident fut vif :

---

[1]. La chambre criminelle de Paris, où l'on jugeait le tout-venant.

« Cela s'est fait avec tant d'application et de contention d'esprit que, l'un attaquant l'accusé et l'autre le soutenant, cela a donné sujet de dire que M. Pussort avait tenu M. d'Ormesson sur la sellette bien plus fortement que M. Fouquet n'y serait tenu. » Leur querelle avait occupé pas mal de temps. L'accusé fut introduit bien plus tard que d'ordinaire. Était-il impatienté par l'attente ou embarrassé par les questions posées ? Il le prit de haut et laissa voir qu'il les jugeait ridicules. Le chancelier pataugea. Visiblement le climat avait été perturbé par l'incident initial. À son départ, aucun bonnet ne se leva. Le lendemain, on revint à l'horaire habituel : c'était un samedi et tous aspiraient aux trois jours de détente que promettait le dimanche faisant le pont avec la Sainte-Catherine le mardi. « Il fut très mal attaqué, nous dit la marquise, et il s'est très bien défendu. » Son bon ange l'ayant averti qu'il devait montrer moins de fierté, il s'en était corrigé. Et dans la bonne humeur générale, on se remit à le saluer.

Les agents de Colbert profitèrent de cette pause pour se concerter. Ils durent se rendre à l'évidence. Séguier n'était pas à la hauteur. Ils résolurent de le tenir étroitement sous contrôle. Le préparer la veille ne suffisait pas, il risquait d'oublier la leçon. Ils décidèrent de prolonger l'entretien matinal préalable pour qu'on pût lui rafraîchir la mémoire. Cette modification d'horaire intervint pour la première fois le 26 novembre. Il en résulta un désastre. Séguier, dûment chapitré, avait tenté de prendre barre sur d'Ormesson. Il eut avec lui, au sujet d'une somme controversée, un accrochage qui tourna à sa courte honte : il avait fait une erreur de calcul. Il était d'une humeur si exécrable lorsqu'on fit entrer l'accusé à onze heures et quart qu'il en oublia le rituel quotidien du serment refusé. D'où une scène du meilleur comique. De toutes parts on tâchait de lui faire signe, d'Ormesson leva la main pour l'inviter à la faire lever à Fouquet. « Que voulez-vous dire ? » lui demanda tout haut Séguier. Que répondre à cela, sinon : *rien* ? Il fallut que des voisins aillent renseigner le chancelier à l'oreille. Le malheureux eut encore la force de procéder aux interpellations de rigueur, mais il fut incapable de mener correctement l'interrogatoire qui suivit. Il y avait pourtant de quoi embarrasser Fouquet « si l'on avait été bien habile et bien éveillé. Mais au lieu d'être alerte, M. le chancelier sommeillait doucement ».

Il se disait plein de bonnes résolutions pourtant. Il avait consacré une partie de son temps libre à une visite au couvent des filles de Sainte-Marie, rue Saint-Antoine, qu'il fréquentait régulièrement depuis trois mois. Le choix n'était pas neutre : cette maison était un peu le fief des Fouquet. Ils y avaient leur chapelle funéraire où reposait le père de Nicolas. Une de ses tantes et trois de ses sœurs y étaient religieuses. Il vint dire à la supérieure que le bienheureux évêque de Genève[1] lui avait obtenu durant sa dernière maladie

---

1. François de Sales, fondateur de la Visitation avec sainte Chantal. Proclamé bienheureux en 1661, il ne fut canonisé qu'en 1666.

des grâces si particulières qu'il tenait à lui manifester sa gratitude dans l'église où son cœur était conservé. Il lui demanda de faire prier pour lui toute la communauté et lui fit don de mille écus. La supérieure partagea son exaltation et ses larmes. Lorsqu'elle lui parla adroitement de l'affaire Fouquet, il lui répondit « qu'il ferait justice selon Dieu, sans considérer que lui ». Authentique piété ou tentative maladroite pour se concilier les dévots ? Si Mme de Sévigné hésitait, son correspondant Pomponne fut moins indulgent : un nom courait sur toutes les lèvres, celui de *Tartuffe,* le sinistre héros de la nouvelle comédie que Molière venait de donner à Versailles.

Le 27 novembre, nouvel incident lors de la concertation préalable. D'Ormesson défendait vaillamment Fouquet contre les attaques de Séguier. Celui-ci s'écria soudain : « Voici un endroit sur quoi l'accusé ne pourra pas répondre. » La réponse pertinente fusa, accompagnée d'un mot : « Et voilà l'emplâtre ! » – le remède magique – qui valut à son auteur un vif succès. Il est clair qu'aucune préparation au monde ne rendra le chancelier apte à l'emporter sur Fouquet, même si on ne laisse parler celui-ci qu'une petite heure. Car il a réagi en adaptant sa tactique : pour couper Séguier de ses pense-bêtes, quelle meilleure méthode que de perturber l'ordre du programme ? Le 28 novembre, lorsqu'on prétendit l'interroger sur les quatre prêts, il pria « qu'on voulût le laisser dire ce qu'il n'avait pu dire la veille sur les octrois ». Le reste de la matinée y passa. Et pour la première fois, il mit en cause personnellement le chancelier, par la bande il est vrai, à titre d'exemple pour illustrer un point de pratique financière. Mais l'intéressé n'apprécia pas d'entendre rappeler que le surintendant avait été l'ordonnateur des émoluments qui lui étaient dus.

À ce rythme, l'affaire promet de tirer en longueur et si Fouquet passe à l'attaque, on peut craindre le pire. La consigne est de le faire parler le moins possible. « On voudrait donc l'interroger légèrement, et ne pas aller sur tous les articles. Mais lui, il veut parler sur tout, et ne veut pas qu'on juge son procès sur des chefs sur quoi il n'aura pas dit ses raisons. » Tout ce que Séguier trouve à dire quand on lui reproche de l'avoir laissé parler trop longtemps est qu'il n'a pas pu l'interrompre. Le 1er décembre, sommé de presser le mouvement, il prit son papier et lut à toute allure, comme une liste, dix chefs d'accusation. Sur quoi Fouquet protesta contre la brièveté de son temps de parole et supplia qu'on lui donne le loisir de répondre : « Vous m'interrogez, et il semble que vous ne vouliez pas écouter ma réponse ; il est important que je parle. Il y a plusieurs articles qu'il faut que j'éclaircisse, et il est juste que je réponde sur tous ceux qui sont dans mon procès. » Il s'arrogeait ainsi le choix des points sur lesquels il insisterait et le temps qu'il consacrerait à chacun. Comme lors de la confrontation par « écritures », il s'emparait de la conduite des opérations.

In extremis, ses adversaires contre-attaquèrent. Tout plutôt que de le laisser démolir le dossier pièce à pièce, face à un Séguier submergé ! Ils décidèrent de le faire entrer à neuf heures et demie et de le laisser parler tout son soûl sans l'interrompre. Non prévenu, peut-être serait-il pris de court. Dans le cas contraire, au moins viderait-il rapidement son sac. Hélas, il en aurait fallu plus pour le déstabiliser. Les deux jours où il bénéficia de ce nouveau régime lui suffirent pour exhiber un autre aspect de son talent. Après la controverse, ce fut l'éloquence dans toute son ampleur, vigoureuse et passionnée. Interrogé sans préavis le 2 décembre sur les six millions, « il parla deux heures et quart sans s'émouvoir ni s'embarrasser, ni perdre une raison à son avantage », malgré les mimiques réprobatrices de Pussort. Il sortit un quart d'heure avant midi sans avoir terminé. En coulisse, Séguier s'en lavait les mains, la nouvelle formule ayant été imposée par le roi contre ses avis. Il avait décidé de « faire tout ce qu'on lui disait », pour se prémunir contre les reproches. Mais l'échec de ceux qui avaient tant blâmé ses insuffisances lui mettait du baume au cœur.

Le mercredi 3 décembre, il fit entrer Fouquet avant neuf heures et demie, pour une séance ultime, qui se prolongea au-delà de midi. On s'efforça de liquider les dernières questions financières en suspens. Mme de Sévigné, qui semble avoir épuisé sa réserve de formules élogieuses, nous informe qu'il parla « si admirablement bien que plusieurs n'ont pu s'empêcher de l'admirer ». On avait achevé le cycle des prévarications, qui formaient l'essentiel du dossier. Or elles sont quasiment absentes du *Journal* de d'Ormesson – et bien sûr des lettres de la marquise. Les chefs d'accusation y apparaissent comme les perles d'un chapelet que l'on dévide. Fouquet peut parler à loisir, nul – à l'exception de Pussort – ne s'attache vraiment à ce qu'il raconte : la poursuite de l'instruction pendant deux ans en a dégoûté les juges. Seule compte la forme de ses réponses. Il l'a compris. Il tient la distance sans fléchir, tandis que le chancelier se décompose. Comme il le faisait dans ses « écritures », il esquive le débat de fond, soit en le noyant dans un flot de considérations accessoires, soit en déviant vers les injustices dont il est victime en dépit des services rendus. Mais il le fait avec un brio digne des meilleurs maîtres du barreau. Il n'a pas grand peine à l'emporter sur un vieillard débordé qui, attaqué de toutes parts, a baissé les bras. Il se taille un succès facile auprès d'un auditoire plus intéressé par les querelles intestines qui agitent alors la chambre que par les bénéficiaires de malversations datant d'un autre âge.

Drôle de procès que celui-ci où l'esprit juridique le plus averti s'apprête à faire place, chez bon nombre de ces magistrats rassis, à un vote d'humeur, fondé sur des impressions, voire des sentiments. C'est qu'il a été peu à peu vidé de sa substance. Il ne subsiste que deux chefs d'accusation véritablement importants qui ont été réservés pour la fin, parce qu'on a passé trop de temps sur les autres et aussi parce qu'on n'a pas envie d'en parler : l'enrichissement personnel et le projet de Saint-Mandé. Ils vont être expédiés en l'espace d'un jour et demi, alors qu'ils auraient mérité une discussion plus poussée – comme si consigne avait été donnée de les éluder.

L'enrichissement personnel

En tout lieu et en tout temps, les ministres des Finances trop riches se sont vus soupçonnés de malversations. Fouquet fut donc invité à s'expliquer sur ses dépenses. Dès ses premières conclusions, Talon avait soulevé la question, s'efforçant de prouver que sa fortune avait enflé durant son passage à la surintendance. Elle revint sur le tapis le 3 décembre en fin de séance. Il reconnut avoir «trop dépensé, mais que ce n'était pas sur les deniers du roi». Mais plutôt que de s'appesantir sur leur source, qu'il régla d'une affirmation désinvolte – «il justifiait autant de dépenses pour le roi qu'il y avait de recettes» –, il expliqua complaisamment, ce qui n'était pas faux, que la magnificence faisait partie de ses obligations professionnelles. On lui objecta que les sommes données à son intendant, Vatel, pour le seul entretien de sa table se montaient selon ses comptes à 400 000 livres par mois. Il répondit qu'un surintendant devait tenir table ouverte; exposé à recevoir des têtes couronnées, il lui fallait des meubles de prix, de l'argenterie et un service à la hauteur. Il aurait pu en dire autant du mécénat. Il semble n'en avoir pas pris la peine. Pas plus qu'il ne rappela la nécessité, vingt fois évoquée naguère, de paraître riche, pour inspirer confiance aux créanciers et en obtenir des taux d'intérêt moins élevés. Mais il affirme que toutes ces dépenses étaient financées par ses appointements de ministre et par des transactions avec des particuliers, qui ne regardaient pas le roi.

Il ne s'est pas enrichi : la preuve est qu'il est maintenant quasi ruiné. Si on voulait bien comparer le montant de ses avoirs à son accès à la surintendance et au jour de son arrestation, on trouverait la balance largement négative. Que la chambre ne l'ait pas fait est pour certains biographes la preuve qu'elle ne veut pas courir le risque d'avoir à l'innocenter. Mais qu'il soit ruiné ne suffit pas à prouver qu'il n'a pas prévariqué. On connaît des escrocs qui sont morts sans un sou. Des flambeurs, comme l'était précisément Fouquet qui aimait le luxe, les fêtes, les femmes et n'hésitait pas, pour accueillir le roi à Vaux, à engloutir des sommes astronomiques. Et puis, il y avait l'entretien de ses réseaux. Quelques-unes des dépenses afférentes formaient la partie émergée de l'iceberg, sous forme de pensions destinées à rémunérer ses agents. Mais qu'en était-il de l'énorme masse d'informateurs dont il avait truffé tous les milieux sensibles ? D'où sortait-il l'argent pour dépanner les jeunes personnes endettées ou les vieux magistrats en quête de financement pour réparer leur terrasse[1] ? C'est bénévolement, bien sûr, que des religieuses plaidaient sa cause auprès d'Anne d'Autriche et que des prêtres faisaient prier pour lui dans leurs églises. Mais de combien de dons pour leurs œuvres avaient-ils bénéficié ? Il ne serait pas le premier à avoir distribué des aumônes à des fins politiques : ainsi en avait usé pendant la Fronde le futur cardinal de Retz, qui l'avoue dans ses *Mémoires*. Fouquet a prévu qu'on l'attend sur ce

---

1. Voir *supra*, p. 148-149.

terrain. C'est pourquoi il insiste sur sa générosité : il était si bon ! « Il dit qu'il avait toujours tâché de faire plaisir, et qu'il n'était pas de l'humeur de ses ennemis, qui étaient durs et n'obligeaient jamais personne » – une pierre dans le jardin de Colbert, notoirement avare. Mais si on le soupçonne, comme y incitent tant d'indices, d'avoir toujours attendu de ses largesses un retour en services, la belle image se lézarde. Où prenait-il l'argent qui lui servait à s'acheter une clientèle ?

En tout état de cause, il s'agissait là d'un domaine interdit, Louis XIV ayant donné l'exemple en détruisant le contenu de ses cassettes. Le chancelier se borna donc à lui accorder quitus sur ce point.

Le « crime d'État »

Autrement grave était le chef d'accusation concernant le projet dit de Saint-Mandé, qui, sous la qualification de lèse-majesté, entraînait la peine de mort[1]. En 1661, il avait fait bondir Louis XIV. Trois ans plus tard, une partie de sa portée subversive s'était émoussée. Conçu en 1657 sur le modèle des révoltes nobiliaires, il ne présentait plus désormais de caractère dangereux. Les nobles ne pouvaient naguère se lancer dans l'opposition armée que s'ils disposaient de sanctuaires à l'étranger, notamment chez nos ennemis espagnols à Bruxelles. Mais l'Europe était en paix

---

1. Cf. *supra*, p. 270-279, et en Annexe pour le texte intégral.

sous l'hégémonie de Louis XIV[1]. Pourquoi donc, dans un moment où l'impopularité montait contre lui dans l'opinion, attirer l'attention sur un projet de ce genre ? Séguier, avant même de procéder à l'interrogatoire, était décidé – très probablement sur ordre du roi – à passer l'éponge.

Lorsque Fouquet fut introduit devant la chambre le 4 décembre, le chancelier lui signifia une accusation de lèse-majesté et annonça qu'on allait procéder à la lecture du projet sur lequel elle se fondait. Il tenta de s'y dérober, arguant que c'était « contre l'ordre », qu'il fallait faire lire ses défenses, et protesta contre le fait que le projet en question eût été imprimé. Il était indispensable que les juges en eussent communication, lui fut-il répondu. Et le greffier procéda à la lecture. Mais il dut, pour éviter toute contestation, la faire sur l'original, griffonné à la main. Il butait à chaque ligne et Séguier lui soufflait, d'après l'imprimé. Tout cela prit un bon bout de temps, pendant lequel Fouquet, impassible, tint les yeux continûment attachés sur le crucifix suspendu au mur, sans ciller, avec un air de martyr à la torture. Il ne pouvait nier, mais il assaisonna son aveu d'une récrimina-

---

1. Cependant il subsistait encore des séquelles de ce passé proche. La place d'Hesdin – une de celles sur lesquelles Fouquet avait d'abord compté – était restée aux mains de Barthélemy de Fargues, qui s'y était taillé une sorte de fief autonome, d'où il narguait les autorités. Au retour de la paix, il l'avait abandonnée et il menait une existence discrète à Dourdan, quand il fut repéré, arrêté et traduit en justice. Son procès était alors en cours. Il fut pendu en mars 1665.

tion : « Cette pièce avait fait tout l'effet que ses ennemis voulaient, qui était de lui donner de la honte et de la confusion d'une pièce aussi ridicule et extravagante que celle-là ! » Il ajouta qu'elle ne pouvait servir au procès et, distinguant le civil du pénal, prétendit que la chambre n'avait de compétence qu'en matière financière.

Sa défense s'appuya sur deux arguments, l'un de fait, l'autre de droit. En ce qui concerne le fait, ce projet, fruit occasionnel d'une imagination troublée par la vue du péril, n'avait rien d'une entreprise de subversion concertée. Et même si cela avait été le cas, on ne pouvait légitimement lui faire reproche d'un projet qui n'avait pas reçu le moindre commencement d'exécution. En latin : *cogitationis poenam nemo patitur*, nul ne peut être condamné pour une pensée. Assurément. Il y aurait eu cependant beaucoup à dire sur le caractère chimérique d'un document soigneusement conservé et remanié pour l'actualiser. Or Séguier se contenta de lui demander s'il l'avait gardé deux ans dans son cabinet – ce dont il ne put que convenir puisque le texte en portait la trace. Et il ne fut pas question du reste.

Le chancelier voulut tout de même marquer un point : « Cette grande passion pour l'État, dont vous nous avez parlé tant de fois, n'a pas été si considérable que vous n'ayez pensé à le brouiller de fond en comble. — Monsieur, répliqua Fouquet, ce sont des pensées qui me sont venues dans le fort du désespoir où me jetait quelquefois Monsieur le Cardinal, principalement lorsque, après avoir plus contribué que personne du monde à son retour en France, je me vis payé d'une si noire ingratitude[1]. [...] Mon malheur est de n'avoir pas brûlé ce misérable papier. [...] Quoi qu'il en soit, je le désavoue de tout mon cœur, et vous supplie de croire, monsieur, que ma passion pour la personne et le service du roi n'en a pas été diminuée. » Séguier insista : « Il est bien difficile de le croire, quand on voit une pensée exprimée en différents temps » et il reparla du « crime d'État ». Alors Fouquet explosa : « Il avait toujours servi l'État, et le fait d'avoir eu une pensée extravagante, qui n'était pas sortie de son cabinet, n'était pas desservir l'État, mais bien de se trouver à la tête du conseil des ennemis du roi et de faire livrer des passages par son gendre et ouvrir des portes à une armée étrangère pour la faire passer au milieu du royaume : c'était cela qui était desservir l'État et le troubler. » Le chancelier, assommé, ne dit pas un mot. Toute l'assistance, bien entendu, avait saisi l'allusion[2] et, médusée, elle ne broncha pas. Le greffier Foucault, qui rapporte l'algarade en termes analogues, mentionne que Fouquet ajouta « que Colbert avait poussé le roi à cette extrémité – l'accuser d'un crime d'État – par ses calomnies ». Et il y joint un commentaire personnel : « Ci-devant il disait

---

1. Sur cette allégation, cf. *supra*, p. 87-91.
2. Lorsque Condé engagea la guerre civile en 1652, Séguier, très opportuniste, s'était contenté de le ménager, mais le 3 mars son gendre, le duc de Sully, gouverneur de Mantes, avait livré la place aux troupes espagnoles que le duc de Nemours amenait au prince rebelle. C'était prendre ouvertement parti contre le roi !

M. Colbert, mais, poussé[1] par Mgr le chancelier, il a perdu respect envers lui et envers les autres. »

Fouquet demanda si c'était la dernière fois qu'il serait mandé et apprenant que oui, il se lança dans un plaidoyer véhément, revenant sur ses dépenses, réclamant « justice des subornations et faussetés des témoins », et il s'emporta de nouveau contre « les choses extraordinaires qu'il prétend qu'on a faites contre lui ». Il se retira à midi. À d'Ormesson qui s'étonnait qu'on n'eût pas mené plus loin l'interrogatoire sur le projet, Séguier répondit : « À quoi bon ? », en ajoutant que les preuves ne valaient rien. « Tout le monde n'est pas de votre sentiment », grommela Pussort.

Ainsi prit fin la grande confrontation entre Fouquet et ses juges, transformée par lui en tribune. Il n'a pas cédé d'un pouce, il a largement surclassé le chancelier et il a eu le dernier mot. Quand on relit d'affilée le compte rendu de ces trois semaines, on le voit évoluer, il apparaît en même temps de plus en plus désinvolte et de plus en plus violent. Très à l'aise au début, parfaitement maître de lui, il joue à la perfection le rôle qu'il a choisi. Détendu, il est capable, le long du trajet qui le ramène de l'Arsenal à la Bastille, d'échanger avec les jardiniers quelques propos sur leurs travaux. Mais son calme se fissure. Il se départit peu à peu de l'obséquiosité initiale, qui, rétrospectivement, apparaît comme très ironique. Il multiplie les attaques directes,

---

[1]. *Poussé* a un sens plus fort qu'aujourd'hui : *incité*, voire *acculé*.

contre Colbert, qu'il ménageait auparavant, et il termine par une agression inouïe sur le chancelier, qui préside le tribunal appelé à le juger. Une telle provocation, dont l'utilité n'est pas évidente, surprend dans la bouche d'un homme dont les moindres paroles depuis trois ans ont été calculées avec soin. Même s'il est à peu près certain d'échapper à la mort, pourquoi tenter le diable ? Tout suggère que la sortie finale contre Séguier est spontanée, qu'elle s'inscrit dans l'espèce de griserie verbale qui s'empare de lui devant un auditoire qu'il sent réceptif. C'est un avocat, un orateur né. Il se doute qu'il ne reprendra pas de sitôt la parole en public, s'il la reprend jamais. Il explose, avec tous les risques que cela comporte, et livre ce qu'il a sur le cœur. Et pour la première fois dans ce procès, on a l'impression d'avoir affaire à un homme dévoré de passions, et non à l'acteur d'une comédie bien réglée. Après coup, on en rit beaucoup dans Paris et Mme de Sévigné put affirmer qu'il n'y avait « rien de plus spirituel, de plus délicat et même de plus plaisant » que le trait qui laissa Séguier sans voix. Mais sur le moment, il tenait plutôt de l'estocade qui, à la fin d'un duel, étend l'adversaire tout raide sur le terrain.

D'Ormesson s'engage à fond

À ce stade ultime du procès, il est clair que le débat a été déplacé. Le degré de culpabilité de l'accusé n'aura que peu de poids dans la décision. Sa vie est devenue l'enjeu d'un conflit politique. Le condamner à mort, c'est cautionner le comportement inacceptable des agents du pouvoir tout au long de l'affaire. Le sauver, c'est défier ouvertement l'autorité royale. À prendre ou à laisser : il n'y a pas de moyen terme. Si le vote avait eu lieu le 4 décembre, aussitôt après la prodigieuse prestation finale de Fouquet, il lui aurait sans doute été favorable. Mais mis au pied du mur, certains hésitent, d'autant que les pressions se multiplient, sous la double forme de faveurs s'ils obtempèrent ou de sanctions s'ils résistent. Pourtant, et c'est à leur honneur, aucun ne se déroba. Le délégué de Toulouse, pris d'une colique néphrétique au cours du vote, s'éclipsa un quart d'heure, le temps d'évacuer un calcul, et revint prendre sa place. Les plus prudents attendirent de voir d'où soufflait le vent.

On dut s'armer de patience : le verdict n'intervint que le 21 décembre, et sans l'échéance de Noël, on l'aurait attendu plus longtemps. Les juges se trouvaient finalement au nombre de vingt-deux. Depuis pas mal de temps d'Ormesson, premier rapporteur, se préparait pour la récapitulation finale, qui serait décisive. On l'avait invité à être bref, sinon pour ses collègues, du moins pour la famille Fouquet dévorée d'inquiétude. Il promit, convenant volontiers que l'affaire était déjà bien éclaircie, depuis le temps qu'on tournait en rond. Mais le mot brièveté n'avait pas à l'époque le même sens qu'aujourd'hui. Il refusa d'abord d'enchaîner aussitôt après le dernier interrogatoire et, malgré les hauts cris du chancelier, déclara qu'il ne parlerait pas avant la semaine suivante, c'est-à-dire le mardi 9. Comme l'autre rapporteur, Sainte-Hélène, devait se livrer au même exercice juste après lui, il proposa de regrouper leurs deux récapitulations en parallèle, article par article, pour qu'ils puissent se corriger l'un l'autre. On le lui refusa. Comme le dimanche aurait passé par-dessus son intervention, on espérait sans doute que son influence serait dissipée et son confrère aurait le loisir de parler le lundi sans risquer d'être contredit. Il se plia donc à ce calendrier, mais garda l'esprit en alerte. Et il pria ses amis de ne plus le voir jusqu'au jugement. « Il est dans le conclave, plaisante Mme de Sévigné, il ne veut plus avoir de commerce avec le monde ; il ne parle point, mais il écoute. »

Le samedi 6 décembre, son texte était prêt, mais il se réserva le lundi pour se « mettre en état de parler le lendemain ». En principe la chambre devait limiter ses séances à la matinée, comme de coutume. Selon la règle, son intervention se déroulerait en deux temps : on lui donnait deux jours pour la récapitulation et un jour pour expliquer son opinion. Il réclama la semaine – en fait du mardi au samedi. Séguier l'invita « à dire tout de suite tout ce qu'il aurait à dire ». Mais il avait beaucoup à dire et tenait à ne pas se presser. Il commença de parler le mardi 9, durant deux heures et demie, « n'ayant pris qu'une fois de l'eau ». Le mercredi 10, il continua, durant deux heures trois quarts. Le jeudi 11 il poursuivit, croyant finir, mais une interruption du chancelier l'en empêcha. Il fut averti que Sainte-Hélène allait parler deux jours et que les deux rapporteurs opineraient tour à tour ensuite. Le vendredi 12, il vint enfin à bout de la récapitulation, non sans s'être heurté au chancelier, qui le pressait de couper court sur l'affaire de Saint-Mandé. Après quoi, celui-ci l'invita à exposer son avis. Surpris, d'Ormesson lui rappela l'information donnée la veille et déclara qu'il ne s'était pas mis en état d'opiner. «Il eut assez de faiblesse pour désavouer de me l'avoir dit, quoique toute la chambre l'eût entendu. Je lui répliquai qu'il fallait que je me fusse mépris, et qu'étant près de midi, il était trop tard. Il me répliqua qu'il me donnerait jusqu'à trois heures. Je lui dis qu'il y avait trois heures que je parlais, et que c'était assez.» Le samedi 13, il lui fallut trois heures un quart pour donner enfin son opinion.

Il avait parlé en moyenne deux heures et demie par jour, cinq jours de suite. Il se sentait très fier de lui. Avouons-le : son texte, d'une impitoyable sécheresse, sécrète aujourd'hui à la lecture un ennui accablant. Il avait dû retourner vingt fois sa plume dans l'encrier en rédigeant ce travail colossal. Comme on le savait favorable à Fouquet, il avait visé à l'objectivité la plus rigoureuse. Les faits, rien que les faits. Pas n'importe lesquels : l'exposé reste étroitement circonscrit à ceux qui ont été contestés lors du procès. Il y est longuement question des 120 000 livres de pension sur les gabelles, dont on ignorera toujours le bénéficiaire. On retrouve le marc d'or, les cires et sucres de Rouen, les six millions de billets de l'Épargne, et autres affaires. Sa récapitulation examine tour à tour les différents chefs d'accusation[1] et délimite, au moyen d'analyses

---

1. Elle présente, par rapport à la liste initiale, quelques variantes ayant surgi au cours de l'instruction.

très techniques, ce qui peut légalement être imputé à Fouquet. Elle offre aux historiens des institutions juridiques et financières une mine de renseignements inestimables. Mais elle n'apporte rien de décisif sur la culpabilité de l'accusé, car elle se heurte chaque fois à l'insuffisance des preuves. Toutes les opérations décrites sont suspectes, mais il manque toujours le document qui permettrait de trancher. Lui-même ne s'engage jamais. Aucune supputation de sa part. Aucun éclairage, même oblique, sur d'éventuelles motivations chez Fouquet. Pas le moindre doute sur son zèle pour l'État et sa fidélité au roi, qui avaient valu des ennuis à Séguier. Rien. Mais c'est visiblement ce qu'il pouvait faire de mieux pour lui éviter la mort. Puisque le débat était resté sur le plan juridique, il choisit de détruire un à un, par le raisonnement et la logique, les arguments avancés par les adversaires de Fouquet, sans qu'on puisse y trouver à redire. Son impassibilité est tactique.

Lorsqu'il lui fallut formuler enfin son opinion après ses trois jours de récapitulation, il dut revenir sur la qualification des crimes, avant d'envisager les peines possibles. Le péculat lui paraît à exclure : dans le climat de gabegie générale qui régnait au temps de sa surintendance, l'accusé a surtout péché par négligence, en tolérant abus et malversations. Mais aucune fraude caractérisée ne peut lui être imputée à coup sûr. Il doit donc, en bonne règle, bénéficier du doute. Le crime d'État n'est qu'une « pensée fort méchante », mais elle n'a pas reçu le moindre début d'exécution. Ses dépenses immodérées laissent soupçonner des sources de revenus douteuses, mais ne justifient pas une condamnation à mort. Et surtout les innombrables irrégularités commises au cours du procès jettent le discrédit sur les accusations portées contre lui. Attention cependant ! Il n'est pas concevable que Colbert ait déposé subrepticement à Saint-Mandé le titre de pension litigieux. Tout ce qui s'est fait de mal est imputable au seul Berryer et non au ministre, « qui ne demandait que la fin et la conclusion ». D'Ormesson estimait s'en être bien tiré et il se dit assez content de cette dernière journée, ayant décollé de son papier et « ajouté beaucoup de choses selon les occasions ». La voix ne lui avait pas manqué, « grâce à Dieu et aux prières des gens de bien ». Et il parut en effet beaucoup moins froid que les jours précédents.

Toute la semaine les spéculations avaient marché bon train. Le bruit courut « qu'il conclurait à la mort, pour se raccommoder à la cour » : n'avait-il pas laissé entendre que l'accusé était fort coupable et qu'il n'y avait que les formes qui fussent pour lui ? Et le roi en aurait déduit : « Si cela est, Fouquet est perdu ! » – sur quel ton ? nous n'en savons rien. D'autres au contraire, devant l'absence de preuves, supposaient qu'il demanderait plus ample informé, dans l'espoir de le justifier ensuite. Nul n'osait pourtant envisager un acquittement tant les charges étaient lourdes. Mais tout le monde, pour des raisons diverses, lui souhaitait la vie sauve. On attendait donc de d'Ormesson une conclusion mitigée. Il fut plus sévère que prévu : « L'accusé sera-t-il donc déclaré innocent ? Nullement. Mais les preuves ne sont pas entières, et les temps de sa surintendance étant considérables par l'administration d'un ministre étranger qui ne savait pas les formes et qui a pu, par son exemple, quoique innocent, donner lieu à beaucoup de confusion et servir de prétexte aux défenses de l'accusé sur beaucoup de faits, lui qui opine estime, par toutes ces considérations, qu'il y a lieu de déclarer l'accusé atteint et convaincu d'abus et malversations par lui commis au fait de finances et en la fonction de commission de surintendant ; pour réparation de quoi, ensemble pour les autres cas résultant du procès, d'ordonner qu'il sera banni à perpétuité hors du royaume, enjoint à lui de garder son ban à peine de la vie, ses biens acquis et confisqués au roi, sur iceux préalablement prise la somme de cent mille livres, savoir : cinquante mille livres au roi, et cinquante mille livres aux œuvres pies. »

Après une brève déception, la joie prévalut bien vite chez les proches de Fouquet : puisqu'il vivait, l'avenir n'était pas fermé. À la réflexion, chacun comprit que d'Ormesson proposait la seule alternative à la mort qui eût une chance de l'emporter en la circonstance. Car les débats n'étaient pas terminés. Vingt et un magistrats allaient opiner derrière lui, dont beaucoup hostiles. Déchargé d'un pesant fardeau, mais tenu à la réserve, d'Ormesson se déroba aux louangeurs et aux flatteurs et s'isola jusqu'à la fin. Dans l'immédiat, ses efforts avaient tout de même donné un résultat : Berryer, vertement réprimandé par Colbert, était devenu fou. Persuadé qu'on allait l'arrêter et le pendre, il avait quitté sa maison et courait à l'aventure en créant du désordre sur la voie publique.

Ramené chez lui de force, il délirait et les médecins le soignaient à coups de saignées[1]. L'histoire de ses malheurs réjouit fort les Parisiens, apportant un dérivatif bienvenu à l'angoisse ambiante.

Le verdict

Le défilé des autres opinants s'étira sur une semaine. Autour de la chambre close où officiaient les juges, la grande salle et ses annexes regorgeaient de monde malgré le filtrage. L'épouse de Fouquet y avait été admise, mais non sa mère. Les nouvelles de bouche à oreille se transmettaient jusqu'à ceux qui restaient à la porte en dépit du froid et elles se répandaient dans la ville. Églises et couvents étaient en prières. Six jours, six longs jours d'attente au cours desquels le suspens resta entier !

Comme chacun le sait, dans une assemblée, les votes successifs influent les uns sur les autres. Pour tenter de les orienter, le chancelier, bien chapitré, joua sur le calendrier et sur l'ordre de passage. D'Ormesson avait terminé sa prestation un samedi, le 13 octobre. Celle du second rapporteur, Sainte-Hélène, qui devait primitivement commencer ce même jour, avait été repoussée au lundi 15 – le temps de faire oublier la précédente. On les savait d'avis

---

[1]. Il guérit, sans l'aide des médecins, dès que l'alerte fut passée. On le retrouve plus tard parmi les hommes à tout faire de Colbert.

opposé. Ils incarneraient les deux options entre lesquelles les autres pourraient choisir. Sainte-Hélène eut donc droit lui aussi à deux jours, les lundi 15 et mardi 16, pour sa récapitulation. Médiocre orateur, il parla « languidement » et ennuya l'assemblée [1]. Comme prévu, il opina pour la mort, par décapitation. Après les rapporteurs, on pouvait penser que, selon l'usage, le déroulement du vote respecterait la hiérarchie. Or si Pussort et Gizancourt, les plus élevés en dignité [2], parlèrent en effet les premiers, l'ordre suivi derrière eux paraît au premier abord tout à fait aléatoire. Mais en y regardant de près, on s'aperçoit qu'il a été calculé pour orienter les votes vers la peine capitale.

Le mardi 17, Séguier prit position à l'Arsenal dès sept heures, surveillant tout son monde, guettant les retardataires, notamment ceux du parti adverse, prêt à ouvrir la séance sans eux pour pouvoir les exclure. Pas de chance : sur les deux manquants, il y en avait un de chaque camp et ils arrivèrent ensemble. On en resta donc à vingt-deux. Pussort ouvrit le feu, tirant à boulets rouges sur l'accusé. La journée lui appartint tout entière. Il parla cinq heures d'horloge, avec passion et chaleur – mais « comme une partie », sans l'objectivité qu'on attend d'un juge, bougonna d'Ormesson, oubliant ses propres préventions en faveur de Fou-

---

1. Faute d'autres sources, les appréciations données ici sont tirées du *Journal* de d'Ormesson, témoin direct, mais forcément partial. Mme de Sévigné ne fait que les reproduire, avec hyperbole.

2. Ils étaient membres du Grand Conseil, où se prenaient les décisions importantes.

quet. Violent, mais sincère, il était vraiment convaincu de la culpabilité et de la nocivité de Fouquet. De tous les votants, il fut le seul à reprendre le dossier à fond, en se livrant notamment à une analyse méthodique du projet de Saint-Mandé. Il opina pour la mort, en précisant que la peine méritée était la potence, et qu'il ne se ralliait à la décapitation que par égard pour sa famille[1].

Le lendemain 18, Séguier avait placé derrière Gizaucourt quelques auxiliaires dûment catéchisés, Ferriol, Noguès et Hérault, qui se rangèrent docilement à l'avis de Sainte-Hélène. Il y avait là de quoi intimider les suivants et donner aux hésitants l'impression que Fouquet était perdu ! Mais comme ils avaient peu parlé, on disposait encore de quelque temps. Il fallut donc continuer. Le Provençal Roquesante se déclara prêt. Il parla une heure, « aussi fortement et aussi savamment qu'il se puisse », et conclut au bannissement, selon l'avis de d'Ormesson. Ce soir-là, les soutiens de Fouquet, inquiets, se livrèrent à des calculs et à des supputations. Rien n'était gagné. Sur vingt-deux votes, il en fallait douze pour assurer la majorité. Aux six durs qui avaient déjà opiné, on devait ajouter trois irréductibles, Poncet, Voysin et le chancelier, donc neuf au total. En face, le parti hostile à la mort escomptait huit votants probables, ce qui donnerait dix. Restaient trois incertains, La Baume, Catinat et Pontchartrain. « Si l'un des trois

---

1. Rappelons ici que sous l'Ancien Régime, la décapitation était réservée aux nobles et la potence aux roturiers.

conclut pour Fouquet, il est sauvé ; sinon, il est perdu, estime d'Ormesson, car, selon toutes les apparences, il ne doit point espérer de grâce. » Le ciel cependant semblait lui être favorable puisqu'une comète venait d'apparaître du côté de la Bastille, « grande comme quatre étoiles, ayant une longue queue assez large et éclatante ».

Rien ne filtra des conciliabules qui occupèrent la soirée de part et d'autre. Mais le vendredi 19, à la chambre, le climat avait changé. Coup sur coup, cinq votes furent favorables à Fouquet, avec quelques variantes. La Toyson se rangea à l'avis de d'Ormesson, Du Verdier préconisa cinq ans de prison et 120 000 livres d'amende, La Baume, Massenau et Catinat suivirent d'Ormesson, le Toulousain ayant ajouté qu'il fallait démolir Vaux. Poncet, préposé à ranimer l'ardeur des durs ce jour-là, se troubla. Bien qu'il ne fût que onze heures, il prétendit manquer de temps, ayant trop de choses à dire. Le chancelier le rassura : il pourrait continuer le lendemain. Mais il se défila. Voyant que le verdict ne « tournerait pas à la mort », il espérait obtenir de ses patrons « l'agrément pour un avis plus doux », qui ne nuise pas à sa réputation par la suite.

Le lendemain 20 décembre était un samedi, tout proche de Noël. Il fallait en finir ce jour-là. Le score était serré et le décompte, vote par vote, s'opérait sous haute tension. Poncet, qui ouvrit la séance, n'avait pas été entendu en haut lieu et il trancha donc en faveur de la mort. Cela ne suffit pas à renverser la tendance. Au contraire, les avis modérés se firent plus hardis.

Après Le Féron, qui se rallia à d'Ormesson, Moussy proposa neuf ans de prison, Brillac le bannissement, non pas perpétuel, mais limité à neuf ans, avec cinq ans de prison, Regnard s'aligna sur Du Verdier et Besnard suivit d'Ormesson. Soulagement dans le camp de Fouquet, la partie était gagnée. Voysin se lança pour le principe « avec fureur et emportement » dans un réquisitoire qui fustigeait non seulement le surintendant, mais « la cabale qui l'excusait », pour le plus grand malheur de la France, Pontchartrain, longtemps hésitant, rejoignit enfin la majorité et le chancelier, comme prévu, déclara souscrire à l'avis de Sainte-Hélène.

Puis tout alla très vite. Ceux qui s'étaient égaillés d'un côté ou de l'autre furent invités à se ranger sous la bannière de l'un des deux rapporteurs. D'Ormesson l'emporta par treize voix contre neuf. La lecture des avis ayant été faite trois fois selon la règle et personne n'ayant parlé, le chancelier fit dresser l'arrêt. Il le fit signer aux deux rapporteurs et le signa lui-même, se bornant à ajouter que c'était exactement ce que les parents de Fouquet, six mois plus tôt, avaient demandé au roi pour grâce.

Un camouflet pour le roi

La liesse qui s'empara des Parisiens, toutes catégories sociales confondues, dépassa tout ce qu'on pouvait imaginer – au point qu'elle inspira à d'Ormesson, qui était pourtant le héros du jour, quelques réflexions désenchantées sur la versatilité des peuples : « Tout Paris attendait cette nouvelle avec impatience ; elle fut répandue en même temps partout et reçue avec une joie extrême, même par les petites gens des boutiques, chacun donnant mille bénédictions à mon nom, sans me connaître. Ainsi M. Fouquet, qui avait été en horreur lors de sa prison, et que tout Paris eût vu exécuté avec joie incontinent après son procès commencé, est devenu le sujet de la douleur et de la commisération publiques par la haine que tout le monde a dans le cœur contre le gouvernement présent, et c'est la cause véritable de l'applaudissement général pour mon avis et de ce que j'ai eu assez de fermeté pour maintenir la justice contre la faveur présente, et que mon avis ait été si juridique qu'il ait été suivi d'un grand nombre et des plus honnêtes gens de la Chambre de justice. »

Le verdict était pour le gouvernement un camouflet cinglant. Et le roi, qui avait dû se porter au créneau pour couvrir Colbert, en recevait sa large part. Il s'appliqua à le minimiser. Non, il n'est pas monté sur ses grands chevaux, sous le coup de la colère, dans un esprit de vengeance. Peu lui importait l'ampleur des voleries de Fouquet. Il lui fallait avant tout limiter les dégâts et éteindre l'agitation déclenchée dans Paris par la conjonction du procès et de la réduction des rentes. Sur celles-ci, il ne tarderait pas à retirer les derniers édits, qui avaient mis le feu aux poudres. Pour Fouquet, il allait marquer le coup tout de suite. Le dernier mot devait absolument lui revenir : il modifia le verdict – et pour ce faire il n'avait guère de choix. Mais il se garda de le claironner. Dans l'après-midi du jour où il fut rendu, il fit simplement savoir que Fouquet irait à Pignerol, sa femme, ses enfants et sa mère à Montluçon, ses frères en différentes villes de province – décision d'éloignement banale, comme il y en avait tant à l'époque, dans la ligne même du bannissement. Avec une grosse différence cependant : à Montluçon les dames Fouquet seraient assignées à résidence, mais libres de leurs mouvements à l'intérieur de la ville. Pignerol au contraire était une forteresse isolée, perdue au milieu des Alpes, dont chacun savait qu'elle servait de prison d'État. Donc Louis XIV a bien aggravé la peine fixée par la Chambre de justice. Cette démarche très insolite, où l'on a vu un signe de cruauté, n'a pas manqué d'indigner les siècles ultérieurs. Mais curieusement, à l'époque, elle passa quasi inaperçue : Fouquet était vivant, c'était l'essentiel. Et la peine, quoique perpétuelle en principe, n'était pas irréversible. Il n'avait pas été innocenté : un temps de purgatoire bien encadré valait peut-être mieux qu'une vie de banni privé de ressources. La seule chose qui choqua fut le refus opposé à sa femme lorsqu'elle demanda à s'enfermer avec lui, comme l'exigeait l'usage à l'époque. Elle put ainsi se consacrer au sauvetage de sa propre fortune et assurer l'avenir de ses quatre enfants.

Le roi aurait-il « laissé mourir » Fouquet, selon un mot qu'on lui prête, si la chambre en avait décidé ainsi ? Ce n'est pas sûr. Les derniers temps, sentant le climat se gâter et s'inquiétant des diatribes de l'accusé contre les scandaleuses méthodes de ses « persécuteurs », il avait tenté de modérer les pressions exercées sur les juges par son ministre. Un jour que celui-ci pestait contre d'Ormesson, il passe pour lui avoir dit : « Colbert, ne me rompez plus la tête de cela. Quoi ? parce que d'Ormesson ne veut pas pendre Fouquet, est-ce qu'il faut que je le fasse pendre ? » Ce qui est sûr est qu'il profita de l'occasion pour baliser plus fermement le domaine d'intervention de ses serviteurs. Et la solution adoptée vint de lui, de lui seul. Il s'était résolu à envoyer Fouquet à Pignerol dès avant la fin du vote, comme il en était question depuis le printemps. Quand il fallut choisir un gardien pour cette tâche, il s'adressa à d'Artagnan, pour lui fournir un homme « dont il lui répondît ». L'officier ainsi désigné, Saint-Mars, expédié en avant pour préparer les lieux, partit le matin du verdict. D'Artagnan croyait en être quitte avec ce prisonnier qu'il n'avait pas quitté de l'œil durant quatre ans. Il reçut sans joie l'ordre de le convoyer jusqu'à destination, avec traversée des hautes chaînes alpines au cœur de l'hiver, à la tête de cinquante mousquetaires. Pour prévenir une évasion ou un accident, sans aucun doute. Mais aussi, souffla malicieusement Turenne, pour ne pas « le mettre dans la dépendance, ni de Le Tellier, ni de Colbert ». Plus tard, quand Louvois eut succédé à son père, c'est à lui que fut confiée la gestion du prisonnier, parce que la guerre déclarée entre lui et Colbert les empêchait l'un et l'autre d'abuser de leur pouvoir. Ainsi régnait Louis XIV.

Au terme de cette histoire, on est tenté de formuler une hypothèse. Colbert, engageant le procès, se disait sûr du résultat. Le roi n'aurait-il pas compté, dès le départ, sur une condamnation à mort qui lui aurait permis de faire jouer sa grâce en la commuant en prison perpétuelle – un noble geste pour marquer l'entrée dans son règne personnel ? Mais les défenseurs du surintendant lui ayant coupé l'herbe sous le pied, il aboutit à la solution prévue par des voies moins édifiantes. En tout état de cause, il n'était pas question de lâcher dans la nature un homme ulcéré, aussi combatif, disposant de tant d'appuis, détenant sur les uns et les autres tant d'informations fâcheuses et capable en les dévoilant de créer un énorme scandale : il ne restait pas d'autre solution que Pignerol. Hélas, faute de preuves, nous abandonnerons cette suggestion aux romanciers.

Fouquet avait été averti du verdict par voie aérienne, dit Mme de Sévigné. Disons qu'on lui avait passé le mot. Il y était donc prêt lorsque Foucault vint l'en avertir officiellement le lendemain matin. Invité selon la loi à décliner son nom, il s'offrit une dernière bravade en s'y refusant et en déniant toute valeur légale à l'arrêt qui allait le condamner. Il en écouta la lecture tête nue. On l'a ensuite séparé de ses deux serviteurs en larmes, qui n'étaient pas autorisés à l'accompagner. Il suivit d'Artagnan venu le chercher. Apercevant d'Ormesson par une fenêtre, il échangea avec lui saluts et sourires. À onze heures, il monta en compagnie de son geôlier devenu presque un ami dans le carrosse où l'attendaient quatre mousquetaires. Des cris de joie et des bénédictions accompagnèrent sa sortie de la ville, qu'il ne devait plus revoir.

À Pignerol, tenu au secret, il se débattit les deux

premières années, essayant désespérément de communiquer avec l'extérieur. Puis il se résigna, trouva un réconfort dans une piété parfaitement authentique et s'accommoda de vieillir sagement, à l'écart du monde. L'incarcération de Lauzun, à partir de 1671, lui procura la compagnie d'un joyeux luron, qui grimpait chez lui secrètement par le conduit de la cheminée. Elle lui valut surtout un adoucissement de sa captivité. Sa femme et ses enfants purent venir le voir. Au début de 1680, sa libération était pratiquement acquise lorsqu'il mourut d'une congestion cérébrale. Son corps rejoignit le caveau familial dans l'église des Visitandines de la rue Saint-Antoine. Louis XIV n'avait pas tenu rancune à ses fils. Deux d'entre eux firent carrière dans l'armée, et à la fin du règne, le fils de l'un d'eux s'illustra, sous le nom de maréchal de Belle-Île, dans les armées et dans la diplomatie royales.

Louis XIV avait assez bien géré l'affaire. On vit encore fleurir quelque temps libelles et chansons, qui se concentrèrent sur les comparses, comme celle-ci :

> Malgré les juges courtisans.
> Le cordeau[1] de Fouquet, filé depuis trois ans,
> Est maintenant à vendre ;
> Mais nous avons Colbert, Sainte-Hélène et
> [Berryer ;
> C'est assez de quoi l'employer,
> C'est assez de voleurs à pendre ;
> C'est assez de fous à lier.

---

1. La corde pour le pendre.

Mais le bon bourgeois Gui Patin estime que l'image du jeune roi n'en est pas atteinte : « On dit que le roi est fâché contre ceux qui n'ont point condamné à mort M. Fouquet, mais il n'y a pas d'apparence ; car, outre qu'il a l'esprit doux et qu'il n'est pas sanguinaire, il l'eût fait condamner s'il l'eût voulu. » Rapidement oubliée en son temps, lorsque le règne atteignait son zénith, l'affaire du brillantissime surintendant suscita un regain d'intérêt à partir du XVIIIe siècle, quand on se mit à contester l'« absolutisme ». C'est dès lors en fonction du jugement porté sur Louis XIV que se fit le partage entre les détracteurs et les défenseurs de Fouquet – ce qui n'était après tout qu'un retour au point de départ.

ÉPILOGUE

Ce procès n'avait que trop duré, il était temps qu'il se termine. Il comportait deux vainqueurs, d'Ormesson et Fouquet, et un vaincu, Louis XIV, par la faute de ses conseillers. L'accusé avait sauvé sa tête. Les contemporains pensèrent qu'il s'en tirait à bon compte. Le double verdict souleva très peu de commentaires. Ce qui prévalut dans le public fut le soulagement, auquel s'ajoutait la satisfaction d'avoir remporté une victoire sur le roi. Une fois retombées les acclamations qui avaient salué son départ, on l'oublia très vite. C'était un homme du passé, d'un passé qu'on cherchait à répudier. De quoi était-il coupable ? De malversations anciennes dans l'exercice de sa fonction. Ladite fonction étant supprimée, la question n'était plus d'actualité.

Mais elle s'impose aujourd'hui à tous ceux qui se penchent sur l'affaire. Or, lorsque nous nous plongeons dans les quelques documents disponibles, nous restons sur notre faim, frustrés de ne trouver aucune réponse satisfaisante aux griefs invoqués contre lui.

Les magistrats commis à l'enquête n'ont rien découvert de probant. Leurs investigations débouchent sur des impasses. Et nous nous agaçons de perdre un temps infini à les suivre sur des pistes refroidies. D'où un double malaise. À nos yeux, le doute aurait dû bénéficier davantage à l'accusé. Or, loin de lui valoir un acquittement, il ne suffit même pas à lui éviter une lourde peine, dépourvue de toute justification solide. Faut-il en conclure qu'il a été victime d'une injustice flagrante ? C'est peut-être aller vite en besogne. D'autre part la lecture harassante de ces enquêtes techniques nous paraît à la longue d'une extrême futilité, comme si les voleries qu'on lui reproche n'étaient qu'un rideau de fumée destiné à cacher des vérités dérangeantes. Nous ne connaîtrons jamais le titulaire de la pension de 120 000 livres en blanc sur les gabelles ? Quelle importance ? D'ailleurs, même si l'on pouvait prouver que c'était lui, cela justifierait-il qu'on le pende ? Bref, nous avons l'impression d'être passés à côté de l'essentiel.

Notre immersion dans le procès de Fouquet a-t-elle donc été menée en vain, pour conclure sur des apories ? Sûrement pas. Car elle a mis en évidence la part considérable de non-dit qui sous-tend toute l'affaire. Elle éclaire les enjeux de cette période charnière, où les souvenirs de la Fronde sont encore brûlants et où après un demi-siècle de ministériat, la monarchie doit se réinventer un mode de gouvernance. L'affaire Fouquet agit alors comme un réactif, au sens chimique du terme : elle oblige tous les participants à se poser des questions et à faire des choix, souvent difficiles. L'enquête ici menée montre qu'elle leur a beaucoup appris. Elle a de même beaucoup à nous apprendre. Un certain nombre de conclusions s'imposent : sur le procès lui-même, sur la personnalité de Fouquet et sur celle de Louis XIV, et à travers le cas de d'Ormesson, sur les rapports entre le pouvoir monarchique et les institutions judiciaires.

Un procès à la dérive

C'est un procès politique, mais à la différence de ceux auxquels nous ont habitués les régimes totalitaires du XXe siècle, c'est un vrai procès, avec des juges majoritairement honnêtes. Ceux-là sont expéditifs, celui-ci traîne plus de trois ans et il échappe à ses initiateurs. La justice n'y est pas bafouée, puisque le verdict défie les consignes officielles. D'autre part, son déroulement n'obéit pas à un schéma préconçu et fermement contrôlé. Il ne répond pas à l'idée d'un complot minutieusement ourdi par Colbert. Pourquoi ? Tout simplement parce que celui-ci croyait que l'élimination du surintendant irait de soi, dans le cadre d'une de ces chambres de justice dont on menaçait chaque année les créanciers attitrés du roi. Il voulait assurément perdre Fouquet, mais pensait ne rencontrer ni obstacles, ni résistance.

Or le procès dériva vite, de lui-même, sous l'influence de facteurs divers, dont certains étaient imprévisibles. Rappelons-en les principales étapes. Au départ, Louis XIV et Colbert partagent la conviction qu'il faut écarter Fouquet. Ils veulent desserrer l'étreinte des financiers sur l'État. Impossible donc de laisser à la surintendance celui qui fut si proche d'eux. Sa seule présence au ministère, bien qu'il eût été contraint à promouvoir quelques réformes, laisserait supposer qu'on n'a pas rompu avec les mauvaises habitudes. Pour changer de politique, on change d'hommes. Comment se débarrasser de lui ? Une simple disgrâce ? Un exil décidé par le roi ? Des poursuites judiciaires ? Assurément, la haine que lui vouait Colbert joua dans le choix de cette dernière solution. Le procès, assorti d'une condamnation publique, donnerait à sa chute une valeur exemplaire, déshonorante. À quel titre l'inculper ? Au stade initial, il n'y en a qu'un : le péculat – nous disons aujourd'hui concussion. Avec quelle sanction en vue ? La peine de mort n'y est pas de règle. Sur ce point, aucune décision n'est prise. On envisage l'exil ou la prison, avec confiscation des biens naturellement.

Or dans un second temps, au lendemain de l'arrestation, intervient une péripétie : la découverte – imprévue – du projet de Saint-Mandé. S'ajoute alors au dossier un nouveau chef d'accusation, la lèse-majesté, autrement grave parce qu'elle entraîne automatiquement la peine capitale. Voilà qui change tout. Oh ! ne prêtons pas à nos aînés la répulsion qu'elle nous inspire aujourd'hui. Ils y recouraient largement, avec d'autant moins de scrupules qu'à leurs yeux elle ouvrait la porte sur une autre vie, où chacun recevrait son dû. Contrairement à une idée répandue, elle n'épargnait pas les nobles – se contentant de les décapiter au lieu de les pendre – en cas de meurtres ou de rébellions armées. Ce n'était pas le cas de Fouquet. La plupart de ses juges ne le jugèrent pas pendable. Il était un magistrat comme eux. Les facilités d'enrichissement offertes par le système, ils en avaient profité presque tous – à un moindre degré, bien sûr. Quant au projet de rébellion, c'était péché véniel à côté de ce sur quoi l'amnistie avait passé l'éponge à la fin de la Fronde. Ils sont tout disposés à sanctionner Fouquet dans ses biens et dans sa liberté, mais, à l'exception des affidés de Colbert, ils répugnent à l'envoyer à la mort. Toute la suite de l'instruction en sera marquée, notamment la mise à l'écart du fameux plan de Saint-Mandé, parce que sa prise en compte aurait imposé la sanction. Et c'est sur la question de la mort que se joue le vote final.

D'autres causes de dérive vinrent du gouvernement. Les unes étaient d'ordre externe. Dès le printemps de 1663, la banqueroute partielle entamée par l'État sur les rentes de l'Hôtel de Ville souleva une levée de boucliers dans la noblesse de robe. Toutes les mesures fiscales eurent dès lors leur contrecoup sur l'humeur de la Chambre de justice. D'autre part, le fossé ainsi creusé entre elle et le gouvernement ne cessa de s'élargir, par la faute des agents royaux chargés de la diriger. Ceux-ci se livrèrent face aux magistrats à des abus de pouvoir d'une rare maladresse, d'abord en méprisant ouvertement leur respect des formes, en portant atteinte à leurs prérogatives, puis en pesant sur leur manière de conduire l'affaire et en cassant leurs arrêts. À quoi s'ajoutèrent, à mesure que le climat se détériorait, d'inacceptables pressions, d'ordre privé, assorties de promesses ou de menaces. La chambre se trouva donc divisée en deux camps. Les défenseurs de la légalité, du droit, de la justice, avaient trouvé en Olivier Lefèvre d'Ormesson un porte-parole intelligent et courageux, infiniment respectable. Le procès s'orienta vers un bras de fer avec le pouvoir, pour des raisons de principe sans rapport avec l'éventuelle culpabilité de Fouquet.

C'est le moment que choisit celui-ci pour lui porter le coup dont elle ne se remit pas. Il l'avait préparé de longue date, en faisant durer l'instruction, en perturbant son déroulement par des querelles de procédure et en veillant à le médiatiser auprès de l'opinion. Divisés, recrus de lassitude, ses juges doivent faire face, lors de la confrontation finale, à un avocat brillantissime qui fait le procès de son procès, en dénonçant les irrégularités dont il fut entaché et en vidant de leur substance les accusations portées contre lui – aux applaudissements de tout Paris. Mais parmi eux, au terme de ces trois ans d'enquête, ses partisans eux-mêmes ont le sentiment d'avoir été abusés. D'où un vote final ambigu, sauvant la vie sans l'innocenter à celui dont le sort, depuis des mois, n'était plus que prétexte à un affrontement avec le pouvoir royal.

À long terme, la victoire arrachée de justesse par les magistrats n'eut pas de conséquences politiques graves. L'enquête menée ici sur l'affaire a donc peu d'intérêt pour l'histoire événementielle. Mais elle apporte une foule d'informations sur les mœurs, les mentalités, les forces en présence à un moment où s'opère en France une mutation décisive. Et elle nous offre sur ses principaux acteurs des éclairages inattendus.

Fouquet

Une tradition bien établie veut qu'il doive son salut à d'Ormesson, ce qui est tout à fait exact. Si celui-ci ne lui avait pas fait obtenir l'accès aux documents dont il avait besoin pour se défendre, puis s'il n'avait pas su fédérer autour de lui les tenants du droit et leur insuffler par son exemple le courage de résister aux pressions, il est probable que les partisans de la mort l'auraient emporté. Ce n'est pas une raison pour passer sous silence la part prise par Fouquet lui-même dans l'implosion de la chambre chargée de le juger et l'extraordinaire prestation finale, à front renversé, où il écrasa ses accusateurs. Grâce à l'appui de d'Ormesson, il put être pour moitié l'artisan de son salut.

Durant ces trois années passées en prison, il fut d'une habileté prodigieuse. Ses vertus ont été célébrées par tous ceux qui l'ont rencontré alors. Il s'y présentait en victime innocente et candide, ne comprenant rien à ce qui lui arrivait et n'attendant son salut que de Dieu. Mais d'Ormesson, qui eut accès à toutes ses productions écrites et le fréquenta assidûment comme rapporteur, fut également frappé par la vigueur de son intelligence, par l'acuité de son attention et par la fidélité de sa mémoire. Il ne disait pas un mot, il ne faisait pas un geste qui ne dût concourir à sa défense. La trame tissée des mois à l'avance pour prendre ses détracteurs en flagrant délit est d'une rare subtilité. Et sa désinvolture à l'égard de ses juges lors de sa comparution est stupéfiante. Bref, c'est un personnage tout à fait imprévu qui se révèle au cours de ce procès.

Or ce personnage diffère si profondément du surintendant mégalomane, aveuglé par des espoirs illusoires et méconnaissant l'évolution politique en cours, qu'on se demande s'il s'agit vraiment du même homme. On en est réduit à des hypothèses. Celle qu'avance un de ses biographes – une authentique « conversion »[1] – paraît peu compatible avec ce qui ressort du procès. Il semble bien que l'ambition, ou plus exactement la volonté de puissance soit le facteur qui structure sa personnalité. Appliquée dans un premier temps à des chimères, cette volonté devient, une fois qu'il a repris pied sur terre, dos au mur, une efficace machine à gagner. L'isolement à Pignerol provoque par la suite en lui un vrai retour à l'esprit de l'Évangile, nous offrant ainsi une troisième facette de sa personnalité. Mais dans l'immédiat, on s'en tiendra ici à son second visage, apparu lors du procès, qui ne manqua pas d'influer sur l'opinion de ses juges – celui d'un intrépide combattant.

Deux questions se posent, étroitement imbriquées. Était-il coupable ? Était-il dangereux ? Sa vigueur

---

1. Jules Lair, qui croit pouvoir en conclure que, désormais « converti », il a renoncé à mentir et que tout ce qu'il affirme dans ses *Défenses* est fiable.

intellectuelle, jointe à sa compétence juridique, jette le doute sur ses allégations concernant sa prétendue négligence passée. Comment le croire lorsqu'il affirme avoir laissé la bride sur le cou à ses commis et prétend avoir tout oublié des opérations financières suspectes, alors qu'il se meut à l'aise dans les dossiers où se perdent les enquêteurs ? Il y a toutes chances, au contraire, pour qu'il ait opéré avec le même soin les montages destinés à les rendre opaques. Sur un bon nombre des points contestés, son implication, bien que non démontrée, est quasiment certaine. Mais tout cela appartient au passé et ne peut se renouveler, donc ne présente aucun risque.

Du passé relève aussi une autre espèce de culpabilité qui, elle, a été occultée lors de l'instruction : l'entreprise de noyautage pour se constituer un réseau de clientèle à des fins personnelles. La pratique est de tous les temps et de tous les pays. À l'époque, rien dans l'arsenal des lois ne permettant de la sanctionner, les souverains recouraient à l'arbitraire, en emprisonnant le prince de Condé par exemple[1]. Mais les voies employées par Fouquet étaient peu honorables, selon les critères d'alors. Ne pouvant distribuer des places ou des charges, il offrait de l'argent – le sien ou celui du roi, peu importe. Pour cause de voleries, on peut le dire corrompu. Mais après la découverte des fameuses

---

1. Condé revendiquait pour ses « amis » toutes les charges militaires importantes et s'efforçait de placer des gens à lui dans tous les lieux de pouvoir. Ce fut la cause de sa rupture avec la régente.

cassettes, il fait figure de corrupteur – ce qui est beaucoup plus grave. Rappelons-nous Mme de Motteville : « Il avait acheté toute la cour. » Rien n'en filtra dans le procès, par la volonté de Louis XIV. Mais le fait ne manqua pas de ternir la réputation de générosité qu'il revendiquait. Moralement son image en est atteinte.

Il y a autre chose encore. À la grande fureur de Pussort, le projet de Saint-Mandé a été écarté du dossier à charge presque sans débat, tenu pour élucubrations d'un esprit dérangé. Dès 1661 il paraissait anachronique, et plus encore en 1664, où l'idée d'une rébellion militaire appuyée sur des places fortes était devenue impensable. Mais l'esprit dont il relevait ne demeurait pas moins inquiétant. Car l'arrestation de Fouquet a aussitôt activé des réseaux pour sa défense et mis en branle des amis. La seule différence est que les moyens utilisés sont d'un autre ordre : les gouverneurs de forteresses sont remplacés, dans la mobilisation en sa faveur, par les deux groupes de pression les plus importants à l'époque, la magistrature et les dévots. Comme moyen d'action, les armes sont suppléées désormais par la parole, avec des résultats probants. Quand on rapproche l'efficacité de sa manœuvre pour déstabiliser la Chambre de justice du succès de la campagne menée par sa femme auprès de l'opinion, on se dit qu'il s'agit là d'un homme dangereux pour l'avenir, s'il est un jour tenté de se lancer dans la subversion. On a beaucoup moins à craindre ce qu'il *sait* – les prétendus secrets dont il serait détenteur –, que ce qu'il *peut*, ce qu'il est capable de susciter. Laisser en circulation un individu aussi remarquable, parfaitement imprévisible de surcroît, au sortir d'un conflit marqué par trois ans de détention, serait prendre de gros risques[1]. D'où les interventions insistantes du gouvernement pour obtenir une condamnation qui le mette hors circuit. Au final, sa trop brillante défense lui sauve la vie, mais lui coûte sa liberté.

Louis XIV

Ce procès avait aussi un enjeu non négligeable, quoique moindre, pour Louis XIV. L'un y jouait sa tête, l'autre son autorité – en France et même à l'étranger. Après sa déclaration d'intention initiale, l'arrestation du surintendant était le premier acte important de son jeune règne. Il gouvernerait par lui-même ? On allait le voir à l'œuvre. On l'en croyait incapable ? Il espérait prouver le contraire. La gestion de l'affaire serait forcément un test. Or la tâche n'était pas simple.

Lorsque, à tous les étages de la société, beaucoup de gens ont pris l'habitude de tourner ou de violer les lois, il est difficile de leur faire remonter la pente. La Fronde est toute proche et l'on peut craindre des retours de flamme. Certes les rebelles ont déposé les armes, au prix d'une très large amnistie, qui leur a

---

[1]. Là encore, on peut invoquer le précédent de Condé qui, s'estimant injustement emprisonné, en sortit comme un lion furieux pour se lancer dans la guerre civile, puis passer au service de l'Espagne.

épargné tout châtiment. À travers Fouquet, ce sont désormais les bénéficiaires des failles du système fisco-financier qui sont visés. Mais les limites de l'exercice sautent aux yeux. Si le roi avait voulu poursuivre tous ceux qui avaient trempé dans la guerre civile et tous ceux – parfois les mêmes – qui s'étaient enrichis aux dépens de l'État, il aurait été contraint de condamner la quasi-totalité des classes dirigeantes. Et avec qui aurait-il administré le pays ? Il a donc choisi de faire un exemple avec Fouquet. Il faut mettre à son actif le fait qu'il ait confié le soin de le juger à une chambre de justice impartiale, au lieu de régler son sort, comme il aurait pu le faire, dans le secret du cabinet. Il a pris le risque d'une médiatisation du procès, en sous-estimant, il est vrai, les éventuelles réactions. Il tient à le proclamer bien haut : la France est un pays de droit, excluant l'arbitraire. Il croit ôter par là au procès tout aspect politique : on juge un concussionnaire, c'est tout.

L'intention était bonne : restait à la mettre en œuvre. La volonté de faire un exemple est par essence politique. Elle amène nécessairement le pouvoir à s'ingérer dans le déroulement du procès. D'où d'inévitables conflits. D'autre part, les investigations menées dans les papiers de Fouquet ont fait surgir des éléments nouveaux. Donc Louis XIV, confronté à l'imprévu, a été contraint d'improviser. Disons-le d'emblée : les relations entre le pouvoir et les membres de la Chambre de justice ont été conduites de façon désastreuse par les agents qui en étaient chargés. Sur ce point, le roi s'est laissé déborder. Du moins a-t-il mesuré les dégâts. Il a tenté d'intervenir, oscillant entre colère et apaisement. Sur la fin, il a pris quelque distance avec ceux qui mettaient de l'huile sur le feu. Mais publiquement il n'hésite pas à les cautionner. Il ne désavoue pas Colbert, qui pourtant n'en mène pas large au moment de l'affaire Berryer : l'autorité est une et celui qui en reçoit délégation doit être respecté. On n'en dira pas plus ici sur le compte de celui qui fut longtemps l'Arlésienne d'un procès dont il tirait les ficelles à distance. Il est plus que probable que Louis XIV lui fit de sérieux reproches, qui ne sortirent pas de son cabinet. Cependant il ne lui retira pas sa confiance pour la suite et il s'en trouva bien. Mais il eut soin de contrôler plus étroitement ses ministres et de les équilibrer les uns par les autres.

En revanche, il se montra remarquable sur deux points précis. D'abord la découverte des cassettes de Fouquet lui mit brutalement sous les yeux l'ampleur du réseau que le surintendant avait tissé à coups de subventions discrètes. Si l'on versait au dossier les lettres qu'elles contenaient, un énorme flot de boue éclabousserait la cour et le gouvernement. D'où une question : la mise au jour de la vérité, au prix d'un scandale, était-elle souhaitable ? Aujourd'hui nous avons tendance à penser que oui. Louis XIV, sans hésiter, dans l'instant même, fit le choix inverse. Tout lui parut préférable au désordre. Il est injuste, certes, de protéger des gens qui ne le méritent pas. Mais le scandale, lorsqu'il touche trop de monde, offre de la publicité aux fautes qu'on veut réprimer et les banalise, au risque de les perpétuer – « après tout, si tout le monde en a fait autant, était-ce si grave ? » La correspondance privée de Fouquet fut donc livrée au feu sur-le-champ. La leçon porta. Collectivement, la faute a été dénoncée, les gens impliqués ont tremblé. Mais on n'a pas publié leurs noms. La meilleure solution est l'oubli. On peut en dire autant du projet de Saint-Mandé, à cette réserve près que Louis XIV a été moins rapide. Il a d'abord cédé à la colère. Mais il a ensuite compris qu'il était inopportun de réveiller le souvenir, encore vivace, des rébellions militaires. C'est avec son accord, ou même sur son ordre, que la Chambre de justice l'évacue du débat.

Un imprévu encore plus grave survient à l'issue du procès, lors du jugement. Publiquement défié par les magistrats de la chambre, il avait dû soutenir ceux qui y parlaient en son nom. Le verdict est donc pour lui un désaveu public. Il ne peut pas laisser passer l'affront, sous peine de perdre la face. Outre les motifs qui incitaient à garder Fouquet sous clef, il a donc une raison supplémentaire d'intervenir. Sa réaction est très remarquable. Prévenant les supputations de l'opinion publique, elle est instantanée et ne s'assortit pas d'attendus. L'aggravation de la sanction est une façon de dire aux magistrats qui l'ont sauvé et aux dévots qui l'ont appuyé : « Le dernier mot m'appartient. » Mais en l'intégrant aux mesures d'exil prises contre les proches de Fouquet, il la présente comme un complément quasi naturel de la décision du tribunal : les autres iront à Montluçon, à Ancenis ou à Bazas, et lui à Pignerol. Donc, c'est comme s'il n'y avait pas eu d'affront ! Et sur le moment, peu y trouvèrent à redire.

Épilogue

Par la suite en revanche, cet usage à rebours du droit de grâce régalien a scandalisé et il a contribué à accréditer la prétendue « tyrannie » de Louis XIV. En toute justice, la mesure est en effet indéfendable. Mais par rapport à la pratique du temps de Louis XIII, pas si lointain, où le pouvoir avait la main très lourde, elle est d'une relative mansuétude. Louis XIV aurait pu choisir la peine capitale : il ne l'a pas fait. D'autre part, l'envoyer à Pignerol n'était pas faire de lui un « mort vivant ». Certes il y passa quinze ans. Mais l'avenir n'était pas fermé : bien que son emprisonnement fût qualifié de perpétuel, comme le bannissement préconisé par la chambre, il restait suspendu à la volonté du roi. De plus, ce qui l'attendait là-bas n'était pas un cul-de-basse-fosse. Logé dans un appartement convenable, servi par deux domestiques, il y fut correctement traité. On l'y tint d'abord au secret parce qu'il caressait des projets d'évasion. L'étau mit donc longtemps à se desserrer. Mais on lui permit ensuite de se livrer à des recherches en chimie et en pharmacie, on lui procura des livres, religieux pour une bonne part, et il y retrouva les voies d'une piété authentique. Il finit par y mener une vie ressemblant à celle des officiers qui le gardaient et, sur le tard, sa famille put lui rendre visite. Il était sur le point d'être libéré quand il mourut. Quand on sait ce qu'étaient les prisons sous l'Ancien Régime, notamment pour les pauvres gens, on est moins disposé à verser des larmes sur lui.

L'agitation soulevée par le procès s'apaisa très vite. Elle ne tourna pas à la fronde comme on avait pu le craindre. Elle ne trouvait aucun appui dans la noblesse d'épée. De plus elle était purement parisienne, attisée par les mesures contre les rentes de l'Hôtel de Ville. En dépit des attaches qu'y avait Fouquet, la Bretagne ne bougea pas, le reste de la France encore moins. Au bout du compte Louis XIV, exerçant son métier sur le tas pour la première fois, ne s'en était pas si mal tiré. Il a su maîtriser sa colère, temporiser, reculer au besoin et il a préféré quand il l'a pu la conciliation à l'affrontement. Il eut la sagesse de retirer le dernier édit concernant les rentes et de faire un geste envers les paysans en réduisant la taille. Mais il ne transigea pas sur l'essentiel. Confronté aux difficultés, il y a fait face avec rapidité et fermeté. Il a franchi victorieusement l'épreuve qualifiante : il a gagné ses galons de roi.

La suite confirma le diagnostic. Une fois son autorité affirmée, tout son effort tendit à la réconciliation. La Chambre de justice, allégée, se contenta de frapper lourdement les financiers au portefeuille. Loin de sévir contre les gens qui avaient gravité autour de Fouquet, il les recruta et les fit passer à son service. Les merveilleux artistes qui avaient créé Vaux s'en allèrent bâtir et décorer Versailles et Molière y devint le pourvoyeur attitré de spectacles. Seul La Fontaine resta fidèle au souvenir de son protecteur, peut-être aussi parce que les *Contes* libertins qui sortaient alors de sa plume n'étaient pas au goût du nouveau maître. Mais, après un purgatoire de quelques années, on retrouva le bon Pellisson, naguère secrétaire du surintendant et ardent pamphlétaire pour sa cause, préposé à tenir la plume pour le roi qui lui dictait ses *Mémoires*.

Au temps de son premier exil, Mazarin prescrivait à Anne d'Autriche de fuir également favoritisme et vengeance : les rois ne doivent avoir « aucun scrupule à se raccommoder avec des gens qui leur ont fait du mal et qu'ils auraient juste sujet de haïr et de perdre. [...] La règle de leur conduite ne doit jamais être la passion de la haine ou de l'amour, mais l'intérêt et l'avantage de l'État et le soutien de leur autorité ». Louis XIV a montré qu'il avait compris la leçon. Il se tourna vers l'avenir. Oublier la Fronde et la faire oublier à tous ! telle fut la règle qu'il adopta. Il ne montra aucune cupidité face aux biens subsistants de Fouquet et alla même jusqu'à payer le prix des tapisseries dont il prit possession à Vaux. Il ne manifesta aucune animosité durable à la famille de Fouquet, il lui laissa les seigneuries et les titres afférents, et ouvrit à ses fils la carrière militaire qui leur permit de s'agréger à la noblesse d'épée, dont avait tant rêvé leur père.

Le procès avait exposé au grand jour les limites de son pouvoir. Tous ses efforts tendirent désormais non à les abattre – ce qui eût été périlleux –, mais à les rendre invisibles. Il lui fallait pour cela éviter les conflits menant à des heurts frontaux. L'absolutisme consista chez lui moins à taper sur la table pour imposer ses volontés qu'à mesurer ce que la société était capable d'accepter sans qu'il fût besoin de taper sur la table. L'exercice supposait une appréciation correcte du possible et donc une parfaite connaissance du terrain, de façon que les décisions prises par lui seul fussent aisément recevables[1]. Pas de décisions précipitées. Aux suggestions comme aux placets, il répond : « Je verrai. » Loin de notre idéal de transparence, la mise à distance de sa personne au travers d'un cérémonial rigoureux, qui convenait à sa dissimulation naturelle, contribuait à soustraire son pouvoir à tout questionnement. Mais il savait fort bien, lui, que sa toute-puissance apparente exigeait qu'il respectât de lui-même, sur un bon nombre de points délicats, des limites à ne pas franchir[2]. À quoi s'ajoutaient, pesant sur lui en même temps que sur ses sujets, les commandements de l'Église en matière de morale comme de dogme. L'affaire Fouquet, où ses conseillers l'avaient incité à passer en force tant à l'égard des magistrats qu'à celui des rentiers et où il avait dû couvrir leurs fautes, fut pour lui l'exemple à ne pas suivre.

---

[1]. Au point même que la prise en compte de l'opinion l'entraîna parfois dans des directions peu conformes aux principes que lui avait inculqués Mazarin. Il ne faut pas oublier que deux de ses décisions les plus contestables, que nous considérons à bon droit comme de lourdes fautes – la révocation de l'Édit de Nantes et la propension à faire la guerre sans nécessité –, ne furent pas le fruit d'un caprice, mais répondirent aux instances respectives du clergé, qui en avait fait une revendication récurrente, et de la noblesse d'épée, à qui ne s'ouvrait aucune carrière autre que le métier des armes.

[2]. Un contre-exemple est fourni, à l'extrême fin de sa vie, par sa tentative pour ouvrir l'accession au trône à ses bâtards légitimés, en violation des règles fondamentales du royaume : elle souleva l'indignation.

D'Ormesson

Qu'advint-il d'Olivier Lefèvre d'Ormesson, à qui le procès avait offert une tribune imprévue qui lui permit de se couvrir de gloire ? Lorsque le roi le nomma premier rapporteur, il n'avait aucune prévention contre lui, au contraire, il estimait sa compétence et sa droiture et le tenait pour un bon serviteur. Or le procès prit un tour qui fit de lui le fer de lance du combat contre le gouvernement. Il le paya cher. Encore faut-il en prendre la mesure exacte. Au cours des derniers mois il fut privé, sur les instances de Colbert, de l'intendance du Soissonnais, une commission révocable. Après le verdict, où son « avis » prévalut contre celui des agents royaux, on redoutait pour lui une sanction sévère. Elle ne fut qu'indirecte. Lorsque son père André mourut deux mois plus tard, laissant au Conseil d'État une place qui lui semblait promise, elle lui fut refusée. Ce n'était ni un office soumis à la vénalité, ni même une commission, comme l'intendance, mais une dignité que le roi conférait à de hauts personnages d'origine diverse qu'il souhaitait associer à l'un ou l'autre de ses conseils. La lui conférer aurait été, dans ces circonstances, une récompense que le roi jugea inopportune, non pas à titre personnel, mais pour servir de leçon aux magistrats contestataires. Pourquoi s'indigner de cette double mise à l'écart ? À chaque changement de régime, n'est-il pas de règle que le nouveau gouvernement réserve sa confiance à des hommes nouveaux pour les missions dépendant directement de lui ? Dans son cas il ne s'agit même pas de révocations. Il fut prié de quitter la Chambre de justice, désormais réduite à fixer les amendes applicables aux financiers ; il n'avait plus rien à y faire. Il resta maître des requêtes, propriétaire de sa charge, ce dont beaucoup se contentaient. Mais son avenir professionnel fut bloqué. Il en prit sagement son parti. En revanche lorsque son fils se lança à son tour dans une carrière analogue, il y fut fort bien accueilli par Louis XIV, avant qu'une mort prématurée ne vînt y mettre fin.

Il sortait la tête haute d'une épreuve harassante, qui lui avait valu une notoriété méritée. « Homme estimé de toutes parts / Homme sur qui l'on ne peut mordre », rimait *La Muse historique* en vers de mirliton. Lui-même cependant, qu'on avait vu savourer ingénument les éloges, semblait désormais les fuir. Retombée normale de l'excitation après une période de tensions trop vives ? Souci surtout pour la santé de son père mourant ? Assurément. Mais cela ne l'empêcha pas de s'interroger, rétrospectivement, sur ce procès. C'était un homme foncièrement honnête, d'une intelligence vigoureuse, mais aussi très fine, doté de surcroît d'une ténacité hors du commun. Il savait bien que sa récapitulation finale, qui fut déterminante, passait à côté de l'essentiel. Il s'était attaché à la matérialité des faits, parce qu'il y avait beaucoup trop de choses qu'il ne pouvait ou ne voulait pas dire. Devons-nous donc lui reprocher, comme certains biographes, d'avoir « ménagé la chèvre et le chou » par complaisance politique, alors qu'il était convaincu de l'innocence de Fouquet ? En réalité, son attitude est infiniment plus complexe. Certes il a respecté les consignes tacites données en haut lieu pour éviter le scandale. Mais il a aussi gardé pour lui des éléments qui auraient desservi Fouquet. Tout au long de la procédure, il avait évidemment perçu, dans son comportement – au demeurant de bonne guerre –, la part considérable de mauvaise foi, de ruse, de mensonge. Il l'avait vu se jouer de ses juges et les berner avant de les provoquer ouvertement au final. Tout cela interdisait de voir en lui un naïf sans défense. Quand on s'astreint à relire de bout en bout le fameux « avis », l'impression prévaut que d'Ormesson se permet, pour le protéger, quelques sophismes caractérisés. Croit-il vraiment, par exemple, qu'il est impossible de reprocher à Fouquet les malversations de ses subordonnés, qu'il prétend ignorer ? Il soutient pourtant que « les personnes qui sont en place et qui ont la principale autorité dans les affaires seraient bien malheureuses si elles dépendaient de leurs gens et si elles étaient responsables de leurs désordres ». Sauf, bien sûr, s'ils les ont tolérés – et encore ! Mais allez donc en administrer la preuve ! Ô ironie ! il réutilise cet argument dans sa péroraison pour exonérer Colbert des fautes commises par Berryer, le rendant par là inattaquable. Quelle meilleure preuve qu'il n'en était pas dupe[1] ?

Ses conclusions surprirent : la récapitulation qui les précédait semblait promettre une sentence plus clé-

---

1. D'autant plus que, dans toutes les armées, les chefs étaient tenus pour responsables des exactions commises par leurs troupes.

mente. Cette relative sévérité put passer pour de la complaisance à l'égard du pouvoir. Par intérêt personnel ? Sûrement pas : il se savait bien trop compromis pour espérer en tirer profit. Par prudence ? peut-être : il ne fallait pas demander l'impossible. Il a biaisé sans aucun doute, par nécessité. Il a surtout péché par omission. Mais l'idée qui s'impose à un lecteur attentif de son *Journal* est qu'au bout du compte il resta fidèle à ses convictions. Seulement, les moyens lui manquèrent pour les justifier. Il se trouvait en pleine contradiction, piégé par la menace de mort planant sur Fouquet. Il tenait à le sauver, parce que cette mort lui paraissait injuste et aussi parce qu'il jugeait indispensable de dénoncer les comportements scandaleux des agents du roi. Sachant que toute réserve faite sur l'ensemble de ses agissements serait fatale à l'accusé, il s'est accroché aux enquêtes financières avortées, en occultant tout le reste. Mais il ne croyait pas à son innocence. Il le déclara coupable. Et il proposa la sanction qui lui paraissait méritée – une sanction lourde –, celle qu'on aurait retenue si le procès n'avait pas dérivé, le bannissement perpétuel. En quoi il s'est montré honnête et courageux. Mais sa victoire fut assombrie d'amertume.

En l'espace de ces trois ans, d'Ormesson a expérimenté toutes les ambiguïtés pesant sur le métier de juge et sur celui d'avocat. Il y a perdu ses illusions. Il s'imaginait qu'une enquête approfondie conduirait à la vérité. Or celle-ci se dérobe, car il subsiste trop d'ombres sur la personnalité de Fouquet et sur ses actes. Il en est réduit, pour formuler son avis final, à ce que nous nommerions aujourd'hui son « intime conviction ». Il se flattait de rester neutre, objectif. Or il s'est trouvé amené bon gré mal gré à prendre le parti de l'accusé et à assurer sa défense. Il s'y est même engagé avec passion. Il croyait que le strict respect des règles garantissait le bon fonctionnement de la justice. Or il a constaté que Fouquet les avait exploitées avec succès pour en dévier le cours. C'est avec des moyens légaux que la Chambre de justice a été dynamitée : de quoi indigner avec raison Pussort, que cela mettait hors de lui. Il lui fallait se rendre à l'évidence : le droit – au sens strictement légal du terme – avait été invoqué contre lui-même, preuve qu'on pouvait tout ensemble en respecter la lettre et en violer l'esprit. Enfin il a découvert que les institutions judiciaires étaient vouées, structurellement, à entrer en conflit avec les autorités politiques, parce que leurs objectifs ne sont pas les mêmes : punir les crimes passés est une chose, prévenir les crimes à venir en est une autre. L'exercice du pouvoir, soumis à des exigences contradictoires, est voué à des compromis, qui peuvent parfois confiner à des compromissions et le respect de la parole donnée lors d'engagements antérieurs peut être remis en cause s'il se révèle catastrophique. Quant à la morale, elle relève d'un ordre qui puise ses références à d'autres sources. La mort de son fils a achevé de le dégoûter du métier, il a vendu sa charge de maître des requêtes et s'est retiré de la vie publique.

Au terme de cette enquête, ne soyons pas plus ambitieux que d'Ormesson. Elle remet en cause certaines idées reçues concernant Fouquet, Louis XIV et ces années indécises où la France était en pleine transformation. Sur les points controversés, elle apporte quelques réponses, sans prétendre pour autant à la vérité absolue. Si elle stimule la réflexion sur des quantités de questions qui, dépassant le cas du surintendant, n'ont rien perdu de leur pertinence, elle aura atteint son objectif.

Une évidence s'impose, en tout cas. L'affaire Fouquet fut beaucoup plus qu'un règlement de comptes à l'intérieur d'un microcosme où l'on se serait disputé le pouvoir et les prébendes. Elle a sa place dans la mutation politique qui accompagne la prise du pouvoir personnel par Louis XIV. Fouquet fut choisi comme victime expiatoire, ce qui n'implique pas forcément son innocence – au contraire ! Il eut le tort de se trouver au confluent de diverses forces qui, au terme d'un processus long et douloureux ponctué de très durs conflits, résistaient encore à la concentration du pouvoir entre les mains du roi – en l'occurrence les dévots et la magistrature, avec en surplomb, les consortiums financiers. Sa personnalité flamboyante faisait de lui la cible idéale permettant, à travers un seul homme, de lancer un avertissement à tous. Politiquement, sa condamnation est injuste, dans la mesure où il fut puni seul pour des pratiques largement partagées par toute la classe dirigeante. Faut-il pour autant jeter la pierre à cette classe et la couvrir d'un opprobre indélébile ? Ils sont les uns et les autres moralement répréhensibles. Mais plus qu'aux individus, la faute en est aux institutions. Si celles-ci présentent, pour accéder au pouvoir ou à la fortune, des failles où il soit aisé de s'engouffrer, il est quasiment fatal que la contagion se répande parmi ceux qui en ont les moyens – surtout lorsque, durant des années, des troubles civils en série ont vicié le climat moral et inhibé chez beaucoup le sens de l'État. En 1661 Louis XIV eut cette chance que le double retour de la paix intérieure, puis enfin extérieure, ait supprimé – provisoirement – la principale cause du dérèglement des finances, les dépenses dues à la guerre. Des réformes, menées par Colbert, y remirent donc un peu d'ordre, en attendant que la reprise des entreprises militaires n'impose à nouveau le recours au crédit. Mais la monarchie ne parvint jamais à l'indépendance financière qui lui eût permis de s'affranchir de l'emprise des manieurs d'argent et ce fut là, un siècle plus tard, une des causes de sa chute. Le procès Fouquet n'est qu'un épisode du combat séculaire qu'elle mena en vain dans ce but. C'est dans le cadre de l'histoire générale, menée sur le long terme, qu'il doit être réintégré.

ANNEXES

COMPOSITION DE LA CHAMBRE DE JUSTICE D'APRÈS LA COMMISSION DONNÉE PAR LE ROI LE 15 NOVEMBRE 1661

Cette liste présente les membres de la Chambre de justice selon leur place dans la hiérarchie des différents corps, puis, dans chacun de ceux-ci, selon la date de leur entrée en fonction. Les provinciaux sont classés selon l'ordre d'ancienneté des parlements dont ils sont issus. Ils sont au nombre de vingt-six. Divers changements intervinrent au fil des années. On a signalé ici en gras les noms de ceux qui siégeaient encore lors du verdict.

Séguier, chancelier,
Lamoignon, Premier président du parlement de Paris, écarté,
Nesmond, second président audit parlement, décédé,
Phélypeaux de Pontchartrain, président de la Chambre des Comptes,

Poncet,
Lefèvre d'Ormesson,
Boucherat, révoqué,
Voysin,
Besnard de Rezé,
} *maîtres des requêtes,*

Regnard (Renard),
Catinat, } *conseillers au parlement de Paris,*
Brillac (Brilhac),
Fayet,

Massenau (Masnau), conseiller au parlement de Toulouse,
Francon, à celui de Grenoble, décédé en 1662 et remplacé par **La Baume**,
Du Verdier, à celui de Bordeaux,
La Toyson, à celui de Dijon,
Le Cormier de Sainte-Hélène, à celui de Rouen,
Raphelis de Roquesante, à celui d'Aix,
Hérault (Ayrault), à celui de Rennes,
Noguès, à celui de Pau,
Le Tellier de Louvois à celui de Metz, démissionnaire, remplacé par **Ferriol**,

De Moussy, } *maîtres à la Chambre des comptes de Paris,*
Bossu-le-Jau,

Le Féron, } *conseillers à la Cour des aides.*
De Baussan,

Dès la première séance leur avaient été adjoints deux membres du Grand Conseil, qui, à ce titre, étaient les premiers en dignité ; Pussort et Chouart. Mais celui-ci, démissionnaire, fut remplacé par **Cuissotte-Gizancourt**.

LE PROJET DE SAINT-MANDÉ

L'esprit de S.É[minence] susceptible de toute mauvaise impression contre qui que ce soit, et particulièrement contre ceux qui sont en un poste considérable et en quelque estime dans le monde, son naturel défiant et jaloux, les dissensions et inimitiés qu'il a semées avec un soin et un artifice incroyables dans l'esprit de tous ceux qui ont quelque part dans les affaires de l'État, et le peu de reconnaissance qu'il a des services reçus quand il ne croit plus avoir besoin de ceux qui les lui ont rendus, donnant lieu à chacun de l'appréhender, à quoi ont donné plus de lieu en mon particulier, et le plaisir qu'il témoigne trop souvent et trop ouvertement prendre à écouter ceux qui lui ont parlé contre moi, auxquels il donne tout accès et toute créance, sans considérer la qualité des gens, l'intérêt qui les pousse et le tort qu'il se fait à lui-même, de décréditer un surintendant qui a toujours une infinité d'ennemis que lui attire inévitablement un emploi lequel ne consiste qu'à prendre le bien des particuliers pour le service du roi, outre la haine et l'envie qui suivent ordinairement les finances. D'ailleurs les commissions qu'il a données à mon frère[1] contre M. le Prince et les siens, contre le cardinal de Retz et tous ceux que S.É. a voulu persécuter, ne pouvant qu'il ne nous ait attiré un nombre d'ennemis considérable qui attendent l'occasion de nous perdre, et travaillent sans discontinuation près de S.É, même en connaissant son faible à lui mettre en l'esprit des défiances et soupçons mal fondés. Ces choses, dis-je, et les connaissances particulières qu'il a données à un grand nombre de personnes de sa mauvaise volonté, m'en faisant craindre avec raison les effets, puisque le pouvoir absolu qu'il a sur le roi et la reine lui rendent facile tout ce qu'il veut entreprendre ; et considérant que la timidité naturelle qui prédomine en lui ne lui permettra jamais d'entreprendre de m'éloigner simplement, ce qu'il aurait exécuté déjà s'il n'avait pas été retenu par l'appréhension de quelque vigueur en mon frère l'abbé et en moi, un bon nombre d'amis que l'on a servis en toute occasion, quelque intelligence que l'expérience m'a donnée dans les affaires, une charge considérable dans le Parlement, des places fortes, occupées par nous ou nos proches, et des alliances assez avantageuses, outre la dignité de mes deux frères dans l'Église. Ces considérations qui paraissent fortes d'un côté à me

---

1. Basile. Dans la seconde rédaction du projet en 1658, après la rupture entre les deux frères, Basile cesse de jouer le rôle initialement prévu. C'est Mme Du Plessy-Bellière qui assume les responsabilités.

retenir dans le poste où je suis, d'un autre ne peuvent permettre que j'en sorte sans que l'on tente tout d'un coup de nous accabler et de nous perdre ; pour ce que, par la connaissance que j'ai de ses pensées et dont je l'ai ouï parler en d'autres occasions, il ne se résoudra jamais de nous pousser s'il peut croire que nous en reviendrons, et qu'il pourrait être exposé au ressentiment de gens qu'il estime hardis et courageux.

Il faut donc craindre tout et le prévoir, afin que si je me trouvais hors de la liberté de m'en pouvoir expliquer, lors on eût recours à ce papier pour y chercher les remèdes qu'on ne pourrait trouver ailleurs, et que ceux de mes amis qui auront été avertis d'y avoir recours sachent qui sont ceux auxquels ils peuvent prendre confiance.

Premièrement, si j'étais mis en prison et que mon frère l'abbé n'y fût pas, il faudrait suivre son avis et le laisser faire, s'il était en état d'agir et qu'il conservât pour moi l'amitié qu'il est obligé[1] et dont je ne puis douter. Si nous étions tous deux prisonniers, et que l'on eût la liberté de nous parler, nous donnerions encore les ordres de là, tels qu'il faudrait les suivre, et ainsi cette instruction demeurerait inutile, et ne pourrait servir qu'en cas que je fusse resserré, et ne puisse avoir commerce avec mes véritables amis.

La première chose donc qu'il faudrait tenter serait que ma mère, ma femme, et ceux de mes frères qui

---

1. Qu'il est obligé d'avoir.

seraient en liberté, le marquis de Charost[1] et mes autres parents proches, fassent par prières et sollicitudes tout ce qu'ils pourraient, premièrement pour me faire avoir un valet avec moi, et ce valet, s'ils en avaient le choix, serait Vatel; si on ne pouvait l'obtenir, on tenterait pour Longchamps, sinon pour Courtois ou La Vallée.

Quelques jours après l'avoir obtenu, on ferait instances pour mon cuisinier, et on laisserait entendre que je ne mange pas, et que l'on ne doit pas refuser cette satisfaction à moins d'avoir quelque mauvais dessein.

Ensuite on demanderait des livres, permission de me parler de mes affaires domestiques qui dépérissent, ce dont j'ai seul connaissance. On tâcherait de m'envoyer Bruant. Peu de temps après on dirait que je suis malade, et on tâcherait d'obtenir que Pecquet, mon médecin ordinaire, vînt demeurer avec moi et s'enfermer dans la prison.

On ferait tous les efforts d'avoir commerce par le moyen des autres prisonniers, s'il y en avait au même lieu, ou en gagnant les gardes, ce qui se fait toujours avec un peu de temps, d'argent et d'application.

Il faudrait laisser passer deux ou trois mois dans ces premières poursuites, sans qu'il parût autre chose que des sollicitations de parents proches, et sans qu'aucun autre de nos amis fît paraître de méconten-

---

1. Le marquis de Charost est son gendre, époux de sa fille du premier lit, Marie. Le comte de Charost (cf. plus loin) est le père du marquis. Il est alors gouverneur de Calais,

tement qui pût avoir des suites, si on se contentait de nous tenir resserrés, sans faire autre persécution.

Mais néanmoins cependant il faudrait voir tous ceux que l'alliance, l'amitié et la reconnaissance obligent d'être dans nos intérêts, pour s'en assurer et les engager de plus en plus à savoir d'eux jusqu'où ils voudraient aller.

Madame du Plessis-Bellière, à qui je me fie de tout, et pour qui je n'ai jamais eu aucun secret ni aucune réserve, serait celle qu'il faudrait consulter sur toutes choses, et suivre ses ordres si elle était en liberté, et même la prier de se mettre en lieu sûr.

Elle connaît mes véritables amis, et peut-être qu'il y en a qui auraient honte de manquer aux choses qui seraient proposées pour moi de sa part.

Quand on aurait bien pris ces mesures, qu'il se fût passé environ ce temps de trois mois à obtenir de petits soulagements dans ma prison, le premier pas serait de faire que M. le comte de Charost allât à Calais; qu'il mît sa garnison en bon état; qu'il fît travailler à réparer sa place et s'y tînt sans en partir pour quoi que ce fût. Si le marquis de Charost n'était point en quartier de sa charge de capitaine des gardes, il se retirerait aussi à Calais avec M. son père et y mènerait ma fille, laquelle il faudrait que Madame du Plessis fît souvenir, en cette occasion, de toutes les obligations qu'elle m'a, de l'honneur qu'elle peut acquérir en tenant par ses caresses, par ses prières et sa conduite son beau-père et son mari dans mes intérêts sans qu'il entrât aucun tempérament là-dessus.

Si M. de Bar, qui est homme de grand mérite, qui

a beaucoup d'honneur et de fidélité, qui a eu la même protection autrefois que nous [1] et qui m'a donné des paroles formelles de son amitié, voulait aussi se tenir dans la citadelle d'Amiens, et y mettre un peu de monde extraordinaire et de munitions, sans rien faire néanmoins que de confirmer M. le comte de Charost et s'assurer encore de ses amis et du crédit qu'il m'a dit avoir sur M. de Bellebrune, gouverneur de Hesdin, et sur M. de Mondejeu, gouverneur d'Arras [2].

Je ne doute point que Madame du Plessis-Bellière n'obtînt de M. de Bar tout ce que dessus, et à plus forte raison de M. le marquis de Créquy [3], que je souhaiterais faire le même personnage et se tenir dans sa place.

Je suis assuré que M. le marquis de Feuquières ferait le même au moindre mot qu'on lui en dirait.

M. le marquis de Créquy pourrait faire souvenir M. Fabert des paroles formelles qu'il m'a données et à lui par écrit d'être dans mes intérêts, et la marque qu'il faudrait lui en demander, s'il persistait en cette volonté, serait que lui et M. de Fabert écrivissent à Son Éminence en ma faveur fort pressamment pour obtenir ma liberté; qu'il promît d'être ma caution de ne rien entreprendre, et s'il ne pouvait rien obtenir, qu'il insinuât que tous les gouverneurs ci-dessus nommés

---

1. Celle d'Anne d'Autriche. Selon Gourville il aurait reçu de Fouquet 40 000 livres.

2. Dans la seconde rédaction, Hesdin, Arras et Ham disparaissent, remplacés par Belle-Île.

3. Le gendre de Mme Du Plessis-Bellière, à qui Fouquet a procuré la charge de général des galères royales.

donneraient aussi leur parole pour moi. Et en ce cas que M. de Fabert ne voulût pas pousser l'affaire et s'engager si avant, M. le marquis de Créquy pourrait agir et faire des efforts en son nom et de tous lesdits gouverneurs[1] par lettres, et se tenant dans leurs places.

Peut-être M. d'Estrades ne refuserait pas aussi une première tentative.

Je n'ai point dit ci-dessus la première chose de toutes par où il faudrait commencer, mais fort secrètement, qui serait d'envoyer au moment de notre détention les gentilshommes de nos amis et qui sont assurés, comme du Fresne, La Garde, Devaux, Bellegarde et ceux dont ils voudraient répondre, pour se jeter sans éclat dans Ham.

M. le chevalier de Maupeou pourrait donner des sergents assurés et y faire filer quelques soldats, tant de sa compagnie que de celle de ses amis.

Et comme il y a grande apparence que le premier effort serait contre Ham, que l'on tâcherait de surprendre, et que M. le marquis d'Hocquincourt même, qui est voisin, pourrait observer ce qui s'y passe pour en donner avis à la cour, il faudrait dès les premiers moments que M. le marquis de Créquy envoyât des hommes le plus qu'il pourrait, sans faire néanmoins rien mal à propos.

Que Devaux y mît des cavaliers, et en un mot que la place fût munie de tout.

Il faudrait pour cet effet envoyer un homme en diligence à Concarneau trouver Deslandes, dont je

---

1. [...] et au nom de tous les gouverneurs [...].

connais le cœur, l'expérience et la fidélité, pour lui donner avis de mon emprisonnement et ordre de ne rien faire d'éclat en sa province ; ne point parler et se tenir en repos, crainte que d'en user autrement ne donnât occasion de nous faire notre procès et de nous pousser ; mais il pourrait, sans dire mot, fortifier sa place d'hommes, de munitions de toutes sortes, retirer les vaisseaux qu'il aurait à la mer, et tenir toutes les affaires en bon état, acheter des chevaux et autres choses, pour s'en servir quand il serait temps.

Il faudrait aussi dépêcher un courrier à madame la marquise d'Assérac, et la prier de donner les ordres à l'île d'Yeu qu'elle jugerait à propos pour exécuter ce qu'elle manderait de Paris où elle viendrait conférer avec Madame du Plessis.

Ce qu'elle pourrait faire serait de faire venir quelques vaisseaux à l'île d'Yeu, pour porter des hommes et des munitions où il serait besoin, à Concarneau ou à Tombelaine[1], et faire les choses qui lui seraient dites et qu'elle pourrait mieux exécuter que d'autres, pour ce qu'elle a du cœur, de l'affection, du pouvoir, et que l'on s'y doit entièrement fier, et qu'elle ne serait pas suspecte. C'est pourquoi il faudrait qu'elle observât une grande modération dans ses paroles.

Il serait important que du Fresne fût averti de se tenir à Tombelaine, y mettre le nombre d'hommes, d'armes et de munitions et vivres nécessaires et le

---

1. Tombelaine était une petite île proche du Mont-Saint-Michel, que Fouquet avait achetée.

plus important est d'y faire des fours, d'y mettre de la farine, afin de n'avoir pas besoin d'aller ailleurs chercher des vivres, ledit lieu Tombelaine pouvant être de grande utilité comme il sera dit ci-après.

Si Madame du Plessis se trouvait obligée de sortir de Paris, il faudrait, après avoir donné ordre à son ménage qu'elle allât dans l'abbaye du Pont-aux-Dames quelque temps pour y conférer et donner les ordres aux gens dont on voudrait se servir.

Prendre garde surtout à ne point écrire aucune chose importante par la poste, mais envoyer partout des hommes exprès, soit cavaliers ou gens de pied, ou religieux.

Le Père des Champs-Neufs n'a pas tout le secret et toute la discrétion nécessaires ; mais je suis tout à fait certain de son affection, et il pourrait être employé à quelque chose de ce commerce de lettres par des jésuites de maison en maison.

Ceux du Conseil dont il faudrait se servir sur tous les autres, ce seraient M. de Brancas, MM. de Langlade et de Gourville, lesquels assurément m'ayant beaucoup d'obligations, et ayant éprouvé leur conduite et leur fidélité en diverses rencontres, et leur ayant confié le secret de toutes mes affaires, ils sont plus capables d'agir que d'autres, et de s'assurer des amis qu'ils connaissent obligés de ne me pas abandonner.

J'ai beaucoup de confiance en l'affection de M. le duc de La Rochefoucauld et en sa capacité ; il m'a donné des paroles si précises d'être dans mes intérêts en bonne et en mauvaise fortune, envers et contre tous, que comme il est homme d'honneur et reconnaissant la manière dont j'ai vécu avec lui et des services que j'ai eu l'intention de lui rendre, je suis persuadé que lui et M. de Marsillac ne me manqueraient pas à jamais.

Je dis la même chose de M. le duc de Bournonville, lequel assurément serait capable de bien agir en diverses rencontres, et je ne doute pas qu'il ne portât avec chaleur toutes les paroles que l'on voudrait au roi à la reine et à M. le cardinal, pour obtenir ma liberté et représenter les soins que j'ai pris de contenir dans le devoir un grand nombre d'amis que j'ai, qui peut-être se seraient échappés.

M. le duc de Bournonville pourrait encore agir sous main au Parlement près de ses amis pour me les conserver et empêcher qu'il ne se fît rien à mon préjudice.

On peut confier à M. de Bournonville toutes choses sur sa parole.

Je ne serais pas d'avis néanmoins que le Parlement s'assemblât pour me redemander avec trop de chaleur, mais tout au plus une fois ou deux par bienséance, pour dire qu'il en faut supplier le roi et il serait très important que de cela mes amis en fussent avertis au plus tôt, particulièrement M. de Harlay, que j'estime un des plus fidèles et des meilleurs amis que j'aie, et MM. de Maupeou, Miron et Jannart, de crainte que l'on ne prît le parti de dire que le roi veut me faire mon procès et que cela ne mît l'affaire en pires termes.

Pour les affaires qui pourraient survenir de cette nature, lesdits sieurs de Harlay, de Maupeou, Miron,

Jannart et M. Chanut devront être consultés, étant très capables et très fidèles.

Il faudrait que quelqu'un prît grand soin de bien échauffer ledit sieur Jannart, mon substitut, le piquant d'honneur et de reconnaissance, pour ce que c'est un des plus agissants et des plus capables hommes que je connaisse en affaires du palais.

Une chose importante est d'avertir mes amis qui commandent à Ham, à Concarneau, à Tombelaine, que les ordres de Mme du Plessis doivent être exécutés comme les miens.

M. Chanut me ferait un singulier plaisir de venir prendre une chambre au logis où sera ma femme pour lui donner conseil en toute sa conduite et qu'elle y prenne créance entière et ne fasse rien sans son avis.

Une des choses les plus nécessaires à observer est que M. Langlade et M. de Gourville sortent de Paris, se mettent en sûreté, fassent savoir de leurs nouvelles à Madame du Plessis, au marquis de Créquy, à M. de Brancas et autres, et qu'ils laissent à Paris quelque homme de leur connaissance capable d'exécuter quelque entreprise considérable, s'il en était besoin[1].

Il est bon que mes amis soient avertis que M. le commandeur de Neuf-Chaise me doit le rétablissement de sa fortune ; que sa charge de vice-amiral a été payée des deniers que je lui ai donnés par les mains de Mme du Plessis, et que jamais un homme n'a donné

---

1. Ici s'achève la première version du projet. Dans toute la fin, rédigée en 1658, Belle-Île figure non plus en surcharge, mais dans le texte lui-même.

des paroles plus formelles que lui d'être dans mes intérêts en tout temps, sans distinction et sans réserve envers et contre tous.

Qu'il est important que quelques-uns d'entre eux lui parlent et voient la situation de son esprit, non pas qu'il fût à propos qu'il se déclarât pour moi, car de ce moment il serait tout à fait incapable de me servir ; mais comme les principaux établissements sur lesquels je me fonde sont maritimes, comme Belle-Île, Concarneau, Le Havre et Calais, il est bien assuré que le commandement des vaisseaux tombant entre ses mains, il pourrait nous servir bien utilement en ne faisant rien, et lorsqu'il serait en mer trouvant des difficultés qui ne manquent jamais quand on en veut.

Il faudrait que M. de Guinant, lequel a beaucoup de connaissance de la mer et auquel je me fie, contribuant à munir toutes nos places de choses nécessaires et des hommes qui seraient levés par les ordres de Gourville, ou des gens ci-dessus nommés, et c'est pourquoi il serait important qu'il fût averti de se rendre à Belle-Île.

Comme l'argent serait nécessaire pour toutes ces dépenses, je laisserai ordre au commandant de Belle-Île d'en donner autant qu'il en aura sur les ordres de Mme du Plessis, de M. de Brancas, de M. d'Agde[1], ou de M. de Gourville ; mais il le faut ménager, et que mes amis en empruntent partout pour n'en pas manquer.

---

1. Son frère Louis, évêque d'Agde, désigné selon l'usage pour les prélats, d'après la ville où il a son siège.

M. d'Andilly est de mes amis et on pourrait savoir de lui en quoi il peut servir ; en tout cas il échauffera M. de Feuquières, qui sans doute agira bien.

M. d'Agde, par sous-main, conduira de grandes négociations, et dans le Parlement sur d'autres sujets que le mien, et même par mes amis assurés dans les autres parlements, où on ne manque jamais de matière, à l'occasion des levées[1], de donner des arrêts et troubler les recettes ; ce qui fait que l'on n'est pas hardi dans ces temps-là à pousser une violence, et on ne veut pas avoir tant d'affaires à la fois.

Le clergé peut encore, par son moyen et de M. de Narbonne[2], fournir des occasions d'affaires en si grand nombre que l'on voudra, en demandant les états généraux avec la noblesse, ou des conciles nationaux, qu'ils pourraient convoquer d'eux-mêmes en lieux éloignés des troupes et y proposer mille matières délicates.

M. de la Salle, qui doit avoir connaissance de tous les secours qu'on peut tirer par nos correspondances des autres royaumes et États, y peut aussi être employé et donner des assistances à nos places.

Voilà l'état où il faudrait mettre les choses, sans faire d'autres pas, si on se contentait de me tenir prisonnier ; mais si on passait outre et qu'on voulût faire mon procès, il faudrait faire d'autres pas. Et après que tous les gouverneurs auraient écrit à Son Ém. pour

---

1. Perception des impôts.
2. Son frère aîné François, cinquième du nom, évêque de Narbonne.

demander ma liberté, avec termes pressants comme mes amis, s'ils n'obtenaient promptement l'effet de leur demande et que l'on continuât à faire la moindre procédure, il faudrait en ce cas montrer leur bonne volonté, et commencer tout d'un coup, sous divers prétextes de ce qui leur serait dû, à arrêter tous les deniers des recettes, non seulement de leurs places, mais des lieux où leurs garnisons pourraient courre, faire faire nouveau serment à tous leurs officiers et soldats, mettre dehors tous les habitants ou soldats suspects peu à peu, et publier un manifeste contre l'oppression et la violence du gouvernement.

C'est en ce cas où Guinant pourrait avec ses cinq vaisseaux, s'assurant en diligence du plus grand nombre d'hommes qu'il pourrait, matelots et soldats, principalement étrangers, prendre tous les vaisseaux qu'il rencontrerait dans la rivière du Havre à Rouen, et par toute la côte, et mettre les uns pour brûlots et les autres en faire des vaisseaux de guerre, en sorte qu'il aurait une petite armée assez considérable, retraite en de bons ports, et y mènerait toutes les marchandises dont on pourrait faire argent, dont il faudrait que les gouverneurs fussent avertis pour avoir créance en lui et lui donne retraite et assistance.

Il est impossible, ces choses étant bien conduites, se joignant à tous les mal-contents par d'autres intérêts, que l'on ne fît une affaire assez forte pour tenir les choses longtemps en balance et en venir à une bonne composition, d'autant plus que l'on ne demanderait que la liberté d'un homme qui donnerait des cautions de ne faire aucun mal.

Je ne dis point qu'il faudrait ôter tous mes papiers, mon argent, ma vaisselle et les meubles les plus considérables de mes maisons de Paris, de Saint-Mandé, de chez M. Bruant, et les mettre dès le premier jour à couvert dans une ou plusieurs maisons religieuses, et s'assurer d'un procureur au Parlement fidèle et zélé, qui pourrait être donné par M. de Maupeou, le président de la première.

Je crois que M. le chevalier de Maupeou occuperait dans ce temps-là quelque poste avantageux et agirait comme on voudrait ; mais en tout cas il pourrait choisir à se retirer dans une des places susdites avec ses amis.

Une chose qu'il ne faudrait pas manquer de tenter serait d'enlever des plus considérables hommes du Conseil, au même moment de la rupture, comme M. Le Tellier ou quelques autres de nos ennemis plus considérables, et bien faire sa partie pour la retraite[1] ; ce qui n'est pas impossible.

Si on avait des gens dans Paris assez hardis pour un coup considérable et quelqu'un de tête à le conduire, si les choses venaient à l'extrémité et que le procès fût bien avancé, ce serait un coup embarrassant de prendre le rapporteur et les papiers ; ce que M. Jannart ou autre de cette qualité pourrait bien indiquer, par le moyen de petits greffiers que l'on peut gagner, et c'est une chose qui a pu être pratiquée au procès de M. de Chenailles le plus aisément du monde, où, si les

---

1. La retraite désigne, semble-t-il, le lieu où cacher la victime du rapt.

minutes eussent été prises, il n'y avait plus de preuves de rien.

M. Pelisson est un homme d'esprit et de fidélité auquel on pourrait prendre créance et qui pourrait servir utilement à composer les manifestes et autres ouvrages dont on aurait besoin, et porter des paroles secrètes des uns aux autres.

Pour cet effet encore, mettre des imprimeurs en lieu sûr ; il y en aura un à Belle-Île.

M. le Premier président de Lamoignon, qui m'a l'obligation tout entière du poste qu'il occupe, auquel il ne serait jamais parvenu, quelque mérite qu'il ait, si je ne lui en avais donné le dessein, si je ne l'avais cultivé et pris la conduite de tout, avec des soins et applications incroyables, m'a donné tant de paroles de reconnaissance et de mérite, répétées si souvent à M. Chanut, à M. de Langlade et à Madame du Plessis-Guénégaud et autres, que je ne puis douter qu'il ne fît les derniers efforts pour moi ; ce qu'il peut faire en plusieurs façons, en demandant lui-même personnellement ma liberté, en se rendant caution, en faisant connaître qu'il ne cessera point d'en parler tous les jours qu'il ne l'ait obtenu : que c'est son affaire ; qu'il quitterait plutôt sa charge que de se départir de cette sollicitation, et faisant avec amitié et avec courage tout ce qu'il faut. Il est assuré qu'il n'y a rien de si facile à lui que d'en venir à bout, pourvu qu'il ne se rebute pas et que l'on puisse être persuadé qu'il aura le dernier mécontentement si on le refuse, qu'il parle tous les jours sans relâche, et qu'il agisse comme je ferais pour un de mes amis en pareille occasion et dans une place aussi importante et aussi assurée.

M. Amproux, frère de M. Delorme et conseiller au Parlement, est de mes amis ; il m'a quelque obligation. Je ne doute point, étant homme d'honneur, qu'il ne me serve avec affection et fidélité aux occasions, on s'y peut fier.

Son usage est au Parlement pour toutes choses, soit en attaquant ou en défendant : même on le peut consulter sur ce qu'il estimera qui pourrait être fait.

Il peut encore savoir ce qui se passe et agir avec les gens de la religion [1], et voir dans la maison d'Estrée ce que l'on y machine, ayant de grandes habitudes auprès de M. l'évêque de Laon.

Madame la première présidente de la Cour des comptes de Bretagne, qui est sœur de Madame du Plessis-Bellière et demeure à Rennes, a des parents et amis au parlement de Bretagne. Je l'ai servie en quelque occasion, et tant à cause de sa sœur que de mon chef, je puis m'assurer qu'elle agira avec fidélité et affection en ce pays-là. On peut s'y confier pour tout ce qui concerne la Bretagne, où mes établissements me donnent des affaires ; et il ne faut pas manquer d'écrire à tous mes amis de ces quartiers-là de se réunir, et veiller qu'il ne se passe rien contre mes intérêts pendant mon malheur.

M. de Cargret, maître des requêtes, est homme de condition qui m'a promis et donné parole plusieurs fois de me servir envers et contre tous. Il peut être

---

1. *La religion prétendue réformée* = les protestants.

d'un grand usage, et pour ladite province de Bretagne où il a des amis et des parents dont il m'a répondu, et dans le Conseil, les jours que l'on apprendra qu'il doit s'y passer quelque chose, et dans le Parlement où il peut entrer quand on voudra, et parmi les maîtres des requêtes, si quelque occasion venait à les émouvoir. M. de Harlay peut le faire agir.

M. Fouquet, conseiller en Bretagne, est celui de mes parents de cette province auquel j'ai eu plus de confiance, qui a eu la conduite de toutes mes affaires domestiques en ce pays, qui connaît mes amis et mes parents, et auquel on peut prendre créance pour ce qui serait à faire de ce côté-là : même sait l'argent à peu près qu'on y peut trouver.

ORIENTATION BIBLIOGRAPHIQUE
ET RÉFÉRENCES

Ce livre est issu d'une longue familiarité de l'auteur avec la période concernée (1643-1661), adossée à de vastes lectures, dans les domaines les plus divers, qui appelleraient une très longue bibliographie peu utilisable pour le lecteur non spécialiste. On a choisi de se limiter ici aux éléments les plus importants.
Les citations figurant dans le cours du texte sont le plus souvent attribuées. On trouvera plus loin, chapitre par chapitre, le titre des ouvrages dont elles sont tirées.

ORIENTATION BIBLIOGRAPHIQUE

NB. Le dossier du procès a été détruit après le verdict. On ne dispose donc à son sujet que de témoignages indirects, dont les plus importants ont été publiés. Les sources manuscrites, capitales pour les recherches approfondies sur les milieux financiers, ne concernent le procès Fouquet que sur des points de détail. On s'en est donc abstenu ici. Parmi les sources imprimées, on n'a pas hésité à recourir aux mémorialistes

– trop souvent récusés a priori par les historiens pour leur incontestable partialité – parce qu'ils apportent d'importantes informations sur la manière dont les contemporains avaient ressenti l'affaire et parce qu'ils restituent aux faits qu'ils racontent un peu de la chaleur vivante qui manque cruellement aux documents officiels.

Sources imprimées :

BRIENNE (Louis-Henri de Loménie, comte de), dit « le jeune Brienne », *Mémoires*, éd. Barrière, 1828, 2 vol. [Le « jeune Brienne » eut sur le tard l'esprit un peu dérangé, d'où la suspicion qui pèse sur son témoignage. Mais il garde quelques souvenirs très vifs de moments qu'il a vécus.]

CHOISY (François-Timoléon, abbé de), *Mémoires*, éd. Montgrédien, 1966. [Ami de Brienne, dont il a tiré bien des informations, Choisy, fort intelligent, a l'esprit libre, il rapporte avec un vrai talent de conteur des épisodes dont la substance est conforme à d'autres sources. Ses *Mémoires* sont une mine importante pour l'historien des mentalités.]

COLBERT (Jean-Baptiste), *Lettres, instructions et mémoires*, éd. P. Clément, 1861-1882, 10 vol.

FOUCAULT (Nicolas Joseph), *Mémoires*, éd. Baudry, 1862. [Greffier lors du procès, il enregistre les faits de façon sèche, en omettant les incidents.]

FOUQUET (Nicolas), *Les Œuvres de M. Fouquet, ministre d'État, contenant son accusation, son procès et des défenses contre Louis XIV*, Paris, 1696, 16 vol.

GOURVILLE, *Mémoires*, éd. Petitot ou Michaud-Poujoulat. [Attaché à Fouquet, il raconte pas mal de choses, mais en tait encore plus.]

LA FAYETTE (Mme de), *Histoire de Madame Henriette d'Angleterre...*, éd. Sigaux, 1965. [Le point de vue de la cour.]

LEFÈVRE D'ORMESSON (Olivier), *Journal*, éd. Chéruel, 1860-1861, 2 vol. [Premier rapporteur à la Chambre de justice, finalement favorable à Fouquet. Contemporain des faits, son *Journal* est une source capitale. Il comporte deux volets, l'un consacré à la Fronde, l'autre au procès. Chacun des deux volumes est pourvu par Chéruel d'une très copieuse introduction appuyée sur d'abondants extraits de textes variés, et d'une abondante annotation. Le second comporte en appendice le texte intégral de l'*Avis* de d'Ormesson qui précéda le vote final.

LOUIS XIV, *Mémoires*, 1992.

MAZARIN, *Lettres du cardinal Mazarin pendant son ministère*, éd. Chéruel et d'Avenel, 1872-1906, 9 vol.

MOTTEVILLE (Mme de), *Mémoires*, éd. Petitot ou Michaud-Poujoulat. [Confidente d'Anne l'Autriche, elle partage le point de vue de celle-ci.]

PATIN (Gui), *Lettres*, éd. Réveillé-Parise, 1846, 3 vol. [Médecin, très anticonformiste, il répercute l'opinion de la bourgeoisie parisienne.]

RETZ (cardinal de), *Mémoires*, éd. S. Bertière, la Pochothèque, 1998.

SÉVIGNÉ (Mme de), *Correspondance*, éd. Duchêne, 1972-1978, 1er vol.

Ouvrages consacrés à Fouquet:

CHÉRUEL (Adolphe), *Mémoires sur la vie publique et privée de Fouquet, surintendant des Finances*, 1862, 2 vol.

DESSERT (Daniel), *Fouquet*, 1987 [Ouvrage fondé sur l'hypothèse que Fouquet était totalement innocent.]

LAIR (Jules), *Nicolas Fouquet, procureur général, surintendant des Finances, ministre d'État de Louis XIV*, 1890, 2 vol.

MORAND (Paul), *Fouquet ou le Soleil offusqué*, 1961.

PETITFILS (Jean-Christian), *Fouquet*, 1998 (éd. de poche,

2005) [Ouvrage nuancé, riche en informations biographiques neuves, un peu rapide sur le procès.]

Ouvrages divers touchant à l'époque concernée :

ALLIER (R.), *La Cabale des dévots*, Genève, 1902.

BAYARD (Françoise), *Le Monde des financiers au XVIIe siècle*, 1988.

BERCÉ (Yves), *La Naissance dramatique de l'absolutisme, 1698-1661*, 1992.

BERGIN (J.), *Pouvoir et fortune de Richelieu*, trad. française, 1987.

BERTIÈRE (Simone), *Mazarin, le maître du jeu*, 2007.

BLUCHE (François), *Louis XIV*, 1986 ;

— (sous la direction de), *Dictionnaire du Grand Siècle,* 1990.

CHÉRUEL (Adolphe), *Histoire de France pendant la minorité de Louis XIV*, 1879-1880, 4 vol. ;

—, *Histoire de France sous le ministère de Mazarin*, 1882, 3 vol. ;

—, *Dictionnaire historique des institutions, mœurs et coutumes de la France*, 1880, 2 vol. [Ancien, mais plein de détails précis.]

DESSERT (Daniel), *Argent, pouvoir et société au Grand Siècle*, 1984 ;

—, *L'Argent du sel, le sel de l'argent*, 2013.

DULONG (Claude), *Mazarin*, Perrin, 1999 ;

—, *Mazarin et l'argent, banquiers et prête-noms*, 2002.

GOUBERT (Pierre), *Mazarin*, 1990.

MEYER (Jean), *Colbert*, 1981.

MURAT (Inès), *Colbert*, 1980.

PETITFILS (Jean-Christian), *Louis XIV*, 2008.

RÉFÉRENCES PROPRES
AUX DIFFÉRENTS CHAPITRES

PROLOGUE

Sources :
– Sur la prise du pouvoir personnel : Brienne.
– Sur l'influence *post mortem* de Mazarin : Mme de La Fayette et Gui Patin.
– Sur l'été de 1661 et la fête de Vaux : Choisy, Motteville, La Fayette, La Fontaine (*Œuvres diverses*, Bibl. de la Pléiade, 1948), Molière (*Les Fâcheux*).
– Sur le voyage vers Nantes : la version Choisy (course de bateaux sur la Loire) ne s'accorde pas avec celle de Foucault (trajet en carrosse). D'où la défiance de Chéruel envers Choisy. Mais le greffier était avec le roi, qui fit le voyage mi à cheval mi en carrosse, tandis que le jeune Brienne, informateur de Choisy, avait pris la voie fluviale ; de plus le fait que Fouquet était en proie à une crise de malaria incite à penser qu'il avait préféré le bateau au carrosse.
– Sur l'arrestation : pour l'essentiel Brienne, Choisy et Mme de Motteville.

Études :
– Sur la mort du cardinal et sur son testament : S. Bertière, *Mazarin*, dernier chapitre.
– Sur Richelieu : étude de J. Bergin (*Pouvoir et fortune de Richelieu,* trad. 1987).

CHAPITRE PREMIER

Sources :
Les développements sur la Fronde s'appuient sur de multiples sources : le *Journal du Parlement* (sous ses différentes

livraisons), le *Journal de Guerres civiles, 1648-1652*, de Dubuisson-Aubenay, 1883, 2 vol., le *Journal* d'Olivier Lefèvre d'Ormesson, tome I, la *Correspondance* de Gui Patin, et quasiment tous les mémorialistes.

Études :
Les informations biographiques sur Fouquet sont tirées des travaux antérieurs, notamment ceux de Chéruel, Lair, Dessert et Petitfils. Sur les événements, on dispose de quelques ouvrages historiques récents, bien informés (notamment celui de M. Pernot, *La Fronde*, éd. de Fallois, 1994). Sur le rôle respectif de Mazarin, de Nicolas Fouquet et son frère Basile, voir l'Introduction d'A. Chéruel au *Journal* de d'Ormesson, tome II (qui comporte de nombreux documents), et les analyses de S. Bertière, *Mazarin, le maître du jeu,* 2007, *passim*, notamment p. 433-435, pour le retour en France du cardinal en 1651.

CHAPITRE 2

Sources :
Le développement sur les mentalités se fonde sur les mémorialistes et sur les œuvres littéraires.

Études :
– Sur le système fisco-financier, ce chapitre propose une mise au point aussi claire que possible à l'intention des non-spécialistes. L'ouvrage fondamental sur la question est celui de Françoise Bayard, *Le Monde des financiers au XVIIe siècle*, issu de sa thèse de doctorat soutenue en 1984. Il faut y joindre les divers articles qu'elle a rédigés pour le *Dictionnaire du Grand Siècle*. On peut aussi consulter les livres de Daniel Dessert cités ci-dessus.

- Sur les rentes de l'Hôtel de Ville, voir l'article de Mathilde Moulin, «Les rentes de l'Hôtel de Ville de Paris sous Louis XIV», dans *Histoire, économie et société*, année 1998, vol. 17, n° 17-4, p. 623-648, et surtout le livre de Katia Béguin, *Financer la guerre au XVIIe siècle, La dette publique et les rentiers de l'absolutisme*, 2012.
- Sur la fortune de Fouquet, voir les biographies de D. Dessert et de J.-C. Petitfils, *op. cit.*

CHAPITRE 3

Études :
- Sur Mazarin, voir tous les ouvrages d'A. Chéruel et de Cl. Dulong, les biographies de P. Goubert et de S. Bertière.
- Ses relations avec Fouquet sont analysées très précisément par S. Bertière.
- En ce qui concerne le fait que Fouquet ne changea de politique que sur injonction de Mazarin, les lettres citées p. 166-167 sont tirées du tome III de l'*Histoire de France sous le ministère de Mazarin,* p. 283-284. On les trouve également, à leur date, dans les *Lettres* de Mazarin. Les originaux sont conservés aux Archives des Affaires étrangères.
- Sur les entreprises de Fouquet, voir les biographies de D. Dessert et J.-C. Petitfils et leur bibliographie.
- Sur Colbert : les débuts de sa carrière sont évoqués dans deux biographies, celles d'Inès Murat et de Jean Meyer. Voir également : Jean-Louis Bourgeon, *Les Colbert avant Colbert*, 1973.

CHAPITRE 4

Sources :
- Dans les collections Petitot ou Michaud et Poujoulat : Omer Talon, *Mémoires* ; Mme de Motteville, *Mémoires* ; Mlle de Montpensier, *Mémoires.*
- Louis XIV, *Mémoires*, éd. Goubert, 1992.
- Les lettres adressées à Louis XIV par Mazarin au cours de l'été 1659, pour le faire renoncer à Marie Mancini, peuvent être consultées soit dans un recueil publié au XVIIIe siècle par l'abbé d'Allainval, sous le titre *Lettres où l'on voit le secret de la négociation de la paix des Pyrénées...*, Amsterdam, 1745, soit (pour partie) au tome IX des *Lettres du cardinal Mazarin...*, 1906.

Études :
- Généralités : voir les biographies de François Bluche, 1986, et de J.-C. Petitfils, 2008.
- Sur sa formation : G. Lacour-Gayet, *L'Éducation politique de Louis XIV*, seconde éd. revue, 1923.
- Sur son rôle dans la vie de cour : Philippe Beaussant, *Lully ou le musicien du Soleil*, 1992.
- Sur ses maladies : Stanis Perez, *La Santé de Louis XIV. Une biohistoire du Roi-Soleil*, 2007.
- Sur son idylle avec Marie Mancini : Claude Dulong, *Le Mariage de Louis XIV*, 1986 et *Marie Mancini*, 1993.
- Sur ses relations avec Mazarin : S. Bertière, *op. cit.*
- Sur Anne d'Autriche : Claude Dulong, *Anne d'Autriche, mère de Louis XIV*, 1980, et Ruth Kleinmann, *Ann of Austria, Queen of France*, Columbus, Ohio (États-Unis), 1985, trad. fr. 1993.

CHAPITRE 5

Sources :
- Louis XIV, *Mémoires*.
- Abbé de Choisy, *Mémoires* (récit inspiré par le jeune Brienne, qui était à Nantes avec son père lors de l'arrestation de Fouquet).

Études :
- Sur les hésitations d'Anne d'Autriche, voir Claude Dulong, *op. cit.*
- Sur Vaux matrice de Versailles, voir Pierre Verlet, *Le Château de Versailles*, 1961, plusieurs fois réédité.

CHAPITRE 6

Sources :
- Sur la composition de la Chambre de justice : Colbert, *Lettres...*, éd. P. Clément, t. VII.
- Sur les cassettes de Fouquet : Mme de Sévigné (*Lettres* des 9, 11 et 22 octobre 1661) et Mme de Motteville.
- Sur sa vie en prison : Lefèvre d'Ormesson, dont le *Journal* contient en outre les confidences de D'Artagnan.

Études :
- Sur le parti dévot : Allain Tallon, *La Compagnie du Saint-Sacrement*, 1990.
- Sur les rentes de l'Hôtel de Ville : Katia Béguin, *Financer la guerre au XVIIe siècle, La dette publique et les rentiers de l'absolutisme*, 2012.

CHAPITRES 7, 8 ET 9

Ces chapitres, qui visent à reconstituer au plus près le déroulement du procès, sont une lecture commentée et cri-

tique du *Journal* de d'Ormesson. Les citations non attribuées explicitement à d'autres en sont tirées ; elles sont aisées à retrouver grâce aux dates.
- Sur le secret que prétendait détenir Fouquet (chap. 8) : J.-C. Petitfils, *op.cit*, p. 406-407.
- Sur la comparution de Fouquet devant la chambre (chap. 9) : Mme de Sévigné (*Lettres* du 17 novembre au 26 décembre 1664).

ÉPILOGUE

On peut trouver la lettre à Anne d'Autriche datée du 12 mai 1651 à Brühl (citée p. 435) dans Mazarin, *Lettres à la Reine*, éd. Ravenel, p. 59-60.

CHRONOLOGIE

1610		**Assassinat d'Henri IV. Avènement de Louis XIII.**
		Régence de Marie de Médicis.
1615	*27 janv.*	*Naissance de Nicolas Fouquet.*
1619	29 août	Naissance de Colbert.
1622		*Naissance de Basile Fouquet.*
1630		« Journée des Dupes » : Louis XIII opte pour Richelieu, contre Marie de Médicis.
1635	19 mai	**La France déclare la guerre à l'Espagne.**
1636	18 *janv.*	*Nicolas Fouquet maître des requêtes de l'Hôtel.*
	1er *févr.*	*Il est reçu au parlement de Paris.*
1638	**5 sept.**	**Naissance de Louis XIV.**
1640	24 *janv.*	*Mariage de Nicolas Fouquet avec Louise Fourché.*
	22 avril	Mort de François IV Fouquet.
1641	1er *févr.*	*Nicolas Fouquet achète la terre de Vaux, plus la moitié de la vicomté de Melun.*

	août	*Mort de son épouse Louise Fourché, laissant une fille, Marie.*
1642	**4 déc.**	**Mort de Richelieu.** *Fouquet intendant de justice, police et finance auprès de l'armée du maréchal de Châtillon en Flandres : commission à laquelle la victoire de Rocroi mettra un terme.*
1643	**14 mai**	**Mort de Louis XIII. Régence d'Anne d'Autriche, Mazarin principal ministre.**
1644	*été*	*Fouquet intendant de justice, police et finance en Dauphiné.*
1646	*29 août*	*Fouquet achète la terre et seigneurie de Kéraoul en Bretagne.*
1647	*mai*	*Fouquet intendant à l'armée de Picardie.*
1648	*mai*	*Fouquet intendant de la généralité de Paris.*
	13 mai	**« Arrêt d'Union », début de la Fronde parlementaire.**
	20 août	Victoire de Condé à Lens.
	26 août	Arrestation de Broussel. Barricades.
	24 oct.	**Signature de la paix de Westphalie.** L'empereur d'Allemagne se retire du conflit.
1649	**5-6 janv.**	**Début du siège de Paris.**
	1ᵉʳ avril	**Paix de Rueil.** *Retour de Fouquet à ses fonctions de maître des requêtes.*
1650	18 janv.	Arrestation de Condé.
	26 nov.	*Fouquet achète la charge de procureur général.*
1651	*4-5 févr.*	*Remariage de Fouquet avec Marie-Madeleine de Castille.*

	6-7 févr.	Exil de Mazarin, contraint de quitter la France.
	13-16 févr.	Libération de Condé, qui se croit tout permis.
	mars	Colbert, sur proposition de Le Tellier, est engagé par Mazarin, alors en exil à Brühl, pour s'occuper de ses affaires
	7 sept.	**Proclamation de la majorité de Louis XIV.** Condé quitte Paris, la régente se lance à sa poursuite.
1652	28 janv.	Mazarin rejoint la cour à Poitiers.
	23-24 mars	Vente aux enchères de la bibliothèque de Mazarin.
	2 juillet	Combat du Faubourg-Saint-Antoine.
	4 juillet	Condé vaincu trouve refuge dans Paris. Émeute et incendie de l'Hôtel de Ville.
	19 août	Second exil – volontaire et stratégique – de Mazarin.
	automne	Capitulation des Frondeurs (sauf Condé). **Fin de la Fronde.**
	13 oct.	Condé quitte Paris et passe au service des Espagnols.
	21 oct.	**Retour triomphal du roi dans la capitale.**
1653	3 févr.	Retour de Mazarin, désormais tout-puissant.
	7 févr.	*Nicolas Fouquet surintendant des finances aux côtés de Servien.*
1654	**7 juin**	**Sacre de Louis XIV à Reims.**
	mars et oct.	*Fouquet achète la terre et seigneurie de Montreuil et la maison de Saint-Mandé.*
	24 déc.	*Partage des domaines financiers entre Fouquet et Servien.*
1655	**13 avril**	**Intervention personnelle de Louis XIV au Parlement.**

1656		*Début des travaux à Vaux.*
	15-16 juil.	**Turenne est contraint par Condé d'abandonner le siège de Valenciennes.**
1657	*11 févr.*	*Mariage de Marie Fouquet avec le comte de Charost.*
	automne	*Fouquet entreprend des travaux à l'île d'Yeu pour le compte de Mme d'Assérac. Première querelle avec son frère Basile.*
1658	**14 juin**	**Victoire décisive de Turenne aux Dunes.**
	14-15 août	**Signature de la Ligue du Rhin** (qui consacre le morcellement de l'Allemagne, aux dépens de l'Empereur).
	3-13 sept.	**Mort de Cromwell.**
	5 sept.	*Fouquet achète Belle-Île au duc de Retz.*
1659	*17 févr.*	*Mort de Servien. Fouquet seul surintendant des finances.*
	7 mai	Suspension d'armes entre la France et l'Espagne.
	4 juin	Adieux de Louis XIV à Marie Mancini.
	7 nov.	**Signature de la paix des Pyrénées et du contrat de mariage du roi avec l'infante Marie-Thérèse.**
1660	20 janv.	Retour et soumission de Condé, à Aix-en-Provence.
	2 févr.	Mort de Gaston d'Orléans
	8-18 mai	Restauration de Charles II en Angleterre.
	9 juin	**Mariage de Louis XIV avec l'infante Marie-Thérèse.**
1661	6 mars	Le roi renonce au legs universel de Mazarin et légitime sa fortune.
	8 mars	Colbert intendant des finances.
	9 mars	**Mort de Mazarin.** Louis XIV annonce qu'il gouvernera lui-même.

	31 mars	**Mariage de Philippe d'Orléans avec Henriette d'Angleterre.**
	20 avril-4 déc.	Séjour de la cour à Fontainebleau.
	juillet	Liaison de Louis XIV avec Louise de La Vallière.
	10 août	*Fouquet vend sa charge de procureur.*
	17 août	***Réception offerte au roi, à Vaux, par Nicolas Fouquet.***
	5 sept.	***Arrestation de Fouquet à Nantes, puis transfert à Angers.***
	15 sept.	Suppression de la Surintendance, remplacée par un Conseil royal des finances. Instauration d'une chambre de justice.
	19 sept.	*Début de l'inventaire des papiers de Fouquet.*
	20 sept.	*Découverte du « projet de Saint-Mandé ».*
	1er déc.	*Transfert de Fouquet à Amboise.*
	3 déc.	**Première séance de la Chambre de justice.**
	fin déc.	*Transfert et installation du prisonnier à Vincennes.*
1662	*4 mars*	*Premier interrogatoire informel de Fouquet.*
	13 mars	Remboursement forcé d'un million de rentes sur les tailles.
	18 mars	Remboursement de 600 000 livres de rentes sur les gabelles.
	printemps	*Premier et second Factums de Pellisson.*
	3 juin	Remboursement de 400 000 livres de rentes sur les cinq grosses fermes.
	17 juin	*Fouquet est « recommandé », c'est-à-dire inculpé.*
	28 juin	*On décide de lui faire son procès « comme à un muet ».*

	1er août	Louis XIV s'impatiente.
	30 août	Remboursement des rentes sur les parties casuelles.
	5 oct.	*La cour rend contre Fouquet un arrêt d'« appointement ».*
	12 oct.	**Nomination de deux rapporteurs, d'Ormesson et Sainte-Hélène.**
	10 déc.	Éviction de Lamoignon. Séguier prend la présidence effective.
1663	*janv.*	*La mère et la femme de Fouquet présentent au Parlement une double requête, refusée pour les récusations de personnes, admise pour la communication de papiers.*
	3 févr.	*On adopte un moyen terme pour les papiers : vu leur nombre, on lui donnera seulement ceux qu'il demandera.*
	3 avril	Remboursement des rentes sur l'Hôtel de Ville souscrites entre 1656 et 1661.
	10-23 avril	*Réquisitoire de Talon.*
	20 juin	*Transfert de la chambre à l'Arsenal.*
1664	17 *janv.*	Mme Fouquet demande la récusation de Séguier, refusée.
	1er mai	Le roi ôte l'intendance de Soissons à Olivier Lefèvre d'Ormesson.
	3 mai	Visite de Colbert à son père.
	17 mai	Arrêt du roi ordonnant le remboursement des rentes sur l'Hôtel de Ville.
	24 mai	Arrêt portant remboursement au taux actuel de toutes les rentes sur l'Hôtel de Ville établies depuis 1635.
	24 juin-14 août	Séjour de la cour à Fontainebleau.
	18 août	*Requête comportant inscription en faux contre les procès-verbaux de l'Épargne et récusation de Pussort.*

	28 août	*Découverte des manipulations opérées sur les documents originaux. La Chambre de justice est discréditée.*
	8 nov.	*Fin de la procédure par écrit.*
	14 nov.-4 déc.	**Comparution de Fouquet devant la Chambre.**
	9-16 déc.	*Récapitulation et énoncé de leur avis par les rapporteurs.*
	12 déc.	Le roi renonce au remboursement total des rentes, se contentant pour certaines d'entre elles d'une réduction d'un cinquième. (En 1665, il abaissera le taux, de 5,5 à 5 %.)
	17-20 déc.	*Défilé des votants, avec avis motivé.*
	20 déc.	**Verdict final : bannissement, mué par le roi en prison à vie.**
	21 déc.	*Départ de Fouquet pour Pignerol.*
1680		***Mort de Nicolas Fouquet, en instance de libération.***

INDEX DES NOMS DE PERSONNES

Alexandre le Grand, 223
Androuet du Cerceau (Jean) [1585-1649], architecte, 336
Anne d'Autriche [1601-1666], reine de France, 17, 19, 20, 22, 24, 26, 30, 31, 34, 42, 61, 63-67, 73, 79, 85, 87, 89, 98, 168, 169, 171, 173, 176, 177, 179-181, 183-187, 189, 191, 192, 194, 197-199, 201, 202, 224, 227, 232-234, 237, 240, 246, 252, 253, 266, 268, 269, 278, 288, 346, 394, 435, 452
Artagnan (Charles de Batz-Castelmore, comte d') [vers 1611-1673], 41-43, 45, 248-251, 280, 282, 283, 286, 345, 346, 362, 373, 414, 415
Assérac (Jean-Emmanuel de Rieux, marquis d') [1605-1657], 151
Assérac (Jeanne-Pélagie de Rieux, marquise d') [1632-1699], 151, 153
Augustin (saint), 285
Aumont (Mlle d'), voir Fouquet (Anne d'Aumont)
Auzanet (Barthélemy), avocat commis d'office auprès de Fouquet, 324

Balzac (Honoré de), 9
Barberini (Cardinal Antoine), 20
Beaufort (François de Bourbon-Vendôme, duc de) [1616-1669], 25, 38, 283
Beauvais (M. de), évêque, 195
Beauvais (Mme de), femme de chambre d'Anne d'Autriche, 180, 197
Béjart (Madeleine), comédienne, 33
Benserade (Isaac de), écrivain, 27
Berryer (Louis) [1616-1686], secrétaire du Conseil d'État, 287, 302, 311, 327, 334, 345-347, 356, 358, 359, 364-366, 368, 371, 405, 406, 416, 431, 439
Besnard de Rézé, membre de la Chambre de justice, 411
Boisrobert (François Le Métel, seigneur de), écrivain, 112
Boucherat (Louis) [1616-1699], maître des requêtes, puis chancelier, 40, 41, 356
Bouillon (Frédéric-Maurice de La Tour d'Auvergne, duc de) [1605-1652], frère aîné de Turenne, 81
Boylesve (Gabriel de), commis de Fouquet, 273
Brienne (Henri-Auguste de Loménie, comte de) [1595-1666], 38-40, 193, 214, 241, 248, 268
Brienne (Louis-Henri de Loménie, comte de) [1635-1698], «le jeune Brienne», 37, 40, 241
Brillac, membre de la Chambre de justice, 411
Brissac (Louis de Cossé, duc de) [1625-1661], 153
Broussel (Pierre) [vers 1576-1654], conseiller au Parlement pendant la Fronde, 69
Bruant des Carrières (Louis), commis de Fouquet, 43, 273, 312
Bussy-Rabutin [1618-1693], officier et écrivain, cousin de Mme de Sévigné, 149, 266

Calvin, 204

Cantarini, banquiers de Mazarin, 104

Catelan (François), financier, 273

Catinat (Pierre), membre de la Chambre de justice, père du futur maréchal, 409, 410

Cenami, banquiers de Mazarin, 104

César, 174

Chalais (Henri de Talleyrand-Périgord, comte de) [1599-1626], 56, 57

Chamarande, 1er valet de chambre du roi, 39

Chamillart (Guy), procureur général à la Chambre de justice, en remplacement de Denis Talon, 335, 342-345, 347, 348, 358, 362, 364, 369, 373, 375, 377, 378

Chanut, 277

Charles Ier [1600-1649], roi d'Angleterre, 25

Charles II [1630-1685], roi d'Angleterre, 25, 350

Charles Quint [1500-1558], 184

Charles VII [1403-1461], roi de France, 11

Charost (Armand de Béthune, marquis, puis comte de) [1641-1717], 281

Charost (Marie Fouquet, marquise, puis comtesse de) [1640-1716], fille de Nicolas Fouquet, épouse du précédent, 71, 72, 281

Châtillon (Angélique de Montmorncy-Bouteville, duchesse de) [1627-1695], 84, 130

Chenailles (Vallée de), 272

Chéruel, 199

Chevreuse (Charlotte-Marie de Lorraine, demoiselle de) [1627-1652], 84

Chevreuse (Marie de Rohan, duchesse de) [1600-1679], 234

Choisy (François-Timoléon, abbé de) [1644-1724], 23, 28, 39, 43, 147, 225, 229, 236, 242

Chouart, conseiller d'État, membre de la Chambre de justice, 305

Cœur (Jacques) [1395-1456], argentier de Charles VII, 11

Colbert (Jean-Baptiste) [1619-1683], ministre de Louis XIV, 10, 12, 22, 28, 29, 37, 39, 40, 117, 119, 138, 141-144, 152, 158, 159, 161, 164, 165, 168, 190, 214, 223, 225, 226, 228-231, 234, 236-238, 255, 257, 258, 260-264, 269, 275, 279, 281, 287, 290, 292-295, 297, 298, 301, 302, 304-308, 311-313, 320, 321, 327, 336, 337, 339, 345, 349, 351, 354-359, 362, 366, 367, 369, 370, 383, 387, 395, 398-400, 405, 406, 412, 414, 416, 421-423, 431, 437, 439, 443

Colbert du Terron (Charles) [1619-1684], cousin du précédent, 152, 190, 231

Concini, 206

Condé (Louis II de Bourbon, prince de) [1621-1686], «Monsieur le Prince», 25, 30, 44, 69, 73-77, 79-81, 85-88, 98, 99, 105, 128-131, 171, 172, 174, 178, 192, 198, 212, 224, 230, 232, 250, 272, 273, 283, 312, 321, 398, 427, 429

Conrart (Valentin), écrivain, 268

Cromwell (Oliver) [1599-1658], lord-protecteur d'Angleterre, 132, 350

Damville (François de Lévis-Ventadour, comte de Brion, duc de) [1603-1661], 154

Delorme ou De l'Orme (Jacques Amproux), commis aux Finances, 162

Dessert (Daniel), biographe de Fouquet, 16

Dumas (Alexandre), 10, 135, 150, 177

Dumont, receveur des tailles, pendu pour péculat, 360

Du Plessis-Bellière (Suzanne de Bruc, marquise) [1608-1675], 38, 43, 149, 161, 238, 242, 273, 320
Du Plessis-Guénégaud, voir Guénégaud
Du Verdier, membre de la Chambre de justice, 410, 411

Élisabeth de France, reine d'Espagne, 185
Émery ou Hémery (Michel Particelli, seigneur d') [1596-1650], surintendant des finances, 67, 281

Fargues (Barthélemy de), gouverneur d'Hesdin, 396
Fayet, membre de la Chambre de justice, 372
Ferdinand III (1608-1657), empereur germanique de 1636 à 1657, 133
Ferriol, membre de la Chambre de justice, 409
Fieubet (Gaspard de), conseiller d'État, 236, 237
Foucault (Joseph), greffier de la Chambre de justice, 15, 262, 299, 305, 309, 322, 324, 331, 333, 334, 336, 342, 344, 348, 364, 368, 371, 386, 396, 398, 415
Fouquet (abbé Basile) [1622-1680], frère de Nicolas Fouquet, 78-87, 91, 93, 95, 125, 130, 144, 162, 237, 271, 273, 274, 412
Fouquet (François Ier), 49
Fouquet (François II), 50, 51
Fouquet (François III) [mort en 1590], 50
Fouquet (François IV) [1587-1640], père de Nicolas Fouquet, 50, 53, 54, 56, 59, 60, 63, 70-72, 81, 118, 154, 156, 388
Fouquet (Marie de Maupeou, dame) [1590-1681], épouse du précédent, 51, 54, 57, 58, 63, 287, 288, 326, 384, 385, 407, 413
Fouquet (François V) [1611-1673], évêque de Bayonne, puis d'Agde, puis archevêque de Narbonne, 59, 60, 64, 65, 412

Fouquet (Louise Fourché, dame) [1619-1641], 1re épouse de Nicolas Fouquet, 60, 62, 73

Fouquet (Marie-Madeleine de Castille, dame) [1636-1716], seconde épouse de Nicolas Fouquet, 37, 44, 73, 95, 118, 289, 290, 313, 348, 355, 362-364, 385-387, 407, 413, 414, 428

Fouquet (Louis) [1633-1702], évêque d'Agde, puis aumônier du roi, frère de Nicolas Fouquet, 413

Fouquet (Gilles) [1637-1694], 1er écuyer de la Grande Écurie du roi, 281

Fouquet (Anne d'Aumont, dame), épouse du précédent, 281

Fouquet (Marie), voir Charost (Marie Fouquet)

Fouquet (Louis-Charles-Auguste) [1684-1761], maréchal duc de Belle-Île, petit-fils de Nicolas, 416

François de Paule (saint), 385

François de Sales (saint), 55, 388

François Ier [1494-1547], roi de France, 11, 201

Geneviève (sainte), 385

Gesvres (marquis de), capitaine des gardes du corps, 39, 41, 45

Girardin (Pierre), financier, 105

Gizancourt (Cuissotte-Gizancourt), membre de la Chambre de justice, 408, 409

Gomont, avocat, 309, 311

Gondi (Jean-François-Paul de, cardinal de Retz) [1613-1679], frondeur, coadjuteur puis archevêque de Paris, mémorialiste, 59, 64, 68, 75, 80, 84, 85, 90, 101, 153, 178, 196, 240, 250, 251, 289, 321, 350, 359, 394

Gondi (Philippe-Emmanuel de), père du cardinal de Retz, 59

Gourville (Jean Hérault de) [1625-1703], 35, 44, 83, 105, 148, 165, 240, 269, 273, 274, 279, 281, 312, 317, 320, 384

Gramont (maréchal de), 133

Guénégaud (Claude de) [mort en 1686], trésorier de l'Épargne, 310, 356

Guénégaud (Élisabeth de Choiseul, marquise Du Plessis), 277

Guinant, commandant des navires de Fouquet, 271

Guise (Henri, duc de), 46

Habsbourg (maison de), 55, 98, 184, 194

Harcourt (Henri de Lorraine, comte d') [1601-1666], dit «Cadet la perle», 129

Harlay (Achille de), procureur général au parlement de Paris, 237

Haro (don Luis de), 186, 188

Hémery, voir Émery

Henri II, roi de France, 201

Henri III, roi de France, 204

Henri IV [1553-1610], roi de France, 173, 181, 201, 204

Hérault ou Ayrault, membre de la Chambre de justice, 409

Herwart ou Hervart (Barthélemy), contrôleur général des finances, 125, 126, 164, 311, 336

Hocquincourt (Charles de Monchy, marquis d') [1599-1658], maréchal de France, 130

Jean (saint), évangéliste, 383

Jeanne de Chantal (sainte) [1572-1641], fondatrice de la Visitation, 55, 388

Jeannin de Castille, trésorier de l'Épargne, 310, 312

La Baume, membre de la Chambre de justice, 409, 410

La Bazinière, trésorier de l'Épargne, 310, 365, 366
Lacour-Gayet, 216
La Fayette (Marie-Madeleine Pioche de La Vergne, comtesse de) [1634-1693], écrivain, 25, 26, 30, 32, 135, 217, 223, 234
La Ferté-Imbault (Jacques d'Étampes, marquis de) [1590-1668], maréchal de France, 131
La Fontaine (Jean de) [1621-1695], 32, 34, 35, 45, 147, 290, 434
La Fosse, conseiller d'État, 262, 263
Lair (Jules), 426
La Meilleraye (Charles de La Porte, duc de) [1602-1664], cousin germain de Richelieu, maréchal de France, 247
Lamoignon (Guillaume de) [1617-1677], Premier président du parlement de Paris, 277, 278, 303, 304, 306, 326, 331, 370
Langlade (Jacques de), secrétaire de cabinet, 277
La Rochefoucauld (François VI) [1613-1680], ancien frondeur, écrivain, 44, 312
La Toyson, membre de la Chambre de justice, 410
La Trousse, cousin de Mme de Sévigné, 266
Lauzon, conseiller d'État, 262
Lauzun (Antonin Nompar de Caumont) [1633-1723], 416
La Vallière (Louise de) [1644-1710], 27, 28, 36, 123, 241, 288, 354, 360, 361
Le Brun (Charles) [1619-1690], peintre, 35, 245
Le Cogneux (Jacques), président au Parlement, 148
Le Féron, membre de la Chambre de justice, 411
Le Nôtre (André) [1613-1700], décorateur de jardins, 245
Léopold Ier [1640-1705], empereur d'Allemagne de 1658 à 1705, 133, 185
Le Roy (le Père), confesseur d'Anne d'Autriche, 234

Le Tellier (Michel) [1603-1685], ministre, 22, 29, 37, 40, 79, 87, 141-143, 222, 240, 241, 248, 266, 279, 281, 305, 347, 359, 365, 414

Le Vau (Louis) [1612-1670], architecte de Vaux, 245

L'Hôpital (Françoise Mignot, maréchale de), 307

Lhoste (Jean-Marie), avocat commis d'office auprès de Fouquet, 324

Lionne (Hugues de) [1611-1671], neveu de Servien, ministre, 22, 37, 44, 79, 87, 132, 222, 241, 268

Louis de France [1661-1711], «le Grand Dauphin», 216, 266, 384

Louis XIII [1601-1643], roi de France, 20, 24, 53, 54, 61, 97, 171, 174, 175, 181, 185, 189, 204, 206, 433

Louis XIV [1638-1715], roi de France, 10, 11, 13, 15, 17-19, 21, 23-25, 27, 28, 30, 32, 33, 36-38, 40, 42, 44-46, 55, 61, 75, 77, 78, 80, 87, 90, 110, 113, 116, 128, 129, 137, 138, 140, 143, 167-171, 177-179, 183, 185-188, 192, 193, 200, 201, 205, 207, 209, 210, 212-214, 221, 222, 225-229, 231, 232, 234-236, 238, 239, 243-245, 248, 250, 252, 253, 255, 261, 263, 266-270, 274, 276, 278, 292, 295, 297, 306, 323, 327, 349-351, 360, 395, 396, 413, 414, 416, 417, 419, 421, 428-435, 438, 442, 443

Louvois (François Michel Le Tellier, marquis de) [1641-1691], ministre, 305, 306, 360, 414

Lully (1632-1687), 27

Maisons (René Longueil, marquis de), surintendant des finances, 94

Mancini (Marie) [1639-1715], princesse Colonna, 137, 183, 186, 188, 190, 192, 199, 201, 207, 217

Mancini (Olympe) [1638-1708], comtesse de Soissons, 181, 186, 191

Mancini (Philippe) [1641-1707], duc de Nevers, 180, 187

Manicamp (comte de), gouverneur de La Fère champenoise, 129
Marie-Anne de France [novembre-décembre 1664], 384
Marie de Médicis [1573-1642], reine de France, 55
Marie-Thérèse d'Autriche [1638-1683], reine de France, 23, 26, 31, 168, 185, 186, 198, 201, 217, 384, 385
Marigny (Enguerrand de), grand argentier de Philippe IV le Bel, condamné et pendu sous Louis X, 11, 114
Marillac (Louis de) [1572-1632], maréchal de France, 56
Marillac (Michel de) [1563-1632], garde des Sceaux, 56
Massenau (ou Masnau), membre de la Chambre de justice, 410
Maucroix, 34
Mazarin (Charles de La Meilleraye, duc de), 226
Mazarin (Giulio Mazarini, cardinal) [1602-1661], 9-11, 14, 15, 17, 19, 21-23, 28, 30, 35, 44, 61-66, 68, 73, 74, 76, 77, 79-81, 83-91, 93, 95, 98, 99, 104, 115, 123, 125, 127-130, 132-135, 138-144, 146, 147, 153, 156, 157, 159-163, 165-171, 177, 178, 180, 182-184, 186-203, 206, 207, 209, 210, 212-217, 221-228, 230-233, 238, 270, 271, 273, 275, 278, 279, 298, 313, 314, 322, 346, 349-351, 371, 383, 397, 435, 436
Mazarin (Hortense Mancini, duchesse de), 21, 226
Méliand (Blaise), procureur général au Parlement, 71
Ménage (Gilles), écrivain, 266
Menneville (Catherine de Rocherolles, demoiselle de), 241, 268
Molé (Mathieu) [1584-1656], Premier président du Parlement pendant la Fronde, 68, 69
Molière (Jean-Baptiste Poquelin dit) [1622-1673], 30, 31, 33, 101, 245, 288, 389, 434
Montausier (duc de), précepteur du dauphin, 216

Montausier (Julie d'Angennes, duchesse de) [1607-1671], fille de Mme de Rambouillet, gouvernante des enfants royaux, 266

Montespan (Mme de), 180

Montpensier (Anne-Marie-Louise d'Orléans, duchesse de), « la Grande Mademoiselle » [1627-1693], 30, 77

Motteville (Françoise Bertaut, dame de) [1621-1689], mémorialiste, 25, 41, 63, 116, 187, 193, 198, 200, 207, 267, 268, 428

Moussy, membre de la Chambre de justice, 411

Naudé (Gabriel), bibliothécaire de Mazarin, 85

Navailles (duchesse de), 198

Nemours (Charles-Amédée de Savoie, duc de) [1624-1652], 398

Nesmond (François-Théodore de) [1598-1664], membre de la Chambre de justice, 372

Noguès, membre de la Chambre de justice, 409

Orléans (Gaston de France, duc d') [1608-1660], frère de Louis XIII, 66, 67, 74, 75, 77, 79, 88, 212

Orléans (Philippe de France, duc d'), « Monsieur » [1640-1701], frère de Louis XIV, 23, 26, 30, 31, 137, 183, 212

Orléans (Henriette d'Angleterre duchesse d'), « Madame » [1644-1670], 1re épouse du précédent, 23, 25, 26, 31, 36

Ormesson (André Lefèvre d') [vers 1577-1665], conseiller d'État, 99, 327, 357, 359, 437

Ormesson (Olivier Lefèvre d') [1616-1686], fils du précédent, maître des requêtes et premier rapporteur à la Chambre de justice, 15, 66, 199, 284, 286, 299, 310, 326, 327, 331, 332, 334, 336, 337, 339, 341-345, 347, 348, 351, 352, 354, 355, 359-368, 371, 372, 376, 377, 381, 383, 385-389, 391, 399-401, 403, 405-411, 414, 415, 419, 421, 424, 425, 437, 439-441

Palatine (Anne de Gonzague de Clèves, princesse) [1616-1684], 321
Particelli d'Hémery, voir Émery
Pascal (Blaise), 196
Patin (Gui) [1601-1672], médecin et épistolier, 76, 90, 223, 266, 272, 346, 417
Paulin (Père), 178
Pecquet (Jean), médecin de Fouquet, 251, 279, 286
Pellisson-Fontanier (Paul) [1624-1693], secrétaire de Fouquet, puis de Louis XIV, 44, 237, 251, 273, 289, 434
Perrault, président à la Cour des comptes, 236
Petitfils (Jean-Christian), biographe de Fouquet, 16
Philippe IV [1605-1665], roi d'Espagne et frère d'Anne d'Autriche, 185, 194
Philippe IV le Bel [1268-1314], roi de France, 11
Pilate, procurateur romain en Judée au temps du Christ, 383
Pomponne (Simon Arnauld, marquis de) [1618-1699], 376, 389
Poncet (Pierre), maître des requêtes, membre de la Chambre de justice, 260, 262, 302, 313, 314, 324, 331, 380, 409, 410
Pontchartrain (Louis Ier Phélypeaux de) [1613-1685], membre de la Chambre de justice, 409, 411

Index

Pussort (Henri) [1615-1697], oncle de Colbert, membre de la Chambre de justice, 260, 301, 302, 307, 311, 327, 331, 336, 337, 339, 341, 352, 355, 356, 360, 363-367, 369, 370, 373, 386, 387, 391, 392, 399, 408, 428, 441

Regnard ou Renard (Jacques), membre de la Chambre de justice, 313, 314, 324, 331, 411
Retz (cardinal de), voir Gondi
Richelieu (Armand-Jean du Plessis, cardinal de) [1585-1642], 20, 55-57, 59-61, 63, 64, 72, 83, 135, 139, 153-155, 196, 204, 206
Roquesante (Raphelis de), membre de la Chambre de justice, 378, 380, 409
Rose (Toussaint) [1611-1701], secrétaire de cabinet, 39, 207, 210

Saint-Aignan (duc de), 28
Saint-Mars [1626-1708], gouverneur de Pignerol, 414
Saint-Simon (Louis de Rouvroy, duc de) [1675-1755], mémorialiste, 211, 261
Sainte-Hélène (Le Cormier de), second rapporteur à la Chambre de justice, 326, 327, 342, 365, 375, 401, 402, 407-409, 411, 416
Savoie (Chrétienne de France, duchesse de), 185
Savoie (Marguerite de), 185
Scarron (Paul) [1610-1660], écrivain, 1er époux de Mme de Maintenon, 85
Séguier (Pierre) [1588-1672], chancelier, 175, 193, 248, 260, 263, 277, 299, 303, 305, 306, 331, 335, 340, 344, 348, 349, 351, 352, 355, 360, 362, 364, 372, 376-384, 386-392, 396-400, 402, 404, 408-410

Semblançay (Jacques de Beaune, seigneur de), surintendant des finances, condamné et pendu sous François Ier, 11, 44, 114

Servien (Abel) [1593-1659], ministre, surintendant des finances, 79, 87, 91, 95, 126, 156, 157, 163, 344, 364

Sévigné (Marie de Rabutin-Chantal, marquise de) [1626-1696], épistolière, 15, 55, 127, 144, 149, 266, 267, 376, 381, 383, 385, 387, 389, 391, 400, 402, 408, 415

Soissons (Thomas de Savoie-Carignan, comte de), 181

Sully (Maximilien de Béthune, duc de) [1559-1641], surintendant des finances et ministre d'Henri IV, 51, 281

Sully (Maximilien François de Béthune, duc de) [1614-1661], gendre de Séguier, 398

Tabouret, 325

Talon (Omer) [1595-1652], avocat général au parlement de Paris, 175

Talon (Denis) [1628-1698], fils et successeur du précédent comme avocat général, 260, 299, 302, 303, 305, 307-309, 311, 315, 324, 326, 329-331, 333-335, 340, 342, 346, 377, 393

Turenne (Henri de La Tour d'Auvergne, vicomte de) [1611-1675], maréchal de France, 38, 77, 80, 81, 129, 131, 178, 305, 321, 347, 414

Vallot, Premier médecin du roi, 180

Vatel (François) [1631-1671], 30, 31, 393

Vauquelin des Yveteaux, précepteur de Louis XIII, 174

Vincent de Paul (saint) [1581-1660], 54, 60, 62, 287

Vivonne (Louis de), 180, 187

Voysin (Daniel), maître des requêtes, membre de la Chambre de justice, 260, 302, 311, 324, 331, 341, 352, 363, 366, 367, 409, 411

TABLE

Introduction 9

PROLOGUE. 17
L'adieu à Mazarin (19). – Le roi et sa cour s'en donnent à cœur joie (23). – La fête de Vaux-le-Vicomte (29). – L'arrestation (36).

PREMIÈRE PARTIE
LES ACTEURS

1. UNE BRILLANTE ASCENSION 49
Un homme entreprenant (51). – Un père de famille accommodant (57). – Un protégé de la reine (61). – La Fronde (67). – La reine aux prises avec Condé (74). – Nicolas Fouquet à l'épicentre du conflit (78). – Basile Fouquet, agent secret (81). – Une démarche imprudente (87).

2. L'ÉTAT AU BORD DE LA FAILLITE 93

Une économie de guerre (96). – L'argent haïssable et nécessaire (100). – Fermiers et traitants : la grande braderie (106). – La banqueroute de 1648 (114). – La fortune de Fouquet (116). – Fouquet aux approches de la quarantaine (121).

3. Mazarin, Colbert et Fouquet 125
Des opposants mal soumis (127). – Des années noires (131). – Un pouvoir fragile (135). – Colbert (141). – Nicolas Fouquet le Magnifique (146). – Les mirages de la mer (151). – L'engrenage (156). – Le commencement de la fin (161).

4. Louis XIV 169
Une éducation atypique (171). – Une formation sur le tas (174). – Un adolescent comme les autres (179). – Le grand orage (183). – La mise à l'écart d'Anne d'Autriche (192). – Les Français demandent un roi (202). – « Vous gouvernerez par vous-même… » (208). – La course contre la mort (213).

DEUXIÈME PARTIE
L'IMPOSSIBLE PROCÈS

5. La chute du surintendant 221
L'ombre du cardinal (222). – Le sort de Nicolas Fouquet (227). – Préalables (233). – Le jeu de dupes (238). – L'impact de la fête de Vaux-le-Vicomte (243). – Une arrestation à hauts risques ? (247).

6. L'Enquête 255
La Chambre de justice (257). – Les inventaires (261). – « Les cassettes de Monsieur le Surintendant » (265). – Le projet de Saint-Mandé (270). – Un prisonnier exemplaire (279). – Appuis extérieurs (287). – Des magistrats mécontents et des rentiers en colère (290).

7. Une affaire mal engagée 297
Une machine peu maniable (299). – Des flottements au sommet (302). – Le contenu du dossier (308). – Les chefs d'accusation (314). – Une précipitation inconsidérée (319). – Une procédure peu orthodoxe (322). – L'obstruction (328). – L'impasse (333).

8. La contre-attaque de Fouquet 339
Les registres de l'Épargne (340). – La conquête de l'opinion (346). – Louis XIV s'impatiente (351). – Haro sur d'Ormesson (355). – Le coup de tonnerre (361). – La chambre en perdition (368).

9. Échec au roi 375
L'entrée en scène de Fouquet (377). – Les interrogatoires (suite) (384). – L'enrichissement personnel (393). – Le « crime d'État » (395). – D'Ormesson s'engage à fond (400). – Le verdict (407). – Un camouflet pour le roi (411).

Épilogue 419
Un procès à la dérive (421). – Fouquet (425). – Louis XIV (429). – D'Ormesson (437).

ANNEXES

Composition de la Chambre de justice d'après la commission donnée par le roi le 15 novembre 1661 447

Le projet de Saint-Mandé 449

Orientation bibliographique et références 467

Chronologie 477

Index des noms de personnes 485

Simone Bertière
dans Le Livre de Poche
(derniers titres parus)

Condé, le héros fourvoyé n° 33246

Louis de Bourbon, prince de Condé (1621-1686), avait tout, naissance et fortune. Il ne lui manquait que d'être roi. Se croyant tout permis, il rejetait obstacles et interdits et cultivait le scandale. L'action politique fut son talon d'Achille. Il soutint Anne d'Autriche et Mazarin lors de la première Fronde, déclencha une guerre civile qu'il perdit, se mit au service des Espagnols, sans pouvoir empêcher leur défaite finale. De retour après la paix des Pyrénées, il se résigna à n'être qu'un homme privé et opéra alors une extraordinaire mutation, faisant de son domaine de Chantilly un haut lieu de culture, de tolérance et de paix. À travers la vie mouvementée de Condé, Simone Bertière invite à réfléchir à la gloire, à ses dérives. En arrière-plan, elle évoque les grandes figures d'une époque où les derniers sursauts de l'esprit féodal s'effacent pour laisser place à la France moderne.

Dumas et les Mousquetaires n° 32036

Alexandre Dumas, vous connaissez ? Oui, bien sûr, l'auteur des *Trois Mousquetaires* ! Mais encore ? Il n'est pourtant pas l'homme d'un seul livre. Il est vrai que les *Mousquetaires* occupent dans son immense production une place à part et continuent de lui valoir une popularité mondiale. Pourquoi ? Comment ? Ce livre conte l'itinéraire qui a conduit Dumas, dramaturge et chroniqueur de voyages, au roman historique. Un itinéraire fait de hasards, d'ambitions politiques déçues, que l'invention de la presse à grand tirage et la collaboration avec Auguste Maquet ont bouleversé. Un récit alerte, souvent drôle, fourmillant d'anecdotes, à la croisée de la littérature et de l'histoire.

Mazarin, le maître du jeu n° 31283

Bien qu'il fût à l'origine un étranger sans naissance ni fortune, Mazarin se trouvait, à sa mort, maître de la France et arbitre de l'Europe, plus puissant que ne le fut jamais aucun ministre. Triomphant de tous les obstacles, il dut à son intelligence et à sa ténacité une victoire sans appel. Cette victoire fut aussi celle de la France, à l'issue de la longue lutte qui l'opposait à la maison d'Autriche, et elle apporta à l'ensemble de l'Europe une paix ardemment désirée. Autour de lui, les papes Urbain VIII et Innocent X, Anne d'Autriche et le jeune Louis XIV, Condé, Turenne, le cardinal de Retz et tant d'autres, que le style alerte de Simone Bertière convoque pour dresser un panorama vivant et vrai de cette période charnière, qui fut la matrice du « Grand Siècle ». Fondée sur l'information la plus rigoureuse, cette biographie passionnante ouvre, au détour du chemin, quelques réflexions salutaires sur notre époque.

La Vie du cardinal de Retz n° 31873

Mécontent de la place qui lui était promise dans une société dont il ne contestait pourtant pas les fondements – la monarchie et l'Église –, Paul de Gondi défia tous les obstacles rencontrés sur sa route : sa famille, Richelieu, et surtout Mazarin, à qui l'opposa un combat sans merci. Il fut l'âme et le grand vaincu de la Fronde. Le chapeau de cardinal, conquis de haute lutte, ne suffit pas à lui épargner, après neuf ans de résistance, une mise à l'écart définitive. Sa dernière bataille, contre lui-même, il l'a gagnée : il a exorcisé l'échec dans d'irrévérencieux *Mémoires* à l'humour décapant. Il voulait être un grand homme : il fut un grand écrivain. Passionnante comme un roman, la vie mouvementée de ce prélat anticonformiste ouvre sur l'histoire du XVIIe siècle des perspectives stimulantes. Elle offre aussi des leçons de politique applicables à tous les temps.

Du même auteur
aux Éditions de Fallois :

LA VIE DU CARDINAL DE RETZ, *1990. Prix d'Histoire du Nouveau Cercle de l'Union, Grand prix « Printemps » de la Biographie, Prix XVII*ᵉ *siècle.*

LES REINES DE FRANCE AU TEMPS DES VALOIS.
1. « Le Beau XVIᵉ siècle », 1994,
2. « Les Années sanglantes », 1994.

LES REINES DE FRANCE AU TEMPS DES BOURBONS.
1. « Les Deux Régentes », 1996. *Grand prix d'Histoire Chateaubriand de la Vallée aux Loups.*
2. « Les Femmes du Roi-Soleil », 1998. *Prix Hugues Capet.*
3. « La Reine et la Favorite », 2000. *Prix des lecteurs des Bibliothèques de la Ville de Paris.*
4. « Marie-Antoinette l'insoumise », 2002. *Grand prix de la Biographie de l'Académie française, Prix des Ambassadeurs, Prix des Maisons de la presse.*

APOLOGIE POUR CLYTEMNESTRE, *2004. Prix Océane des lecteurs de la Ville du Havre.*

MAZARIN, LE MAÎTRE DU JEU, 2007. *Classé Meilleure biographie de l'année 2007 par le magazine* Lire, *Prix de la Fondation Pierre Lafue.*

DUMAS ET LES MOUSQUETAIRES. Histoire d'un chef-d'œuvre, 2009.

CONDÉ, LE HÉROS FOURVOYÉ, 2011.

LOUIS XIII ET RICHELIEU. LA « MALENTENTE », 2016.

18/3338/8

Le Livre de Poche s'engage pour
l'environnement en réduisant
l'empreinte carbone de ses livres.
Celle de cet exemplaire est de :
500 g éq. CO₂
Rendez-vous sur
www.livredepoche-durable.fr

PAPIER À BASE DE
FIBRES CERTIFIÉES

Composition réalisée par MAURY-IMPRIMEUR

Achevé d'imprimer en août 2016, en France sur Presse Offset par
Maury Imprimeur – 45330 Malesherbes
N° d'imprimeur : 210398
Dépôt légal 1re publication : novembre 2015
Édition 02 – août 2016
LIBRAIRIE GÉNÉRALE FRANÇAISE – 21, rue du Montparnasse – 75298 Paris Cedex 06